Antheaume et Dromard

Poésie

et Folie

PARIS, OCTAVE DOIN, Éditeur, 1908

POÉSIE ET FOLIE

POÉSIE ET FOLIE

ESSAI DE PSYCHOLOGIE ET DE CRITIQUE

PAR

A. ANTHEAUME ET G. DROMARD

Médecin honoraire de Charenton
Expert près les Tribunaux

Médecin des Asiles d'aliénés
Lauréat de l'Académie de médecine

« Ce n'est que pour les esprits vulgaires
qu'un grand et bel objet perd de son
charme en perdant quelque chose de son
mystère. » STUART-MILL.

————— (—*—) —————

PARIS

OCTAVE DOIN, ÉDITEUR

8, PLACE DE L'ODÉON, 8

—

1908

INTRODUCTION

Il est des sujets qui, par leur nature, impliquent de l'audace, si bien que l'auteur ne doit s'y risquer qu'en acceptant délibérément sacrifices et hostilités. Seulement il faut bien reconnaître qu'en pareil cas, ce qu'il y a de plus risqué n'est pas tant le sujet que la façon dont il est traité. Ceci doit nous mettre à l'aise.

N'ayant nulle étrange vertu, ce livre, — hâtons-nous de le dire, — serait mal venu pour faire un scandale. Sobre en tapage, pauvre d'étonnement : c'est un aveu que nous devons au lecteur qu'un titre paradoxal pourrait abuser.

*
* *

On a discuté maintes fois sur la parenté morbide que plusieurs savants ont cru découvrir entre fous et hommes de génie, et l'on a vraiment dépensé pour cette polémique des frais inutiles d'argumentation.

En mettant en présence les avis contraires, l'impression qui se dégage est que le bon sens siège des deux côtés, et que la solution du problème n'est pourtant nulle part. Les faits sont intéressants, les motifs sont d'une bonne logique, et la thèse qu'on veut édifier dans le sens positif ou dans le négatif demeure incertaine. La vérité est ici comme une balance folle dont les plateaux vont s'équilibrant en toutes positions. C'est peut-être que la thèse elle-même repose sur une pétition de principe, auquel cas les parties mettraient une passion stérile à lutter dans le vide.

La psychologie du fou et celle du surhomme sont réductibles aux mêmes éléments, et ceux-ci d'autre part sont réductibles aux éléments de la psychologie nor-

male : voilà tout ce que nous apprenons en tournant dans
le cercle vicieux où nous engage le rapport oiseux des
termes *folie* et *génie*. Une constatation de ce genre
implique toutes les opinions et ne milite en faveur d'aucune ; plus exactement, elle les supprime toutes en tant
que révélations pour la connaissance. En d'autres
termes, elle crée dans la discussion une situation compa-
rable à l'état désigné dans les sciences physiques sous le
nom d'*équilibre indifférent,* et qui se traduit par de telles
conditions de stabilité qu'un corps suspendu demeure
stationnaire quel que soit le sens dans lequel on le
dispose.

Ce n'est pas à dire que les rapports du pathologique
et du surnormal soient à négliger. Nous chercherons au
contraire à les élargir. Mais nous serons d'autant plus à
l'aise en cette besogne que nous refuserons formellement de découvrir, dans un rapprochement pareil, autre
chose qu'un ensemble de constatations d'ordre analytique, fort intéressantes d'ailleurs, mais nullement
exploitables en vue d'une synthèse.

Par un travail de démembrement, nous trouverons,
entre les deux termes opposés du génie et de l'aliénation, les éléments d'une réduction en facteurs communs,
et nous ne ferons que vérifier par là des lois essentielles
et incontestées, au point de vue général de la biologie.
Au moral tout comme au physique, les lois, en effet, sont
les mêmes fondamentalement pour la santé et la maladie.
La maladie n'est rien autre chose qu'une exagération ou
une diminution de certains phénomènes qui appartiennent foncièrement à l'état de santé, et l'on serait
fort étonné sans doute si l'on pouvait définir avec clairvoyance combien il faut peu de chose à notre nature
pour constituer avec les mêmes éléments des touts complètement distincts. Montrer suivant quelles formules
peuvent s'opérer ces mélanges, établir par quelle subor-
dination peuvent se grouper et s'influencer les états les
plus divers de l'activité psychique, voilà qui ne pré-

juge de rien ; car en admettant même qu'un essai de réduction de plus en plus poussé conduise le chercheur aux primes éléments partout identiques de la vie de l'esprit, aucune déduction ne pourrait en sortir, concernant le droit d'identifier les complexités qu'on aurait démembrées.

Réduire deux termes en leurs éléments communs, ce n'est pas affirmer leur identité de nature : voilà ce que nous ne cesserons de mettre en évidence comme un principe souvent méconnu encore que fondamental. C'est pour l'avoir négligé que nombre de théoriciens ont développé avec enthousiasme les paradoxes les plus étranges, alors que d'autres ont soutenu avec véhémence la cause de vérités parfaitement banales dont personne n'a jamais douté. Laissant de côté l'inutile discussion d'une thèse dont le principe même nous paraît oiseux, nous pourrons chercher des rapports nouveaux en nous tenant sur un terrain neutre, et la poésie que nous prenons pour sujet d'études n'y saurait rien perdre de son charme et de sa dignité.

*
* *

A cette question une autre vient s'annexer, non moins épineuse d'ailleurs en raison des intérêts plus individuels qu'elle peut mettre en jeu. Nous voulons parler des droits de la science psychiatrique à juger les œuvres de littérature.

La critique est de l'art, dit M. Brunetière, et « non pas de la science ou de l'application de la science ». C'est être bien exclusif que d'enfermer le jugement littéraire dans un tabernacle dont les accès doivent être interdits aux regards indiscrets des médecins et des psychologues. Sans doute on peut avancer que le génie est tout de personnalité, et que par suite il ne peut exister une formule du génie de même qu'il ne peut y avoir une science de l'accidentel. Mais il faut ajouter qu'en chacune des combinaisons fortuites dont le génie devient

l'expression, il y a une part d'exagération et en quelque
sorte d'anomalie, un déséquilibre de certains groupements qui appelle par divers côtés l'attention de la psychologie. Que chaque cas spécial devienne un nouveau
problème, nous le voulons bien ; mais à la solution
même de ce problème, les méthodes complexes de la
science peuvent offrir un précieux concours. Si la critique purement littéraire ne doit rien perdre de ses
droits, il est souvent indispensable d'en appeler à la
compétence de spécialistes autorisés, car la science
psychiatrique fournira des moyens très inattendus de
comprendre et de différencier certaines manières d'être
de l'intelligence.

Maurice de Fleury[1] a bien défini cette fonction spéciale du médecin moderne, qui doit être rompu aux
questions d'hygiène et de pathologie de l'esprit, « pour
discerner, dans les œuvres, l'avortement morbide de la
saine création, et savoir à quoi s'en tenir sur l'état cérébral de celui qui les a écrites,... pour pouvoir dire si
l'esprit qui les a dictées est un esprit malade ou bien
portant, capable ou non de contaminer, de faire mal à
ceux qui le liront. » Malheureusement on a fait abus de
ces appréciations doctrinales, en apparence rigoureuses
et inattaquables, et l'on ne s'est guère privé de lancer
des affirmations hâtives au nom d'une science infaillible
et intransigeante.

Certes, accuser le médecin de « voir des fous partout »
n'est rien moins que puéril ; mais il faut bien confesser un
peu que, les oreilles rebattues de névrose et de névropathie, le médecin, — quand il n'est que médecin, — se
montre assez mal prévenu à l'endroit des rêveurs et des
sensitifs.

La poésie, quoi qu'on en puisse dire, n'est pas du domaine commun, et c'est la triste prérogative d'une âme

---

[1] Maurice de Fleury, *Introduction à la Médecine de l'esprit*,
p. 150.

de poète que d'être bien entendue de ses pareilles seulement. La poésie plane ; le troupeau passe. Et le troupeau, ce n'est pas uniquement la gente besogneuse aux mains rudes, c'est le bourgeois très moyen, d'intelligence suffisante, et c'est l'homme supérieur lui-même qui a durci sa fibre au frottement de la vie. La poésie plane,... le troupeau passe et la vénère comme une chose auguste dont il convient de respecter le mystère ; mais il a envers elle des défiances sournoises. Il salue devant la tour d'ivoire, mais il voue à ses portes closes une secrète rancune qui s'ignore d'ailleurs et veut s'ignorer. On a toujours une haine latente de ce qu'on vénère sans foi et par convention. Sans aller si loin ni si bas, il est certain que, par-devant les esprits pratiques, faire de la « rêverie » un mode de l'activité est un jeu dangereux ; c'est déjà presque un avertissement morbide et comme une annonce de divagation probable. A plus forte raison, les œuvres réalisées sont-elles pour eux dignes de suspicion, dès que l'inspiration semble avoir dévié aussi peu que ce fût d'une *norme* représentative de l'humanité moyenne.

Il faut reconnaître pourtant que l'intransigeante raison ne peut avoir accès dans certains domaines. Visiteuse courtoise ou policière aux allures grincheuses, si elle s'avise d'y pénétrer seule, elle n'y trouvera que désert et obscurité. Si l'on aborde la poésie avec les prétentions rigoureuses d'une logique formelle, on attendra longtemps les satisfactions promises, et l'on risquera d'y découvrir en échange toute la gamme des misères mentales.

La vérité ne peut donc obtenir ses droits que si médecins et littérateurs veulent faire un mutuel échange d'utiles concessions. La critique littéraire doit reconnaître une bonne fois l'incontestable pénétration de l'élément morbide dans maintes questions dont elle est touchée, surtout à une époque où cet élément est plus florissant que jamais dans les lettres comme dans les arts.

Par contre, il serait à souhaiter que le monde médical fût pénétré très profondément de ce principe bien élémentaire, à savoir qu'on ne peut, en certaines matières, s'autoriser de la simple et unique raison pour décerner la santé aux uns et stigmatiser les autres au sceau de la folie. Juger de la littérature en pur clinicien, fût-ce en clinicien du plus grand mérite, c'est la pire des énormités. L'art s'alimente aux sources de passion. Si ses transports vont au frénétique, est-il nécessaire pour cela de couvrir son auteur d'une tare ou d'une maladie? Il y a dans tout homme un fou qui sommeille, et si l'art s'écarte parfois des conditions monotones et plates d'une norme idéale, l'insensé qu'on réveille en nous doit lui faire grâce d'épithètes qu'il désavouerait pour son propre compte si l'on venait à les lui retourner. Qu'importe donc si l'art nous entraîne parfois aux confins de l'extrême fantaisie, quand la fantaisie n'est vraiment qu'un jeu? Et qu'importe ses égarements, si nous vibrons avec sa folie? Que le médecin exploite son érudition, mais qu'il se garde bien de porter une sentence sans en avoir référé à l'homme! Alors nous éviterons les critiques outrées. La vérité ne pourra rien y perdre, et le crédit ne saura qu'y gagner.

*
* *

Nous devions indiquer l'esprit général dans lequel ce livre a été conçu. Il nous reste à en désigner l'objet par un exposé du plan qui devra nous guider.

Après une courte critique des opinions formulées de tous temps sur la question générale du génie et de ses attributs, nous pénétrerons dans le cercle restreint que nous nous sommes fixé (Ch. I).

La poésie étant confondue dans le domaine de l'art suivant une conception couramment admise, nous chercherons à déterminer la nature de l'acte psychique qui est comme l'expression foncière et la quintessence du produit génial : nous débuterons donc par l'étude de

l'inspiration dans l'art. Nous y trouverons les mêmes
éléments que dans l'obsession impulsive des états morbides, mais nous montrerons combien est superficielle la
similitude qu'on a décrétée entre ces deux formes d'activité mentale. Nous tenterons en effet de les dissocier
d'une façon complète, non pas seulement dans leur résultat et leur expression sociale, mais encore dans leur
essence même et leur mécanisme psychologique (Ch. II).

Puis nous chercherons à déterminer d'une façon plus
particulière les conditions essentielles qui président au
travail d'élaboration psychique dans la composition de
nature poétique. Nous serons conduits à fixer de la sorte
le mode d'association et d'évocation chez le poète, et
nous verrons surgir dans tous les détails de cet exposé
les points de contact les plus frappants entre l'état de
plasticité associationnelle, qui est la condition foncière
de toute poésie, et la dissociation de la synthèse mentale
qui caractérise certaines formes d'aliénation. Nous verrons combien on peut aller loin sur ce terrain de communauté apparente, tout en laissant le surnormal s'opposer
d'une manière formelle au pathologique (Ch. III).

L'étude des facultés poétiques chez les aliénés et l'étude
inverse des manifestations psychiatriques relevées çà et
là dans la poésie, nous permettront d'apprécier dans
quelles proportions l'élément morbide peut s'allier aux
productions d'ordre littéraire, et dans quel sens il influe
sur leurs qualités, en les modifiant, les exaltant ou les
frappant de stérilité (Ch. IV et V).

Pourvus de ces données, nous nous efforcerons de
juger sans partialité les appréciations formulées sur certaines écoles par une science fort autorisée sans doute,
mais dont l'application ultra-extensive a créé plus de
malentendus qu'elle n'a ouvert d'horizons dans bien des
questions. Les sentences prononcées avec trop de sécheresse ou les boutades lancées avec trop d'humour ont
compromis souvent les idées les plus raisonnables. Nous
devons nous en affranchir pour étudier dans le sens psy-

chiatrique les tendances de la poésie moderne; et tout en
faisant certaines restrictions, nous trouverons dans ce
dernier sujet une conclusion moins désespérante que ne
l'ont fait prévoir certains de nos devanciers (Ch. VI).

* *
*

L'aperçu que nous venons d'esquisser rendra plus légitime le titre adopté.

En associant deux mots dont l'union semble un sacrilège, nous ne voulons consterner personne. On ne trouvera rien autre chose ici qu'une tentative de juste conci-
liation entre deux modes de critique qui s'ignorent bien
volontairement, ou qu'on ne voit se rencontrer que pour
se tourner le dos.

Si, au nom de la justice, et pour la paix que nous sou-
haitons féconde, quelques victimes demeurent en otage,
nous reprochera-t-on d'en faire l'abandon sans pleurer
trop longtemps leur mauvaise fortune? Malgré des gestes
très pieux, si dans l'auguste fréquentation de la Muse il
nous reste aux doigts, en frôlant ses ailes, un peu de
poudre d'or, devra-t-elle flétrir sans pardon la main qui
profane en restant fidèle?... Puissent déjà nous avoir
absous les chers amis des heures solitaires, dispensateurs
des voluptés insoupçonnées, consolateurs sacrés des intimes douleurs, poètes qui nous ont donné la communion
d'angoisse ou de béatitude, en leurs baisers d'âme dont
la reconnaissance demeure infinie !

POÉSIE ET FOLIE

I

LES PARADOXES DE LA SCIENCE

La question du génie a tenté bien des psychologues, et jamais sujet ne fut servi par plus de fantaisie.

On a classé le génie parmi les formes morbides de l'esprit humain. Mais cette profanation, — si tant est qu'on doive s'exprimer ainsi, — n'est pas le fruit des méditations modernes. L'idée de rapprocher le génie de la folie est vieille comme le monde, et les psychiatres contemporains n'ont fait que la prendre dans l'opinion courante où elle flottait depuis l'antiquité.

Les premiers hommes ne distinguaient pas les révélations du sage des divagations du fou. L'intervention de puissances supérieures expliquait, sans plus d'analyse, toute manifestation curieuse ou bizarre de l'esprit humain. Le mot μανία désignait en Grèce l'enthousiasme de l'esprit créateur et la frénésie du délire furieux. Les Latins appelaient également *vates* poètes et prophètes. « Sous l'influence de la congestion, dit Aristote, il est des personnes qui deviennent poètes, prophètes et sibylles.... Les hommes illustres dans la poésie et dans les arts ont été souvent des fous, des mélancoliques ou des misanthropes... On a pu constater une telle disposition chez Socrate, Platon et d'autres, surtout parmi les poètes[1]. » Ce sont sans doute les observations de ce genre, mal interprétées, qui ont conduit les peuples de l'antiquité à l'adoration des fous. Toujours est-il que, depuis deux mille ans, on s'en va répétant qu'il n'y a pas de génie sans un grain de folie : *Nullum magnum ingenium sine mixtura dementiæ.* Boerhaave, au xviie siècle, écrivait en termes voisins : « *Est aliquid delirii in omni magno ingenio.* » Et, plus près de nous, Diderot s'étend avec complaisance sur de tels rapports : « Les hommes d'un tempérament pensif et mélancolique ne doivent qu'à un dérangement de leur machine cette pénétration extraordinaire et presque divine que l'on remarque chez eux par intervalles et qui les porte à des idées tantôt sublimes, tantôt folles... Hélas! que le génie et la folie se touchent donc de près! Ceux-là, que le Ciel a marqués, soit en bien, soit en mal, sont sujets à de tels symptômes; ils les subissent plus ou moins fréquemment, plus ou moins violemment. On les renferme, on les enchaîne, ou bien on leur élève des statues[2]. »

Mais la question n'a été soulevée de façon vigoureuse qu'au siècle dernier, quand les travaux de Pinel et d'Esquirol eurent constitué définitivement la science de l'aliénation mentale. C'est alors seulement qu'on put ériger en une théorie la fameuse formule demeurée latente.

---

[1] *Problemata,* Sect. XXX.
[2] DIDEROT, *Dictionnaire encyclopédique.*

*
* *

En 1859 paraissait l'ouvrage de Moreau de Tours sur la *psychologie morbide dans ses rapports avec la philosophie et l'histoire*. L'auteur y rappelait le dicton aristotélique, regrettant que de pareilles idées fussent considérées cemme un paradoxe ou comme une boutade. Selon lui, c'est en méconnaître tout à la fois le sens et la portée. « Le génie, s'écrie-t-il, c'est-à-dire la plus haute expression, le *nec plus ultra* de l'activité intellectuelle, une névrose! Pourquoi non? On peut très bien, ce nous semble accepter cette définition.» Sans doute, Moreau donne au mot *névrose* un sens restrictif. Il faut, dit-il, en faire simplement « le synonyme d'une exaltation ». Puis il explique sa pensée : « Les conditions organiques les plus favorables au développement des facultés sont précisément celles qui donnent naissance au délire... De l'accumulation insolite des forces vitales dans un organe, deux conséquences sont également possibles : plus d'énergie dans les fonctions de cet organe, et aussi plus de chances d'aberration et de déviation dans ces mêmes fonctions[1]. » Mais l'aliéniste français n'en décrète pas moins le « caractère morbide » du principe génial, et c'est là le trait fondamental de sa théorie.

Lombroso est allé plus loin. « Au lieu de se manifester par des convulsions, affirme-t-il, l'épilepsie se traduirait souvent en équivalents psychiques,

---

[1] Moreau de Tours, *Psychologie morbide*, p. 384, 386, 389, 464.

tels que la création géniale... La névrose épileptique, au point de vue mental, a pour conséquence
tantôt une énergie indomptable, tantôt une imagination d'une vivacité singulière[1]. » Voici donc que
le génie est une névrose bien cataloguée, un équivalent de *mal épileptique*.

Les théories que nous venons de résumer devaient
grouper en quelques années de nombreux partisans.
La nature morbide du principe génial fut admise
avec des variantes, en Allemagne par Schilling[2],
Hagen[3], Jurgen-Meyer[4], Radestock[5]; en Italie par
Tebaldi[6], Pisani Dossi[7], Del Greco[8]; en Angleterre
par Nisbert[9] et Hawelock Ellis[10].

Il n'y en eut pas moins une vive réaction. Des
affirmations aussi hasardeuses ne pouvaient manquer de soulever un scandale. Ravaler ce qu'il y a
de plus sublime au rang de ce qu'il y a de plus
triste et de plus lamentable! Comment souscrire à
une pareille chute de nos illusions, à un tel renoncement de notre idolâtrie!

L'opposition fut conduite en France par nombre
de psychologues. Toutefois si la défense avait entraîné des affirmations sophistiques ou paradoxales,

[1] Lombroso, *L'homme de Génie*, p. 236.
[2] Schilling, *Psychiatrische Briefe*, 1863.
[3] Hagen, *Ueber die Verwandschaft des Genie mit dem Iresein*, 1877.
[4] Jurgen-Meyer, *Genie und Talent*, 1879.
[5] Radestock, *Genie und Wahnsinn*, 1884.
[6] Tebaldi, *Raison et folie*, 1884.
[7] Pisani Dossi, *Les mattoïdes dans l'art*, 1885.
[8] Del Greco, *Des rapports entre le génie et la folie (Il manicomio moderno*, 1896, 1900, 1902).
[9] Nisbert, *The Insanity of Genius*, 1891.
[10] Hawelock Ellis, *L'homme de Génie*, 1891.

l'attaque, tantôt indignée et tantôt narquoise, fut
rarement bien démonstrative. M. Joly[1] affirme, dans
une formule bien commode, « qu'il n'est même pas
nécessaire de réfuter l'hypothèse de la folie dans le
génie; » car, dit-il, « la force n'est point faiblesse,
la santé n'est point maladie. » M. Regnard[2] prend
les choses moins à la légère, mais il les traite avec
une rigueur qui ne veut pas de réplique. L'auteur
admet par définition que « la folie est le trouble de
la pensée », et que d'autre part « le génie est l'état
de plénitude et d'épanouissement de cette même
pensée ». Il doit en découler très naturellement que
« la folie est le résultat de l'altération des cellules
nerveuses », au lieu que « le génie est le résultat
du fonctionnement de ces mêmes cellules à leur
plus haut degré de perfection ». Eh oui ! sans
doute. Mais une telle équation ne peut nous faire
progresser d'un pas, et la discussion conduite de la
sorte n'est après tout que la paraphrase de son
énoncé.

Cette manière d'argumentation est par trop
simpliste, et le sujet, semble-t-il, présente plus de
complexité. Au demeurant, la faiblesse de toutes ces
réfutations par l'absurde ou le contradictoire vient
de ce qu'elles sont basées sur une fausse interprétation de l'idée à combattre.

M. Ribot a mis les choses parfaitement au
point. « Si les auteurs avaient soutenu l'identité de
la folie et du génie, quant aux faits qui les tra-

[1] H. JOLY, *Psychologie des grands hommes*, 1883.
[2] A. REGNARD, *Génie et folie* (*Annales médico-psychologiques*, 1898).

duisent, nous dit-il, l'assertion eût été si prodigieuse qu'il n'eût fallu y voir qu'un jeu d'esprit. Mais qu'ont-ils prétendu? Que les causes secondes, que les conditions organiques du génie et de la folie paraissent presque identiques, de telle façon qu'une certaine organisation nerveuse n'a dû qu'à des circonstances accessoires de produire de grandes créations artistiques ou scientifiques plutôt que de se perdre dans les rêves d'un aliéné... Quand bien même, au point de vue de l'expérience physiologique, il n'y aurait entre les causes de la folie et du génie que des différences insignifiantes, y en aurait-il moins entre les deux une différence du tout au tout au point de vue de l'expérience psychologique et sociale? L'analogie des causes ne changerait rien à l'énorme différence des effets. Quand même le génie résulterait d'un certain état de la masse cérébrale, il n'en resterait pas moins la chose la plus élevée qui soit au monde. Depuis que l'on a découvert que le diamant est du charbon, a-t-il perdu son prix[1]? » La question se place ainsi sur son vrai terrain, et elle mérite alors d'être discutée autrement que par des axiomes ou des aphorismes.

*
* *

La théorie de Moreau a ses séductions. Elle n'est pas dépourvue de certaine vérité; mais cette vérité semble « maquillée », pour servir une cause plutôt sophistique que fondée sur des bases solides.

Le génie est, à sa façon, un excès, une hyper-

---

[1] Th. Ribot, L'Hérédité psychologique (Paris, F. Alcan).

trophie. Or telle est bien la définition de la maladie même, qui, en dernière analyse, se ramène toujours à une hypertrophie anatomique ou physiologique d'un tout ou d'une partie de ce tout. Voilà un principe admis. Mais la faute est d'aller au delà.

Tout état morbide a pour substratum l'exagération d'une fonction. Mais toute exagération de fonction n'est pas forcément morbide. Pour qu'une exagération de fonction ait un caractère morbide, il faut qu'elle gêne la fonction normale. Or l'exceptionnel développement des capacités mentales ne gêne pas la fonction psychique; au contraire, il la favorise et lui donne une rare extension. Il est donc abusif d'avancer que « la supériorité intellectuelle est la manifestation d'une névrose caractérisée par l'exaltation morbide du système nerveux ». Pour admettre une telle conception, il faudrait prouver, ainsi que le fait observer Grasset, que toute fonction exceptionnelle est par là même une fonction malade; ce qui est insoutenable. Une acuité visuelle ou auditive exceptionnelle n'est pas maladive. Il n'y aurait maladie que si cette exaltation du sens de l'ouïe ou de la vue empêchait le fonctionnement de l'organe; mais voici justement qu'elle le perfectionne.

Ce qui prouve que la supériorité ne saurait se confondre avec la névrose, dit avec raison l'auteur que nous venons de citer, c'est qu'on peut avoir la névrose d'un Pascal ou d'un Rousseau sans en avoir le génie, absolument comme on peut avoir le nez de Cyrano sans en avoir l'esprit, ou être grêlé comme Danton ou comme Mirabeau sans avoir leur don d'éloquence. Et en effet, si la folie et le génie étaient de même nature, il ne saurait y avoir entre l'éréthisme génial et l'éréthisme pathologique qu'une simple différence de degré, et l'on verrait invariablement, chose vraiment singulière, la folie impliquer le génie, et le génie contenir la folie. Pour rester dans le domaine des faits, disons donc tout bonnement que la névrose est fréquente chez les supérieurs, mais n'allons pas en conclure pour cela que leur grandeur est une maladie.

Si la théorie de Moreau ne peut être acceptée dans toute sa rigueur, celle de Lombroso doit être accueillie avec une méfiance bien plus grande encore. Charles Richet lui-même, son protagoniste en France, l'a sans doute jugée téméraire, car il s'est efforcé de l'atténuer en la présentant.

En vérité, pour faire du génie une névrose épileptoïde, il eût été nécessaire d'apporter des faits, car nous ne sommes plus ici comme précédemment sur le terrain de la simple interprétation : nous sommes en plein domaine de clinique et de science positive. Or les preuves avancées sont souvent dépourvues de fondement et groupées au hasard, sans méthode précise; d'une exactitude approximative, elles tiennent fréquemment du conte ou de la fantaisie. Ce reproche, nous le trouvons formulé partout, et nous ne pouvons éviter de le renouveler encore, tout en reconnaissant à l'œuvre un mérite certain : celui de n'être point banale et de porter en elle le germe d'études à approfondir et de pensées à mûrir longuement.

L'auteur dresse une liste touffue d'hommes célèbres à divers degrés, dont l'esprit a sombré dans le déséquilibre ou la ruine totale. Mais rencontrer la folie dos à dos avec le génie, ou constater çà et là des stigmates dégénératifs parmi les enfants des dieux, cela ne démontre absolument rien. Pour la thèse de généralisation, il faudrait justement prouver que cet état morbide ou ces stigmates dégénératifs sont indispensables à l'intégration du type génial, ce qui est loin d'être démontré.

La méthode inverse, qui consiste à mettre en vedette des productions d'un mérite variable relevées chez des aliénés obscurs, n'a pas plus de valeur. Les constatations de ce genre ne montrent qu'une chose, c'est que la folie laisse vivre autour d'elle les facultés qu'elle n'a pas atteintes, et leur donne parfois, en vertu de certains balancements, un relief plus ou moins curieux, mais d'ailleurs sans valeur en tant qu'argument.

Établir après cela, sous le nom de *mattoïdes*, un groupe de demi-fous nantis de qualités remarquables mais incomplètes, et montrer par là que les gradations entre la folie et la pleine santé sont loin d'être hypothétiques, c'est se tenir en parfait accord avec les lois naturelles qui veulent que tout ici-bas procède par nuances et transformations insensibles; mais en tirer quelque déduction, c'est vouloir fonder une doctrine sur le développement de cette idée bien fausse, à savoir que deux termes sont identiques pourvu qu'on puisse les relier par d'autres. On ne peut admettre scientifiquement qu'un grand nombre d'intermédiaires entre deux êtres ou deux phénomènes prouve l'identité de ces êtres ou de ces phénomènes.

Enfin le dernier argument nous semble plus critiquable encore, parce qu'il fait appel à des rapprochements fort injustifiés. Pour fixer définitivement le génie dans le cadre des psychoses dégénératives et plus spécialement dans le cadre de l'épilepsie, l'auteur s'efforce d'accumuler des facteurs communs. Il en détient une réserve très imposante, il faut le reconnaître; mais on pourrait édifier de la sorte les équations les plus fabuleuses. Une reine et une bergère portent des jupons : la reine pourtant n'est pas une bergère. Corneille, Racine, Sophocle et Coleridge eurent des fils, des frères ou des neveux poètes, au lieu que d'autres ont eu la mauvaise fortune de ne voir dans leur descendance que des simples ou des imbéciles. Mais combien aussi sont issus d'une souche simplement moyenne pour se perpétuer à leur tour dans une race ni géniale ni dégénérée! On nous affirme que « les enfants sont surtout précoces chez les Nègres et les Esquimaux », lesquels sont de pauvres hères peu civilisés et point trop géniaux ; or Le Tasse parlait à six mois, et Lenau dès sa prime enfance « jouait du fifre admirablement ». Cela est possible; mais nous ne pouvons pour autant voir dans nos poètes des sauvages ou des primitifs. Ésope, dit-on, était rachitique, Pope malingre, et Scarron bossu. C'est encore vrai; mais il est permis de faire de très beaux vers sans être affligé de ces imperfections. Il n'est pas moins abusif de convaincre Aristote de folie morale pour avoir fait l'éloge d'Alexandre, et Ampère de déséquilibre pour avoir été linguiste, peintre et poète, autant que physicien. Il faut se garder de généraliser d'une façon hâtive; car si l'on entre dans une telle voie, on classera toute l'humanité dans le domaine morbide. Les signes présumés de dégénérescence sont tellement nombreux, qu'on peut se demander à bon droit s'il existe des individus assez privilégiés pour en être exempts.

Quant à l'espèce épileptoïde déduite de l'intermittence qui est le propre de l'inspiration géniale, elle ne peut se vérifier raisonnablement par cette seule donnée. Les alternatives d'excitations dynamiques suivies d'épuisement sont bien le propre de l'épilepsie; elles sont aussi le propre du génie; mais on les retrouve en définitive dans toute forme d'activité. Le paroxysme est dans la nature; il est la condition et l'expression habituelle du rythme qu'on peut vérifier partout, dans tout ce qui se dépense et dans tout ce qui vit.

Nous ne saurions donc souscrire à l'ingénieuse hypothèse du maître italien. Mais nous pensons néanmoins qu'il y a dans son livre autre chose qu'un système « facile et puéril ». Ce qui est un système facile, c'est d'admettre avec ses critiques que « la tête peut devenir malade chez tout le monde comme le cœur ou les intestins », et que certains d'entre les grands hommes deviennent fous « comme d'autres ont des pneumonies ». L'entière assimilation des termes folie et génie est un paradoxe en lequel nous n'avons pas foi; mais nous ne croyons pas pour cela que le surnormal s'oppose au pathologique comme le jour s'oppose à la nuit.

*
* *

Si le génie n'est pas l'expression de la misère et
de la maladie, il n'est pas davantage l'expression
de la suprême santé ni de l'extrême vigueur de
l'esprit humain. Moins fragile que le cerveau génial
est le cerveau des vulgaires mortels. Comme un
corps paysan aux rustiques attaches, il est harmonieux lourdement. Il est la solidité toute simple,
sans grâce ni beauté. Doués d'organismes à la fois
plus complexes et plus délicats, les hommes supérieurs sont menacés tout naturellement d'usure plus
rapide et plus périlleuse dans ses conséquences. Il
convient d'ajouter que cette fragilité est mise à
l'épreuve d'une façon constante sous l'influence de
divers facteurs, parmi lesquels une place importante revient à l'excès même de l'activité, sous la
forme du surmenage. La vie à outrance est une
source inévitable et sans cesse renouvelée d'épuisement nerveux. Sainte-Beuve a dit des grands
hommes qu' « ils n'écrivent pas seulement avec
leur pensée, mais avec leurs muscles et avec leur
sang ». « Ah! la belle désorganisation physique,
que fait, même chez les plus forts, la vie cérébrale!
s'écriait de Goncourt. C'est positif : nous sommes
tous malades, quasi fous ou près de le devenir. »

Ainsi à mesure qu'il se perfectionne, le cerveau
devient en même temps plus impressionnable et par
conséquent plus accessible aux causes de désorganisation. Tant qu'il demeure dans une inactivité
relative et que les admirables facultés dont il dispose à l'état latent ne reçoivent aucune culture,

aucun développement, il reste vierge de toute atteinte; mais aussitôt qu'à la faveur de la sélection sociale et de l'hérédité, il se développe et se perfectionne par un exercice soutenu, il devient un lieu de moindre résistance. Dès que la pensée s'y installe en maîtresse, la folie s'y glisse derrière elle. En fait, il est bien certain que « plus la vie intellectuelle et sociale est active dans un pays, plus la population est dense, plus il y a de villes, c'est-à-dire de centres où les fonctions cérébrales sont sollicitées à une activité intense, et plus il naît de talents et de génies »; mais les statistiques démontrent également que « la folie et les dégénérescences sont d'autant plus nombreuses dans une agglomération, que la tension intellectuelle y est plus concentrée[1] ».

Au point de vue de l'évolution, folie et génie puisent donc à même source. Ce sont là deux produits de sélection sociale : résultats d'excitations accumulées et transmises par l'hérédité. Et en restant sur ce terrain général de l'évolution de l'espèce, on peut ajouter aussi que les hommes supérieurs et les fous ont même destinée. Les uns et les autres sont en dehors de l'humanité commune. Or la nature recherche avant tout l'uniformité de la race. Les exceptions, elle les ampute et les élimine. Niveleuse et démocratique, elle souffre avec impatience l'aristocratie mentale des esprits géniaux. Par-devant elle, l'homme vraiment normal n'est pas le supérieur, l'érudit, le profond, le raffiné; ce n'est

[1] CULLÈRE, *Les frontières de la folie,* p. 341.

pas l'homme qui pense, c'est l'homme qui travaille et qui mange : *fruges consumere natus.*

Montaigne a dit non sans vérité : « Tenez-vous dans la route commune; il ne fait pas bon estre si subtil et si fin[1]. » Il développe ailleurs les motifs de cette sage maxime : « Comme les grandes amitiés naissent des grandes inimitiés, des santés vigoureuses les mortelles maladies, ainsi des rares et vives agitations de nos âmes les plus excellentes manies et plus détracquées. Il n'y a qu'un demi-tour de cheville à passer de l'un à l'aultre... Qui ne sçait combien est imperceptible le voisinage d'entre la folie avecques les gaillardes eslevations d'un esprit libre, et les effets d'une vertu suprême et extraordinaire?... Infinis esprits se trouvent ruynés par leur propre force et souplesse... Voulez-vous un homme sain? Le voulez-vous réglé, et en ferme et seure posture? Affublez-le de ténèbres, d'oysiveté et de pesanteur : il nous fault abestir pour nous assagir et nous esblouir pour nous guider[2]. » Après Montaigne, Pascal répète à son tour : « L'extrême esprit est accusé de folie, comme l'extrême défaut. Rien n'est bon que la médiocrité... C'est sortir de l'humanité que de sortir du milieu; la grandeur de l'âme humaine consiste à savoir s'y tenir[3]. » Heureux donc les médiocres! Ils naissent adaptés à la vie pratique. Ils accompliront la tâche journalière à travers un doux optimisme. Doués d'un sens raisonnable et d'un juge-

[1] *Essais,* édit. Firmin-Didot, p. 241.
[2] *Ibid.,* p. 266.
[3] *Pensées,* VI, 14; p. 88, édit. Havet.

ment sûr, ennemis de la fantaisie, pauvres en passions et maîtres d'eux-mêmes, ils agiront en toutes circonstances pour le mieux d'un but immédiat et intéressé. Au contraire, les hommes d'exception incapables de se façonner aux réalités communes sont appelés trop souvent à souffrir par certains côtés d'une supériorité qui fait leur malheur, et à payer d'une fragilité plus grande l'extrême délicatesse d'un mécanisme perfectionné, dont l'activité enthousiaste oublie trop souvent d'ailleurs la réserve prescrite par l'hygiène mentale.

En résumé, le génie n'est pas une névrose, mais il peut se compliquer de névrose. Bien mieux, l'association de l'élément morbide à l'esprit génial est plus qu'un hasard fortuit, plus qu'une simple coïncidence. Génie et névrose sont souvent reliés par une souche commune, et cette souche commune est représentée chez l'individu par un complexus de tendances ou de forces virtuelles qu'on nomme le tempérament. En d'autres termes, le génie n'est nullement d'une essence morbide; il n'est pas davantage l'effet, le produit ou la conséquence d'une maladie ou d'une tare. Mais il prend naissance et se développe dans des conditions psycho-biologiques qui sont elles-mêmes un terrain de culture pour la tare et la maladie. Les fléaux de l'esprit peuvent donc l'escorter. Cette escorte n'est point nécessaire d'ailleurs : elle représente non une cause, non une condition, mais bien une rançon, et en quelque façon une gangue. Formulée de cette manière, la question qui nous intéresse n'a nullement l'allure tapageuse qu'implique la théorie sophistique et paradoxale de l'identité. Elle n'invoque que des vérités banales.

Est-ce à dire maintenant que génie et névrose, lorsqu'ils coexistent, vivront en opposition formelle, rivaux contradictoires, concurrents exclusifs, éléments toujours en conflit? Ceci est une autre affaire, et pour en juger il nous semble utile de ne point réunir dans un bloc unique toutes les modalités de l'expression géniale. Il faut établir parmi ces dernières les distinctions que la complexité des faits nous impose.

Le mot génie n'est qu'une étiquette propre à réunir d'éminentes et exceptionnelles supériorités; mais il faut bien que son contenu soit vague pour que, de Kant à Beethoven et de Molière à Napoléon, il s'applique à tous les grands hommes. Les formes de la création sont aussi nombreuses que variées, et les conditions organiques et psychiques dont elles se recommandent sont assez différentes pour qu'un ensemble de dispositions morbides puisse être aux unes profitable et aux autres nuisible.

Or, par un essai de dissociation très rudimentaire, on peut se convaincre que, suivant la forme considérée de l'imagination créatrice, c'est tantôt l'idée, tantôt l'émotion et tantôt l'action qui est originale, et qui s'élève au-dessus des communes idées, des communes émotions, des communes actions. Il y a des *génies intellectuels,* brasseurs d'idées neuves; et nous ne voyons guère qu'en ceux-là l'intervention d'un parasitisme pathologique puisse apporter autre chose que l'obstacle et l'inhibition. Il y a des *génies d'action,* brasseurs d'entreprises. La folie a

pu les servir, mais elle les a servis indirectement
et à leur insu. Ainsi a-t-on vu des esprits malades
entraîner la foule dans leur politique ou leur religion. L'intrépidité qui naît de l'égarement donne
ici la prime impulsion, et la sottise humaine se
charge du reste. Enfin, il y a des *génies d'ordre
émotionnel,* pourvoyeurs de sentiments rares et de
sensations exquisement raffinées. Ceux-là forment
un groupe à part. La création exige d'eux une ex-
citabilité nerveuse, un éréthisme passionnel, une
prédominance des états affectifs, qui peuvent frôler la lisière scabreuse, plonger même leurs racines jusque dans le morbide, et s'alimenter aux
sources pathologiques qui deviennent ainsi l'auxiliaire puissant et l'ennemi redoutable à la fois. La
loi de coïncidence doit ouvrir en pareil terrain des
horizons vastes, horizons mouvants qu'on peut rapprocher ou reculer au gré de son désir jusqu'aux
confins de l'extravagance.

Faut-il nous demander maintenant pourquoi nous
avons fait choix de la supériorité purement artistique comme sujet d'étude, et pourquoi nous l'avons
cherchée dans son expression la plus générale et la
plus complète qui est la *poésie?*

II

L'AUTOMATISME ET L'INSPIRATION

Les hommes qui ont cherché à symboliser le génie nous l'ont représenté invariablement les yeux couverts d'un bandeau.

Voltaire disait à Diderot : « Tout ce que fait le génie est l'effet de l'instinct. Tous les philosophes du monde réunis ne pourraient écrire l'*Armide* de Quinault, ni les *Animaux malades de la peste* que La Fontaine composa sans presque savoir ce qu'il faisait. Corneille a écrit la scène des *Horaces* tout à fait comme un oiseau fait son nid. » Hagen écrivait aussi : « Un des caractères du génie, c'est l'irrésistibilité impulsive de l'action. Ainsi que l'instinct pousse l'animal à de certains actes, même au péril de la vie, le génie, quand il est possédé par son idée, est incapable de penser ailleurs. Son activité ressemble à de la volonté ; mais il n'en est rien. Le génie crée non parce qu'il le veut, mais parce qu'il le doit. » Et Richter : « L'homme de génie est un somnambule. Dans son rêve il voit plus loin que réveillé, et il touche à tâtons aux plus hautes cimes de la vérité. Mais qu'on lui enlève son monde fantastique, et il tombera soudain aux plus bas-fonds de la réalité terrestre. » Le talent, dit Jürgen-Meyer, sait pourquoi et comment il aboutit à une théorie; mais « le génie n'en sait rien, car rien n'est plus involontaire que l'idée géniale ».

Il semble donc que ce ne soit pas le poète qui compose, le philosophe qui raisonne, le savant qui trouve. C'est une force supérieure et fatale qui dicte ses volontés, et l'homme n'est qu'un serviteur soumis encore que bavard. Sans doute le mot de Buffon paraît en conflit avec des affirmations aussi fatalistes; mais ce conflit n'est qu'une apparence. L'auteur, après avoir dit que « le génie est une longue patience », complète sa pensée : « Il faut regarder longtemps son sujet; alors il se déroule et se développe peu à peu. Vous sentez un petit coup d'électricité qui vous frappe la tête et en même temps vous saisit au cœur; voilà le moment du génie. » Le « petit coup d'électricité », c'est l'inspiration. On a tant parlé d'elle, qu'il serait permis de ne point s'y attarder; mais on l'a célébrée en termes assez vagues pour qu'on puisse souhaiter d'y revenir encore.

*
* *

Malgré son apparence mystérieuse, l'inspiration répond à des caractères courants qui permettent de la spécifier. Elle se présente comme la *synthèse préconçue* de l'œuvre définitive; elle est foncièrement une crise, un *état aigu;* enfin elle est *spontanée,* dépourvue en apparence de préparation et dénuée d'effort.

Avant de pénétrer plus avant dans l'analyse de ces caractères, il est nécessaire de nous expliquer avec précision sur les limites du phénomène qui nous intéresse. C'est là une condition primordiale pour ne point tomber dans l'équivoque ou la confusion.

La place de l'inspiration, au cours du travail total, est des plus variables.

Dans certains cas, elle a toutes les apparences d'un moment final. Une intention parfaitement consciente se transforme en une idée fixe, mais en une idée fixe systématiquement dirigée comme celle d'un Newton, qui arrive à sa découverte « en y pensant toujours »; et c'est à la suite d'une accumulation de matériaux parfaitement consciente, qu'apparaît la phase de l'inspiration, ou de la trouvaille si l'on veut, très courte, mais capitale, décisive, en vertu de laquelle le travail est terminé sinon en fait, du moins virtuellement. C'est ainsi que les choses se passent couramment en matière de science.

Dans d'autres cas, — et c'est à ceux-là que répondent presque toujours les créations d'art, — l'instant psychologique de la synthèse imaginative semble apparaître primitivement. En vérité, la phase prémonitoire existe pourtant, mais elle est latente. Elle est représentée par une disposition naturelle ou acquise, dont la résultante est une tendance toujours sous pression et prête à se manifester, une possibilité virtuelle de réagir aux excitations par une création.

Dans les deux groupes de faits, l'inspiration est toujours suivie d'un travail conscient répondant à l'exécution et la finition de l'ouvrage entrevu ; et à son tour, cette phase de développement ou d'élargissement pourra passer presque inaperçue ou représenter au contraire l'étape laborieuse.

Il résulte de ce qui précède que la localisation de l'inspiration au cours du travail total est toujours intermédiaire entre deux phases d'élaboration. Mais, en dépit de cette situation réelle, l'inspiration nous apparaîtra comme phénomène initial ou comme phénomène final, suivant que ce sera le travail prémonitoire ou le consécutif qui se tiendra dans l'ombre. En d'autres termes, on peut dire avec Ribot que la crise de l'inspiration marque « tantôt la fin d'une élaboration très courte ou très longue, tantôt le commencement d'une élaboration très longue ou très courte » ; mais cette duplicité de condition est plus fictive que réelle. La vérité est que l'instant d'illumination se place toujours entre deux périodes, dont l'une est en rapport inverse de l'autre au point de vue de sa durée et de son degré de volonté consciente.

Il convient d'ajouter que l'inspiration n'est pas une nécessité. Elle peut faire défaut en tant que paroxysme bien défini, et on ne saurait guère la situer dans l'évolution progressive de certaines créations. Inversement elle peut exister pour son propre compte et demeurer stérile ; elle peut apparaître et ne pas aboutir à une œuvre viable.

Quoi qu'il en soit, le trait le plus saillant de cette phase aiguë qu'est l'inspiration, c'est son caractère d'imposition soudaine, souvent inexplicable, incompréhensible. évoquant l'idée d'une force étrangère qui viendrait s'installer dans l'esprit passif, sans un appel de la volonté consciente, sans une intervention active de la part du « moi ».

Cette notion capitale nous est fournie par les inspirés eux-mêmes. Écoutez Mozart : « Quand je me sens bien, dit-il, et que je suis de bonne humeur, ou que je voyage en voiture, ou que je me promène après un bon repas,... les pensées me viennent en foule et le plus aisément du monde. D'où et comment m'arrivent-elles ? Je n'en sais rien ; je n'y suis pour rien[1] ». Et de Goncourt : « Il y a une fatalité dans le premier hasard qui vous dicte l'idée. Puis c'est une force inconnue, une volonté supérieure, une sorte de nécessité d'écrire qui vous commandent l'œuvre et vous mènent la plume, si bien que quelquefois le livre qui vous sort des mains ne vous semble pas sortir de vous-même ; il vous étonne comme quelque chose qui était en vous et dont vous n'aviez pas conscience[2]. »

Mais ce sont les poètes qu'il faut entendre parler du souffle qui les anime. « Le besoin d'écrire bouillonne en moi comme une torture dont il faut que je me délivre, » écrivait Byron. On connaît aussi les beaux vers de Dante qui peuvent se traduire : « Je suis ainsi fait que l'amour m'inspire ; je note, et selon qu'il parle en moi je m'exprime. » On en rapprocherait volontiers ce passage de Wordsworth : « A l'instar de Vénus surgissant des flots, quelque

---

[1] Cité par PAULHAN.
[2] *Journal des Goncourt*. Paris, 1888.

gentille image surgissait de toute pièce dans ma poésie. » Et cet autre de Mickiewicz : « Je ne fais pas de vers, je ne compose pas de rimes; j'ai tout écrit comme je vous parle maintenant. Il suffit que je me frappe la poitrine pour que l'inspiration jaillisse. Ce n'est pas un mérite, car c'est Dieu qui m'a fait ce don; et c'est là l'unique chemin qui conduit à la vérité..» Le poète confirme donc l'opinion vulgaire : l'inspiration est une suggestion. Musset l'a bien exprimé :

> On ne travaille pas, on écoute, on attend;
> C'est comme un inconnu qui vous parle à l'oreille.

Lamartine, plus que tout autre encore, a su montrer ce qu'il y a de passif dans l'inspiration : « Je ne pense jamais, disait-il; ce sont mes idées qui pensent pour moi[1] ». Si l'on demande au poète pourquoi son âme s'exhale en flots d'harmonie, il se contente de répondre :

> ... Demande à Philomèle
> Pourquoi, durant les nuits, sa douce voix se mêle
> Aux doux bruits des ruisseaux, sous l'ombrage roulant?
> Je chante, mes amis, comme l'homme respire,
> Comme l'oiseau gémit, comme le vent soupire,
> Comme l'eau murmure en coulant.

Et voilà bien où se révèle la puissance aveugle et sereine qui ne se connaît à elle-même ni cause ni raison :

---

[1] LEGOUVÉ, *Conférence sur Lamartine* (*Le Temps*, 19 janvier 1876).

> Jamais aucune main sur la corde sonore
> Ne guida dans ses jeux ma main novice encore ;
> L'homme n'enseigne pas ce qu'inspire le ciel ;
> Le ruisseau n'apprend pas à couler dans la pente,
> L'aigle à fendre les airs d'une aile indépendante,
>   L'abeille à composer son miel...

Il est intéressant de comparer avec Paul Albert l'idée que Lamartine et V. Hugo se faisaient respectivement de leur inspiration. On peut y découvrir, jusqu'à un certain point, l'expression différentielle de leurs deux génies. Chez l'un, c'est l'aigle enlevant *Ganymède* par une ascension dans les nues où l'enfant s'abandonne et se perd au hasard. Chez l'autre, c'est le cheval furieux de *Mazeppa*, qui entraîne son maître lié à ses flancs, et qui ne tarde pas à se confondre avec lui dans une chute finale dont tous deux pourtant sortent victorieux. Dans les deux cas, l'élan irrésistible est le fond de la comparaison :

> Sous le dieu mon âme oppressée
> Bondit, s'élance et bat mon sein...

> (LAMARTINE.)

> Ainsi lorsqu'un mortel, sur qui son Dieu s'étale,
> S'est vu lier vivant sur ta croupe fatale,
>   Génie, ardent coursier,
> En vain il lutte, hélas ! tu bondis, tu l'emportes
> Hors du monde réel, dont tu brises les portes
>   Avec tes pieds d'acier...

> (V. HUGO).

Une sensation domine parmi ces images : le vertige..., le vertige où la volonté consciente abdique tous ses droits et livre l'esprit passif à la force inexorable et fatale.

⁎
⁎ ⁎

Il est plus facile de constater que d'expliquer.

La théorie psychologique de cette crise aiguë qu'est l'inspiration a traversé de nombreuses phases, et l'on a conçu plus d'une hypothèse pour faire admettre l'imposition soudaine de l'intruse à l'esprit qui la reçoit pour ainsi dire malgré lui, dans une sorte de ravissement ou de béatitude.

Dans tous les essais, la tendance aux comparaisons morbides s'est révélée avec une fixité qu'on ne peut contester.

A l'origine, l'inspiration est considérée comme une possession temporaire des dieux. Or on sait dans quel inextricable mélange les anciens confondaient toutes les productions qui s'écartent de l'activité courante. Les fous et les génies s'alliaient en une même « fureur », en un même « délire » inspiré des puissances divines, et tous avaient également droit aux mêmes marques d'adoration et de respect. Le délire des poètes émanait des Muses, comme le délire des prophètes venait d'Apollon, de Bacchus celui des Bacchantes, et d'Eros celui des amants.

Socrate avait noté tout le premier que les poètes « composent par instinct de la même façon que les oracles, sans avoir conscience de ce qu'ils disent ». Puis Platon : « Le poète est chose légère, volage et sacrée; il ne chantera jamais sans l'intervention d'un transport divin, sans une douce fureur. Loin de lui la raison; dès qu'il veut lui obéir, il n'a plus de vers, il n'a plus d'oracles... Les poètes ne créent pas leur art. Un dieu, le dieu qui subjugue l'esprit, les prend pour ministres. Il veut, en leur ôtant le sens, nous apprendre qu'ils ne sont pas les auteurs de toutes ces merveilles; semblables aux prêtres de Cybèle, qui n'exécutent jamais leurs danses lorsqu'ils sont de sang-froid, les poètes, tant que leur âme est tranquille et qu'ils conservent l'usage de la raison, sont incapables de rien produire de merveilleux et de sublime. C'est uniquement lorsque, échauffés par l'harmonie et le rythme, ils entrent dans le délire, qu'ils composent et soulèvent notre admiration. » On retrouve dans Cicéron des expressions qui rappellent la pensée du philosophe grec : « Croyez-vous que Pacuvius composa de sang-froid? dit l'auteur des *Catilinaires*. Il faut être en état de folie pour faire de beaux vers. »

Mais les dieux n'eurent qu'un temps. Aux époques plus récentes, on parla encore de révélation, de fureur et de délire. Seulement les anges et les saints prirent la place des Muses. Puis bientôt on ne trouvera que de simples formules : des survivances très vagues sans contenu, un vieux fond de mystère traduit par des métaphores. On dira des poètes qu'ils sont « possédés », mais on ne s'inquiétera plus de savoir comment ni pourquoi; on parlera du « souffle de l'inspiration », de l' « éclair du génie ». On abandonnera petit à petit l'erreur; mais on ne tentera que bien plus tard la recherche de la vérité.

La recherche de la vérité n'a pas fait grand jour, il faut bien le reconnaître. Avec la psychologie nous sortons du domaine du *Surnaturel;* mais nous tombons dans un autre abîme : celui de l'*Inconscient.*

Hartmann déclare que « l'artiste doit préparer d'avance le terrain sur lequel tomberont les germes de l'Inconscient pour qu'ils s'épanouissent en une floraison très riche de formes vivantes ». Et cherchant ailleurs à différencier le simple talent du génie réel, il fait observer que le talent « n'a pas senti le souffle vivifiant de l'Inconscient, qu'on regarde comme une inspiration supérieure et inexplicable, et qu'on reconnaît comme un fait sans en pénétrer le mystère[1] ». Schelling avait déjà dit : « L'artiste est sollicité involontairement et malgré lui à la production,... les matériaux de son œuvre viennent du dehors et s'imposent à lui[2]. » Et à ce propos, Schiller écrivait à Gœthe : « J'ai combattu Schelling au sujet de cette assertion à savoir que la nature procède de l'inconscient au conscient, tandis que l'art suit la marche inverse. Le poète aussi commence par l'Inconscient et il doit s'estimer trop heureux si, par la conscience de ses opérations, après le travail accompli, il arrive à retrouver la première et obscure idée d'ensemble de son œuvre. Sans une telle idée obscure, mais puissante, antérieure à toute technique, aucune œuvre poétique n'est possible, et la poésie même me semble consister en ceci : pouvoir exprimer et communiquer cet Inconscient, c'est-à-dire le transformer en un

---

[1] HARTMANN, *Philosophie de l'Inconscient.*
[2] SCHELLING, *Idéalisme transcendantal.*

objet [1]. » La réponse de Gœthe est à souligner :
« Je crois que tout ce que le génie exécute, il le
fait d'une façon inconsciente. Aucune œuvre de
génie n'émane de la réflexion ; mais le génie se
sert de la réflexion pour s'élever peu à peu au
point de produire des œuvres parfaites [2]. »

Les psychologues d'aujourd'hui s'expriment en
termes voisins, quoique la notion nouvelle de la
Subconscience ait créé des nuances.

M. Ribot dit de l'inspiration : « Avant tout elle
est impersonnelle et involontaire ; elle agit à la
façon d'un instinct, quand et comme il lui plaît ;
elle peut être sollicitée et non conquise. Pour la
création originale, ni la réflexion ni la volonté ne
la suppléent [3]. » Ailleurs, le même auteur ajoute :
« Ce qui semble acquis, c'est que la génialité ou
du moins la richesse dans l'invention dépend de
l'imagination subliminale, non de l'autre, superficielle par nature et promptement épuisée [4]. » Myers
déclare très positivement : « L'inspiration de génie
n'est pour moi qu'une émergence, dans le domaine
des idées conscientes, d'autres idées à l'élaboration
desquelles la conscience n'a pas pris part, mais qui
se sont formées toutes seules pour ainsi dire, indépendamment de la volonté, dans les régions profondes de notre être [5] ». Plus loin, il revendique
pour le Subconscient tous les droits de la génialité,

---

[1] *Briefwechsel,* t. IV, p. 33.
[2] *Ibid.,* t. V, p. 257.
[3] Ribot, *Psychologie des sentiments.*
[4] Ribot, *Essai sur l'imagination créatrice.*
[5] F.-W.-H. Myers, *La personnalité humaine, sa survivance, ses manifestations supranormales,* p. 66.

tandis que la conscience n'appartient qu'aux acquisitions communes et d'utilité pratique : « Dans
chaque direction, notre moi quotidien peut être plus
ou moins perméable pour les impulsions sublimi-
nales. Celui qui ne présente cette perméabilité qu'à
un degré léger, qui agit conformément à des considérations supraliminales, d'après des raisonnements,
non d'après des impulsions, celui-là vit en sécurité
dans sa prudente médiocrité. Il n'utilise que la
partie de la nature humaine qui a été exercée et
préparée en vue des œuvres de ce monde[1]. »

D'une façon générale, il est bien certain que le
Subconscient prend une part énorme à la production des travaux de génie. Sans aller puiser dans
des anecdotes d'une réalité douteuse, il suffit de se
livrer journellement aux productions de l'esprit
pour savoir que le travail cérébral s'accomplit
souvent comme à notre insu, et sans que la volonté
intervienne, du moins d'une manière actuelle. Les
documents abondent sur un tel sujet[2].

Mais dire de l'inspiration qu'elle est l'œuvre du
Subconscient, c'est poser le problème sans le résoudre, et le champ reste encore ouvert à une
étude aussi complexe que délicate. Quoi qu'il en soit,
retenons pour cette raison même, et en vue de
futurs développements, que l'inspiration prend
naissance dans le *subliminal*, ou, si l'on veut encore,
dans le domaine secret de notre *subconscience*.

---

[1] F.-W.-H. MYERS, *loc. cit.*, p. 103.
[2] EDMOND COLSENET, *Études sur la Vie inconsciente de l'esprit* (Germer-Baillière, 1880). — PAUL CHABANEIX, *Le subconscient
chez les artistes, les savants et les écrivains* (BAILLIÈRE et fils,
1897).

*
* *

Le domaine secret de notre subconscience! Mais c'est justement le territoire méchant où fermentent l'impulsion traîtresse, l'obsession fatale, l'idée fixe des fous et tous les genres de folie! Le rapprochement ne pouvait manquer de s'imposer, et du rapprochement à l'identité il n'y a qu'un pas.

Les psychiâtres ont contribué pour une large part à la théorie de l'inspiration-impulsion. C'était à prévoir. Chacun tire à soi.

Moreau fut l'un des premiers à souligner une analogie qui avait pour elle toutes les apparences et qui cadrait d'une façon logique avec sa conception générale de l'homme de génie. « L'état d'inspiration, soit poétique, soit prophétique, est précisément celui qui offre le plus d'analogie avec la folie réelle, nous dit-il; ici, folie et génie sont presque synonymes à force de se rapprocher et de se confondre... Arraché à lui-même, l'esprit semble en présence de phénomènes intellectuels auxquels sa raison n'a point part... Entre l'homme de génie qui se demande si les idées écloses dans son cerveau échauffé par l'enthousiasme sont bien de lui, et l'aliéné qui les rapporte à une puissance supérieure, à un génie familier ou à Dieu même, il n'y a de différence, psychologiquement parlant, que dans le degré de l'excitation cérébrale [1]. »

Lombroso devait enchérir très naturellement sur l'opinion de ses devanciers. Il chercha à identifier

---

[1] MOREAU DE TOURS, *Psychologie morbide*, p. 384, 386, 389, 464.

le paroxysme de l'inspiration aux crises convulsives ou aux impulsions psychiques des épileptiques. Sans doute n'a-t-on pas compris l'exagération volontaire dont il enveloppait ses idées maîtresses. On n'a pas tenu compte des sous-entendus que Charles Richet laisse filtrer avec habileté dans la préface de l'*Homme de génie;* et au reste il convient d'avouer que la tâche était difficile, car M. Lombroso livrait chaque détail de sa théorie avec une brutalité qui ne risquait rien moins que d'en compromettre à jamais l'avenir. Les paradoxes doivent se glisser ; alors ils peuvent être un germe ou une forme plaisante de la vérité. Mais en les imposant dans leur crudité choquante et avec la rigueur d'un problème de mathématiques ou d'une découverte de laboratoire, on en perd la vertu et l'on s'attire les diatribes.

C'est ce qui ne manqua pas de se produire. Seulement les adversaires n'ont répondu qu'en déplaçant le terrain de la question. Pour réagir contre une confusion qui scandalise le culte du beau, ils ont voulu prouver que l' « inspiration » n'est qu'une apparence, que le « souffle divin » n'est qu'une vieille fantaisie à l'usage des esprits puérils, et qu'en un mot la soudaineté de certaines éclosions dissimule un travail de réflexion et d'application qui ne ressemble en rien aux raptus inconscients et involontaires de l'esprit. En cela, ils ont simplement supprimé le problème pour ne pas le résoudre. Ils ont nié des caractères évidents et reconnus de longue date, plutôt que d'en chercher le fondement. « Nou s avons constaté, dit M. Joly, que, dans tous

les hommes de génie, l'idée qui fait la grande existence vient d'un concours continuel entre l'homme
lui-même et les choses, d'une interprétation de tous
les instants dans laquelle l'homme apporte non seulement son attention, mais le travail constant et
réglé de toute son âme. Nous ne croyons pas à la
conception totale et d'une seule pièce, faisant son
apparition sans que l'artiste s'y attende et comme
si elle tombait du ciel[1]... » L'auteur choisit des
exemples : Christophe Colomb, Newton, Léonard
de Vinci, Beethoven. Il étudie dans ses traits essentiels l'évolution des œuvres de chacun, et il aboutit
à cette conclusion très naturelle que ni la découverte de l'Amérique, ni la théorie de la gravitation,
ni la *symphonie en ut mineur*, ni la *Cène* ne sont
sorties de l'obsession d'un fou, chacune de ces productions ayant exigé une application volontaire et
de longue durée. A cette affirmation, nous ne prétendons pas opposer des contradicteurs. Que
Léonard se soit préparé à la Cène par des méditations répétées et des exercices sans nombre, que
Beethoven ait voulu ses motifs symphoniques et les
ait recherchés systématiquement, qu'on ait retrouvé
dans les manuscrits de Fénelon ou de Rousseau
des ratures témoignant de labeurs attentifs, tout
cela n'implique ni n'infirme aucune théorie quant
au moment psychologique de l'Inspiration. Sans
doute, le travail de la réflexion consciente prépare
souvent de très longue date une inspiration; sans
doute aussi, ce même travail contribue à l'achève-

---

[1] Henry Joly, *Psychologie des grands hommes*, p. 214, 232 et
233.

ment de l'œuvre. Mais l'apparition soudaine de la synthèse imaginative préconçue, voilà ce qui s'impose avec l'apparence complète d'une obsession impulsive. La *Joconde* a pu tenir le chevalet pendant plus de quatre ans et demander mille ébauches, mille essais, mille retouches; mais la représentation mentale qui, dès le début, avant toute réalisation, et comme d'un seul jet, a mis sous les yeux de l'auteur le visage de la Gioconda, cette représentation n'a été que la brusque illumination de l'éclair. Or c'est justement dans cette préréalité imaginative qu'il faut circonscrire le sens de l'inspiration. La théorie de l'inspiration-impulsion n'implique donc nullement qu'on veuille faire surgir une œuvre toute faite des profondeurs ténébreuses de l'Inconscient ou du Subconscient. La partie serait trop belle pour les adversaires. Mais il reste à examiner si, dans l'acception restreinte qu'il faut adopter pour les mots *impulsion* et *inspiration*, ce n'est pas encore un abus dangereux que de pousser le rapprochement jusqu'à la plus complète assimilation.

Dans cette voie, nous ne chercherons pas à nier la justesse de comparaisons qui ont frappé de tout temps les psychologues autant que les profanes; mais, par contre, nous nous efforcerons d'analyser dans tous leurs détails les termes mis en présence. Cette analyse pourra-t-elle fixer une ligne de démarcation tout en laissant subsister les affinités et les points de contact? M. Ribot ne parle pas pour nous rassurer : « En réalité, nous dit-il, la psychologie pure est incapable de découvrir une différence positive entre l'obsession créatrice et les autres formes, parce que, dans les deux cas, le mécanisme mental est au fond le même. Le critérium doit être cherché ailleurs. Pour cela, il faut sortir du monde intérieur et procéder objectivement : il faut juger l'idée fixe non en elle-même, mais par ses effets [1]. » Sans doute l'obsession impulsive et l'inspiration ayant l'une et l'autre leur point de départ dans « un travail souterrain », et la nature de ce travail étant inconnue, on ne peut rien conclure de probant sur le mécanisme interne de tels phénomènes ; il faudrait être fixé pour cela sur la nature même de la subconscience qui est une des énigmes de la science mentale. Toutefois, n'est-ce pas abandonner l'analyse bien tôt que d'affirmer la non-existence des éléments de différenciation entre l'obsession impulsive et l'inspiration géniale, en dehors des effets patents qui séparent, au point de vue social, ces deux manifestations de l'esprit ? Dire de deux phénomènes, dont l'un est supra-normal et l'autre pathologique, qu'ils valent ce que valent leur fruit, c'est accepter provisoirement de les confondre dans leur essence. Il semble pourtant qu'une analyse comparative des deux ordres de phénomènes, tout en mettant en relief leurs points de contact bien évidents, doit donner également un aperçu de leur opposition, au point de vue de la psychologie pure, et abstraction faite de leurs résultats.

Le phénomène morbide de l'obsession impulsive et le phénomène surnormal de l'inspiration pré-

---

[1] Ribot, *Essai sur l'Imagination créatrice*, p. 73.

sentent l'un et l'autre, dans ce qu'on pourrait appeler leur texture, trois ordres d'éléments à considérer : un élément *intellectuel,* un élément *affectif* et un concomitant *organique.* Nous allons les envisager à ce triple point de vue, et chercher, dans un essai de parallèle, si le rapprochement soutenu par certains auteurs peut se justifier psychologiquement.

*
* *

Au point de vue *intellectuel,* ce qui caractérise foncièrement l'impulsion morbide, c'est son apparition spontanée en dehors de toute intervention des forces représentatives du moi.

L'inspiration, de son côté, fait une brusque irruption dans le champ de la conscience ; elle se révèle comme une force étrangère à l'individu, comme une puissance supérieure à lui, si bien que, durant un instant, l'artiste a le sentiment quasi angoissant de « n'être pour rien » dans l'éclosion de sa représentation géniale. Il est bien évident que Lamartine refuse à son « moi » toute participation à l'inspiration lorsqu'il déclare : « Je ne pense pas,... ce sont mes idées qui pensent. » Il semble faire de son activité créatrice une activité de réel automate, une « activité passive » dirions-nous volontiers, si ces deux termes associés n'étaient point choquants.

Mais ce n'est pas à dire que l'automatisme de l'inspiration soit l'équivalent de celui de l'impulsion.

Les psychologues, et plus encore les psychiatres, ont trouvé commode de cliver la mentalité. Dans un schéma fort utile pour l'explication de certains phénomènes, ils ont distingué une activité supérieure et dirigeante faite de volonté et de conscience, qui représente la plus haute expression du « moi », et une activité de second plan, fidèle domestique, travaillant en temps ordinaires aux travaux grossiers sous l'œil de la précédente, mais capable parfois de conquérir quelque indépendance en échappant au contrôle de sa vigilance. Cette activité de second plan, devenue autonome et fonctionnant à l'aveugle en l'absence de toute volonté consciente, voilà ce qu'on appelle de l'*automatisme*. On s'endort, et l'on rêve des rêves qu'on n'évite pas plus qu'on ne peut les chercher : automatisme spontané. Un sujet est mis en état d'hypnose ; il exécute pendant son sommeil les actes qu'on lui commande : automatisme provoqué. Une hystérique fait une fugue dans un *état second ;* un épileptique fait un crime comme *équivalent psychique* d'une attaque : automatisme morbide. Les médecins donc se servent des *deux psychismes* pour expliquer de nombreux phénomènes tant physiologiques que pathologiques, et les philosophes n'y voient pas d'obstacle. Rien n'est plus ingénieux d'ailleurs et mieux en accord avec l'apparence des faits. Mais on est tellement habitué à associer l'idée d'un automatisme à celle d'une disparition temporaire ou définitive des facultés dirigeantes, qu'on oublie trop souvent les rapports de finalité qui unissent dans un accord très intime ces deux modes de l'activité.

Sans doute l'essentielle personnalité ne se révèle

à elle-même que par ses actes volontaires et conscients ; c'est par eux seuls qu'elle prend contact, pourrait-on dire, avec sa propre existence. Mais il faut observer que, lorsque cette même personnalité a longuement raisonné à la faveur de sa conscience et de sa volonté, elle en arrive à se créer des moyens d'agir qui excluent justement toute conscience et toute volonté. Par exemple, lorsqu'un acte complexe a été répété maintes fois, il s'effectue machinalement. Il s'effectue « machinalement » : c'est-à-dire qu'étant autrefois le produit d'une activité pénible et très imparfaite parce que volontaire et consciente, il est devenu aujourd'hui le produit d'une activité tout élaborée, allant droit au but sans effort ni arrêt, parce que les éléments qui la constituent ont atteint leur maximum d'organisation. En cela, les processus de l'esprit sont assimilables à tout processus biologique dont le destin est de progresser indéfiniment vers l'accomplissement toujours plus simple et plus aisé de la fonction. L'évolution de notre activité journalière vers l'automatisme est un fait connu. Une foule de mouvements deviennent automatiques par la répétition, si bien que toute intervention corticale cesse de leur être utile et peut même nuire jusqu'à un certain point à la correction ou à la rapidité de leur exécution. Cette loi paraît s'étendre à toutes nos habitudes motrices, et l'on peut même dire que cette activité sans intervention de volonté consciente, est à la fois le postulatum de l'éducation pratique et l'un des facteurs principaux de la vie courante. Mais, pour s'effectuer sans participation de volonté consciente, les actes en question n'en restent pas moins sous la domination virtuelle de cette faculté. Sans doute, le pianiste exercé ne veut ni ne pense les mouvements de ses phalanges ; mais il convient d'ajouter que, chez lui, la volonté consciente, pour négliger ses droits, ne les a nullement abdiqués. Le centre conscient et volitionnel a rendu la bride aux centres automatiques, mais il les tient en main si l'on peut ainsi s'exprimer ; le psychisme supérieur laisse libre cours au psychisme inférieur, mais il a l'œil sur toutes ses actions. La meilleure preuve que la volonté consciente n'a point perdu ses prérogatives, c'est qu'elle peut les reprendre au gré du sujet. Notre pianiste, s'il le veut, peut penser qu'il joue ; il peut modifier bénévolement le jeu de ses doigts, il peut jouer plus vite ou jouer plus lentement ; il peut encore ne plus jouer du tout. Il en est de même pour la solution d'un problème mental. Après une phase de tâtonnement, on passe peu à peu au raisonnement sans difficultés. Puis les tendances se systématisent. Le fonctionnement devient automatique, et bientôt l'adaptation à chaque circonstance nouvelle se fait presque inconsciemment, au point qu'on oublie couramment le sens des procédés que l'on met en usage. L'opération devient inconsciente, en raison même de sa perfection. En effet, la conscience qui ne se fait sentir qu'à un certain degré de l'organisation se développe quelque temps avec cette dernière, puis décroît et disparaît même si cette organisation progresse davantage. La conscience est bien la dernière venue des propriétés de la cellule nerveuse ; mais elle s'évanouit dès que les éléments ont atteint ce qu'on pourrait appeler l'équilibre final de leur fonctionnement. Quoi qu'il en soit, chaque manifestation du mode d'activité que nous envisageons est comme l'expression immédiate d'une logique puissamment condensée et remarquablement sûre dans ses conclusions. Et pourtant elle n'est rien moins que de l'automatisme. Mais cet automatisme n'est plus pour la volonté consciente un automatisme de *défection* comme celui du dormeur ou de l'hypnotisé; c'est bien un automatisme de *perfection*. Dans le premier, la direction de notre activité nous échappe; dans le second elle nous reste, mais cette activité est tellement parfaite que la volonté consciente n'a plus à intervenir. La fonction se guide elle-même ; elle a atteint un degré d'organisation qui confine à la rapidité et à la précision de l'instinct. Ainsi peut-on dire que cet *automatisme de perfection* n'est autre chose qu'une conscience et une volonté ayant abouti au summum de leur destinée, et c'est justement à lui qu'il convient de rattacher l'automatisme de l'inspiration.

L'inspiration devient, de cette façon, le produit d'une logique intime et pour ainsi dire préformée, l'expression dernière d'une disposition très perfectionnée en vertu de laquelle certains éléments de l'esprit vont droit à l'objet, sans travail d'élaboration. Elle n'est nullement étrangère à la personnalité supérieure de l'individu: elle en représente au contraire la partie la plus épurée, cette partie qui, par son degré tout spécial d'organisation, se passe des opérations courantes trop longues et trop imparfaites de la volonté consciente.

En d'autres termes, c'est une prérogative du génie que d'atteindre d'emblée au stade d'organisation qui caractérise la forme acquise de l'automatisme, et cette prérogative, qui le rapproche tout à la fois et de l'habitude et de l'instinct, a sa plus haute manifestation dans le paroxysme de l'inspiration géniale.

En présence des considérations précédentes, il est une objection qui s'impose ; et nous ne l'avons négligée jusqu'ici que pour y revenir plus à l'aise.

On ne peut manquer de nous faire observer que l'automatisme de perfection, sur lequel nous nous sommes appuyé, doit être considéré, d'après l'explication même que nous en donnons, comme un produit d'acquisition lente, ce qui cadre admirablement avec la constitution de l'habitude ou la formation de l'instinct, mais ne se marie plus aussi bien avec la nature du génie. Habitude et instinct ne sont qu'une seule et même chose. Le point de vue seul diffère : fruit de l'évolution individuelle d'un côté, fruit de l'évolution atavique de l'autre. Mais comment leur assimiler le génie ? On acceptera volontiers que dans l'inspiration géniale, tout comme dans l'acte habituel ou l'inclination de l'instinct, il s'agit d'une tendance organisée au maximum et aboutissant à un fonctionnement qui remplit son but sans intervention de volonté consciente, c'est-à-dire sans effort et spontanément. Mais on opposera que l'habitude aussi bien que l'instinct se répètent suivant une forme fixe et bien définie, au lieu que l'inspiration est par son essence une nouveauté, un acte inédit. Or, en vertu même de son caractère d'imprévu et d'inattendu, on ne voit pas bien comment les combinaisons du génie pourraient être le fruit d'acquisitions lentes, d'accumulations successives. Elles semblent plutôt surgir de toute pièce, naître d'un bloc, et ne rien devoir de leur origine à l'exercice antérieur, soit de l'individu, soit de l'espèce.

Voilà qui est parfaitement vrai. Et pourtant une analyse un peu plus profonde nous montre une telle objection comme plus spécieuse que réelle. C'est ce que nous allons tenter de démontrer en étudiant l'inspiration dans ses racines mêmes.

*
* *

S'il est vrai que l'inspiration surgit d'une seule pièce, et avec une soudaineté parfois surprenante, il ne faudrait pas en inférer que son apparition répond, comme celle de l'acte impulsif, au simple produit d'une génération spontanée. Elle est l'expression d'une activité non point *primitive*, mais bien *préformée*, et c'est en cela que son automatisme s'éloigne de celui de l'impulsion morbide pour se rapprocher de celui de l'habitude et aussi de l'instinct. A quoi répond cette préformation? Voilà ce qu'il faut établir.

Tout d'abord, on doit observer que les combinaisons utilisées par l'inspiration dans l'art sont, au point de vue ancestral, le reliquat d'une longue expérience.

La science vit de cogitation. Sans rien créer, elle découvre des rapports nouveaux, des rapports qui préexistaient sans doute en dehors de l'esprit humain, mais qui n'étaient pas encore constitués en système dans le cerveau des hommes. L'art au contraire est tout émotion. Il est créateur par sa manière d'utiliser les rapports qui sont de son domaine ; mais ces rapports il ne les découvre pas, il les trouve établis d'avance. En effet, l'émotion ne peut dériver que de rapports fixés par l'hérédité et ayant acquis, si l'on peut ainsi s'exprimer, le droit d'usage. Cela est si vrai, que l'art n'a pas de pire ennemi que l'ultra-modernisme. Les manoirs du moyen âge ou les chars de l'antiquité peuvent y trouver place, mais ni les automobiles ni les gares de chemin de fer ne savent l'inspirer. L'art se nourrit de passé ; il rejette le nouveau qui n'a pas bénéficié de l'adaptation ancestrale et qui entraîne de ce fait une cogitation et à quelque degré un effort. L'œuvre d'art implique essentiellement comme contenu des impressions ataviques, des impressions appartenant à l'espèce tout entière et ayant abouti chez l'individu à un stade ultime d'organisation. Nordau parle dans le même sens : « Le romantisme qui préfère le vieux au nouveau, qui trouve le moyen âge plus poétique que notre temps, qui s'éprend d'enthousiasme pour une ruine et traite d'ignoble une construction appropriée au but et en bon état, ce romantisme a sa racine dans ce fait que les représentations vieillies excitent l'activité automatique de nos centres, et sont consé- quemment ressenties comme émotions, tandis que les représentations nouvelles non encore organisées doivent être pensées avec effort... Voilà pourquoi, aujourd'hui encore, la poésie conserve la conception cosmique des vieilles civilisations[1]. » Hegel avait dit déjà : « Les passions de l'âme et les affections du cœur ne sont matière de pensée poétique que dans ce qu'elles ont de général, de solide et d'éternel. » Ainsi la sphère affective n'agit que sur des représentations héritées, sur des éléments innés, et ceci nous explique déjà que l'inspiration artistique qui en procède puisse participer par certains côtés de la psychologie de l'instinct.

Mais ce n'est pas dans l'évolution ancestrale seulement qu'il convient de chercher une explication à la spontanéité apparente de l'inspiration dans l'art. L'évolution individuelle va nous fournir de nouveaux appoints.

D'une façon générale, les auteurs reconnaissent que l'inspiration suppose un travail latent. Elle est précédée d'une incubation qu'on aurait mauvaise grâce de ne pas affirmer. L'artiste voit la nature autrement que le commun des hommes. Il cherche une expression dans tout ce qui l'entoure, et en vérité il n'y trouve que ce qu'il y dépose lui-même. Dans toute sensation il voit une occasion de se représenter les états de son âme qu'il extériorise et place dans les choses. Nous côtoyons chaque jour les plus beaux sujets de poésie. La plupart d'entre nous les frôlent et passent leur chemin. S'arrêter, laisser un instant flotter son regard sur la chose

---

[1] Max Nordau, *Psycho-physiologie du génie et du talent*, p. 83.

qui va s'effacer, cueillir une remarque et lui faire
une place parmi nos pensées, c'est bien peu, c'est
bien simple,... et c'est pourtant l'apanage de quelques
très rares esprits. Il est donc juste d'avouer que
l'inspiration la plus inattendue, la plus spontanée,
n'éclôt que dans l'homme qui cherche et qui est en
éveil. De tels contacts ne sont féconds que si le
tempérament les rejoint par un effort latent de
polarisation. Il se fait ainsi, entre les moyens d'action
et les conditions de milieu, une harmonie longuement préparée sur quoi peut s'édifier à chaque
instant de la durée une combinaison nouvelle, avec
l'aisance et la promptitude que confère l'instinct.
Ainsi toute création artistique suppose une orientation déjà plus ou moins nettement définie des pensées et des émotions, et l'impulsion créatrice est
en quelque sorte consentie préalablement et servie
par un travail de préparation. A la faveur de cette
incubation prolongée, une combinaison nouvelle
peut s'effectuer avec un effort si restreint qu'il reste
inaperçu, ne laissant dans la conscience aucune
impression. Or, si l'on songe que c'est justement
le sentiment de l'effort qui nous rend compte de
l'intervention de notre volonté dans un acte psychique, on conçoit que la volonté puisse paraître
absente dans la genèse de l'inspiration.

Ainsi la tendance permanente crée naturellement
le non-effort actuel, et le sentiment de non-effort
équivaut à son tour à une volonté latente qui
s'ignore. Mais cela est insuffisant. Une grande partie de notre vie est faite de routine ; nous effectuons
des actes quotidiens, nous résolvons des problèmes

courants, sans y penser, comme l'on dit, sans rien leur donner de notre volonté ; et pourtant il ne nous viendrait pas à l'esprit de douter un seul instant de leur facture. Ces actes quotidiens, ces problèmes courants, nous les savons nôtres, alors même qu'ils ne sont l'expression d'aucun travail du moment, d'aucune adaptation dans le présent. Ces produits de l'exercice antérieur ne nous laissent pas, en un mot, ce doute de la participation personnelle, cette surprise du moi qui ne relie plus la représentation nouvelle à l'état d'âme antérieur, cet étonnement qui est un dérivé de la passivité et qui est vraiment, quoi qu'on puisse dire, à la base de l'inspiration.

Il faut donc entrer plus avant dans l'analyse de l'inspiration esthétique pour expliquer son indépendance apparente du « moi ». Et à cet égard nous croyons essentiel de ne pas confondre en un même sujet l'inspiration d'art et toutes les éclosions désignés sous le nom d'*intuition*, *hypothèse* ou *découverte*, dans les diverses modalités des spéculations humaines. Nous ne prétendons pas discuter ici la question de savoir si le génie, en tant que vocable, doit s'appliquer indifféremment à la stratégie, la mécanique et la poésie : question oiseuse entre toutes. Mais nous pensons que, par un désir excessif de généralisation et de synthèse, on a négligé peut-être trop couramment les distinctions foncières qui s'imposent entre l'artiste et le savant. On a montré avec complaisance la possibilité de l'unification dans l'interprétation de l'activité créatrice, et l'on s'est plu à faire ressortir que l'imagination de l'artiste ne diffère pas, après tout, de celle du philosophe ou de l'homme de science par ses éléments. Cette manière de voir trop compréhensive mérite certain correctif. Il est parfaitement vrai qu'à la base de toute création, dans quelque ordre qu'on l'envisage, on trouve un principe commun. Le cerveau de l'imaginatif tire parti de la nature et des excitations qu'il en reçoit, pour construire des synthèses qu'il crée suivant ses aptitudes propres et au gré de ses tendances. Mais la relation est perceptible à divers degrés entre l'inspiration et l'excitation qui la fait éclore. Or, chez le savant, ces rapports sont toujours patents, au lieu que chez l'artiste ils demeurent latents. Là est le nœud de la question.

L'intuition de l'homme de science naît d'associations rationnelles. Elle est provoquée par une correspondance théorique ou phénoménale entre des idées ou entre des faits, de telle sorte que telle idée ou tel fait donne le branle à la représentation imaginative de telle autre idée ou de tel autre fait. Cette forme d'association implique des ressemblances réelles et non point seulement des tons affectifs communs. Les deux termes reliés, nous voulons dire l'objet d'intuition d'une part et sa source évocatrice d'autre part, sont mis en présence dans le champ de la conscience et fixés quelque temps par un travail de comparaison soutenue, d'où il résulte que la source évocatrice se présente forcément comme un *état fort* dès que sa puissance d'évocation est soupçonnée par l'esprit. Ainsi peut-on dire que, dans le génie scientifique, l'inspiration porte avec elle son explication rationnelle et sa légitime raison d'être : elle a son bulletin de naissance. Le savant peut nous faire part de ses états de conscience successifs ; il peut nous faire l'histoire de son hypothèse, la genèse de sa découverte. Il n'en est pas de même chez l'artiste. C'est que le lien qui relie l'inspiration d'art à l'excitation fécondante qui l'a provoquée, ce lien appartient au domaine tout spécial des associations affectives. Or, en matières d'associations affectives, les représentations se combinent non parce qu'elles se présentent avec des rapports de ressemblance réelle, mais parce qu'elles ont un ton affectif commun. Il en résulte qu'une émotion donnée devient un centre attractif autour duquel viennent se grouper très naturellement des événements sans rapports rationnels entre eux, pourvu que la marque émotionnelle qui s'attache à ces événements présente un caractère de communauté. La joie ou la tristesse, par exemple, réuniront des représentations gaies ou mélancoliques n'ayant entre elles aucun lien logique. Ce facteur émotionnel, par son influence latente, doit faire surgir des groupements fort inattendus et offrir, ainsi que le fait observer Ribot, un champ presque illimité aux combinaisons nouvelles, puisque le nombre des images est considérable qui ont une empreinte affective commune. L'émotion est un monde complexe d'où peuvent naître des microcosmes qui, devenus viables à leur tour, ne rappellent en rien la marque de leur origine. C'est ainsi que, chez un musicien, les émotions picturales donnent couramment lieu à un ébranlement d'ordre musical, au lieu que chez un peintre les émotions musicales appellent au contraire des formes, évoquent des images. Entre l'excitation première et l'inspiration de l'artiste, il peut même n'y avoir aucun lien précis. On dirait parfois que la deuxième utilise seulement la force vive issue de la première. Les circonstances initiales, diffuses, mal différenciées, semblent n'entrer en jeu que par leur effet dynamogénique, en fournissant un stimulus général à l'activité. Ou bien encore l'amorce provocatrice est par elle-même fort insignifiante; mais elle suffit à donner le mouvement. L'imagination s'élance au gré de ses tendances, et ses tendances l'entraînent d'un seul bond à cent lieues de l'événement modeste qui s'est présenté en soi comme un *état faible*, et n'a laissé aucune trace dans le souvenir. Enfin, il est des cas où l'inspiration rappelle d'autant moins la marque de son origine, qu'elle est en opposition formelle de tonalité avec la représentation qui l'a provoquée. Si nous voulons faire surgir en nous les inspirations de la plus triste mélancolie, allons dans les lieux de gaieté quand nous avons au fond du cœur une de ces peines un peu vagues qui ne réclament qu'un mannequin pour prendre des lignes. On peut donc dire que les associations émotives n'ont nullement l'étroitesse logique des associations idéationnelles, si bien qu'en matière d'imagination artistique il est souvent difficile de rattacher une inspiration à l'excitation initiale qui l'a provoquée, cette excitation étant représentée par une source tantôt très faible, à peine perceptible, tantôt très indirecte, à peine saisissable, tantôt très vague, impossible à fixer en tant que représentation.

Il n'est pas inutile de rappeler sur ce point les confidences de quelques poètes.

Georges Dumesnil[1], au cours d'un intéressant article, donne les résultats de son enquête sur les procédés de travail de plusieurs d'entre eux. Si l'on s'attache, parmi les renseignements qu'il publie, à la seule genèse de l'inspiration, on peut constater des degrés successifs depuis l'inspiration très rare engendrée par un fait précis, par une excitation notée et bien définie, jusqu'à l'inspiration la plus fréquente dont le point de départ demeure inconscient.

José Maria de Heredia déclare chercher en pleine connaissance de cause ses inspirations. Au cours de lectures, l'auteur des *Trophées* fixe, chemin faisant, certains mots sonores. Ces mots, qui ont eu le privilège de l'intéresser et qui tiendront le plus souvent la place de la rime, sont comme les centres de l'action. Quand ils sont ajustés, le travail est à moitié fait.

M. François Fabié a une conscience déjà plus obscure de l'excitation initiale qui préside à l'inspiration. La formation du germe est ici bien plus indécise : « Je ne me serais jamais douté qu'on pût procéder comme vous m'apprenez que le fait Heredia. Pourtant, en y réfléchissant un peu, je crois qu'en effet un sonnettiste peut ainsi cristalliser sa pensée autour de quelques mots qui l'ont

---

[1] GEORGES DUMESNIL, *Psychologie des poètes* (*Nouvelle Revue*, 15 août 1889, p. 609).

particulièrement frappé. Pour moi, j'agis bien différemment, et cela tient sans doute à ce que je ne me suis pas enfermé dans une forme brève et rigoureuse. Jamais je ne sais, en commençant une pièce, quels seront les mots de valeur que j'emploierai. J'ai reçu une impression du dehors ; j'y ai un peu rêvé, puis j'en ai été distrait par ma besogne obligatoire. Mais l'idée s'est représentée avec une certaine obstination. Alors j'ai très vaguement fait le tour du sujet, jugeant à vue de nez ce qui en pourra sortir, sans me tracer aucun plan précis [1]. »

M. Émile Trolliet atteste encore d'une façon plus catégorique la passivité de ses inspirations et l'incertitude du *primum movens*. Ce sont de vagues poussées, montant d'une âme riche, pour des raisons peu conscientes : « La volonté, dans mes poésies, ne joue aucun rôle ou à peu près. J'ai fait des vers non par amour de l'art, mais par plaisir ou par douleur. Plaisir, quand je traduisais un sentiment d'ordre aimable et mondain ; douleur, quand j'exprimais un sentiment d'ordre intime et profond. Blessures de cœur et blessures d'idéal : voilà surtout les deux motifs de mon intermittente et modeste musique. Et mes vers involontaires devenaient aussi par moments obligatoires, comme une consolation quand c'était l'idéal qui était lésé ou trahi... Je l'avoue donc en toute humilité, mon inspiration est passive [2]. » Ici l'excitation initiale n'est guère démêlée. Pour agir obscurément d'ail-

---

[1] Cité par Georges Dumesnil.
[2] *Id.*

leurs, elle n'en agit pas moins, et si fortement que celui qu'elle atteint ne craint pas de donner son inspiration pour « passive ». Mais cette excitation initiale n'est pas vue, elle n'est que sentie; elle demeure comme amorphe.

Auguste Dorchain, l'aimable poète de *Conte d'Avril* et de *Jeunesse pensive*, confesse très nettement l'inconscience des sources d'inspiration : « J'aurais voulu hier chercher ces images, cette musique, ces paroles, que je ne les aurais pas trouvées… Et quand, demain, je relirai la page, je me demanderai : Est-ce bien de moi? Quel est ce moi d'hier, si différent, si détaché de celui d'aujourd'hui[1]? »

D'un témoignage à l'autre, nous avons vu décroître la conscience précise de l'excitation initiale et disparaître du même coup le sentiment de la participation personnelle à l'acte. De presque toutes les observations, il résulte que la circonstance efficiente reste ignorée la plupart du temps. C'est qu'ici il n'est point question d'enchaînements logiques. L'émotion, l'émotion avec toute l'ampleur vague et indéfinie de ses irradiations, est la source mystérieuse où l'œuvre artistique s'abreuve et plonge ses racines. Entre l'inspiration et l'excitation spéciale qui en est le point de départ, le rapport demeure imprécis. La circonstance qui appelle l'éclosion ne fait le plus souvent qu'offrir à la tendance préformée une banale occasion de s'extérioriser. Elle est assimilable par ce côté à l'influence

---

[1] Cité par GEORGES DUMESNIL.

stimulante de certains toxiques dont le rôle est avant tout de favoriser la révélation d'un ton émotionnel déjà existant d'une façon latente.

C'est dans l'obscurité du déterminisme reliant l'excitation initiale à l'inspiration dérivée qu'il faut chercher la raison du caractère mystérieux de cette inspiration, c'est à l'impossibilité de rattacher par un lien logique l'*état fort* de la représentation inspirée à un état antérieur précis, qu'il faut demander l'explication de l'apparence d'isolement et d'autonomie qu'affecte cet état fort. L'apparence en question doit entraîner à son tour le sentiment de fatalité et de passivité qui se traduit par cette expression courante : « Je n'y suis pour rien. » Et en effet, tout ce qui n'est pas rattaché d'une façon directe à un état d'âme antérieur tend à nous apparaître comme spontané et indépendant du moi.

Quoi qu'il en soit, il convient de retenir que l'inspiration artistique n'échappe pas à la grande loi des associations. Elle n'est pas le produit d'un raptus sans aucun lien avec les manifestations antérieures du psychisme conscient. Seulement nous venons de montrer que le lien est représenté ici par des associations affectives, et que ces dernières sont souvent vagues ou latentes. Il en résulte que l'inspiration artistique, plus encore que la scientifique, donne l'impression d'une force autonome qui fait explosion et se déploie librement, ayant en elle toute sa raison d'être et possédant au total tous les caractères de l'automatisme.

*
* *

Maintenant que nous nous sommes expliqué sur
la nature *pseudo-impulsive* de l'inspiration, nous
devons ajouter que cet attribut de fausse impulsivité n'indique pas que l'acte auquel il s'applique
soit étranger à l'agrégat général de la personnalité
consciente, et se développe en dehors du « moi ».
Bien au contraire il suppose que cet acte englobe
la personnalité et la constitue tout entière. On peut
dire que l'inspiration représente le « moi » intégral
pendant un instant, et c'est pour cela même, sans
doute, que le « moi » hésite à l'envisager comme
sienne. Durant un laps de temps très court, la
conscience est tout entière monopolisée par l'intensité d'un groupe de représentations. Pendant cet
intervalle, qui dure ce que dure l'éclair, elle demeure
fermée aux choses du dehors : la vie intérieure an-
nihile la vie extérieure, et met une éclipse dans la
continuité des relations avec le réel.

Le poète Grillparzer a exprimé, en termes justes
mais un peu vagues, cet accaparement de toutes
les forces constitutives du moi : « L'inspiration,
nous dit-il, est la concentration de toutes les facultés et aptitudes sur un seul point qui, pendant
ce moment, doit moins envelopper le reste du
monde que le représenter. Le renforcement de l'état
de l'âme vient de ce que ces diverses facultés, au
lieu de se disséminer sur le monde entier, se trouvent contenues dans les limites d'un seul objet[1]. »

---

[1] GRILLPARZER, cité par RIBOT, *Essai sur l'imagination créatrice*, p. 282.

L'abstraction du monde extérieur, au moment même de l'inspiration et parfois pendant une certaine durée à la suite du choc intuitif, nous est d'ailleurs révélée par nombre d'exemples choisis en dehors de l'art. Le premier est celui de Socrate. Aulu-Gelle raconte qu' « il restait debout dans la même attitude, la nuit, le jour, d'un soleil à l'autre, sans remuer les paupières, immobile à la même place, les regards dirigés vers le même point[1] ». Mais, comme le fait observer Despine, l'admiration de l'historien s'abuse, le cas échéant, lorsqu'elle croit à l'application consciente. On entrevoit en réalité « l'attitude d'un cataleptique abstrait pour un temps des choses d'ici-bas », non point « l'effort soutenu d'un homme qui impose une épreuve à sa volonté ». Diderot, paraît-il, oubliait les gens auxquels il parlait. Il leur récitait, « à la façon d'un somnambule, de vrais monologues[2]. » On raconte également de Schumann, qu'il pouvait composer dans le plus grand tumulte. Absorbé par l'inspiration, il demeurait sourd à tout ce qu'on disait. « Dans un restaurant très fréquenté par la société artistique de Dresde, où d'habitude il allait le soir boire de la bière, il s'asseyait dans un coin, la face au mur, tournant le dos à la compagnie, sifflotant doucement pour lui et développant ainsi ses compositions. »

Il serait fastidieux de multiplier les faits du même genre, mais tous nous semblent conformes

---

[1] AULU-GELLE, cité par DESPINE, *Revue philosophique*, t. IX, p. 324.

[2] SCHERER, cité par LOMBROSO.

à la conclusion que nous émettions tout à l'heure. Si la personnalité semble disparaître, n'est-ce pas justement parce que la conscience est *polarisée*, parce qu'elle est tout entière vers la création, parce qu'elle ne fait qu'un avec cette dernière, si bien qu'elle perd à cet instant même la notion du monde extérieur? Or le sentiment de la personnalité est justement délimité à l'état normal par cette notion des mille choses extérieures de plans différents et d'importances diverses, sorte d'estompage, qui constitue pour le « moi » son cadre et lui fait son relief.

Les considérations précédentes, qui s'appliquent indifféremment à toutes les modalités de l'imagination créatrice, sont surtout vraies en matière d'inspiration d'art, justement en raison de ce fait qu'elle est à base d'émotion et qu'elle suppose une excitation plus ou moins marquée de la sphère affective.

Henry Joly prétend que « c'est encore l'erreur d'une vieille rhétorique que de considérer l'inspiration comme inséparable d'une effervescence violente »; mais cette assertion nous semble en opposition avec les données courantes et en particulier avec l'existence des concomitants que nous envisagerons d'ici peu. L'inspiration scientifique, la froide inspiration des laboratoires a déjà son contenu d'intense affectivité. Mais combien plus fatale, plus irrémédiable et plus despotique, est l'émotion qui prend l'artiste en mal de produire, pour l'envelopper tout entier, le pénétrer jusqu'au plus profond de lui-même et l'exclure pour un instant, comme en un vertige, du reste des hommes! Cette poussée affective a son maximum dans l'inspiration lyrique, car c'est ici vraiment le flux qui déborde, le sanglot humain qui s'élève de l'âme, l'aspiration qui vole vers l'au delà, l'aspiration qui est toute l'inspiration du poète,... tout le poète. Or on peut dire avec Larroumet que « toutes les fois que nous sommes en proie à un sentiment violent, qu'il soit triste ou gai, nous n'éprouvons que ce sentiment-là, à l'exclusion de tout autre. Par cela même qu'il est fort, il supprime tout ce qui n'est pas lui-même; il nous absorbe, il nous rend aveugle et sourd à tout ce qui contrarierait son action et diminuerait son intensité[1] ».

Quoi qu'il en soit, il convient de retenir que les éléments de la conscience, au moment même de l'inspiration, sont *polarisés* en totalité vers un but unique. Au sortir de cette phase, et lorsqu'ils viennent à reprendre, si l'on peut dire, leur place habituelle, ils croient constater la trace d'une intruse. Simple mirage. Aucune étrangère n'a passé par là : l'intruse prétendue n'est rien autre chose que leur œuvre même. Leur excuse est qu'au paroxysme, aucun d'eux n'était spectateur parce que tous étaient à l'action. C'est qu'au moment même de sa production, l'inspiration s'impose, capte tout, et fait disparaître à son profit toute autre manifestation de personnalité.

Ainsi l'inspiration d'art ne peut être considérée comme un agrégat autonome détaché de l'agrégat général de la personnalité supérieure. Elle est au

---

[1] LARROUMET, *Chronique théâtrale* (*Le Temps*, 26 août 1901).

contraire la plus haute expression de cette dernière, en dépit de toutes les apparences. On comprend alors combien intime et profond doit être chez celui qui l'éprouve le sentiment de sa propriété, nous dirions volontiers de sa paternité. Ce sentiment de la paternité réside, au sens biologique du mot, dans la conscience d'une participation personnelle à la production. Il renferme une double notion : il implique que la production a le caractère d'une propriété intime, et qu'en outre elle est exécutée avec la matière même de l'élément producteur, lequel a donné pour l'exécution une partie de soi-même. Or cette double notion est implicitement comprise dans l'inspiration de l'artiste, alors qu'elle ne l'est pas en vérité dans l'intuition de l'homme de science. Le savant arrache à la nature ses secrets par lambeaux ; il découvre, mais il ne crée pas à proprement parler. Le principe d'Archimède a existé de tous les temps : si Archimède n'eût pas existé lui-même, un autre que lui eût fait la même découverte, et cette découverte aurait entraîné les mêmes théories et les mêmes conséquences pratiques. L'artiste est seul créateur au sens biologique du mot, parce qu'il donne de soi dans sa production, au point que cette dernière serait inexistante à jamais en dehors de son producteur. Si Hamlet n'était point sorti des entrailles de Shakespeare, aucun Hamlet identique à celui de Shakespeare n'eût jamais vu le jour. D'autre part, nous avons dit que l'activité du savant est une activité cogitationnelle. Elle est basée sur des rapports d'idées non encore constitués à l'état de système dans le cerveau humain. Les associa-

tions qu'elle utilise sont donc des associations nouvelles qui vont s'agréger à la personnalité, mais
n'en constituent pas la masse initiale. L'activité
artistique, au contraire, est toute d'émotion; elle est
basée sur des rapports affectifs fixés et organisés
de longue date par l'hérédité. Les associations
qu'elle utilise sont des associations préformées dont
l'agrégat représente la partie la plus ancienne et
par conséquent la plus fondamentale de l'individu.

Nous arrivons ainsi à la contrepartie de l'opinion
de Nordau, qui, voyant dans le jugement et la volonté les qualités suprêmes de l'esprit humain, ne
craint pas d'établir une hiérarchie un peu fantaisiste,
en donnant la palme aux législateurs et aux con-
quérants chez qui la volonté et le jugement sont
prédominants, pour classer à leur suite les inventeurs
et les savants dont le jugement enchérit sur la volonté, et concéder aux philosophes une place dans
les arrière-bans sous prétexte que la volonté doit
être atrophiée chez eux par l'exclusive supériorité
des pouvoirs raisonnants. De l'artiste il n'est pas
question : ne domptant ni la nature, ni la pensée,
ni les hommes, il n'a aucun titre aux droits de
créateur. Nous n'avons pas à juger ici une classifi-
cation qui part d'un point de vue différent du nôtre;
mais pour montrer qu'elle n'infirme en rien les conclusions que nous émettions il y a un instant, nous
nous contenterons de remarquer que la vertu de
« créer » ne peut être subordonnée à un élément
de volonté consciente, et dosée au prorata d'un pareil facteur. Si l'on entrait dans cette voie, la paternité, au sens biologique, ne serait qu'un vain mot;

car, dans l'œuvre de chair, il faut bien avouer que la réflexion est sur le second plan.

*
* *

Nous avons cherché à montrer que l'élément intellectuel est représenté dans l'inspiration comme dans l'impulsion par une activité participant aux caractères de l'automatisme inconscient; mais nous avons vu que cette activité est cependant distincte dans ces deux ordres de manifestations, dont l'une est anormale et l'autre supranormale. Il nous reste à envisager un double élément : le *concomitant affectif* et les *modifications organiques* qui lui font escorte.

Dans l'obsession impulsive, l'angoisse et la détente sont des phénomènes survenant, le premier comme avant-coureur, et le second comme résidu de la manifestation principale. Ils font partie intégrante du syndrome, et tous les auteurs ont insisté sur leur importance en leur accordant toutefois une fonction variable dans le mécanisme de l'ensemble. L'inspiration artistique, elle aussi, s'accompagne couramment d'une anxiété plus ou moins marquée, mais toujours perceptible à quelque degré. C'est un nouveau point de contact qui surgit. Mais ici encore une analyse un peu minutieuse peut mettre en relief des éléments de différenciation.

L'anxiété de l'impulsion morbide a, si l'on peut dire, un caractère de passivité. Le sujet est en présence d'une force étrangère qu'il ne peut rattacher à son agrégat personnel et qui s'impose à ce dernier comme un élément parasite : il en éprouve un vif ébranlement, et cet ébranlement est encore doublé par l'épuisement résultant d'efforts illusoires en vue d'une inhibition. Cet état fera place à un sentiment de bien-être après l'accomplissement qui tient lieu de décharge.

Si nous envisageons par comparaison l'anxiété qui survient comme concomitant d'une inspiration, nous trouvons qu'elle est de nature différente. Elle a bien parfois un caractère de passivité en raison même des représentations évoquées, comme cela a lieu chez le dramaturge qui participe en quelque sorte aux émotions de ses héros. Mais elle prend ses racines plus profondément dans l'activité même de l'artiste. Et tout d'abord l'éréthisme mental qui est à la base de l'inspiration, doit se montrer solidaire de modifications émotives intenses. Il est par lui-même l'expression d'une suractivité cérébrale soudaine, qui n'est pas sans avoir une répercussion marquée sur la sphère d'émotivité. Le sentiment d'étonnement ravi qui reçoit l'idée inspirée au moment où elle se présente, la conscience de son extension féconde entrevue d'avance et comme d'un seul bloc, tout cela contribue à grossir l'ébranlement nerveux. Mais le moment critique de l'inspiration ne peut être considéré vraiment comme le signal d'une détente. La vérité est qu'il marque à la fois le terme d'une anxiété qui finit et le début d'une anxiété qui commence. Expliquons-nous.

L'inspiration se présente souvent comme un clinamen où se rallient des forces nombreuses qui vivaient éparses à l'état d'embryons ou de simples tendances, et en cela elle peut marquer la résolution d'une étape angoissante d'incertitude et de malaise. C'est une notion que Joly a bien mise en relief : « L'inspiration peut tenir lieu d'un long travail, qui termine tout à coup une tentative menaçant d'être laborieuse, donne la clef d'un labyrinthe, suggère l'expression dont on était en peine, et fait apparaître la forme définitive de l'idée. Elle apporte donc le soulagement... C'est la plénitude de l'action, qui désormais, se sentant apte à créer, va droit à son but, sûre d'elle-même, sans efforts inutiles, avec une puissance dont rien ne se perd, avec une énergie dont aucune parcelle n'est égarée[1]. » Ces considérations sont exactes, et elles sont surtout vraies chez le savant dont l'inspiration se traduit par une découverte. Le moment rapide de son intuition met fin au malaise d'une attente d'ailleurs laborieuse. En un instant, et par la vertu d'une rencontre heureuse, tout s'illumine, tout s'ordonne. Comme par enchantement, la disproportion devient énorme entre le passé et le futur. Ici l'inspiration est bien une détente, parce qu'elle est une fin.

Mais il faut observer que l'inspiration se présente d'autre part comme l'amorce initiale d'un travail qui en sera le développement. Ceci s'applique surtout à l'artiste dont l'idée inspirée, le plus souvent fortuite, apparaît ainsi que nous le disions plus haut comme la synthèse préconçue de l'œuvre définitive. Ici l'inspiration prélude à la phase anxieuse, car l'élément d'anxiété est créé par une immanquable

---

[1] HENRY JOLY, *Psychologie des grands hommes*, p. 246, 247, 248.

Poésie et folie. 2*

disproportion entre l'idéal et l'exécution qui va lui donner la vie. En effet, l'idéal reste au fond de l'artiste, et, pour qu'il devienne tangible à autrui, l'auteur doit utiliser les divers procédés qui sont de sa technique. Or, si l'inspiration participe de la perfection divine, l'exécution est empreinte de l'imperfection humaine. L'œuvre définitive est toujours défectueuse à quelque degré, parce qu'elle est solidaire des moyens relatifs qu'offre la nature pour la façonner. Tel est le conflit douloureux qui germe dès les prémices dans l'âme angoissée :

> Quand je vous livre mon poème,
> Mon cœur ne le reconnaît plus :
> Le meilleur demeure en moi-même.
> Mes vrais vers ne seront pas lus...

L'élément anxieux représente donc la résultante d'un rapport entre l'inspiration et l'exécution. Il varie avec ces deux termes. Une inspiration médiocre est satisfaite à peu de frais; une inspiration élevée laisse toujours son œuvre si loin d'elle-même, que son auteur est à la torture, quelle que soit l'aisance et la qualité de sa révélation. Dans tous les cas, l'anxiété n'est pas ici le résultat d'une dissociation; elle est au contraire le témoignage d'une activité cohérente qui trouve une barrière à son développement. Le substratum angoissant est dans le sentiment de l'obstacle, et non dans l'effort inutile de l'inhibition. Les éléments moteurs de cette réaction anxieuse sont des éléments centrifuges et non point centripètes, comme dans l'impulsion morbide. Il convient d'ajouter que l'élément d'anxiété s'accroît d'autant plus que la personnalité est plus foncièrement en jeu. Aussi acquiert-elle chez l'artiste son maximum d'acuité. Elle est moins aiguë chez le savant. C'est que son œuvre est impersonnelle ; son œuvre existe en dehors de lui ; elle n'est point faite de sa chair.

Faut-il nous appesantir maintenant sur l'élément organique qui est inséparable de l'inspiration comme de l'impulsion morbide ?

Il y a là encore un facteur commun. Mais on serait mal venu d'en déduire une communauté de nature, car ce facteur on le retrouve mêlé à toute modification émotive d'ordre physiologique ou pathologique. Réveillé-Parise nous dira sans doute que chez l'inspiré le pouls s'agite ou se contracte, le visage pâlit, la peau se refroidit, les yeux sont brillants et la tête en feu. Il nous montrera la vue d'Alfiéri se troublant et Torquato Tasso ressemblant à un possédé. Et nous croirons assister au raptus d'un dégénéré sur qui vient de s'abattre, inéluctable et fatale, l'obsession impulsive du crime. Mais que nous prouvent ces constatations, sinon cette vérité bien incontestée, à savoir que tout éréthisme implique ou provoque l'afflux du sang dans le cerveau ? Cette condition est si bien connue, que nombre d'hommes la favorisent artificiellement. Rousseau la tête au soleil, Grétry les pieds dans la glace, Milton sous ses couvertures, ne faisaient rien autre chose que de congestionner favorablement leur substance nerveuse. Schiller respirait, au fond de ses tiroirs, des pommes en fermentation : une recette peu banale, mais qui sans doute visait au même but très inconsciemment. Le fonctionnement du cerveau est accrû par l'apport du liquide sanguin, comme le fonctionnement de nos autres organes. C'est un lieu commun de physiologie normale aussi bien que morbide.

Quoi qu'il en soit, le concomitant organique, pas plus que l'affectif, ne justifie l'assimilation psychologique que l'élément intellectuel tend à réprouver d'ailleurs entre l'obsession impulsive et l'inspiration dans l'art.

★
★ ★

Nous dirons, pour conclure, que la théorie de l'inspiration-impulsion n'a pour elle que des arguments spécieux.

Sans doute on ne peut refuser à l'inspiration de l'artiste les caractères apparents que nous retrouvons fondamentalement dans l'obsession impulsive. Outre les concomitants organique et émotionnel, nous retrouvons aussi et surtout à la base des deux phénomènes la même notion de force parasite s'imposant à l'esprit passif, sans intervention de volonté consciente de la part du « moi », la même manifestation de l'automatisme psychologique, en un mot. Mais cette similitude apparente dissimule une opposition profonde.

Le phénomène pathologique de l'obsession impulsive implique bien vraiment un état de désagrégation psychique, un morcellement maladif des états de conscience qui rompt l'unité du « moi ». Au contraire, si le phénomène surnormal de l'inspiration éclipse toute volonté consciente, c'est parce qu'il repose sur des éléments qui ont acquis un maximum d'organisation. Si la personnalité n'y voit point son œuvre, c'est qu'elle se confond dans cette œuvre même, c'est qu'elle ne fait qu'un avec son ouvrage.

Le « moi » ne reconnaît pas sa marque de fabrique, parce que son produit se présente dans des conditions qui ne sont pas ses conditions communes de fabrication.

Dans notre vie psychique journalière, la notion de participation volontaire est inséparable du sentiment de l'effort. Or, en étudiant la texture de l'inspiration esthétique, nous avons vu que les rapports dont elle est formée n'ont pas un caractère cogitationnel, mais émotionnel. Ce sont donc des rapports anciennement fixés dans les habitudes psychiques, consacrés par une expérience atavique prolongée, et passés à l'état de tendance chez l'individu; ce sont des combinaisons qui s'agrègent par des attirances naturelles et avec une fatalité quasi organique.

D'autre part, dans notre vie psychique journalière, toutes les fois qu'un groupe de représentations est incorporé par la masse principale de la personnalité consciente, il se trouve toujours encadré dans le temps et dans l'espace par d'autres groupes de représentations. Habituellement un état de conscience se rattache dans le temps à un état de conscience antérieur qui l'a provoqué et dont il dépend. Habituellement aussi la notion du monde extérieur permet la séparation entre les formations imaginatives et les perceptions réelles dont l'assemblage

constitue un état de conscience donné. Or c'est cet
emboîtement qui manque plus ou moins au groupe
d'images constitutif de l'inspiration. En effet, nous
avons développé longuement les raisons principales
qui rendent ce groupe d'images en quelque sorte
flottant et isolé de ses attaches. Nous avons vu la
plasticité des sources où vient s'abreuver l'inspiration d'art : c'est le domaine mystérieux de la vie
affective avec ses mirages, ses brumes diaphanes,
ses échos imprévus, ses détours fuyants, ses fonds
impénétrables, où il n'est pas question de repères
définis et d'associations logiques. C'est dans un
déterminisme souvent insondable pour la conscience
lucide que l'inspiration d'art a fait son berceau.
Nous avons indiqué, d'un autre côté, comment l'inspiration entraîne avec elle l'oubli temporaire du
monde extérieur et dissout du même coup les bar-
rières du « moi ».

De la double influence précédente, il résulte que
l'*état fort* de l'inspiration apparaît dans le souvenir
comme en suspension. Il pourra donc participer aux
caractères apparents du rêve, du somnambulisme,
et de tous les états morbides impliquant une déposs-
ession temporaire de la volonté consciente. Mais,
dans ces divers états, l'idéation *subliminale* fait
irruption dans le domaine *supraliminal* sans se
confondre avec lui, et les opérations impliquent
une fragmentation du « moi ». Dans l'inspiration,
au contraire, le *subliminal* conserve avec le *supraliminal* des rapports normaux. Ces rapports cessent
d'être patents, il est vrai; mais une analyse un peu
minutieuse peut les révéler. Bien mieux, le *subli-*

minal et le *supraliminal* collaborent ici en une coopération qui rend justement délicate, pour ne pas dire impossible, toute tentative de dissociation dans leurs travaux respectifs. On a dit avec juste raison que si « l'idée s'empare du poète », le poète s'empare de l'idée; et Victor Hugo, décrivant dans son Mazeppa les transports et vertiges de cette « possession » poétique, fut conduit par son sentiment intime à personnifier le génie tout à la fois dans le cheval et dans le cavalier :

> ... Il crie épouvanté; tu poursuis implacable.
> Pâle, épuisé, béant, sous ton vol qui l'accable
>   Il ploie avec effroi;
> Chaque pas que tu fais semble creuser sa tombe.
> Enfin le terme arrive, ... il court, il vole, il tombe
>   Et se relève roi!

Il faut reconnaître qu'ici « on ne sait plus, de l'homme ou du cheval-génie, lequel porte l'autre, et lequel vole; équivoque assurément contraire aux lois de la rhétorique, mais conforme à la logique de l'identification [1] ».

En résumé, le phénomène de l'inspiration tend à rappeler l'impulsion morbide au point de vue clinique; mais par son mécanisme essentiel il serait à rapprocher avec plus de justesse des fonctions de l'instinct. Si l'on peut parler d'automatisme psychologique en matière d'inspiration esthétique comme en matière d'impulsion morbide, il faut se hâter d'ajouter que, dans le phénomène *surnormal*, il n'est point question comme dans le fait *pathologique*

---

[1] RENOUVIER, *Victor Hugo le poète*, p. 38.

d'un automatisme de *défection;* mais d'un automatisme de *perfection.* L'un est un accident et une
déchéance; l'autre est la manifestation supérieure
d'un mode d'organisation ayant atteint le maximum
de son développement. L'un est au bas échelon,
tandis que l'autre est au faîte de la hiérarchie,
parmi les modalités de notre activité psychique.

———

III

LES CONDITIONS MENTALES DE LA CRÉATION
POÉTIQUE

Les anciens vénéraient dans le poète un élu des dieux ; ils pensaient même que les dieux lui avaient légué un de leurs attributs célestes, la puissance de créer (ποιεῖν), d'où le nom poète. On peut affirmer, du moins, que la poésie est chose spontanée, et que toutes les règles du monde ne feront jamais un poète de quiconque n'est pas né poète.

Ce n'est pas à dire que la faculté poétique puisse être exclusivement appréciée par les formes extérieures qu'elle revêt. Dans son essence même, elle n'échappe pas à toute analyse.

Définir la poésie en termes précis n'est pas chose facile, car on la conçoit de façons différentes suivant les points de vue. Sully-Prudhomme l'a bien exprimé : « Ce qu'on appelle poésie est caractérisé tantôt par un certain mode de la pensée, tantôt par un certain mode du langage, c'est-à-dire tantôt par l'inspiration, tantôt par le vers. Comme d'ailleurs la définition du mot poète dérive de celle du mot poésie, il s'ensuit qu'on peut être qualifié poète

sans avoir la moindre aptitude à faire des vers, et
qu'on peut l'être, inversement, pour la seule aptitude à versifier sur n'importe quoi. Les expressions
prose poétique, poèmes en prose, tendent en outre à
effacer la ligne de démarcation entre la prose et la
poésie[1]. » En fait, les auteurs de poétique ne voient
guère en elle qu'une forme spéciale du langage. Ils
la définissent simplement « l'art d'écrire les vers ».
Mais le psychologue doit l'envisager de manière
plus abstraite et voir en elle une façon spéciale de
penser capable de faire éprouver cette émotion particulière qu'on nomme proprement l'émotion poétique. Prise dans cette acception, la poésie ne peut
être enfermée dans une formule simple, et, suivant
la remarque de M. Braunschvig, on trouve « plutôt
des mots éloquents pour la célébrer, que des termes
précis pour la définir[2] ». La poésie, pour Lamartine, est « l'incarnation de ce que l'homme a de
plus intime dans le cœur et de plus divin dans la
pensée, de ce que la nature a de plus magnifique
dans les images et de plus mélodieux dans les
sons ». Pour V. Hugo, elle est l' « écho intime et
secret de ce chant qui répond en nous au chant qui
est hors de nous ». Pour Byron, elle est « le sentiment d'un ancien monde et celui d'un monde à
venir ». Sully-Prudhomme la considère comme « le
rêve par lequel l'homme aspire à une vie supérieure », et Émile Deschamps dit qu'elle est « l'art
suprême et complet, peinture qui se meut et mu-

---

[1] SULLY-PRUDHOMME, *Qu'est-ce que la Poésie ?* (*Revue des Deux-Mondes*, p. 597, 1er octobre 1897.)
[2] MARCEL BRAUNSCHVIG, *Art, poésie,* in *Grande Encyclopédie.*

sique qui pense ». Quoi qu'il en soit, il existe des œuvres en vers qui n'ont rien de poétique; et des livres en prose sont souvent, par contre, de vrais poèmes. La poésie n'est même pas également présente dans tous les genres versifiés. C'est ainsi qu'une épître ou une épigramme n'ont de la poésie que le vêtement. D'autre part, dans les poèmes de très longue haleine, on ne trouvera en réalité qu'une succession de « bouffées poétiques » dans un « tissu plus ou moins bien fait de versification ». L'épopée comme la tragédie comporte nécessairement des pages de moindre lyrisme, au cours desquelles le tonus s'affaisse et l'esprit se détend. Le poème lyrique de très courte haleine peut seul jaillir d'une venue, sans risque de défaillance ni éclipse de l'intensité lyrique, et en cela il est vraiment le type le plus parfait de ce qu'on doit entendre par poésie.

Ce qu'il faut retenir, c'est que la poésie s'adresse à la sensibilité plus qu'à l'intelligence, et à l'imagination plus qu'à la logique. Elle charme, elle émeut; elle ne prouve pas, ou si elle prouve c'est accessoirement. Elle participe donc aux traits essentiels des spéculations de nature esthétique. Il en résulte que l'inspiration poétique doit emprunter ses caractères fondamentaux à la notion générale de l'inspiration dans l'art. Ceci justifie le chapitre de synthèse dont nous nous sommes affranchis d'abord. Connaissant la nature de l'inspiration, nous pouvons étudier maintenant les conditions de son éclosion et de son développement, au point de vue spécial de la poésie.

Au cours de cette étude, nous aurons à noter de nouveaux rapports empruntés aux états morbides. Nous n'y verrons d'ailleurs, comme précédemment, qu'un intéressant prétexte à des rapprochements, et de ces rapprochements purement théoriques nous ne comptons tirer aucune déduction en vue d'une doctrine subversive ou paradoxale.

Mais auparavant, il est nécessaire d'analyser en peu de mots le tempérament poétique, puisqu'il est à la base même de ce mode très spécial de l'activité mentale dont nous voulons scruter la psychologie. Nous aurons à l'envisager dans ses deux éléments, l'un affectif, l'autre intellectuel : *sensibilité* et *imagination*.

I. L'ÉLÉMENT AFFECTIF : LA SENSIBILITÉ.

L'adage *fiunt oratores, nascuntur poetæ* indique ce qu'il y a d'inné et en quelque sorte d'inéluctable et de fatal dans le tempérament poétique.

En cherchant la nature de cet élément inné indispensable au don de poésie, on voit qu'il doit se résoudre, après tout, en une exquise sensibilité.

Le tempérament artistique, dans toutes ses modalités, suppose des conditions psychologiques qui font de l'artiste un être particulier et le distinguent de la masse des hommes. La sphère émotive est chez lui prépondérante. Il en résulte qu'une impression sensorielle entraîne une activité plus intense de ses centres automatiques, et que d'autre part sa conscience tend à amplifier ces impressions mêmes, en les élaborant pour les transmettre à autrui. Aussi bien toutes les perceptions qui lui arrivent se trouvent-elles grossies de ses propres tendances, et lorsqu'il les rend au public elles sont à la fois fortifiées et dénaturées.

Cette double faculté réceptive et communicative, le poète la possède au suprême degré. Il la possède sous une forme plus générale que le peintre ou le musicien, car ce ne sont pas exclusivement les sensations d'ordre visuel ou auditif qui peuvent éveiller ou traduire l'activité de son être sensible. Sa sensibilité, à lui, est d'ordre plus synthétique : c'est comme un immense amour, une immense pitié de soi-même et de toutes choses que le philistin ne connaît pas, et qui déborde à flots tumultueux de son âme. La poésie, en effet, doit exprimer foncièrement les réactions propres de l'individu au contact de la vie. Elle doit être, selon la formule de M. Brunetière, « la réfraction de l'univers à travers un tempérament. » Le poète doit donc subir fortement l'impression des choses pour rendre cette impression en images vivantes et traduire ainsi la concordance ou le contraste de la nature extérieure avec les dispositions de sa nature intime. Les sensations se répercutent en lui avec une acuité toute particulière, et, suivant une comparaison qu'un auteur anglais appliquait à Jean-Jacques Rousseau, « il est dans la vie comme un homme dépouillé de sa peau qu'on exposerait aux intempéries de tous les éléments. » « Les poètes, dit Taine, ont une machine nerveuse plus sensible que la nôtre : les objets qui nous laissent froids les secouent subitement ; au

Poésie et folie.   3 moindre choc, leur cerveau s'émeut. » Il conviendrait d'ajouter que cette impressionnabilité spéciale, cette faculté d'entrer en communication plus directe avec la nature, nous apparaît, à nous adultes et hommes d'un siècle avancé, comme un retour aux heures candides de l'enfance ou des premiers âges du monde. Nous y voyons la fraîcheur d'une âme ingénue qui garde des sensations ce qu'elles ont de naïf, et les goûte avec innocence dans leur prime saveur. Disons autrement que la poésie implique l'éternelle jeunesse. Le poète est un enfant qui ne vieillit jamais, et tout homme d'ailleurs est poète à quelque degré quand il a vingt ans. Avec l'âge et le souci matériel de vivre, comme la jeunesse passe, le poète s'en va.

II. L'ÉLÉMENT INTELLECTUEL : L'IMAGINATION

La sensibilité du poète constitue l'élément fondamental d'un tempérament qui lui est propre. Mais c'est là une faculté en quelque sorte passive. Quel est donc l'agent qui la met en jeu pour faire d'un simple état de réceptivité une activité de génie? Cet agent, c'est à proprement parler l'imagination. C'est l'imagination, en effet, qui rend présente à la pensée du poète une foule d'objets épars particulièrement propres à déterminer par leurs rapprochements de vives émotions.

Imaginer, au vrai sens du mot, c'est construire avec des images. Dans l'acte le plus élémentaire d'imagination, les images rappelées composent un agrégat plus ou moins nouveau; mais le produit se forme néanmoins par la représentation de parties qui sont de simples faits de mémoire. L'imagina- . tion créatrice, au contraire, n'est pas seulement la faculté d'évoquer d'une manière vivante la représentation du réel. Elle implique la propriété de faire surgir des représentations dont nos sens n'ont jamais été frappés, et de prêter une réalité sensible à ce qu'il y a de plus abstrait et de plus chimérique. C'est surtout sous cette forme qu'il convient de l'envisager chez le poète.

Aussi bien que le don de la sensibilité, l'attribut d'imagination est d'acquisition première tant au point de vue individuel que social. Par ce côté encore, le poète se rapproche donc du primitif et de l'enfant.

L'imagination est la faculté dominante des sociétés primitives, tandis qu'elle s'affaiblit en se décolorant à mesure que la raison se perfectionne. C'est que les sociétés primitives, par suite de leur ignorance et de leur faiblesse même, sont plus étonnées et plus émues des choses de l'ambiance. Les peuples modernes au contraire, en raison de leurs capacités d'analyse et du sentiment justifié de leur force, demeurent plus indifférents et témoignent d'une certaine froideur à l'endroit de la nature. Si les littératures primitives se sont imprégnées de poésie, c'est qu'elles sont l'œuvre d'une humanité qui ouvre sur le monde des yeux étonnés. Les sens d'alors ne sont pas émoussés, l'esprit de cette époque n'est pas desséché par les efforts désillusionnants d'une science d'analyse. L'imagination perçoit entre toutes choses des correspondances mystérieuses, et l'on voit apparaître du même coup les symboles, les religions, les légendes et les mythes.

L'enfance, elle aussi, est l'âge d'imagination. Pour elle aussi tout est nouveau, tout est merveilleux. Elle va de surprises en surprises, et son étonnement s'achève en admiration. Les événements les plus simples affectent à ses yeux une grande importance, et les objets les plus ordinaires prennent les proportions les plus démesurées. Alors les inventions romanesques et les conceptions fantaisistes ont une noble part dans la vie de l'esprit. Longtemps même, l'imagination demeure étrangère à tout élément rationnel. Puis peu à peu, sous la forme de la réflexion et de l'observation rigoureuse, cet élément tend à pénétrer dans la recherche de la connaissance. Il naît assez tard et grandit lentement. A mesure qu'il s'affirme, il influe sur le précédent et tend à le réduire, si bien qu'à un moment donné l'imagination entre en déviation ou en régression. Chez les uns, elle se virilise, se rationnalise; chez les autres, elle reste atrophiée, sans plus.

Quoi qu'il en soit, il se fait entre le possible et l'impossible, entre le chimérique et le réel, entre le connaissable et l'inconnaissable, une ligne de démarcation plus nette chez le commun des hommes. Cette distinction du réel et de l'imaginaire, seul le poète n'en fait aucun cas, et dans cette belle négligence réside tout son art. En effet, il n'y a pas d'objet poétique en soi. Tout objet qui nous

apparaît dans la crudité de la réalité sensible demeure entaché de prosaïsme. Il n'y a de poétique
dans les choses que l'idée même que nous nous en
faisons, et l'imagination est le suprême levain
qui pénètre le monde de l'aspiration humaine, c'est-
à-dire de toute la poésie qui est en nous et qui
ne peut exister en dehors de nous.

En vérité, cette activité mentale si spéciale au
poète, nous la trouvons en germe au cours de l'humanité entière. Victor Cherbuliez l'a bien exprimé :
« Nous apportons dans le monde deux passions
nées avec nous et qui, selon notre tempérament,
notre tour d'esprit, notre caractère ou l'éducation
que nous avons reçue, se partagent notre vie en
des proportions très différentes. L'une est la passion des réalités, l'autre l'amour des pures apparences[1]. » L'attitude rêveuse remplit donc en partie la vie de tous les hommes. Seulement, pour
la plupart, le plaisir du rêve est un accessoire qui
cède le pas au sens de l'utilité pratique; chez le
poète, au contraire, l'imaginaire supplée au réel et
ne tolère sa présence que pour l'exploiter en vue
d'une chimère. Ici, des deux instincts primitifs de
la contemplation et de la possession, le premier
accapare toute l'activité aux dépens du second.
Aussi bien le poète a-t-il une manière de voir, une
façon de penser qui n'est pas celle du commun des
hommes. Il n'a cure de ce qui les émeut et s'émeut
à son tour de ce qui les effleure chaque jour
sans les toucher en aucune façon. Son trait distinc-

---

[1] CHERBULIEZ, *l'Art et la nature* (*Revue des Deux-Mondes,* 1891,
n° 4, p. 5).

tif est de joindre au mépris du sens de la vie une adoration de la nature, source intarissable où puisent ses rêves. Tout ce qu'il voit et tout ce qu'il entend, toutes ses joies et tous ses chagrins, il n'est rien dont il ne fasse profiter son art. S'émouvoir et construire sur ses émotions, tel est le centre de toutes ses tendances, l'éternel et unique souci, l'idée fixe qui absorbe tout. Les plus grands intérêts de ce monde ne sont que bagatelles, en comparaison de son affaire à lui, et il semble que tout l'univers n'ait été créé que pour fournir les images qu'il goûte avec volupté et dont il fait l'aliment de sa vie.

Celui-là ne saurait être un poète qui ne voit rien au delà des réalités, et ne croit qu'au témoignage de ses sens et de son raisonnement. Le bonhomme Chrysale est un bourgeois tout rempli de bon sens, mais son caractère est le moins poétique du monde. Conduisez son pareil dans les sites les plus captivants, conviez-le au spectacle enchanteur que donne la montagne ou qu'offre la mer. Il étudiera strictement la nature du sol et la variété des plantes; il supputera les revenus des champs et méditera le moyen de les accroître. S'il rencontre des ruines, il ne songera sans doute à rien autre chose qu'à faire la somme des métaux et des pierres dont la masse vendue au détail devra produire d'honnêtes bénéfices. Celui-là est un homme utile, mais à coup sûr il n'est pas poète. Le poète ne vit que d'émotions morales et témoigne d'une douce insousiance quant aux contingences de la vie pratique.

Pour bien des mortels, le soir n'est rien autre

chose que le moment précis où le mouvement de la terre dérobe à nos yeux la lumière du jour. Pour le poète, c'est l'heure mystérieuse où l'âme émue, s'élançant jusqu'à l'infini, s'entretient d'immortalité. Dans l'esprit de la majorité des hommes, les feuilles qui tombent en automne sont de simples engrais; les vents qui agitent et font plier la cime des grands arbres sont des courants qui purifient l'air. Dans l'âme du poète, le gémissement des bois qui se dépouillent, le tourbillon des feuilles jaunies qu'emporte le vent, tout cela traduit la souffrance et porte en soi l'impression d'un deuil. Puis cette âme fait un retour sur elle-même; elle songe à sa propre souffrance, à son propre deuil,... et ces deux souffrances et ces deux deuils ne font plus qu'une seule et même chose.

En un mot, tandis que la plupart des hommes ne dépassent point le domaine des idées pratiques et demeurent le front bas rivés à la terre, le poète agrandit le cercle de sa conscience et fait une excursion jusqu'à l'Ineffable. A ses yeux, le phénomène n'a point tant de valeur comme source d'applications, mais comme expression d'un rapport immuable entre la vie individuelle et l'universelle. Plutôt que d'en faire l'analyse, il en subit d'emblée la synthèse en tant que représentation du Monde. Tandis que la plupart des hommes s'entraînent à l'asservissement de la nature vivante ou inanimée pour la soumettre à la satisfaction de leurs besoins et aux exigences de leur vie, le poète, lui, n'apporte aux choses qu'un cœur ouvert qui reçoit leur image et se reflète en elle. Sans y toucher jamais, il s'y mêle d'une manière plus étroite encore. C'est que, dépourvu de cette activité qui fait industrie du monde extérieur, il est doué d'une âme réceptive qui se confond avec ce monde dans une intime communion. Ceux-là demeureront éternellement distants des choses d'ici-bas qui les pétrissent pourtant à pleines mains : lui seul les pénètre, qui n'y touche pas.

En vérité, le monde peut être envisagé suivant deux points de vue : l'un, positif, nous le fait voir par ses qualités patentes; l'autre, purement moral, nous laisse entrevoir ses liens ineffables et ultra-sensibles, que ni la science ni la connaissance vulgaire ne peuvent aborder. Le deuxième point de vue, quoi qu'on en puisse dire, n'est ni arbitraire ni artificiel. Nous n'entendons pas ainsi qu'il soit une source de savoir, dans le sens où l'on comprend ce mot en matière de spéculation rationnelle ou de science empirique; nous voulons dire simplement qu'il est fondé sur un puissant et irrésistible penchant de notre humanité. Il y a dans toute chose, dans tout être, un côté de mystère auquel l'habitude rend indifférent, mais dont l'influence troublante peut revivre à de certaines heures. Notre raison ne se suffit pas à elle-même; si loin qu'elle puisse voir, son incomplétude nous tourmente et laisse derrière elle un instinct plus fort que tous les systèmes. L'homme se contient difficilement dans le domaine étriqué des réalités terrestres. Il y a en lui comme un sentiment inné qui le pousse hors de ces dernières, car il n'y a de réel que du relatif et du contingent, et rien de tout cela ne peut combler son cœur. Mécontent de lui-même et de tout ce qui l'entoure, l'homme aspire, et son imagination se plaît à créer sur des éléments confus un monde chimérique où sa pensée se repose avec complaisance. Il faut bien l'avouer : quelque élevée que soit notre raison, quelque puissante notre intelligence, nous aimons le merveilleux, et nous l'aimons parce qu'il est

> ... ce bien idéal que toute âme désire
> Et qui n'a pas de nom au terrestre séjour.

L'aspiration vers cet idéal, voilà un caractère très fondamental de l'imagination poétique. Tout en imitant la nature, le poète lui donne une beauté qu'elle n'a pas, et en cela il répond encore à une disposition foncière de l'esprit humain.

Ainsi tandis que la science devient plus abstraite et fait appel aux pures facultés de notre intelligence, la poésie cherche à exprimer toute cette vie confuse de l'être affectif qu'on ne peut traduire par de clairs concepts. En pareil domaine, la direction de la pensée ne peut être soumise aux lois de la commune logique : elle a son code vraiment spécial et différencié.

C'est cette modalité toute particulière de l'activité que nous allons étudier maintenant, en nous plaçant successivement au triple point de vue de l'apparition, de l'enchaînement et de l'expression des images mentales.

A. LE MODE D'APPARITION DES IMAGES MENTALES : LA RÊVERIE

Quand nous percevons un objet par voie sensorielle, ou quand nous évoquons simplement sa
représentation mentale, il se fait en nous très naturellement un appel d'images plus ou moins nombreuses ayant des rapports variables avec cette
représentation ou cette perception. Par exemple,
l'idée du ciel éveille celle des nuages, de la pluie,
des étoiles; elle éveille en outre l'idée du bleu qui
appellera celle d'une robe ou encore celle des yeux
ayant même couleur; l'idée de la robe ou des yeux
entraîne l'image d'une personne qui, à son tour,
nous reporte dans tel lieu ou tel temps de notre
vie, et ainsi de suite. Voilà bien le perpétuel courant qui entraîne nos pensées.

Mais cette affluence d'images successives ou
simultanées ne facilite pas au cerveau sa tâche utile
qui est de connaître et de juger. L'objet qui en est
le point de départ n'est ni expliqué ni rendu plus
clair par ce tumulte d'aperceptions qui n'ont avec
lui aucun lien logique. Pour que le phénomène de
l'évocation trouve à s'appliquer d'une manière
utile, il faut que la synthèse mentale soit maintenue
en état de tonus par cette faculté dominante qu'on
nomme l'attention. C'est elle qui impose un programme au chaos de nos représentations et nous
permet de les utiliser pour le jugement et la
connaissance des choses. En dehors de l'attention,
l'esprit tend naturellement au rayonnement des

associations et à la pluralité des états de conscience. Aucune de ses représentations n'occupe la
première place d'une façon suivie. Chacune d'elles
est chassée par d'autres, qui sont déplacées à leur
tour. A ce polyidéisme, l'attention tend à substituer
un monoidéisme relatif. Grâce à elle, une représentation tient d'une façon constante le premier
plan, ou du moins elle tend indéfiniment à le
reprendre et à le conserver. L'attention, en effet,
joue un double rôle : elle maintient dans le champ
de la conscience les associations logiques ou rationnelles qui sont utiles, et elle refoule les associations
automatiques qui pourraient venir en intruses gêner
les précédentes. Dans tous les états qui sont caractérisés par le relâchement de la synthèse mentale,
lorsque l'attention se disperse, les représentations
surgissent donc au hasard, incoordonnées et illi-
mitées, apparaissant et disparaissant automatiquement dans le champ de la conscience, sans que la
volonté intervienne pour les provoquer ou les
inhiber.

De la cohésion pleine et entière au relâchement
complet de la synthèse mentale, de l'activité parfaitement lucide à l'activité qui subsiste au cours
du sommeil, il y a des intermédiaires sans nombre.

Dans l'acte de la réflexion, l'esprit foncièrement
actif s'applique toujours à un sujet parfaitement
déterminé et précis. L'homme qui réfléchit ne laisse
mouvoir ses idées que dans un champ restreint ; et
quand on dit qu'il fait effort pour se soustraire à
la distraction, on implique par là qu'il resserre au

maximum sa pensée, la rappelant sans cesse sur le point donné dès qu'elle tente de s'en écarter. La réflexion ne connaît donc ni les détours, ni les retards ; elle va droit au but.

L'esprit qui médite n'a déjà plus le même degré de tension. Il dirige encore ses idées, mais il cesse de les enfermer en une enceinte nettement limitée. Ses associations ne convergent plus vers un centre unique ; elles s'étendent à plaisir, divergent en maintes directions sans perdre pour cela leur mot de ralliement, profitent avec complaisance des rencontres de la route, et n'ont point peur des écarts et des digressions dont elles font au contraire leur profit.

Mais laissons encore la pensée se distendre. La sensation d'effort disparaît presque complètement. Les images défilent comme d'elles-mêmes ; elles se suivent, l'une appelant l'autre, au hasard des associations. Elles se groupent sans contrainte, s'étendent sans but défini ni limites précises, au hasard du caprice et de la fantaisie. Et quand, après un instant de cette promenade effectuée sans intervention de volonté consciente, nous renaissons à la vie réelle, nous sommes presque surpris du chemin parcouru.

Un degré de plus, et nous voici en pleine activité de songe. Alors l'esprit complètement passif est abandonné aux divagations sans bornes. L'homme qui rêve ne guide plus ses représentations ; ce sont ces représentations elles-mêmes qui se meuvent dans un champ dont les limites peuvent être indéfiniment reculées. Les images aux contours fuyants se présentent sans ordre et s'agrègent suivant la rencontre d'associations disloquées sans aucune tenue. Elles peuvent aboutir aux formations les plus imprévues et les plus fantasques.

A égale distance du songe et de la réflexion, le stade intermédiaire comporte un certain relâchement de la synthèse mentale. C'est dans ce stade que flotte la *rêverie*, à laquelle nous devons rattacher les conditions foncières de l'évocation, dans l'activité créatrice d'ordre poétique.

* *

Avec Sully-Prudhomme, on peut définir la rêverie : « la contemplation intérieure d'une succession d'états de conscience spontanément associés[1]. » Personne mieux que ce philosophe n'en a montré les rapports avec l'état de la synthèse mentale : « L'attention du rêveur est toute machinale et inconsciente, nous dit-il ; elle ne lui coûte aucun effort ; elle ressemble à celle du spectateur captivé par une scène dramatique. Ce n'est qu'une accommodation spontanée de l'esprit à son objet, comme l'œil s'accommode au sien. » L'absence de l'effort, tel est donc le trait distinctif de cette attitude mentale du rêveur qui s'oppose au travail volontaire de la réflexion comme le passif s'oppose à l'actif. Dans la rêverie, l'esprit ne poursuit aucun but. Il ne dirige plus ses idées comme dans la réflexion ; il contemple

---

[1] SULLY-PRUDHOMME, *l'Expression dans les Beaux-Arts* (Paris, 1883, Alphonse Lemérre, édit.).

leur défilé. Ses idées constituent pour lui non pas une propriété qu'il exploite, mais plutôt un spectacle auquel il assiste et dont les péripéties d'ailleurs sont pleines d'imprévu.

Quoi qu'il en soit, l'absence de l'effort indique que l'état de rêverie répond à une attitude de repos par rapport à l'élévation du tonus attentionnel qui implique au contraire un travail pénible. On ne s'étonnera donc pas si nous sommes tous à quelque degré et successivement penseurs et rêveurs. Comme l'a bien exprimé Bergson[1], nous laissons d'ordinaire surgir, du fond de la mémoire où reposent nos souvenirs, ceux-là seuls parmi eux que nous croyons pouvoir utiliser dans la situation présente. Ainsi le veulent les nécessités de notre existence, tout entière orientée vers l'action. Nous ne laissons nos souvenirs reparaître en foule au gré de nos caprices que dans les moments où, rêveurs désintéressés, nous sommes inattentifs à la vie réelle. Dans l'attitude mentale de tous les humains, il y a donc comme un balancement perpétuel entre le resserrement et la détente des facultés attentives. Pour peu qu'on s'observe, on reconnaît que ces deux états se succèdent alternativement. A chaque instant nous reprenons la direction de nous-mêmes, et à chaque instant aussi cette direction nous échappe. Voici que nous avons tout empire sur nos facultés; nous sollicitons nos idées par une recherche nettement active, et quand elles nous apparaissent, nous les tenons enfermées sous le contrôle le plus

---

[1] BERGSON, *Matière et mémoire*, p. 166 (Paris, F. Alcan, 1896).

rigoureux. Mais vient une éclipse de notre attention ; alors tout se met en campagne, d'un mouvement spontané, sans consulter notre assentiment ; et de ce dévergondage il sort malgré nous des idées, des images, des souvenirs que nous n'avions pas demandés. Le pouvoir personnel abdique ; il lâche les rênes à nos facultés. Et voilà que nous vivons tout bonnement comme vivrait une chose : tout ce qui se passe en nous est vraiment fatal et marche au gré d'une force arbitraire. Nous ne commandons plus, nous nous contentons de subir.

La rêverie n'est donc pas une disposition extraordinaire de l'esprit. Elle est une expression de moindre effort, et en cela elle est du domaine commun. Mais ce qui n'est pas du domaine commun, c'est d'exploiter ce relâchement, c'est d'en faire une source de richesse, c'est de se regarder défaillir et capituler en dosant cette défaillance à loisir et en réglant l'abandon de son « moi », c'est de lâcher les rênes sans perdre la direction : c'est, en un mot, de rester attentif tout en cessant de l'être. Qu'on nous excuse un tel paradoxe ! Il rend mieux que toutes les paraphrases le trait distinctif par quoi il convient de bien différencier la rêverie esthétique de la rêverie simple.

L'esprit du poète n'entre pas en activité suivant une volonté directrice qui prendrait possession de tous ses éléments, les pèserait en toute connaissance de cause, les rangerait et les disposerait suivant une méthode, pour en faire un système. Son attitude mentale habituelle, celle qui favorise le mieux l'éclosion de son art, est certainement l'attitude rêveuse.

Rien en cela ne saurait nous suprendre, car le rôle des représentations spontanées qu'offre la rêverie trouve son application immédiate dans toutes les modalités de l'invention en général, et de l'invention esthétique en particulier. Paulhan dit avec raison : « L'intelligence n'invente pas tant par son jeu régulier, que par le profit qu'elle sait tirer de l'activité relativement libre et parfois capricieuse de ses éléments... L'idée directrice générale intervient pour choisir, pour accepter ou rejeter les éléments qui lui sont offerts ; mais ces éléments, ce n'est généralement pas elle qui les évoque. Ils sont en bien des cas le produit du jeu spontané, quoique surveillé, des idées et des images, de tous les petits systèmes qui vivent dans l'esprit... Si les éléments ne s'affranchissaient pas quelque peu, s'ils ne se livraient pas à leurs affinités propres en rompant les associations logiques habituelles, si la coordination de l'esprit était trop serrée et trop raide, trop uniformément persistante, l'invention serait beaucoup plus rare. »

En fait, on peut vérifier que tout état flottant et mal défini des associations est évocateur d'images aux contours variés. Lorsque vous faites une sieste, laissez errer vos regards sur la tapisserie de la chambre. Dans les dessins souvent vagues de cette tapisserie vous découvrirez une série d'esquisses, une richesse incalculable de caricatures, de visages plus ou moins monstrueux, disposés dans différents sens, presque toujours tronqués, mais dont votre imagination complétera les lignes avec une facilité remarquable. Si vous avez la fièvre, ces impressions fugaces se fixeront davantage; elles deviendront hallucinations sous l'influence des modifications mentales imprimées par le processus fébrile. Placez-vous maintenant à quelque distance d'un orchestre, assez près pour l'entendre, assez loin cependant pour n'en rien retenir, et de telle sorte que les harmonies musicales vous arrivent à l'état d'audition très imparfaite. Vous vous accrocherez bien vite à des bribes de phrases à peine devinées dont vous compléterez vous-même la logique. Si vous aviez alors un appareil enregistreur, vous y fixeriez des compositions aussi originales que variées, dont l'inspiration ne vous serait jamais venue en temps ordinaire malgré toute votre application et tous vos efforts. C'est que l'impression diffuse est comme un carrefour où viennent se rencontrer les idées les plus inattendues et les sensations les plus disparates. Avec les images précises, aux contours nets et bien définis, nous voyons ce que nous voyons, nous entendons ce que nous entendons, et notre activité en quelque sorte polarisée ne va pas au delà de la réalité étroite qui la fixe et l'immobilise tout entière. Avec les impressions vagues au contraire, le champ est ouvert à toute une riche floraison de possibilités dont chacune est le germe latent d'une sensation en puissance. L'imagination s'éparpille et se donne libre cours au milieu de toutes ces forces virtuelles qui ne demandent qu'à éclore. Dès que notre activité s'applique, elle se rétrécit; dès qu'elle flotte, elle s'étend. L'activité de la vie logique et utilitaire, parce qu'elle est appliquée, est une activité condensée et en quelque sorte cristallisée par rapport à l'objet qu'on a préalablement fixé dans le champ de l'attention. L'activité de la rêverie au contraire, parce qu'elle est flottante, est une activité douée au plus haut point de propriétés diffusibles, et c'est en cela justement qu'elle est source de richesses.

Ainsi la rêverie, parce qu'elle favorise le libre jeu des associations, est l'attitude féconde et chère au poète. Il y trouve des combinaisons que la réflexion ne lui fournirait pas. La réflexion est trop exclusive et trop despotique; elle crée des associations, sans doute; mais ces associations, elle les tient en laisse comme on tient l'animal captif qu'on traîne à sa suite. Dans le périmètre rigide et inextensible qu'elle leur assigne, les images se sentent à l'étroit, et la robe ajustée qu'elle taille sur mesure leur moule les flancs tant et si bien que tout mouvement leur est interdit. Aux associations d'ordre poétique, il faut moins de rigueur et de servilité. Il ne faut point la robe étriquée que l'intransigeante attention commande et façonne; il faut l'élasticité sans limite d'une cotte modifiable à loisir : il faut les franches coudées de la rêverie. Dans la réflexion, les associations s'agrippent, elles se fixent et demeurent; dans la rêverie, elles flottent, se croisent et s'entrecroisent, se suspendent, se détachent, s'agrègent et se désagrègent. Sous l'œil négligent du despote endormi, elles dansent à plaisir le quadrille échevelé de la chimère et de la fantaisie. Coquettes comme les belles, infidèles — oh combien! — mais délicieuses dans leurs jeux éphémères et leurs rencontres toutes faites d'imprévu, elles passent et repassent comme des bêtes effarouchées, se glissent subtiles et légères comme des sylphes, disparaissent et reparaissent encore comme des feux follets.

Les conditions de l'évocation poétique s'éloignent donc très sensiblement des conditions habituelles d'un travail mental adapté aux actes courants. Dans la plupart des opérations intellectuelles que nous appliquons aux jugements de la vie journalière comme aux enchaînements plus complexes de la discussion scientifique, nos associations ont un caractère de fixité qui n'exclut pas la plasticité, mais qui ne les autorise pas à se mouvoir en dehors de certaines limites. Elles doivent demeurer groupées en un tissu dense, et les seuls liens qui doivent les unir sont ceux de la logique. Lorsqu'une image mentale se présente dans le champ de la conscience elle s'y fixe, et tandis qu'elle s'y tient en relief, elle appelle autour d'elle un groupe limité de représentations dont la rencontre engendre un jugement. Il n'en est plus de même chez le poète livré aux caprices du rêve. Ici les représentations « flottantes » se recherchent et s'abandonnent tour à tour avec une dextérité remarquable. Au lieu de s'enchaîner suivant des liaisons étroites et rigoureusement logiques pour être fixées en nombre restreint, elles s'attirent avec une aisance toute particulière suivant les rapports les plus fragiles et les plus lointains, et sans s'arrêter longtemps dans le champ de la conscience elles la frôlent simplement comme pour se jouer presque en dehors d'elle. Dès qu'une image se présente, des ondes vibratoires s'étendent à distance et à profusion : l'apparition de cette image soulève un concert d'échos qui se répondent et se répandent jusqu'à l'infini. Les rapports se diffusent, s'éparpillent. L'acte mental y gagne en richesse ; il y perd en exactitude et en précision. Un mot ne saurait éveiller en nous qu'une image définie ou une idée bien déterminée. Chez le poète il éveille toute une foule d'images, tout un groupe d'idées. Ces images, il est vrai, sont moins bien définies, ces idées sont moins bien déterminées; mais la puissance imaginative du poète féconde à loisir chacun des fruits de cette évocation multiple, dont les vibrations vont se répercutant au gré de son extrême sensibilité. Un ami de Verlaine lui demandait un jour comment lui venaient ses inspirations. Le poète, qui était attablé au café Mahieu, désigna du côté de la terrasse un store battu par le vent : « Vous voyez cette toile qui s'agite ? ...Pour vous, c'est un simple morceau d'étoffe que l'orage secoue... Pour moi, c'est tout autre chose. J'y reconnais la voile d'un vaisseau qu'ébranle la tempête, et me voici tout épouvanté sur une mer en furie. Puis mon objectif fait un tour. Alors j'y vois un drapeau qui flotte; le clairon vient de sonner la charge ; je fonds sus à l'ennemi et j'entraîne au feu une armée. »

Cette diffusion des images, cet éparpillement de la pensée, peuvent être assez accentués pour qu'on ait peine à suivre dans ses méandres l'activité associative du compositeur. Certaines œuvres modernes, en particulier, évoquent au plus haut degré, et plus que de raison sans doute, cette impression de liberté et de dévergondage des associations. Mais il est bien évident qu'un tel caractère n'est pas également marqué chez tous les poètes. Les tendances rigoureuses de certains d'entre eux s'accommoderaient bien difficilement de cette abnégation, même partielle, des facultés de contrôle et d'inhibition. C'est ainsi que, chez Sully-Prudhomme, le vers semble avoir été plié aux exigences de la pensée avec une sévérité qui le place au second plan et qui ne lui abandonne ses prérogatives qu'en ce qu'elles ont d'ingénieusement utile pour faire jaillir avec plus de force la pensée même. On sent partout ici l'intention laborieuse de rester maître de l'outil et de ne lui laisser prendre aucune direction qui n'ait été imprimée consciemment et volontairement par la main dirigeante. D'autres, au contraire, donnent à leur production le cachet d'une promenade errante dont les étapes se succèdent dans un charmant décousu, au hasard d'associations qui s'égrènent librement sans une unité directrice pour les asservir et les commander. Musset en témoigne lui-même lorsqu'il avoue très ingénument :

> ... Je viens de me relire.
> Je n'ai pas dit un mot de ce que j'aurais dit
> Si j'avais fait un plan avant d'avoir écrit.

Quoi qu'il en soit, il convient de retenir que la rêverie est l'attitude propre aux créations d'ordre poétique, et ceci n'est point pour nous étonner, car cette attitude mentale comporte une succession spontanée d'associations indéterminées qui se poursuivent sans fin, et voici justement que le trait essentiel de l'émotion d'art qui se dégage de toute poésie, c'est d'être à la fois flottante et indéfinie. En effet, comme le fait observer Braunschwig, « une association d'idées ou d'images nous procure une impression de poésie quand les termes qui la composent vont s'enchaînant sans fin les uns aux autres, de telle façon que notre esprit, au lieu de s'arrêter en dernier lieu sur une représentation précise, se perd tout au contraire dans le sentiment vague que l'association pourrait se prolonger encore et que par suite elle demeure inachevée [1]. » Ainsi le mode d'activité mentale dans la composition poétique offre justement, comme trait essentiel, un caractère que nous retrouvons impliqué comme postulatum dans l'émotion qui devra se dégager de l'œuvre élaborée. Cette communauté de conditions entre le travail élaborateur de celui qui crée et l'opération réceptive du public qu'il cherche à impressionner, nous aurons encore à la vérifier sous une autre forme.

Il convient, en effet, de pousser notre étude plus avant. Après avoir montré la plasticité du tissu que forment les images au cours de l'état de rêverie, nous devons étudier maintenant ce tissu dans ses éléments ; après avoir montré les rapports qu'affectent entre elles les représentations, nous devons étudier ces représentations elles-mêmes dans leurs attributs.

[1] MARCEL BRAUNSCHWIG, le Sentiment du beau et le sentiment poétique, p. 205.

*
* *

Les caractères principaux des représentations mentales au cours de l'état de rêverie peuvent être ramenés à trois : la nature *concrète* des images ; leur *éloignement* dans le temps et dans l'espace ; enfin leur *déformation* et leur *morcellement*.

L'activité mentale du rêveur tend à s'exclure dans le domaine des représentations *concrètes*, ainsi que l'a montré Souriau [1]. C'est que, d'une façon générale, la simple vision des choses est plus aisée que leur notion abstraite. En effet, l'image est plus ancienne que l'idée dans les acquisitions de l'espèce et de l'individu ; c'est elle qui doit donc surgir dans l'activité de moindre effort. La réflexion qui va droit au but simplifie le plus possible le cours des opérations, et pour cela même elle utilise les idées générales et abstraites, qui réunissent en synthèses toutes les qualités communes d'unités diverses. A l'aide du schéma et de la convention des mots, elle se dispense d'évoquer dans toutes ses opérations l'image intégrale des choses, et abrège d'autant le chemin qu'il faut parcourir pour aboutir à la solution cherchée. La rêverie qui flotte nonchalante et sans souci de la rapidité n'a que faire des schémas et des abstractions. En effet, les schémas et les abstractions n'ont pas d'existence, et l'on ne peut voir en eux que des signes toujours gros de parties constituantes qu'il faut dégager et reconstruire par un effort d'attention soutenue : or

[1] Paul Souriau, *la Rêverie esthétique* (Paris, Alcan, 1906).

de cet effort la rêverie est bien incapable. Aussi se contente-t-elle d'enregistrer les images à l'état natif, non dépouillées de leurs caractères propres, non décolorées, non abstraites. Ainsi concrétisée, l'idée se trouve en quelque sorte revivifiée ; elle atteint un degré plus intense de vivacité. Au lieu de paraître sous l'enveloppe plus obscure du signe, c'est-à-dire du mot, elle se montre à l'esprit sous celle de l'image, et d'une image qui est proche voisine de l'hallucination véritable. Chez certains poètes, chez Victor Hugo, par exemple, cette quasi objectivation de tous les processus imaginatifs est presque patente. Le mode d'expression semble en témoigner :

Je vis dans la nuée un clairon monstrueux...
Je vis cette faucheuse : elle était dans un champ...
Un soir, dans un chemin, *je vis* passer un homme...

Ce tour revient dans son œuvre, toutes les fois qu'il veut exprimer la naissance d'une pensée subite. Toute idée est une image qui s'impose à ses yeux, toute inspiration se résout en apparition. C'est là un trait fort bien souligné par un de ses biographes les plus distingués, M. Mabilleau[1].

En vérité, la réflexion ne saurait raviver l'idée au point de lui donner une forme sensible, car la réflexion ne peut qu'atténuer au contraire l'autocratie de l'imagination, en faisant appel aux facultés attentives de l'esprit. Ceux qui sentent le mieux

---

[1] LÉOPOLD MABILLEAU, *le Sens de la vue chez V. Hugo* (*Revue des Deux-Mondes*, t. V, 1898, p. 834).

les objets, ceux dont les idées sont le plus proche d'être des images, ce ne sont pas les métaphysiciens, les mathématiciens, les penseurs ; ce sont les hommes à imagination vive, les artistes et les poètes en particulier. Chez ces derniers, l'idée ne revêt pas une forme sensible à la suite d'un travail préparatoire ; elle se présente telle, toujours et spontanément. Chez eux, c'est la matière fruste substituée à l'élaborée ; et c'est aussi le retour de l'idée à son origine qui est la sensation. Le relâchement des facultés attentives se traduit donc au total par une modalité reversive de l'activité. La représentation de convention, la schématisation dans l'abstrait et dans le général, telle est l'ultime acquisition de notre esprit ; telle est aussi la plus haute manifestation de la réflexion concentrée. La vision concrète des images avec l'intégralité de tous leurs attributs, sans formule fictive pour les représenter, tel est le mode primitif de l'activité ; telle est aussi l'attitude mentale du rêveur.

Si le concret est l'attribut habituel des représentations au cours de l'état de rêverie, il est aussi une des conditions majeures de l'émotion d'ordre poétique. N'est-il pas vrai qu'un simple fait reste en la matière plus évocateur que toutes les idées générales du monde ? C'est que, le plus souvent, l'idée générale, par cela même qu'elle pourrait éveiller l'image de tous les objets individuels qui font partie d'un même genre, n'en éveille justement aucune. Au contraire, il arrive qu'un simple détail bien peint éveille par associations l'impression d'un tableau complet.

Outre que les représentations de la rêverie tendent à s'exclure dans le domaine concret, elles offrent un autre attribut non moins important : elles ont une indéniable prédilection pour l'*éloignement*. L'objet de la rêverie est presque toujours distant de la réalité présente aussi bien dans le temps que dans l'espace. Au cours de la réflexion, le périmètre de nos idées est limité d'une façon étroite à l'utilité immédiate qui nous enchaîne. Il se restreint le plus souvent à l'ambiance, au passé de la veille et à l'avenir du lendemain. Ce sont surtout les soucis du jour, les objets familiers, les faits récents ou prochains qui fixent notre attention. Dans l'état de rêverie au contraire, toute préoccupation de la tâche quotidienne fait place à la contemplation d'un passé lointain ou d'un avenir qui se perd dans l'éternité. C'est que la notion du présent est associée à une lutte active pour la possession du réel. Au contraire, le passé n'est plus à portée de nos mains ; il échappe à tous nos efforts. Et l'avenir à son tour n'est qu'une source de possible qui prête à toute fantaisie. De même ce sont encore les objets lointains, inaccessibles, qui remplissent le plus volontiers les états de rêverie. Les objets de premier plan sont trop tangibles et trop perceptibles dans leurs détails ; leurs qualités nettement définies ne peuvent appeler qu'attention et cogitation. Mais, en s'éloignant, les choses perdent leur relief et avec lui leur réalité. Elles se présentent à nous comme de vagues visions aux contours fuyants ; elles évoquent des rapports étranges, des rapprochements mystérieux, des comparaisons sans fin. Dans cette zone indécise où tout s'estompe et s'efface en un dégradé aussi troublant que suggestif, l'imagination peut s'ébattre et la féerie se développer à l'aise.

Cet éloignement dans le temps et dans l'espace, nous le rencontrons encore comme condition de première importance dans l'émotion d'ordre poétique. Rien de plus poétique que les objets qui nous apparaissent dans le lointain du passé ou de l'avenir. Après une absence très longue, revoyez les lieux de votre enfance, qui, de loin, et au travers des souvenirs, vous semblaient empreints d'un charme infini. Le plaisir que vous éprouverez ne sera pas en rapport avec votre attente ; vous aurez une déception, et vous en serez étonné vous-même. C'est que, dans l'éloignement, les associations infinies pouvaient se déployer, et voici que soudain vous les contraignez dans le prosaïsme étriqué de la réalité présente ; c'est que les choses passées ou à venir, par cela même qu'elles ne sont plus ou ne sont pas encore, tendent à épargner nos forces actives généralement occupées à la possession de la réalité présente, en exaltant au contraire les facultés de pure contemplation qui peuvent s'exercer alors en toute liberté. Aussi bien peut-on dire, comme Schopenhauer, que « c'est cette béatitude de la contemplation affranchie de la volonté qui répand sur tout ce qui est passé ou lointain un charme si prestigieux et qui nous présente ces objets dans une lumière si avantageuse [1] ».

---

[1] SCHOPENHAUER, *le Monde comme volonté et représentation* (t. I, p. 205, de la traduction BURDEAU, Paris, F. Alcan, édit.).

La vision des choses lointaines, passées ou à venir, est toujours flottante à quelque degré, et, parce qu'elle renferme une foule d'événements remémorés ou de possibilités entrevues, elle semble se prolonger jusqu'à l'infini.

Un dernier attribut s'applique aux représentations des états de rêverie : leur *déformation* et leur *morcellement*. Sans doute la rêverie ne construit ses châteaux mouvants qu'avec des images emmagasinées ; mais ces images, elle les déforme à plaisir. Dans l'activité réfléchie, nos souvenirs se reconstituent de manière sinon intégrale, tout au moins fidèle ; les matériaux qui se présentent à nous sont des réminiscences du réel. Dans l'activité rêveuse, au contraire, le souvenir s'enfle, se fond, se désagrège dans ses éléments, s'annexe des parties de luxe. Les détails puisés dans le passé se constituent en groupements plus ou moins bizarres, et les constructions qui en dérivent sont des caricatures de réalités. Réfléchissons sur un événement de notre vie passée ; nous nous reporterons avec soin aux situations que nous avons vécues, aux objets qui nous ont touchés. Rêvons maintenant sur cet événement : ce seront encore les mêmes situations et les mêmes objets, mais le thème primitif ira s'élargissant, se gondolant, s'effaçant par endroits, s'accentuant par d'autres, sans cesse enjolivé ou dramatisé, bientôt méconnaissable, et touchant à la fin aux extrêmes limites de la fantaisie.

Non seulement la rêverie tend à effectuer une

déformation des images emmagasinées, mais elle n'utilise à vrai dire que des fragments morcelés de ces images-souvenirs. Dans l'activité réfléchie, les situations remémorées s'enchaînent en une continuité plus ou moins parfaite ; elles forment une action suivie. Dans l'activité rêveuse, au contraire, les tableaux surgissent en une succession toujours capricieuse et discontinue. Ce sont comme autant de « clichés » dont chacun remplit à son tour la scène pour s'évanouir et faire place à d'autres. La notion de la continuité dans le temps et dans l'espace ne s'en dégage que d'une façon très obscure et très imparfaite. La mémoire semble n'avoir pris que des « instantanés », et ces apparitions fragmentaires se présentent à nous « comme les vignettes qui illustrent un roman », suivant la comparaison de Souriau.

Est-il besoin d'insister sur les relations de cette déformation et de ce morcellement qu'offrent les images d'un esprit rêveur avec le fond de merveilleux qui est le propre de la poésie ? Ici encore, les conditions mêmes de l'activité mentale ont leur traduction fidèle dans le produit de cette activité ; le cachet de la fabrication passe tout entier dans l'ouvrage fini et laisse son empreinte certaine dans l'émotion que nous en attendons.

* * *

Nous savons comment se comporte l'activité mentale dans l'état de rêverie, et nous avons constaté aussi le caractère des représentations qu'elle met en usage dans cette attitude : il nous reste à envisager les répercussions variées de ce *modus vivendi* de l'esprit. Disons autrement que nous connaissons la rêverie dans son mécanisme et dans sa matière : il faut l'étudier dans ses conséquences.

Intensité des représentations imaginatives et effacement des représentations réelles, d'où *accaparement des forces vitales au profit de la seule subjectivité et disparition du sens de la vie :* telles sont les dépendances les plus immédiates de l'état de rêverie.

La notion de la réalité présente tend à s'éclipser chez le rêveur. L'expression de son visage indique une « absence » ; son regard prend une fixité toute particulière, comme celui d'un halluciné ; tout nous dit, en un mot, que — suivant l'expression courante — sa pensée est « ailleurs ». Quand nous rêvons les yeux ouverts, nous oublions de faire partie du monde, parce que le rêve nous prive un instant de ce qu'on pourrait appeler le contact intime des faits extérieurs. Notre « moi » semble alors s'isoler de la vie, s'abstraire de l'ambiance.

Il n'est personne qui n'ait éprouvé parfois un relâchement passager de la synthèse mentale. Si vous cherchez à définir, en de pareils moments, l'impression que produit sur vos sens la présence des objets ambiants, voici à peu près ce que vous observez. A mesure que votre attention se disperse dans le rêve, tout ce qui vous entoure vous paraît de plus en plus lointain et comme suspendu dans le vide. La vie flotte en dehors de vous, et toutes les sensations qu'elle vous apporte défilent devant vous comme autant d'ombres chinoises qu'un impalpable rideau tiendrait séparées de vous-même. Ces sensations, d'ailleurs, il vous semble qu'elles viennent à vous plutôt que vous n'allez à elles; vous les subissez plutôt que vous ne les prenez, et vous n'avez en aucune façon le sentiment d'un travail actif en vue de les faire vôtres. En d'autres termes, le sentiment normal de l'effort qui nous vient de l'adaptation s'affaiblit en vous, et vous ne sentez plus ce travail psychologique qui consiste dans la prise de possession de la réalité. Si, par une sorte de dédoublement, vous rentrez alors en vous-même pour vous regarder voir, pour vous écouter entendre, il vous semblera que vous êtes à la fois deux hommes, dont l'un fonctionne en automate et dont l'autre regarde fonctionner le précédent, celui-ci assistant à tout ce qu'éprouve celui-là. Mais, à ce moment même, il se produira une sorte de déclic. Un voile se crève. Vous êtes au réveil,... et la vie reprend son cours.

Durant ces états de rêverie, nos représentations imaginaires, devenues plus intenses, ne se distinguent plus aussi nettement de nos perceptions objectives devenues plus distraites, et la différence que nous faisons en temps ordinaire entre l'imaginaire et le réel tend à s'effacer. « Les réalités du monde m'affectaient comme de simples visions, et seulement ainsi, pendant que les idées folles du pays des songes devenaient en revanche non seulement la pâture de mon existence quotidienne, mais positivement cette unique et entière existence elle-même : » tel est l'aveu d'un rêveur fameux, de ce rêveur entre les rêveurs que fut Edgar Poë.

Dans l'état de réflexion, nous avons conscience d'une évocation active ; nous appelons à nous nos représentations, et chacune d'elles nous est un effort. La conscience du rappel que nous effectuons nous donne la ligne de démarcation entre le monde des images-souvenirs et celui de la réalité. Il ne nous arrive pas de prendre l'un pour l'autre et de confondre nos perceptions du monde extérieur avec les représentations emmagasinées que nous leur comparons et leur opposons sans cesse. Le sentiment d'un effort différent dans la perception sensorielle d'une part et dans la vision mentale d'autre part ne nous permet pas d'assimiler le subjectif à l'objectif, l'imaginatif au réel. Dans l'état de rêverie, au contraire, il n'y a plus conscience d'une évocation active pour le rappel des images-souvenirs, puisque ces images se succèdent et s'enchaînent d'un mouvement spontané sans nul effort de la volonté. D'un autre côté, les perceptions sensorielles sont absentes ou simplement atténuées, puisque le rêveur, par définition, s'abstrait du monde extérieur. Il en résulte que les représentations subjectives constituent pour lui toute vie, toute réalité. Sa vision mentale lui donne jusqu'à un certain point l'illusion d'une perception vraie, d'abord parce qu'elle se présente à lui de façon spontanée comme le feraient des objets réels, et ensuite parce que le contact de l'ambiance ayant quasi disparu, rien ne peut plus rectifier l'illusion qui tend à se produire. Cette illusion toutefois est à demi consciente ; car, en rêvant durant l'état de veille, nous ne perdons pas le sentiment complet de la réalité et nous sentons d'une manière confuse la nature fictive des chimères fluides qui nous hantent.

Nous venons de signaler, au cours des états de rêverie, la disparition du sens des réalités. Cette notion, nous allons la voir apparaître encore comme substratum de la poésie.

Et tout d'abord, l'absence de l'adaptation, et par conséquent le mépris de la réalité présente, voilà ce que nous trouvons à la base de toute émotion d'ordre poétique. Pour qu'une association puisse évoquer en nous une impression de poésie, il est de toute nécessité qu'elle soit désintéressée. Le désintéressement est, d'ailleurs, l'une des qualités les plus fondamentales du sentiment esthétique en général. De Kant à Schopenhauer, tous les philosophes ont insisté sur cette vérité. On peut même dire qu'une âme désintéressée, si pauvre soit-elle, a toujours sa part de vraie poésie; au contraire, fût-elle la plus riche du monde, elle restera une âme prosaïque, si elle applique ses richesses aux spéculations strictement utiles. Dans les démonstrations sentimentales d'humbles filles du peuple, il y a des beautés que nous méconnaissons, beautés puériles et naïves, d'une essence misérable et gauche, et pourtant sublimes dans leur maladresse et leur pauvreté. Elles ont les senteurs timides et la grâce un peu ridicule de certaines fleurs sans culture cueillies au bord de la route. Mais qu'importe donc leur petit esprit, leur petit savoir, leurs petites façons? Elles émanent d'un cœur frais, d'une âme détachée; et ceci déjà est de la poésie. Les soucis journaliers, les âpres nécessités d'une existence desséchante, voilà qui tarit sans espoir de retour la source vive des aspirations généreuses et des sentiments désintéressés. La jeunesse qui n'a point lutté pour la vie réelle chante en vers son amour, sa foi, son espoir; puis l'homme en marchant s'accroche aux broussailles, et laisse de sa chair aux ronces du chemin : les illusions, une à une, s'égrènent sous ses pas; alors reniant avec un sourire amer tout son espoir, toute sa foi et tout son amour, il incline le front, il courbe l'échine, et les regards baissés, les yeux vers la terre, il foule rageur et maussade le sol de misère. La poésie est chez tous les hommes une fleur printanière, et cette fleur périt aux premiers efforts d'une lutte utilement livrée pour la possession de la vie. Celui-là seul en conserve toute la fraîcheur qui se détache des réalités pratiques et s'abstrait du monde.

Cette poésie répandue partout à travers la vie et ne survivant pas en fait à l'épreuve de vivre, on l'a chantée en prose aussi bien qu'en vers. « En nous tous, dit Sainte-Beuve, il existe ou il a existé une certaine fleur de sentiment, une certaine rêverie première, qui bientôt s'en va dans les travaux prosaïques, et qui expire dans l'occupation de la vie. Il se trouve, en un mot, chez les trois quarts des hommes, comme un poète qui meurt jeune, tandis que l'homme survit. » Et Musset lui répond :

Ami, tu l'as bien dit, en nous tant que nous sommes,
Il existe souvent une certaine fleur
Qui s'en va dans la vie et s'effeuille du cœur...

Quoi qu'il en soit, l'homme né poète, qui reste poète, s'abstrait des choses de la terre ; il est absent de la réalité. Les nécessités matérielles, toujours moins importantes que ses rêves, ne peuvent l'en distraire. C'est justement parce qu'il cesse d'être attentif à la vie, c'est parce que les forces actives de son esprit sont assoupies que ses facultés contemplatives s'exercent plus librement. Dans cette âme affranchie de toutes les inquiétudes pratiques, des associations s'éveillent qui flottent inachevées et pour ainsi dire ouvertes, et c'est en elles, nous l'avons démontré longuement, que réside toute la poésie. Pour nous exprimer d'un mot : le poète ne vit pas, il regarde passer la vie.

L'effacement de la ligne de démarcation entre la fiction et la réalité n'est pas l'unique conséquence des états de rêverie. A celle-ci une autre se joint : *la perte de l'opposition entre le moi et le non-moi.* La personnalité tarde à s'évanouir. L'esprit flottant et non appliqué ne tend pas à s'identifier avec les objets de l'ambiance ; il tend à une diffusion de soi-même dans les choses.

Attardez-vous sur la grève et laissez-vous bercer au bruit monotone des vagues. Avant peu, vous ne saurez plus très exactement où finit votre moi, où commencent les choses du dehors. La couleur du ciel sera celle de votre âme, sa lumière ne se distinguera plus de vos regards, et il vous semblera que ce sont vos yeux mêmes qui font cette lumière ; la chanson des flots étourdissante et grandiose, ce sera votre chant à vous, s'exhalant tout naturellement, rythmique et mesuré; et tout cela vous appartiendra comme le sang de vos veines et le souffle de vos poumons. Il n'y aura rien pour vous limiter. Mêlant votre vie à l'universelle nature, vous serez en toute chose et toute chose vous pénétrera. Entre le sujet et l'objet il y aura fusion, et vous ne serez plus l'unité qui s'oppose au Tout, car alors le Tout vous inonde et vous diffusez en lui.

Cette diffusion du moi dans le non-moi au cours des états de rêverie, Balzac l'a bien exprimée : « En entendant les gens de la rue, je pouvais épouser leur vie; je me sentais leurs guenilles sur le dos, je marchais les pieds dans leurs souliers percés; leurs désirs, leurs besoins, tout passait dans mon âme, et mon âme passait dans la leur. » Wordsworth a rendu la même impression sous une forme un peu plus abstraite : « Mes yeux corporels étaient oubliés, dit-il, et ce que je voyais m'apparaissait comme quelque chose en moi-même. »

Ainsi la disparition des limites du moi est une nouvelle conséquence des états de rêverie. C'est un nouveau caractère du sentiment poétique également.

Le sentiment poétique n'a pas seulement pour vertu de nous faire oublier la vie pratique et intéressée; il ouvre le cercle qui nous enserre et nous délivre de cette barrière qui sépare l'univers de l'homme. L'évanouissement de la personne individuelle est, en effet, l'une des causes les plus importantes de notre émotion; on le retrouve dans tous les états qui remuent le plus profondément notre âme. L'ivresse de l'amour n'est-elle pas justement l'oubli de ce moi bien individuel et parfaitement clos, puisqu'elle est avant tout l'intime communion, l'aspiration à l'entière fusion? La félicité d'une extase divine, chez ceux qui ont la foi, n'est-ce pas encore l'abandon de ce moi éphémère dans un Dieu d'infini et d'éternité? Sans aller aussi loin, le simple plaisir de contemplation a sa source principalement dans la dispersion de notre moi au travers des choses. « Je ne médite, je ne rêve jamais plus délicieusement que quand je m'oublie moi-même, dit J.-J. Rousseau; je sens des extases, des ravissements inexprimables à me fondre pour ainsi dire dans le système des êtres, à m'identifier avec la nature entière [1]. »

On peut se demander comment il se fait que les instants de détente au cours desquels la synthèse du moi tend à s'effacer nous sont une cause de jouissances; on peut chercher pourquoi les impressions d'ordre panthéistique, — si l'on peut ainsi s'exprimer, — nous sont un bonheur et un soulagement. D'après Braunschwig, c'est sans doute que pour maintenir l'ensemble de nos états de conscience en un faisceau solide, il faut faire un effort sans cesse renouvelé, de telle sorte que notre personnalité ne se constitue qu'au prix d'une lutte incessante contre les forces antagonistes qui tendent à dissoudre, à désorganiser ou à dissiper les éléments qui la constituent. Mais nous ajouterons surtout : c'est que l'individu, venant à se surpasser lui-même, s'élargit jusqu'à l'infini et jouit de l'im-

---

[1] J.-J. Rousseau, *Rêveries d'un promeneur solitaire* (septième promenade).

mense volupté d'intégrer en soi pour un temps très court l'Univers entier.

Au point de vue de l'évolution, si rien ne se crée ici-bas, et si tout n'est qu'échanges et combinaisons, on ne peut voir dans l'apparition d'une forme différenciée qu'une partie du grand Tout, isolée de l'ensemble et tendant à former un système à part. Chaque progrès de ce système est un pas vers l'indépendance et l'autonomie par rapport à l'universelle matière, en même temps qu'un degré franchi dans la voie de différenciation et de perfectionnement. Il n'en est pas moins vrai que les unités autonomes conservent l'empreinte de leur origine. Aussi bien peut-on dire que l'état de synthèse et d'autonomie est pour nous un état acquis, une étape dernière. Mais en dépit de notre activité pratique qui travaille incessamment pour la spécialisation de plus en plus marquée et qui tend à renfermer notre individu dans une personnalité toujours plus étroite, des liens subsistent qui nous rattachent à la mère nature. Il y a tout au fond de nous-mêmes comme un vague sentiment de cette intime solidarité qui nous unit aux êtres et aux choses :

J'ai voulu tout aimer, et je suis malheureux,
Car j'ai de mes tourments multiplié les causes ;
D'innombrables liens frêles et douloureux
Dans l'univers entier vont de mon âme aux choses.

. . . .

Ma vie est suspendue à ces fragiles nœuds,
Et je suis le captif des mille êtres que j'aime :
Au moindre ébranlement qu'un souffle cause en eux
Je sens un peu de moi s'arracher de moi-même.

SULLY-PRUDHOMME, *les Chaînes* (Stances et poèmes).

Malheureusement cette tendance à la fusion du
moi dans le non-moi trouve des obstacles insur-
montables; ce désir d'expansion de l'individu vers
le tout complexe dont il dépend s'épuise en aspirations. En nous distinguant de plus en plus, nous
demeurons enfermés dans la solitude. En dépit du
langage et des instruments variés qui servent à
toutes nos relations et tous nos échanges, nous demeurons seuls, éternellement seuls. Il y a dans nos
profondeurs tout un monde de tendances obscures
et d'impressions vagues qui n'en sort jamais, et les
interprètes grossiers dont dispose notre âme ne
laissent paraître d'elle-même qu'une infime partie.
Nous ne révélons à autrui que ce qu'il y a de plus
apparent et de plus saisissable en nous. Et l'être
ainsi limité, toujours captif de lui-même et toujours
seul parmi l'univers, souffre confusément d'un malaise secret. Il porte en son cœur le deuil mystérieux
de l'entière communion : chagrin métaphysique de
l'humaine nature qui est la rançon suprême de sa
royauté.

L'auteur des *Solitudes* nous a dit sous ses formes
les plus variées la douleur de cet isolement. Les
âmes distantes comme les étoiles ne peuvent se
rejoindre :

> Aux étoiles j'ai dit un soir :
> « Vous ne paraissez pas heureuses... »
>
> . . . .
>
> Elles m'ont dit : « Nous sommes seules... »
>
> . . . .
>
> Je leur ai dit : « Je vous comprends !
> Car vous ressemblez à des âmes.

> Ainsi que vous, chacune luit
> Loin des sœurs qui semblent près d'elle,
> Et la solitaire immortelle
> Brûle en silence dans la nuit. »
>
> SULLY-PRUDHOMME, *la Voie lactée* (*Les Solitudes*).

Moins heureuses que les corps, les âmes cherchent en vain l'union. Dans leurs unités respectives, elles sont comme emprisonnées :

> Heureuses les lèvres de chair !
>
> . . . .
>
> Mais, oh ! bien à plaindre les âmes !
> Elles ne se touchent jamais.
>
> SULLY-PRUDHOMME, *Corps et âmes* (*Les Solitudes*).

Dans les transports de leurs enlacements, les pauvres humains sont encore trompés ; au sein même de l'amour, les chairs se fusionnent et les âmes sont séparées :

> Les caresses ne sont que d'inquiets transports,
> Infructueux essais d'un pauvre amour qui tente
> L'impossible union des âmes par les corps.
> Vous êtes séparés et seuls comme les morts,
> Misérables vivants que le baiser tourmente.
>
> SULLY-PRUDHOMME, *les Caresses* (*Les Solitudes*).

Or la poésie est le philtre enchanteur qui nous fait sortir un instant des limites étroites de nous-mêmes pour nous confondre en l'immense sympathie des choses. Elle nous dégage de notre horizon borné pour ouvrir les portes toutes grandes sur l'infini auquel nous tendons. Elle émancipe l'âme emprisonnée, et, l'emportant sur son aile, l'aban-

donne un instant dans l'éternelle harmonie du
Monde. Ainsi le moi vient à s'élargir au point de
se confondre avec l'univers, et de vivre, pour un
instant, la vie du grand Tout ; la conscience s'agrandit, passe outre les vérités patentes et s'étend jusqu'à l'Ineffable. C'est justement dans la satisfaction
de cette forme transcendante des appétitions, c'est
dans cette excursion fugitive de la conscience vers
l'Infini et vers l'Absolu, qu'il faut chercher le sens
de la poésie.

Des considérations précédentes, il doit résulter
que la poésie est toujours empreinte d'une nuance
d'*anthropomorphisme*, et en cela elle répond aux
inclinations humaines. Effectivement, les plus anciens thèmes, les plus primitifs aussi, témoignent
de pareilles tendances. Guyau[1] rappelle à ce propos le passage de la grande épopée hindoue, où
Rama, enivré d'amour, cherche dans la forêt qui
l'enveloppe une communauté de passion : « Vois
cette liane flexible ; elle s'est posée amoureusement
sur ce robuste tronc, comme toi, chère Sita, fati-
guée tu laisses ton bras s'appuyer sur mon bras. »
On trouve ici le sentiment d'intime solidarité qui
met au cœur du poète une sympathie sans bornes
pour la nature.

Par-devant le poète, en effet, toutes les forces
naturelles sont comme le langage d'une âme invisible dont les accents nous troublent et nous
émeuvent. Dans tout ce qui l'entoure, le poète découvre des signes, des symboles de ce qui se passe

---

[1] GUYAU, *les Problèmes de l'esthétique contemporaine*, p. 135.

en nous. Les couleurs, les parfums et les sons représentent des emblèmes de nos sentiments. La nature se présente à lui comme une simple figuration de notre âme. Ces nuages légers voyageant dans l'azur du ciel, ce sont nos pensées errantes; ces vagues déchaînées qui déferlent contre un récif, ce sont les élans fougueux d'une passion qui ne se commande plus; ce murmure du ruisseau qui coule paisible au travers des bois, c'est notre idéal de quiétude et de sérénité. Le poète donne à toutes les choses des volontés semblables à la nôtre; il leur prête toutes nos intentions, tous nos sentiments, toutes nos affections. La campagne se réjouit quand le brouillard se lève; elle prend une humeur morose quand les cieux s'assombrissent. Les fleurs ont leurs tristesses, leurs soucis, leurs désirs; elles ont leur fierté ou leur modestie. Communiant avec la nature, le poète lui parle un langage ami. Il lui conte ses peines :

> Salut, bois couronnés d'un reste de verdure,
> Feuillages jaunissants sur les gazons épars !
>
> . . . .
>
> C'est l'adieu d'un ami, c'est le dernier sourire
> Des lèvres que la mort va fermer pour jamais.
>
> (LAMARTINE.)

Il lui prête en revanche des accents tantôt doux, tantôt terrifiants et tantôt lamentables :

> O flots, que vous savez de lugubres histoires,
> Flots profonds, redoutés des mères à genoux !
> Vous vous les racontez en montant les marées,
> Et c'est ce qui vous fait ces voix désespérées
> Que vous avez, le soir, quand vous venez vers nous !
>
> (V. HUGO.)

Ainsi, l'un des caractères de la poésie, c'est d'animer la nature physique. Cette disposition, qui est un privilège des poètes dans les âges modernes, appartient dans l'enfance des sociétés à la généralité des hommes. Les peuples enfants prêtent à la nature des sentiments et des passions analogues aux sentiments et aux passions qu'ils éprouvent eux-mêmes. L'animation de la nature physique est à la base de toutes les mythologies.

Inversement, le poète prête au monde moral des formes sensibles; il tend à l'objectiver. Le poète compose un visage à ses émotions; il personnifie ses états moraux. Son amour a des ailes et porte carquois, ses remords sont des furies; sa gaieté chante, son bonheur sourit et ses larmes s'épanchent en gouttes de rosée. Il en était de même aux époques mythiques où dame Fortune distribuait la richesse et où l'aveugle Destin semait au hasard le malheur des hommes. Les hommes donnèrent des formes palpables aux êtres mystérieux dont ils peuplaient la nature entière; ils personnifièrent toutes les forces, et de la mer jusqu'au continent, des bois jusqu'aux montagnes, tous les coins de la terre habitée s'emplirent de divinités.

En résumé, spiritualiser le concret, matérialiser l'abstrait, tel est le procédé des poètes comme des primitifs. La poésie ne sépare pas deux mondes, l'un solidaire des lois naturelles, l'autre réglé par les lois de l'esprit. La nature et la vie humaine sont pour elle deux formes de la même nature, deux expressions de la même vie. Entre le sujet et l'objet, entre le moi et le non-moi, elle néglige toute opposition.

Il convient d'ajouter que cette projection de nous-mêmes hors de nos frontières est une source de jouissance profonde; et la qualité de cette jouissance est vraiment d'ordre supérieur, car c'est l'Univers entier célébrant en nous le concert infini d'amour. Cette façon de panthéisme a trouvé sa formule dans l'admirable sentence d'un poète et d'un philosophe : « La solidarité sociale et la sympathie universelle sont le principe de l'émotion esthétique la plus complexe et la plus élevée. C'est dans la négation du moi, négation compatible avec la vie même, que l'esthétique, comme la morale, doit chercher ce qui ne périra pas[1]. »

*   *   *

Si maintenant nous jetons un coup d'œil sur cette analyse des états de rêverie qui sont aussi le terrain de choix de la création poétique, nous y trouverons rassemblés les éléments essentiels et en quelque sorte irréductibles de toute folie.

Relâchement de la synthèse mentale; abandon des représentations qui défilent nonchalantes et flottent au gré de leur caprice, de sorte que l'esprit semble les subir plutôt que les appeler; intensité d'objectivation, déformation et morcellement de ces représentations imaginatives; disparition des marques différentielles entre ces dernières et les perceptions vraies issues du dehors, diffusion du moi dans le monde extérieur et oubli du sens de la vie

---

[1] Guyau, *l'Art au point de vue sociologique* (Alcan, 1889, p. 16).

réelle : voilà ce qu'il y a au fond de la rêverie qui n'est qu'une forme incomplète du rêve, et c'est également ce que nous rencontrons au fond de la folie.

Le fou, a-t-on dit souvent, est un homme qui rêve éveillé. Cette comparaison est pleine de bon sens, et à condition d'envisager le rêve dans sa forme pure, c'est-à-dire à l'état de sommeil, on peut avancer que l'état intellectuel du rêveur est le même que celui du fou, et que la psychologie ne saurait découvrir entre eux une différence vraiment essentielle. Albert Lemoine montre avec raison que « si le rêveur n'est pas un fou, ni le fou un simple rêveur, c'est que l'état physique de l'un diffère notablement de l'état organique de l'autre : l'un dort, l'autre est éveillé; voilà pourquoi nous ne confondons pas le délire du rêveur et celui du fou[1] ».

L'identité absolue des états de folie et des états de rêve a été soutenue par plus d'un psychiatre. On en trouve l'expression en remontant fort loin dans l'histoire de l'aliénation mentale. Suivant Boerhaave, « l'origine des idées, dans le délire, ne répond pas aux objets extérieurs, mais à la disposition interne du cerveau; » et Sauvage, commentant ces paroles, les développe avec les données de son temps : « Les songes ont lieu lorsque le fluide nerveux, cessant de se distribuer aux parties externes, circule, au contraire, librement dans les fibres médullaires du cerveau qui répondent aux

---

[1] ALBERT LEMOINE, l'Aliéné devant la philosophie, la morale et la Société, p. 184.

parties internes... C'est ce qui arrive également toutes les fois que ce fluide est retenu dans ce viscère par quelque affection de l'âme, telle qu'une peur ou une méditation profonde... » Sans nous occuper du « fluide nerveux », contentons-nous de relever un fait important. Ce fait, c'est celui de la production des songes par la concentration subjective, concentration qui peut s'opérer aussi sous l'influence des états de folie. Sauvage devient plus explicite encore lorsqu'il cherche à exprimer ce qui se passe au cours du délire : « Cette maladie dépend, pour l'ordinaire, d'un vice du cerveau capable de tirailler ou secouer certaines fibres de l'éther d'où naissent dans l'esprit des idées déterminées qui ne répondent pas aux objets extérieurs, mais qui sont la source de tous les appétits et de toutes les actions. C'est véritablement un songe de celui qui veille[1]. »

La question a été discutée, depuis Sauvage, à la lumière de la science moderne. Des documents ont été rassemblés en particulier par Alfred Maury, Brière de Boismont, Moreau de Tours. Ce dernier n'a pas craint de se plonger artificiellement dans un état de folie provoquée, et dans son livre sur le *hachisch* il déclare très positivement : « J'ai pu me prendre moi-même comme sujet de mes observations... Alors pour moi la lumière s'est faite au sein des ténèbres; alors je me suis aperçu que toutes mes notions, laborieusement acquises depuis vingt-cinq années, sur la nature essentielle de la folie,

---

[1] SAUVAGE, *Nosologie méthodique*, p. 325 et suite.

étaient erronées. » Puis, exposant ses idées dans un
long travail, il conclut qu' « un seul mot peut
exprimer les rapports qui existent entre la pensée-
rêve et la pensée-délire; ce mot c'est : identité[1] ».

Sous cette forme absolue, l'opinion est exagérée;
mais elle est parfaitement soutenable dans son principe. Il est bien certain que les conditions physiologiques du sommeil impriment aux rêves de la nuit
des bases organiques qu'on ne saurait assimiler de
manière rigoureuse à celles du délire; mais ce n'est
pas à dire que les modifications subies par la faculté
pensante ne soient pas identiques dans ces deux
états quant à leur nature essentielle et purement
psychique. En effet, on peut parfaitement admettre
qu'une lésion existe dans la folie, sans que la
même lésion soit présente au cours du sommeil. Ce
qu'on peut tenter de vérifier, ce n'est pas l'identité
de l'état organique dans les deux cas, mais seulement l'analogie que présente au point de vue de la
psychologie pure l'état de rêve et l'état de folie. Et
en vérité, il y a dans leur rapprochement plus
qu'une simple comparaison, plus qu'une métaphore. Gérard de Nerval qui, sans être aliéniste,
était bien fondé pour parler de folie, n'a-t-il pas
défini le délire d'une manière saisissante, en s'observant lui-même, sans prétention, sans doctrine, sans
autre souci qu'une sincérité naïve? Or, pour peindre
un pareil état, il ne trouve pas d'autre expression
que celle-ci : « l'épanchement du songe dans la vie
réelle! »

---

[1] MOREAU DE TOURS, *De l'identité de l'état de rêve et de la
folie (Annales médico-psychologiques*, 1855, t. I).

L'état de rêve a pour substratum un relâchement de la synthèse mentale et une disparition complète des facultés attentives, ainsi que nous l'avons pu voir déjà en étudiant la simple rêverie au cours de la veille. Or, si l'on cherchait une formule quelque peu grossière qui convînt à tous les états de folie, on serait certainement conduit de manière invariable à ce même relâchement de la synthèse mentale qui permet à l'activité instinctive ou automatique de se donner libre cours à l'insu et au détriment des facultés supérieures de contrôle et d'inhibition. Dans les deux cas, le pouvoir personnel se trouve suspendu, et la force attentive cesse de commander à l'exercice des facultés automatiques qui se donnent libre cours. La condition principale du délire aussi bien que du rêve, c'est le jeu involontaire des images-souvenirs, qui, abandonnées à elles-mêmes, forment des groupements étranges, des combinaisons très inattendues auxquelles le sujet assiste sans être à même de les modifier. Les représentations du fou comme celles du rêveur sont également soustraites à l'intervention active des sens et de la volonté, en sorte que, dans les deux cas, l'imagination n'a plus de règle pour se conduire; elle court au hasard, vagabonde, échevelée. La folle du logis, livrée à elle-même, sans guide et sans frein, s'égare au gré de ses tendances; d'où ces conceptions bizarres, ces pérégrinations fantastiques dans le pays mystérieux de la chimère et de la fantaisie. Ce monde nouveau s'est improvisé comme par enchantement, au seul passage de l'état de veille à l'état de sommeil, de l'état de raison à l'état de folie.

Les représentations mentales, dans le délire aussi bien que dans le rêve, ont cette nature foncièrement concrète et cette tendance à s'objectiver que nous avons étudiées déjà. L'autocratie des facultés imaginatives donne la forme à l'idée, et l'idée devient hallucination. Qu'est-ce en effet que l'hallucination du fou? Une représentation subjective assez intense pour s'objectiver, s'extérioriser et vivre en dehors du moi. Nous trouvons d'ailleurs, au point de vue spécial de l'objectivation ou de la projection des images mentales, un terrain de rencontre fort instructif où le rêve et la folie nous semblent se donner la main. Nous voulons parler des états *hypnagogiques*, intermédiaires entre l'état de veille et l'état de sommeil. Ces états, justement voisins de la rêverie, viennent se situer dans la période de transition au cours de laquelle notre esprit s'endort ou se réveille. Ils sont considérés depuis longtemps, et à juste titre, comme favorables à la production d'hallucinations spéciales dont Muller, Burdach, Baillarger et en dernier lieu Maury ont fait une étude soignée. Le moment où le sommeil nous gagne ou nous abandonne est aussi le moment où l'esprit conscient va se désagréger. L'attention se disperse, et son relâchement est comme le signal qu'attend le Subconscient pour entrer en scène et faire défiler devant nous son monde fantastique. L'esprit a cessé de poursuivre l'ordre logique et volontaire de ses réflexions; il abandonne à elle-même l'imagination, et devient un témoin passif des créations qu'elle va engendrer. Les sens ne sont pas encore assoupis d'une façon complète; mais leur aptitude à transmettre la sensation n'est cependant plus aussi vive, aussi nette que dans l'état de veille. D'autre part, la conscience du moi tend à s'émousser; le moi, s'il perçoit encore, n'a plus le sentiment d'une activité en vue de percevoir. Il y a là un état mental d'une nature fort particulière, et cet état a ceci de curieux qu'il nous permet d'assister en quelque sorte à des rêves anticipés. Nous ne sommes pas encore endormis, et cependant l'imagination, déjà livrée à elle-même, compose des associations bizarres que nous pouvons étudier d'une façon relative. Cette production si facile d'hallucinations dans les périodes intermédiaires entre l'état de veille et l'état de sommeil est un rapprochement de plus à invoquer, car les hallucinations se présentent justement comme l'un des phénomènes les plus fréquents et des plus importants de la folie.

Dans l'aliénation comme dans le rêve, l'intensité des représentations imaginaires s'allie à l'indifférence de la vie réelle. L'esprit se replie sur lui-même et néglige le contrôle des organes des sens; il perd la notion de cet antagonisme qui s'exerçait en lui entre le monde intérieur et le monde extérieur; il demeure incapable de différencier le réel du fictif et d'établir une opposition entre les spectres de la fantaisie et la perception de l'ambiance. Cette disparition de la notion des réalités ambiantes tend à exagérer l'intensité des représentations internes; car elle supprime, par rapport à elles, tout contrôle et toute réduction. Si les impressions morales du rêveur sont incomparablement plus vives et plus despotiques que celles de l'homme éveillé, c'est que rien ne vient les amoindrir. A l'homme qui rêve on peut appliquer très exactement la comparaison d'un grand philosophe : « Concevez un enfant qui se représente un cheval et ne perçoit rien de plus. Cet acte d'imagination enveloppant l'existence du cheval, et l'enfant ne percevant rien qui marque la non existence de ce cheval, il apercevra nécessairement ce cheval comme présent, et ne pourra concevoir aucun doute sur sa réelle existence, bien qu'il n'en ait aucune certitude[1]. » Il en est de même dans l'aliénation. L'activité subjective du fou donne aux objets de sa divagation la couleur des objets réels et lui fait croire positivement à leur existence. Le fou s'isole de l'ambiance : il ne voit plus, il n'entend plus, ou plutôt il ne voit et n'entend que les objets de son rêve. La folie implique dans son essence même l'abstraction de la réalité. Elle ferme les yeux du corps, tandis que ceux de l'esprit restent seuls ouverts.

Cette confusion du réel et de l'imaginaire est surtout patente dans les états mixtes qu'on peut rapprocher de certaines formes d'aliénation. Dans le sommeil incomplet, le moi ne s'est pas transformé d'une façon totale, et la personnalité flotte vraiment indécise entre les impressions du dedans et celles du dehors. On peut alors observer l'alliage des fausses sensations du rêve et des sensations réelles dépendant de l'ambiance. Fodéré a bien étudié ce mélange en apparence déconcertant du rêve au réel,

---

[1] SPINOSA, *Ethique*, p. 95, édit. Charpentier.

et il a montré que le premier avait pour effet de renforcer le second. Une épingle qui nous pique est un coup d'épée, une couverture qui nous presse est un poids de cent livres, et l'engourdissement d'un bras n'est rien moins que son amputation. Il en est de même dans le délire. Beaucoup de malades transforment en supplices ou en impressions étranges des sensations réelles dont leurs viscères ou leurs membres sont le point de départ. Dans certains états de confusion mentale, dans les délires toxiques en particulier, il existe une incapacité presque spécifique de distinguer l'objectif du subjectif, la réalité de l'irréalité, et d'effectuer en un mot une dissociation de cette réalité concrète d'avec les fantasmagories de l'imagination. Dans ces délires, qu'on nomme *oniriques*, — l'adjectif en dit assez long, — le sujet mêle à chaque instant les choses du dehors aux tableaux qui se déroulent en lui. Il en résulte un imbroglio que le clinicien, lorsqu'il est habile, peut orienter dans mille directions, si bien que le patient, rêveur éveillé, vit entre le monde et soi dans un perpétuel chaos.

Il n'est pas jusqu'au *panthéisme* étudié plus haut qui ne favorise une comparaison entre les termes que nous étudions. Ne sait-on pas que la pensée de certains aliénés se confond si bien avec celle d'autrui, qu'elle paraît ne plus leur appartenir? Tout ce qu'ils disent et tout ce qu'ils écrivent, leurs paroles et leurs actions mêmes, sont attribuées invariablement aux êtres qui les possèdent et auxquels ils s'identifient.

On pourrait, en allant plus loin, relever les tendances *anthropomorphiques* qui sont d'ailleurs communes aux états de passion, que ces états soient physiologiques ou pathologiques. N'est-il pas vrai que dans l'exaltation de notre être affectif nous prêtons une âme à tout ce qui ne vit pas? Les choses parfaitement inertes ont à nos transports une participation évidente. Avons-nous peur, notre effroi crée autour de lui un cercle de fantômes. Si nous avons des peines, tout ici-bas s'attriste, et si quelque remords nous agite, tous les objets semblent élever la voix pour nous accuser. Peut-être ne serait-il pas déplacé de rattacher à de pareilles considérations les phénomènes hallucinatoires qui viennent extérioriser d'une façon secondaire les idées délirantes de certains malades.

Voilà bien des termes marqués de qualités communes : la songerie banale des heures d'oisiveté, la rêverie esthétique du divin poète, le rêve du dormeur, les divagations du fou. De tout cela, allons-nous déduire que le Parnasse doit élire domaine dans les Petites-Maisons ou qu'il faut être quasi dément pour faire de beaux vers? Assurément non.

En vérité, quand, laissant nos yeux errer sur tout ce qu'ils rencontrent et nos pensées vaguer sur toute chose, nous manifestons un parfait dédain de la réalité et ne songeons qu'à nous détacher du monde, nous trouvons en nous un peu de poésie et un grain de folie. Ici en effet, tout comme chez le poète et chez l'aliéné, une large part revient à l'automatisme. Seulement, le commun des mortels n'a point l'habitude d'extérioriser son rêve; il évite de rêver tout haut, et quand, au sortir de son égarement, il est rejeté dans le monde du réel, il oublie la matière du thème illusoire, et au reste il lui importe peu de la retenir. Le poète, au contraire, respecte son rêve. Il le fixe et l'extériorise; il en fait un butin précieux, un aliment cher. Il n'en retient d'ailleurs que ce qu'il veut, et il traite à sa guise cette réserve de choix. L'aliéné, lui aussi, fait son rêve à haute voix. Mais il l'extériorise tout entier dans son luxe d'invraisemblance et d'incohérence. Il n'y fait aucune découpure et le rend tel qu'il l'a conçu sans souci de sélection, sans effort de contrôle et d'inhibition. Ainsi l'on prévoit déjà ce qui doit distinguer le poète de cette escorte désobligeante dont nous ne l'entourons que pour le faire surgir plus grand.

La simple rêverie ne fournit que très rarement une matière artistique tout élaborée. Les images qu'elle procure ont une valeur purement subjective. Elles n'ont de prix que pour la contemplation intérieure; elles ne charment personne hors celui même qui les conçoit en les subissant. Pour les rendre esthétiques, il faut une activité nettement volontaire par surcroît et des qualités de synthèse que n'ont ni le fou ni le commun des hommes.

Il existe dans chacun de nous des images latentes qui se soudent, se décomposent pour se recomposer sans cesse. Mais le plus souvent nous n'y prenons garde. Ces représentations plus ou moins fugaces, et toujours confuses, nous dédaignons de les fixer.

Il en résulte qu'elles ne vivent pas : à peine formées, elles se désagrègent. Le poète, au contraire, est à l'affût de ces combinaisons fuyantes, et lorsque l'une d'elles est utilisable, il la fixe au passage et la tire à part. Ainsi ces associations fortuites que nous laissons aller à l'état d'ébauche, il en fait une exploitation. S'il n'y avait pas quelque paradoxe à nous exprimer ainsi, nous dirions volontiers que sa rêverie doit être attentive, encore que l'attention est par certains côtés en opposition formelle avec la rêverie. En cela le poète se sépare du commun des hommes.

Mais ce n'est point tout. Le poète fait un tri dans son arsenal. Tant que les images progressent dans le bon sens, il se garde d'intervenir. Mais viennent-elles à s'écarter du droit chemin ou à choquer les principes du goût, il les arrête ; puis de nouveau il les abandonne après avoir rectifié leur orientation. Il y a donc là une intervention constante du jugement qui stimule et utilise pour le mieux le travail spontané de l'imagination. Contrairement à ce qui se passe chez les aliénés, il y a chez le poète, suivant l'expression de Souriau, « tout un jeu subtil de pensées, qui enveloppent comme d'un réseau délié les images en voie de formation, qui les relient les unes aux autres, qui les attirent ou les écartent. » En un mot, si la formation des images échappe à la volonté consciente du poète, leur utilisation est toute œuvre de volonté et de conscience. Le poète ne rêve pas seulement, il compose. En cela, et en cela surtout, il est bien poète, et point du tout fou.

Enfin, contrairement à l'aliéné, le poète qui se

donne à son rêve a la connaissance nette de son attitude mentale ; il a l'impression que son activité psychique a subi une dérivation, et il favorise cette dérivation utile à son art. En d'autres termes, il a le sentiment du rêve. Plus simplement, le poète est maître de lui-même ; il joue avec son délire. De ce délire il prend les vives impressions ; mais il les passe au crible du goût, qui est le bon sens du beau. C'est que les productions supérieures réclament autre chose que de fortes images : elles veulent le contrôle d'une intelligence.

B. LE MODE D'ENCHAÎNEMENT DES IMAGES MENTALES : LA PENSÉE RIMÉE

Jusqu'ici nous avons étudié les conditions de la création poétique au point de vue de l'apparition des images. On peut se demander maintenant suivant quelles lois ces images se groupent pour faire un tout homogène, une composition.

Le mode d'enchaînement qui préside au groupement des représentations mentales dans les états de rêverie, et dans la création poétique en particulier, doit s'éloigner des associations logiques. En effet, les rapports logiques s'effectuent toujours à l'aide des termes généraux et des mots abstraits. Or les expressions générales ou abstraites sont autant de synthèses dont chacune est représentative de perceptions élémentaires plus ou moins nombreuses, perceptions localisées en des territoires distincts, mais reliées entre elles par des fibres associatives, et réunies d'autre part à l'image verbale qui leur constitue comme un lieu commun de rendez-vous. Tout rapport logique implique donc dans ses éléments un travail d'analyse, et ce travail, substituant au charme un effort pénible, est l'ennemi naturel de la poésie.

L'esprit poétique, se comportant à la façon de celui des enfants et des primitifs, n'évoque que les perceptions élémentaires prises à l'état naissant, et utilisées dans leur matière brute, si l'on peut ainsi s'exprimer. Les symboles, les métaphores, les comparaisons, les allégories, se joignent à la cadence du vers et à la musique de la rime ainsi qu'à l'harmonie générale et imitative des mots, pour concourir à un assemblage de représentations capable de suggérer tous les attributs de l'idée dominante ou plutôt de l'impression finale.

Cette substitution naturelle des perceptions élémentaires aux concepts généraux supprime le travail incessant de décomposition qu'entraînent ces derniers dans la pensée par rapports logiques; mais elle nous ramène forcément au caractère d'incomplétude et d'indécision de la pensée mal élaborée, telle qu'on se la représente chez les peuples anciens. On sait en effet que, dans les langues synthétiques de l'antiquité, les objets n'étaient désignés souvent que par une de leurs qualités, la plus marquée, la plus frappante pour l'esprit. Il en résultait qu'une multitude d'objets répondant à cette qualité restaient confondus sous une même dénomination et tendaient à s'identifier. Cette incomplétude d'analyse, cette insuffisance de discernement dans l'appréciation des différences de second plan, cette assimilation plus

ou moins grossière d'objets disparates, voilà la conséquence évidente du mode d'activité de la pensée
dont nous venons d'indiquer les bases. Ce mode
d'activité est à la source du mythe, à la naissance
de la poésie ; l'esprit s'en écarte avec la logique et
l'analyse rationnelle des spéculations scientifiques.

La tendance aux associations élémentaires n'entraîne pas de simples rapprochements ; elle crée
l'antithèse pour des raisons identiques et par le
même mécanisme. De même que l'activité mythique
néglige certaines différences pour n'apercevoir que
les points de contact et conclure, de ce fait, à une
entière similitude que la logique ne justifie pas, de
même elle néglige les formes de passage, les ressemblances de second plan, pour favoriser les oppositions violentes. Aux associations par ressemblances
viennent ainsi s'adjoindre naturellement les associations par contraste. Mais les unes et les autres sont
après tout et en résumé le témoignage d'une activité mentale qui n'utilise pas les acquisitions dernières de l'esprit, nous voulons dire les pouvoirs
logiques des termes généraux et des mots abstraits.
Elles sont l'apanage d'une évolution incomplète
chez les enfants et les primitifs, comme elles sont
l'apanage d'une disposition spéciale de l'esprit
d'ailleurs voulue et contrôlée chez le poète.

M. Papillault, dans une étude sur Victor Hugo,
s'exprime en ces termes : « En résumé, dit-il, le
contingent de perceptions élémentaires qu'est susceptible de réveiller un terme général était très
faible chez Victor Hugo, et les rapports logiques
entre ces termes, qui doivent être le reflet des rela-

tions externes correspondantes, manquent le plus souvent... Enfin, les antithèses forcées qui opposent trop violemment deux idées, le raisonnement mythique qui en identifie d'autres illégitimement, renforcent encore cette impression[1]. » Voilà qui répond à un point de vue d'ailleurs tout individuel, aux idées que nous venons d'exposer. L'exemple est des mieux choisis. Victor Hugo, en effet, ne pense que par images, et ces images s'associent presque couramment par leurs attributs partiels et en vertu de perceptions très élémentaires. Ce sont ces perceptions élémentaires qui dirigent le développement de sa composition. Avec lui le raisonnement devient une description, et cette description elle-même ressemble à une fuite perpétuelle d'images qui s'appellent de loin, s'entraînent à la course, mais ne s'atteignent que par exception et ne se touchent que par un de leurs pôles. Lisez ces deux strophes qu'on pourrait faire suivre de beaucoup d'autres :

L'abîme, où les soleils sont les égaux des mouches,
Nous tient, nous n'entendons que des sanglots farouches
    Ou des rires moqueurs ;
Vers la cible d'en haut qui dans l'azur s'élève,
Nous lançons nos projets, nos vœux, l'espoir, le rêve,
    Ces flèches de nos cœurs.

Nous montons à l'assaut du temps comme une armée.
Sur nos groupes confus que voile la fumée

---

[1] G. PAPILLAULT, *Essai d'étude anthropologique sur V. Hugo* (*Revue de psychiatrie*, févr. 1898, p. 51).

> Des jours évanouis,
> L'énorme éternité luit, splendide et stagnante;
> Le cadran, bouclier de l'heure rayonnante,
>   Nous terrasse éblouis[1] !

Si vous voulez bien observer que la pièce a plus de six cents vers, et que d'un bout à l'autre c'est le même enchaînement, vous serez tenté de conclure avec un observateur qui ne manque pas de finesse : « C'est une suite ininterrompue de visions, évoquées avec une fécondité d'invention inouïe, chaque vers faisant surgir brusquement une image; entre ces images, aucun lien; elles se succèdent d'un mouvement indépendant, parfois glissant l'une sur l'autre, se fondant l'une dans l'autre de telle façon que l'une commence à se projeter sur le fond mental quand l'autre ne s'en est pas encore effacée, à peine reliées entre elles par ces rapports mystérieux d'associations qui semblent tout naturels au rêveur et qui échappent à la pensée lucide... C'est l'imagination, stimulée par une émotion intense, qui a tout fait. De là l'incohérence, l'illogisme, le caractère presque délirant des représentations; de là leur puissance d'expression et leur incomparable lyrisme[2]. » Aussi bien, l'œuvre colossale du grand poète fourmille-t-elle d'idées imprécises et d'une cohérence douteuse. Nous trouvons chez lui plus que partout ailleurs les faiblesses en même temps que les forces précieuses d'un « machinisme » mental qui appartient spécialement à l'âme du poète.

---

[1] V. Hugo, *Contemplations* (*Pleurs dans la nuit*).
[2] Paul Souriau, *la Rêverie esthétique*, p. 123.

Cette absence de tout rigorisme dans l'affinité des représentations doit autoriser l'esprit à pratiquer des liaisons lointaines en négligeant les termes intermédiaires qui servent de soudures. C'est encore là un trait important du mécanisme associationnel au cours des états de rêverie. Les associations par bonds y sont couramment admises. Elles nous expliquent d'une manière suffisante la fréquence de l'ellipse chez les poètes et paraissent justifier la phrase de Joubert : « Le poète ne doit point traverser au pas un intervalle qu'il peut franchir d'un saut. » Chez Victor Hugo, le substantif en apposition est assez fréquent : les expressions « bœuf peuple », « marmite budget » et d'autres encore, témoignent de pareilles tendances. Ces constructions abolissent les nuances et les gradations; elles établissent d'emblée des équivalences, elles imposent des identités entre deux objets dont le rapport est cependant lointain. Chez les poètes modernes, les formules elliptiques se reproduisent également sous des formes d'ailleurs variées :

... Et ceux-là resteront quand le rêve aura fui
Mystérieusement les élus du mensonge,
Ceux à qui nous aurons, dans le secret des nuits,
Offert nos *lèvres d'ombre,* ouvert nos *bras de songe.*

(Ctesse DE NOAILLES.)

Les symbolistes surtout condensent leur pensée en des ellipses de longue haleine, si l'on peut ainsi s'exprimer. Les images prennent souvent de la sorte une vigueur peu commune, une intensité brutale qui n'est point pour déplaire, mais qui laisse le lecteur un instant surpris et décontenancé en présence d'une syntaxe assez peu courante :

La nuit, dans le silence en noir de nos demeures,
Béquilles et bâtons, qui se cognent, là-bas ;
Montant et dévalant les escaliers des heures,
Les horloges, avec leurs pas ;

Émaux naïfs derrière un verre, emblèmes
Et fleurs d'antan, chiffres et camaïeux,
Lunes des corridors vides et blêmes
Les horloges, avec leurs yeux :

Sons morts, notes de plomb, marteaux et limes,
Boutique en bois de mots sournois
Et le babil des secondes minimes,
Les horloges, avec leurs voix ;

Gaines de chêne et bornes d'ombre,
Cercueils scellés dans le mur froid,
Vieux os du temps qui grignote le nombre,
Les horloges et leur effroi ;

Les horloges
Volontaires et vigilantes,
Pareilles aux vieilles servantes
Boitant de leurs sabots ou glissant sur leurs bas,
Les horloges que j'interroge
Serrent ma peur en leur compas.

(ÉMILE VERHAEREN.)

Au cours des états de rêverie, ce ne sont pas les affinités purement substantielles qui permettent l'enchaînement des représentations. Le mot qui n'est qu'un symbole, et dont la valeur reste négligeable au point de vue des associations logiques, a pourtant une forme ; il n'est qu'un signe, il est vrai, mais ce signe est un son, et les sons en s'appelant pour leur propre compte peuvent devenir à leur tour la source d'un enchaînement. Cet enchaînement sera tout arbitraire ; la raison n'en fera aucun cas au point de vue logique, pour peu qu'elle soit en éveil ; mais comme les états de rêverie marquent un relâchement plus ou moins complet des forces de contrôle, ces associations verbales purement arbitraires pourront s'y glisser.

Et tout d'abord il faut observer que le mot évoque, indépendamment de son sens, une foule de représentations particulières qui varient avec chacun de nous. Le même mot prononcé devant plusieurs personnes éveillera, en dehors de l'image primaire, des représentations secondaires extrêmement variées. Chaque mot a son histoire, et, envisagé en soi, nous apparaît escorté de souvenirs. Il nous a servi déjà dans des circonstances passées ; nous l'avons entendu sortir de telle ou telle bouche, dans tel ou tel lieu ; ou bien nous l'avons lu, nous l'avons écrit, et de tout cela il a conservé l'empreinte. Avec lui il traîne une escorte, et de cette escorte on peut voir surgir des associations très inattendues. C'est ainsi que la rencontre d'un mot fait surgir soudain l'image d'une personne oubliée de longue date, le tableau d'un lieu auquel on ne pense plus depuis bien des années.

Mais il y a mieux. Les mots, au lieu de s'enchaîner d'après des affinités réelles, s'assemblent dans certains cas suivant le hasard des sons. Il en résulte que des rapprochements arbitraires de mots sont substitués aux rapprochements nécessaires et universels des idées. Les mots s'attirent mutuellement par suite de leurs ressemblances sonores; ils se répercutent les uns dans les autres comme les notes successives d'une phrase mélodique, et ils tendent à se grouper d'eux-mêmes suivant des lois différentes de celles qui président à l'enchaînement de la pensée. Les allitérations et les assonances donnent alors au mode d'enchaînement des images mentales une orientation tout automatique.

Le vulgaire calembour est l'expression la mieux définie de cet automatisme verbal sous une forme voulue et recherchée. Mais spontanément ces associations se produisent avec une extrême fréquence, dès qu'il y a relâchement de la synthèse mentale.

Albert Maury les a étudiées dans les états de rêve : « Un matin que je me livrais à une réflexion de ce genre, raconte-t-il, je me rappelai que j'avais eu un rêve qui avait commencé par un pèlerinage à Jérusalem. Après bien des aventures que j'ai oubliées, je me trouvai rue Jacob, chez M. Pelletier le chimiste, et, après une conversation avec lui, il se trouva qu'il me donna une pelle en zinc, qui fut mon grand cheval de bataille dans un rêve suivant. Voilà trois idées, trois scènes principales qui me paraissent liées entre elles par les mots *pèlerinage, Pelletier, pelle*, c'est-à-dire par trois mots qui s'étaient associés en vertu d'une simple assonance, et formaient les liens d'un rêve fort incohérent d'ailleurs... Une autre fois je rêvais au mot kilomètre, et j'y pensais si bien que j'étais occupé en rêve à marcher sur une route où je lisais les bornes métriques. Tout à coup je me trouve sur une de ces grandes balances dont on fait usage chez les épiciers ; un homme accumulait des kilos sur l'un des plateaux pour connaître mon poids. Puis, je ne sais trop comment, cet épicier me dit que nous ne sommes pas à Paris, mais dans l'île Giloto, à laquelle je confesse avoir très peu pensé dans ma vie. Alors, changeant de pied, et après m'être laissé glisser sur le premier, me mettant à glisser sur le second, j'eus successivement plusieurs images dans lesquelles je voyais la fleur nommée bobélia, et le général Lopez, dont je venais de lire la fin déplorable à Cuba ; enfin, je me réveillai faisant une partie de loto. Je passe, il est vrai, certaines circonstances ; mais il n'en reste pas moins établi que les mots *kilomètre, kilo, Giloto, bobélia, Lopez, loto*, dont l'emploi d'ailleurs n'est pas journalier, avaient associé en moi les idées les plus disparates[1]. »

Ces relations sont intéressantes, mais il n'est pas nécessaire d'aller jusqu'au rêve pour voir les mots s'associer autrement que par leur sens réel. C'est un fait d'autant plus fréquent, que la surveillance des facultés de contrôle et d'inhibition se trouve plus en défaut. Dugas[2] a étudié d'une façon remarquable cette consécution machinale des mots ; et il l'a désignée sous le nom assez pittoresque de

[1] ALFRED MAURY, *Annales médico-psychologiques*, 2e série, t. V, 1853, p. 410.
[2] DUGAS, *le Psittacisme et la pensée symbolique* (Paris, Alcan, 1896).

« psittacisme ». L'auteur nous montre d'ailleurs comment une suite de mots correcte et réglée, bien que privés de signification, simule les liaisons dûment consacrées par les facultés supérieures de notre entendement. Un vain assemblage de sons qui parle à l'oreille suivant une musique plaisante produit l'illusion d'un discours sensé ; une phrase sur pieds, quoique remplie de non-sens, a l'air de dire quelque chose. Et cela se vérifie dans la poésie plus que partout ailleurs, à la faveur même du vers qui nous retient par son rythme, et nous berce et nous grise.

Quoi qu'il en soit, et dans les productions les plus légitimes, on peut dire que le poète n'exploite pas seulement la force expressive des mots et leur correspondance habituelle aux choses ; il fait des mots eux-mêmes les germes concrets de ses opérations psychiques. Chez Victor Hugo, c'est le mot qui éveille l'idée et qui la précède. Il n'y a pas une idée d'abord, puis une expression pour la rendre ensuite. L'expression sonore naît spontanément et entraîne l'idée. Le développement est amené presque fatalement par la succession ininterrompue des mots. Chaque mot représente une image et chaque image appelle une image nouvelle, parce que chaque mot met en branle d'autres mots nouveaux. Chez Hérédia, le poème se forme entièrement autour de certains mots plus ou moins frappants, comme une cristallisation se fait autour d'un centre. Ce mécanisme est surtout patent dans la composition poétique des auteurs les plus riches et les plus brillants par la forme « sensorielle » qu'affecte le lyrisme ; càr chez eux le clinquant des mots imagés, le cliquetis des sonorités, tout cela commande et conduit l'enchaînement et l'évolution des représentations mentales. Mais la relative souveraineté du mot, en tant que directeur des associations, ne saurait être exclue des modalités plus « intellectuelles » de la poésie, de celles qui, plus pauvres en vertus plastiques ou en redondances musicales, aspirent au culte de l'idée. Ici comme ailleurs, la rime doit appeler la rime, et cette notion entraîne nécessairement, comme nous allons le voir, certaines modifications spéciales dans les habitudes associatives de l'esprit.

*
* *

On a pu envisager le rôle de la rime dans le développement de la pensée poétique de deux façons différentes qui sont exposées par Charles Renouvier.

Dans l'école *rationnelle,* nous dit cet auteur, la composition première est de la prose. Le poète rationnel a son thème, il sait avec plus ou moins de précision à l'aide de quelles idées il entend le développer, et la question est alors pour lui de formuler ces idées par un agencement de mots soumis à certaines lois de quantité et d'accentuation. Il construit sa pensée en commun langage, et enchaîne ses idées en ordre logique d'abord, puis il travaille à les disposer en des nombres de syllabes divisés de certaines manières fixes, avec des rimes entre les groupements. C'est un problème à résoudre.

L'école *imaginative* procède autrement. Un thème général étant donné, et les premiers mots de son développement étant posés, l'un d'eux se présente en vedette, qui, dans la période poétique commençante, devra marquer une fin de vers. C'est l'amorce d'un autre mot qui devra à son tour et tout à la fois rimer avec le premier et entrer, à une place déterminée par le mètre, dans l'expression de l'idée principale. Grâce à la mémoire des mots qui peuvent fournir la rime désormais fixée, et grâce aux associations d'idées qu'amènent ces mots, l'imagination productive du poète se trouve en possession d'un matériel d'images suggérées, entre lesquelles il choisit celle qui se prête le mieux soit à terminer l'expression de sa pensée, soit à la continuer par de nouvelles images, ou enfin à passer à d'autres idées, souvent au hasard de sa fantaisie. Ainsi l'improvisateur se fait conduire par la rime d'image en image et d'idée en idée. Sa raison n'exerce un contrôle que pour s'assurer que les parties de sa composition forment bien l'expression d'une pensée unique entourée de toutes ses dépendances.

Voici donc deux méthodes de composition. Dans l'une, la rime est l'esclave de la pensée ; dans l'autre, la pensée est l'esclave de la rime, et il semble que dans cette dernière la conduite de l'esprit est plus poétique que dans celle qui procède par la mise en mètres et en rimes d'une idée arrêtée d'avance.

Nous ne saurions méconnaître la grande autorité de M. Renouvier; mais nous croyons pourtant qu'à ces deux méthodes on peut en adjoindre une autre. Nous ajouterons même que cette autre, qui est après tout la combinaison des deux précédentes, est la seule vraie. Le grand défaut d'une distinction capitale entre les méthodes dites *rationnelle* et *imaginative* vient de ce qu'une distinction semblable est basée sur l'idée qu'on se fait couramment de l'art de versifier, et non point sur celle qu'il conviendrait de se former sur la poésie elle-même. Être poète et versifier sont deux choses totalement distinctes. Si vous vous faites une gageure de rimer sans plus, vous pourrez appliquer sans doute l'un des deux procédés de fabrication à votre industrie. Mais le poète vraiment digne de ce nom serait bien embarrassé d'établir une barrière formelle entre la fonction de sa pensée et celle de sa rime. La vérité est que leurs rôles respectifs sont inséparables, tant il est vrai que l'idée et son expression sont identifiées dans le rythme. La rime ne conduit pas plus la pensée que la pensée ne conduit la rime. Elles sortent l'une et l'autre se tenant enlacées dans une synthèse qu'on ne peut démembrer, et leur entraînement mutuel nous apparaît comme un élan spontané d'indissociable harmonie. Dans l'esprit du poète, la rime et la pensée tendent donc à s'influencer d'une manière réciproque ; elles s'attirent et gravitent, pour ainsi dire, l'une autour de l'autre. Dans l'inspiration véritable, les deux tendances distinctes en principe, l'association des idées et le rapprochement des mots, ne font plus qu'une seule et unique tendance, inclinée tout entière vers une même recherche de beauté.

Quoi qu'il en soit, on ne peut nier que la rime ait un rôle plus ou moins marqué dans l'enchaînement des représentations mentales. Ce rôle, Guyau l'a jugé d'une manière sévère : « D'abord, fait-il observer, la recherche de la rime, poussée à l'extrême, tend à faire perdre au poète l'habitude de lier logiquement les idées, c'est-à-dire au fond de penser; car penser, comme l'a dit Kant, c'est unir et lier. Rimer, au contraire, c'est juxtaposer des mots nécessairement décousus. Si le soin de la rime absorbe uniquement le poète, il devient bientôt incapable de suivre une pensée ; son vers, sautant d'une idée à l'autre sur « la raquette » de la rime, perd ces ailes divines qui devaient, suivant Victor Hugo, l'emporter droit dans les cieux ; son vol en zigzag est celui de la chauve-souris. Le culte de la rime pour la rime introduit peu à peu dans le cerveau même du poète une sorte de désordre et de chaos permanent : toute la logique de la pensée est détruite pour être remplacée par le hasard de la rencontre des sons[1]. » A ce premier grief, Guyau en ajoute un autre. La rime n'est pas seulement une entrave pour la pensée; elle est une source d'appauvrissement : « Le nombre des idées, en effet, se trouve diminué par cela seul qu'est diminué le nombre des mots,... car la rime détermine toujours plus ou moins le reste du vers, et,

---

[1] GUYAU, les Problèmes de l'esthétique contemporaine, p. 235.

quelle que soit l'ingéniosité du poète, la même rime ne peut en général s'adapter qu'à un certain nombre de poésies similaires. Aussi les poètes modernes, malgré l'enrichissement considérable de notre langue, ont des rimes tellement uniformes que, le plus souvent, si l'on connaît l'une, on peut prévoir l'autre. Comment cette monotonie de la rime ne produirait-elle pas une monotomie, une banalité de la pensée[1]? » Et l'auteur conclut : « Il nous semble qu'un vrai poète devrait trembler à l'idée qu'un seul jour, dans un seul de ses vers, il ait pu changer ou dénaturer sa pensée en vue de la sonorité. Quelle misérable chose que de se dire : Cette larme-là ou ce sanglot vient pour la rime riche! La position du poète rimant ses douleurs ou ses joies est déjà assez choquante par moment, sans qu'on en exagère encore l'embarras en demandant à la rime une lettre de plus qu'il n'en fallait jadis[2]. »

La sévérité de Guyau à l'égard des rimes riches n'est pas sans fondement, et il faut bien avouer que ces rimes ont servi quelquefois de prétexte au pur calembour. *Souffre* rimant avec *soufre*, *Racine* avec *racine*, *Corneille* avec *corneille*, *j'ai faim* avec *génovéfain :* voilà de pures farces comme on en trouve dans V. Hugo. Mais la plaisanterie peut aller plus loin :

Ces clochetons à dents, ces larges *escaliers*
Que dans l'ombre une main *gigantesque a liés.*

---

[1] GUYAU, *loc. cit.*, p. 240.
[2] *Ibid.*

De vrais jeux de mots peuvent en résulter, qui d'ailleurs sont cherchés et conduits très péniblement :

> Pour dire vrai, au temps qui *court,*
> *Cour* est un périlleux *passage;*
> *Pas sage* n'est qui va en *cour,*
> *Court* est son bien et avantage.

Il n'est pas nécessaire d'être fin psychologue pour comprendre qu'en pareil cas la pensée est esclave du mot. Mais tout cela n'est pas de l'art, c'est de l'acrobatie. Si l'on juge d'une manière vraiment impartiale l'action de la rime sur les processus mentaux en prenant pour exemples les plus beaux vers des poètes français, on arrive à cette conclusion certaine que la rime est parfois l'obstacle, mais qu'elle est plus souvent encore l'adjuvant, la source de richesse.

Le premier inconvénient de la rime est de favoriser le rapprochement d'images disparates suivant des rapports impropres ou sans précision. C'est là son moindre défaut, ou plutôt son défaut le plus élémentaire. Ces images singulières, ces transpositions forcées, V. Hugo ne nous les ménage pas : l'abîme « aboie » et le vent râle « comme un cyclope fatigué »; la rafale est « la phrase interrompue et sombre », l'ouragan se présente comme « un bègue errant sur les sommets ». On pourrait multiplier sans beaucoup de profit le nombre de ces exemples.

La rime offre un autre écueil non moins important : elle éloigne la pensée de son centre, pourrait-on dire, et l'entraîne à des digressions qui se traduisent d'ailleurs d'une manière patente sous forme de « chevilles ». La suggestion des idées par les consonances a pour effet de surcharger et de prolonger le thème. L'esprit, à chaque instant, menace de s'échapper par la tangente, et comme la liaison avec l'idée principale doit être maintenue, il passe par une suite d'expressions inégalement réussies, et se perd dans un labyrinthe d'images plus ou moins heureuses. Les mots et les vers entiers que motive la rime seule peuvent être relevés dans les meilleures œuvres de Victor Hugo. Citons au hasard :

Eh bien! moi je dis : Non, tu n'es pas en démence,
Mon cœur, pour vouloir l'homme indulgent, bon, im-
[mense,
Pour crier : Sois clément! sois clément! sois clément!
Et parce que ta voix n'a pas d'autre enrouement.

Ces vers à « chevilles », qui sont tantôt inutiles, faibles ou obscurs, tantôt porteurs d'images trop violentes ou inattendues, et qui résultent du parti pris d'employer la rime la première venue et de lui trouver à toute force un sens, on les rencontre surtout dans les *Orientales,* où le goût des images surprenantes ou extraordinaires ne peut que les favoriser, ainsi que le fait observer Renouvier. Mais ils se produisent d'une façon générale chaque fois que la rime ultra-riche fascine le compositeur en lui présentant le mot de sonorité vraiment identique auquel il voue un culte instinctif. Ces échappées de la pensée qui dévie du plus court chemin pour s'égarer au travers de voies inutiles, certains auteurs les ont reconnues et admises avec bonhomie.

Théodore de Banville dit positivement : « Ceux qui nous conseillent d'éviter les chevilles me feraient plaisir d'attacher deux planches l'une à l'autre au moyen de la pensée. » Pour lui, la seule différence entre les mauvais poètes et les bons, c'est que les chevilles des premiers sont placées « bêtement », tandis que celles des seconds sont « des miracles d'invention et d'ingéniosité ». Ainsi le poète ajustera ses vers « en bouchant les trous avec sa main d'artiste », et, pour boucher les trous, il se servira de la « cheville ». Prescrire de propos délibéré cet usage des chevilles, admettre cette « menuiserie » pour employer l'expression de Musset, c'est accepter que les mots seuls fournissent des idées et que toutes les fois qu'une solution de continuité se présente entre les idées ainsi obtenues, le poète pratique ses soudures avec la sérénité d'un bon ouvrier. Cela est exagéré. Avec Sully-Prud'homme, nous croyons au contraire que les bons poètes s'interdisent toujours « les chevilles de mots et les chevilles de vers entiers dont l'intrusion parasite prostitue la pensée à la rime ». Mais cela n'exclut pas, au point de vue de la psychologie, l'influence réelle des associations verbales sur les digressions de la pensée.

Un inconvénient de la rime bien plus grave encore, c'est d'être une source d'obscurité, de contradiction ou d'incohérence. Dans *Tite et Bérénice*, on peut lire ces vers :

Faut-il mourir, madame! et, si proche du terme,
Votre illustre inconstance est-elle encore si ferme
Que les restes d'un feu que j'avais cru si fort
Puissent dans quatre jours se promettre ma mort?

Cette phrase est une pure énigme, et, en la relisant, Corneille lui-même avouait à l'acteur Baron qu'il lui était impossible d'en dégager le sens. De même, on trouve chez Victor Hugo des tirades entières qui ne sont rien moins que du galimatias ; mais il est inutile de nous arrêter plus longuement à de pareilles considérations : elles ont trouvé tout leur développement dans le bel ouvrage de M. Renouvier. Ainsi, la suggestion de l'idée par l'intermédiaire de la rime ne laisse pas d'avoir ses défauts ; mais outre que ces défauts ne sont pas nécessaires, elle donne parfois lieu aussi à d'heureuses rencontres.

Voici par exemple des vers de Musset dans lesquels un nom propre entraîne par association verbale, et pour les simples besoins de la rime, une comparaison ingénieuse :

> Si jamais la tête qui penche
> Devient blanche,
> Ce sera comme l'amandier,
> Chez Nodier !
> Ce qui le blanchit n'est pas l'âge
> Ni l'orage,
> Mais la douce rosée en pleurs
> Dans les fleurs.

Il est bien évident que cette gracieuse image a été suggérée de façon arbitraire par la rime d'*amandier* et de *Nodier*. Chez Victor Hugo, deux images discordantes, assemblées pour les besoins de la rime, fournissent souvent des contrastes de couleur qui donnent un ton plus chaud à la description. Dans les *Orientales,* en particulier, le heurt d'images rapprochées par le simple hasard des sons produit des couleurs crues comme celles qui sont propres à certains paysages d'Orient. Nos poètes classiques ont, eux aussi, cédé bien souvent à ce pouvoir suggestif des mots, contre lesquels cependant la raison de leur temps les mettait en garde, et il pourrait bien se faire que les moments où ils ont oublié les efforts de la composition rationnelle pour se laisser entraîner ainsi au gré de suggestions verbales n'aient pas été les moins féconds en heureuses trouvailles. On peut donc avancer jusqu'à un certain point que « la rime, dans les mains du véritable artiste, devient non seulement un élément matériel de beauté métrique, mais un élément spirituel de pensée et de passion, éveillant à l'occasion une émotion nouvelle, ébranlant une association d'idées imprévue, ouvrant par la seule suggestion de sons harmonieux une porte d'or où l'imagination avait frappé en vain [1] ».

En résumé, la rime amène entre les idées des associations d'ordre automatique; elle introduit le hasard comme facteur arbitraire de l'évocation. Les impropriétés ou les digressions qui en résultent dans certains cas peuvent devenir un obstacle à l'activité normale; mais, par contre, l'allure des associations plus capricieuses, plus inattendues, crée une source nouvelle de trouvailles précieuses et d'originales rencontres.

Quoi qu'il en soit, le rôle des assonances verbales

----

[1] O. Wilde, *Intentions,* p. 85.

comme point de départ d'associations automatiques
chez le poète ne laisse aucun doute. L'enchaînement
de ses représentations n'est pas déterminé par
une idée centrale autour de laquelle la volonté
attentive grouperait différentes images, supprimant
les unes, renforçant les autres ; il s'effectue, partiellement du moins, d'une façon tout automatique,
suivant l'enchaînement d'assonances verbales qui
s'appellent et se répondent. En d'autres termes, on
peut dire bien plus simplement que le poète « pense
par rimes », et en nous exprimant ainsi nous ne
prétendons pas que les mots juxtaposés par la rime
sont « nécessairement décousus », et que la logique
de la pensée est de ce fait « détruite » ; nous indi-
quons simplement que l'activité mentale se dépense
de telle sorte que la logique habituelle cède sa
place à une autre loi à la fois plus complexe et plus
simple, laquelle est basée en partie sur la concordance des sons.

C'est un mode associationnel qu'on trouve justement d'une façon toute particulière dans les états
de relâchement de la synthèse mentale, et qu'on
peut mettre en évidence d'une manière frappante
dans divers cadres de l'aliénation.

*
* *

Nous avons dit déjà qu'à l'état normal, une aper-
ception appelle autour d'elle jusqu'à la conscience
d'autres images associées. Seulement l'esprit sain
supprime les représentations inutiles ou contradictoires, au lieu que dans les états de dissociation de

la synthèse mentale, il est incapable d'éliminer, et se laisse aiguiller par des associations d'ordre automatique qui à chaque instant le font dévier de la ligne, si l'on peut ainsi s'exprimer.

Cette intervention incessante des représentations automatiques dans les processus mentaux, les états maniaques permettent au psychologue le moins affiné d'en relever l'influence patente. L'excité maniaque a perdu l'usage de la volonté qui dirige et refrène l'enchaînement de nos pensées; chez lui cette action frénatrice devient impossible et fait place à l'automatisme cérébral. Les impressions sensorielles évoquent des souvenirs qui s'associent entre eux ou aux perceptions actuelles avec une telle spontanéité, que l'intelligence erre à l'aventure sans direction et sans règle. Chaque représentation ne pouvant se fixer dans la conscience est aussitôt remplacée par une autre, et dans cette succession rapide de représentations qui défilent sans ordre et sans lien, on remarque la fréquence toute particulière des associations par assonances. Cette « fuite des idées » donne au premier abord l'impression d'une incohérence complète; mais cette incohérence est plus apparente que réelle. Comme l'a dit justement Foville, « si l'on se donne la peine d'écouter longuement les maniaques, et d'étudier avec persistance le mécanisme de leurs divagations, on finit par saisir un certain rapport entre ce qu'ils disent et ce qu'ils ont entendu immédiatement auparavant. » Parfois c'est un mot qui vient d'être prononcé et dont le sens provoque une idée instantanément traduite; plus souvent encore ce n'est pas le sens du mot, mais sa consonance qui, par un véritable jeu de calembours, sert de point de départ à un nouvel ordre d'idées et de propos. Les idées ne sont donc pas dissociées; bien au contraire, la faculté d'association se trouve exagérée; mais elle se donne libre cours, et dans ses opérations l'influence du mot sur la direction de l'idée est bien évidente. Au lieu de s'enchaîner par leurs liens logiques et de se combiner suivant les besoins du discours, les représentations s'associent par des ressemblances tout à fait indépendantes de leur sens. Si vous couchez par écrit les paroles sans suite d'un maniaque et si vous rapprochez de cette façon les mots et les phrases qu'il articule pendant son délire, vous pourrez saisir le lien secret qui rattache entre elles les propositions les plus discordantes. Vous constaterez que le malade associe certains mots, et, par suite, les idées qui s'y rattachent, parce que ces mots ont même désinence, même terminaison. Ces mots une fois rapprochés par une analogie indépendante de leur sens, il en compose des phrases qui seront nécessairement incohérentes. Par exemple, il commencera par exprimer l'idée de corps. Le mot *corps* amènera par l'identité du son le même mot d'orthographe différente et de sens parfaitement distinct, et le discours finira sur le *cor* de chasse. La pensée progresse de la sorte avec une accélération presque fébrile, si bien que le malade prend à peine le temps d'achever la phrase commencée; il se hâte d'abandonner chaque parole pour courir après celle que lui suggère un son analogue ou plus ou moins proche.

Cette autocratie des associations verbales a son expression la plus simple et la plus courante dans l'écholalie. Certains aliénés, lorsqu'ils entendent prononcer un mot, le répètent automatiquement une ou plusieurs fois, d'une façon complète ou partielle : « Râteau... teau; chapeau... chapeau. » C'est un pur réflexe. Chez d'autres, un mot prononcé entraîne d'autres mots apparentés seulement par une communauté de son. Alors les allitérations et les assonances se succèdent en un défilé de termes incohérents : « Chat... Chapeau... Charmant... Manchon... Fanchon... Torchon. »

Les écrits se présentent fréquemment sous la forme de prose rimée. Les lignes suivantes, dont la faiblesse est d'ailleurs patente, en sont un exemple :

Songer? C'est se plonger dans la rêverie, *c'est jouir d'une joie sans* mélancolie.

S'aimer? C'est l'étroite et forte union *de deux cœurs fraternels qui sont en* communion.

Réfléchir? C'est vaincre, atténuer les revers, *triompher des instincts pernicieux et* pervers.

Évoquer? C'est tirer de l'oubli les faits utiles *afin d'en dégager des enseignements* fertiles.

Prévoir? C'est conjurer le destin, le mauvais sort, *tendre vers l'unité, c'est vouloir devenir* fort.

Songer à l'avenir et sans cesse prévoir, *telle est la devise qui doit* prévaloir.

Enfin, la rime-calembour devient une tendance vraiment spécifique chez quelques sujets. Elle peut s'accompagner d'un certain degré de coordination psychique, comme dans la pièce suivante citée par Regnard :

J'aime le feu de la fougère
Ne durant pas, mais pétillant;
La fumée est âcre de goût.
Mais des cendres de là fou j'erre
On peut tirer en s'amusant
Deux sous d'un sel qui lave tout,
De soude, un sel qui lave tout[1].

D'autres fois le sens a disparu presque complètement, comme dans ces vers cités par le même auteur :

Magnan ! *à mon souhait, médecin* Magnan...ime,
Adore de mon sort la force qui t'anime;

. . . .

Admirant son beau crâne, autre remords de Phèdre,
Nargue Legrand du Saulle *et sois un* Grand du
[Cèdre[2].

On pourrait, sans grand intérêt, multiplier les types d'ailleurs très variés de ces associations verbales chez les aliénés. Ces faits sont trop familiers à ceux qui ont quelque expérience de l'aliénation mentale pour que nous abusions de pareilles citations.

*
* *

Que faut-il conclure de ces nouveaux rapports entre l'activité de l'aliéné et celle du poète au point

---

[1] P. REGNARD, *Des maladies épidémiques de l'esprit*, p. 370.
[2] *Ibid.*

de vue du mode d'enchaînement des images mentales ? Rien, si ce n'est que la *pensée rimée* appartient aux créations de celui-ci comme aux divagations de celui-là. C'est que les unes et les autres
comportent comme base des variations de la synthèse mentale qui favorisent au plus haut point les
associations d'ordre automatique fondées sur le rapprochement des sons.

Dans la composition poétique, l'imagination est
émancipée, et il est permis aux aperceptions d'évoquer des représentations en vertu de lois purement
musicales ; mais l'inhibition conserve ses droits, et
la volonté ne permet pas de rassembler des représentations qui doivent s'exclure logiquement. Parmi
les poètes, les plus inspirés ont leurs appels
d'images et leurs groupements d'idées tenus en une
certaine dépendance du sentiment de la sonorité,
de la mesure, de l'accent, et par suite des mots.
Mais ils ont conservé l'entière direction de leurs
associations et la pleine possession de leur thème ;
ils n'ont adopté l'idée sur la suggestion du mot
qu'en la faisant rentrer d'une manière quelconque
dans l'ordre de leur plan ; ils ont chassé les représentations qui les détournaient de la droite voie
pour ne laisser la vie qu'aux idées légitimes, aux
images fondées.

Le poète, pour être poète, doit être ouvert à toute
suggestion même automatique, et à celle de la rime
en particulier ; mais cette suggestion, il ne la subit
que pour en faire sa chose. C'en est assez pour
mettre un abîme entre l'inspiration de son génie et
le triste domaine des misères mentales.

C. LE MODE D'EXPRESSION DES IMAGES MENTALES :
LE LANGAGE RYTHMÉ.

Si du mode d'apparition et de groupement des représentations mentales nous passons à leur mode d'expression, nous serons conduits à chercher la marque particulière du poète dans une tendance instinctive au langage rythmé. Sous l'influence d'une source émotive, le poète sent naître un rythme intérieur appelant l'harmonie des mots et préexistant en quelque sorte à la matière dont il sera rempli. Chez lui, les facultés, dès qu'elles entrent en jeu, traduisent leur activité sous forme rythmée, et cela très naturellement, très spontanément. Chez quelques-uns même, cette fonction profonde est, pour ainsi dire, toujours à l'état de tension : c'est ainsi que V. Hugo se plaignait, à la fin de sa vie, du supplice de ne pouvoir penser autrement qu'en vers. Ce pouvoir et ce besoin de jeter les mots dans un rythme mathématique se développe sans doute par un exercice souvent répété, mais il a sa source première dans des conditions psycho-physiologiques toutes spéciales; et l'on peut dire avec Dumesnil que le poète est foncièrement « une âme d'où les émotions ressortent portant la forme d'un rythme préparé intérieurement, comme le vent qui traverse une harpe n'en peut emporter que l'harmonie qu'elle recèle ».

Peut-on rattacher psychologiquement cette forme d'expression aux variations de la synthèse mentale qui ont été jusqu'ici le pivot de notre étude? Les relations ne sont guère perceptibles au premier abord, mais il n'est pas impossible de les découvrir indirectement.

On peut avancer que les facultés supérieures d'inhibition et de contrôle sont d'acquisition dernière tant au point de vue individuel qu'au point de vue social, c'est-à-dire que la parfaite cohésion de la synthèse mentale, réglée par ces facultés, répond à l'étape ultime de l'évolution. Tout relâchement de cette synthèse implique donc par certains côtés une sorte de régression vers l'état primitif, et par conséquent un appel à tout ce qui est instinct, à tout ce qui plonge des racines profondes dans les conditions essentielles de la vie organique. Or, si un élément doit être considéré comme primordial et répandu d'une manière universelle dans la vie, c'est certainement le rythme. Le rythme est partout, dans notre organisme et dans l'univers : il est par excellence le facteur commun, car la science d'aujourd'hui nous montre le monde entier comme un complexus de rythmes et notre vie elle-même comme un rythme inclus dans l'universel concert.

Le rythme est présent dans la vie sociale dès que les hommes expriment en commun leurs aptitudes, leurs inclinations, leurs désirs. La foule ne peut prendre une âme ou du moins extérioriser cette âme d'une manière éclatante, dans la religion et dans les solennités de toutes sortes, qu'en s'unifiant par la musique, par la marche et les gestes, enfin par des rites variés qui impliquent l'ordre dans les mouvements. Dès les premiers âges de l'humanité, la sympathie des états moraux s'est traduite en rythme et en harmonie. Au point de vue individuel, le rythme s'applique à toutes nos fonctions vitales tant physiologiques que psychologiques, et dans nos actes psychiques il se révèle avec d'autant plus de netteté que ces actes échappent davantage au contrôle du moi. Aussi bien l'émancipation de la sphère affective, la prédominance de l'émotion sur la volonté, lui est-elle favorable au plus haut degré.

D'après Spencer [1], nos sentiments se traduisent au dehors par des mouvements rythmiques dès qu'ils sont intenses, et « le rythme n'est qu'une idéalisation du langage naturel de l'émotion ». Guyau soutient la même théorie. Il fait observer que l'émotion tend à rythmer la pensée et à la rendre « pour ainsi dire ondulante », au lieu de la laisser aller droit devant elle. En vertu de l'émotion, il y aurait d'après lui une sorte de poésie sans paroles, d'harmonie des pensées entre elles qui ne demande qu'à devenir sensible. « Sous l'influence des sentiments puissants, nous dit-il, nos gestes tendent à prendre une allure rythmée. La loi de la diffusion nerveuse fait d'abord que l'excitation née dans le cerveau se propage plus ou moins loin à travers les membres, comme l'agitation dans l'eau auparavant tranquille. De plus, la loi du rythme, qui, selon Tyndal et Spencer, régit tous les mouvements, change l'agitation en ondulation régulière. Dans la simple impatience ou dans l'inquiétude, notre jambe se remue

---

[1] SPENCER, *Essai de morale et d'esthétique* (traduction Burdeau, Paris, Alcan, t. I, p. 396).

et oscille; dans la souffrance physique, parfois dans la souffrance morale, le corps entier s'agite et, si l'émotion n'est pas trop violente, il tend à se balancer d'avant en arrière et à régulariser sa propre agitation. Enfin une joie très vive porte à sauter et à danser. Mêmes lois et mêmes phénomènes dans les organes de la voix. Nous touchons ici au fait essentiel. La parole, par suite de l'excitation nerveuse, acquiert une force et un rythme appréciables; un orateur, en s'échauffant, introduit par degrés dans son discours la mesure et le nombre qui manquaient au début : plus sa pensée devient puissante et riche, plus sa parole devient rythmée et musicale. De même, si l'on pouvait surprendre et noter le langage passionné d'un amant, on y découvrirait aussi une espèce de balancement, d'ondulation régulière [1]... » Aussi bien l'auteur est-il conduit à définir le vers idéal « la forme que tend à prendre toute pensée émue ». Et il ajoute : « Le vers n'est donc pas une œuvre factice. L'homme n'est point devenu poète ni même versificateur par une fantaisie plus ou moins passagère de son esprit, mais par un effort de sa nature et selon une loi scientifique [2]. »

Cette théorie, bien que très séduisante, a soulevé, il est vrai, certaines objections : « En réalité, dit M. Combarieu, l'émotion produit des mouvements qui sont le contraire du rythme : les accents qu'elle fait naître dans le langage sont placés d'une manière très inégale. Qui dit émotion dit ébranlement ner-

---

[1] Guyau, *Problèmes d'esthétique contemporaine*, p. 178 et 179.
[2] *Ibid.*

veux, mouvement de l'âme, surprise et secousse de l'organisme. Or tout cela est l'opposé de la symétrie et de la régularité[1]. »

Sans doute, Guyau peut être critiqué dans certaines idées, en particulier lorsqu'il avance que « parler en vers, c'est déjà dire par la seule cadence de son langage : Je souffre trop pour m'exprimer dans la langue ordinaire ». C'est là une erreur ou plutôt un simple défaut de précision. Parler en vers, c'est dire : J'ai souffert ou je sais souffrir; mais c'est affirmer en même temps que les fureurs de la tempête se sont apaisées, car la passion intense est inhibitrice et sa présence actuelle supprime tout lyrisme. Combarieu l'a bien exprimé : « Celui qui balance sa parole sur le rythme d'or, ce n'est pas l'amant véritable, esclave de sa passion, exposé perpétuellement à tous les écarts de la sensibilité; c'est l'amant littérateur, l'amant transformé, celui qui est guéri ou heureux, et qui joue un rôle. » Toutefois, ce n'est pas à dire que le rythme puisse être considéré comme une création de la raison. Il est injuste de prétendre qu' « il n'a pas son origine dans la vie sensible ». La vérité est que le rythme a son origine au sein de l'émotion; mais, comme le fait observer Braunschwig, il faut dans toute émotion distinguer deux phases, la phase de tension et la phase de détente. Dans la première « il y a comme un afflux, ou, si l'on veut, une concentration sur un point, de toutes les forces de notre être » : l'émotion n'est encore qu'un état d'âme,

<hr/>

[1] COMBARIEU, les Rapports de la musique et de la poésie, p. 257.

une attitude affective qui demande à se dynamiser;
dans la seconde, « ces mêmes forces qui étaient
accourues à l'appel de l'image ou de l'idée éclose
en notre conscience, et que nous maintenions étroitement unies, s'échappent et se répandent de toutes
parts : » l'*état* se transforme en *motion*. Alors il se
produit comme une débâcle de force active, et c'est
justement cette force débordante et désormais su-
perflue que nous utilisons, tantôt de manière inconsciente sous la forme de mouvements rythmés, tantôt
d'une façon consciente sous la forme d'une expression également rythmée et en rapport avec la satisfaction de besoins esthétiques. Dans ce dernier cas,
on peut dire que cette plénitude de vie qui déborde
et nous transporte au delà de nous-mêmes s'étend
jusqu'à l'Infini pour y communier dans le rythme
avec le grand Tout. Le rythme établit ainsi une
pénétration réciproque et comme une fusion intime
entre le sujet et l'objet, entre l'essence du symbole
d'une part et la nature même de l'activité psychique
d'autre part. Il devient comme une concentration de
toutes les formes de la vie, comme une réduction
de toutes ces formes à l'unité, en vertu de quoi il
n'y a plus de poète et plus de matière poétique : le
tout disparaît dans une *Synrythmie*.

Quoi qu'il en soit, il reste certain que la tendance
au rythme est une manifestation primaire du cerveau humain, manifestation qui plonge ses racines
dans la vie organique elle-même. Aussi bien cette
tendance doit-elle être l'une des dernières à disparaître sous l'influence d'une déchéance ou d'une
évolution incomplète de l'esprit.

Le rôle du rythme dans la traduction des excitations psychiques qui ne sont point domptées par
la volonté consciente peut se déduire de la verve
de certains ivrognes et des affirmations spontanées
de divers aliénés :

Je vous écris en vers : n'en soyez pas choqué;
En prose je ne sais exprimer ma pensée,

écrivait à Arboux[1] un maniaque condamné et emprisonné. Le rythme se présente d'ailleurs comme
une expression courante, fondamentale même, de
la vie des dégénérés. Les mouvements stéréotypés,
se répétant suivant un rythme plus ou moins régulier et monotone, constituent toute l'activité motrice de quelques idiots. La prédominance des facultés exigeant des dispositions rythmiques est relatée
dans tous les ouvrages sur les arriérés. La notion
de la cadence musicale est souvent la seule persistante chez ces malheureux : un bruit cadencé représente pour eux la sensation de luxe par excellence
et résume tout le domaine de l'art. A la naissance
des races on retrouve ce même trait. La danse des
sauvages en fait foi.

* *
*

Nous venons de développer cette idée majeure,
à savoir que par son origine essentiellement imaginative, par sa constitution faite d'associations
d'ordre automatique et par son expression qui

---

[1] ARBOUX, *les Prisons de Paris,* 1881.

s'exhale d'une façon rythmique, le vers trahit triplement son essence inférieure au sens *biologique* du mot, nous voulons dire sa situation profonde et première parmi les strates de l'évolution mentale. Ceci n'altère en rien sa suprématie. Le vers n'est par-devant notre intelligence qu'un vestige de langue atavique; mais il représente et représentera toujours le langage éternel et éternellement actuel par-devant l'affectivité, qui est en nous ce qu'il y a de plus solide, de plus immuable et de plus cher.

Les rapprochements que nous avons empruntés au domaine morbide n'atteignent d'ailleurs en aucune façon la dignité de l'œuvre poétique ; car si l'on tenait à en dégager quelque vérité d'ensemble, la seule qui pourrait se déduire est que le cerveau malade travaille d'après les mêmes lois que le cerveau valide, sauf qu'à ces lois il obéit imparfaitement ou excessivement.

Nous ne pensons pas que cette conclusion puisse froisser quelqu'un. Nous jugeons même qu'elle ne peut étonner personne.

IV

LA LITTÉRATURE POÉTIQUE DANS LES MALADIES
DE L'ESPRIT

Un asile d'aliénés est pour bien des gens une sorte de pandémonium, où il ne peut rien se dire ni rien se faire qui soit raisonnable. Le fou est rayé de la liste des hommes, et le fruit de ses pensées, si tant est qu'il pense, ne peut être que divagation ou insanité.

Un tel préjugé a de graves conséquences au point de vue social, mais il entraîne aussi sous d'autres rapports des erreurs grossières. Il faut donc nous en affranchir pour aborder la question que nous entreprenons maintenant.

En vérité, on peut se demander quelles modifications il conviendrait d'apporter aux opérations régulières qui constituent l'état mental d'un homme jouissant de son entière raison, pour faire de cet homme un fou. A cette question, il est bien difficile de répondre directement. Pour qu'un homme soit considéré comme fou, il ne suffit pas de découvrir dans sa trame intellectuelle ou morale une sensation illusoire, une idée mensongère, un jugement erroné, une action inconsidérée, car nul esprit n'est exempt de faiblesses et d'imperfections. Par contre, pour taxer un cerveau de folie, il n'est pas nécessaire que toute sensation soit faussée, tout jugement erroné, tout raisonnement illogique et toute action inconsidérée ou extravagante. La raison et la folie se tiennent entre deux extrêmes qui n'ont point de représentation réelle : il n'y a pas plus de folie absolue qu'il y a d'entière et parfaite raison.

Au reste, les états équivoques sont légion, et ce n'est pas toujours chose aisée que de tracer une ligne en deçà de laquelle l'erreur est encore raison, tandis qu'au delà elle devient folie. Établir une séparation formelle entre la raison et la folie est un désir d'ailleurs légitime, mais impossible à réaliser. Avant de le satisfaire, il faudrait trouver une démarcation entre la santé et la maladie. Or, après des siècles de débat, la science moderne en est arrivée à reconnaître partout la continuité des phénomènes, leur gradation insensible en un mot.

Au point de vue mental, la théorie qui consiste à diviser l'humanité en deux groupes, le groupe des raisonnables et le groupe de ceux qui ne le sont pas, est une conception simpliste et facile qui ne répond à rien. Pour que cette conception des deux blocs fût scientifiquement défendable, il faudrait, suivant la remarque de Grasset [1], que les

---

[1] GRASSET, *Demi-fous et demi-responsables* (*Revue des Deux-Mondes,* 15 février 1906).

centres psychiques, qui président à l'exercice de la
raison et à la volition des actes conscients, fussent
eux-mêmes un tout un et indivisible. Alors on
pourrait dire : Cet appareil un et indivisible est
malade ou il ne l'est pas ; s'il est malade, le
sujet est fou ; s'il ne l'est pas, le sujet est raisonnable. Mais le centre cérébral de la pensée est
essentiellement complexe et divisible. Dès lors,
on comprend qu'il y ait chez les hommes bien
portants des développements inégaux de certaines
facultés ; on admet aussi, sans trop d'étonnement, qu'un homme puisse être intelligent et dérai-
sonnable à la fois, et qu'un génie en particulier puisse manquer, par certains côtés, de bon
sens.

Inversement, on se ferait une idée singulièrement
fausse des aliénés si l'on croyait que leur maladie
est l'extinction de toute activité normale. On s'imagine volontiers que l'aliéné n'a plus rien de l'intelligence humaine, et on a coutume de se le représenter dans la masse comme un être désordonné
qui pense, qui sent et qui agit en tout et pour tout
de manière insensée. Rien n'est plus faux. Il suffirait d'une courte visite dans les quartiers d'un
asile pour convaincre un profane que, dans la plupart des manifestations journalières de la vie mentale, il n'est rien de plus semblable à un homme
sensé qu'un fou. Quoi qu'il en soit, et pour ne pas
être taxé de paradoxe, il est incontestable qu'une
majorité de nos malades conservent intactes un
certain nombre de leurs facultés intellectuelles.
Chez certains même, ces aptitudes acquièrent, du

fait de la maladie, une activité et un développement inaccoutumés. Cette simple considération nous laisse prévoir comme une chose possible l'apparition ou la conservation de facultés artistiques chez des hommes dont le cerveau présente par ailleurs des modifications relevant d'une façon certaine du domaine de la psychiatrie.

Dès la plus haute antiquité, et par cet amour pour le merveilleux qui est inhérent à l'esprit humain, l'opinion d'une augmentation extraordinaire et surnaturelle de l'intelligence chez les aliénés fut admise comme une vérité troublante, au sein de laquelle germèrent les Augures d'abord, et plus tard les Sorcières. Cette opinion, dont l'absurdité ne mérite plus aucune discussion, trouvait à se fortifier, il faut bien le dire, dans des faits d'ordre scientifique encore vérifiés de nos jours.

Les psychiatres les plus anciens ont indiqué que la folie peut produire une exaltation de la mentalité et donner un coup de fouet à certaines facultés plus ou moins latentes. Arétée de Cappadoce [1], qui vivait en l'an 80, fit preuve, dans ses descriptions, d'un esprit critique et d'une expérience dignes d'admiration : « Quelques maniaques, dit-il, acquièrent une facilité et une concentration d'es-

---

[1] ARÉTÉE DE CAPPADOCE, *De Causis et signis morborum* (trad. Renaud, liv. I, ch. vi et vii).

prit telle, que des souvenirs qui n'étaient qu'imparfaits chez eux se réveillent tout à coup avec la plus grande facilité : ils savent la philosophie sans l'avoir apprise, et la poésie comme s'ils avaient été en rapport avec les Muses. »

Au xe siècle, Avicenne observe que les insensés fournissent des productions étonnantes, si bien que le vulgaire les croit possédés.

Au xive, Gentilis raconte que des aliénés d'ailleurs illettrés se sont mis tout à coup à parler et à écrire comme des littérateurs de profession.

Au xve, Guainerarius dit avoir connu un paysan qui, habituellement incapable de toute œuvre littéraire et dépourvu même de l'éducation la plus primordiale, composait des vers aux époques de crise coïncidant avec la pleine lune.

Au xviie, Sennert cherche à montrer comment les maniaques parlent des langues qu'ils n'ont pas apprises, composent des vers et prédisent l'avenir ; il cite, à l'appui, de nombreux cas. Et Willis dit avoir guéri un aliéné qui racontait ses accès de la façon suivante : « J'attendais la crise avec impatience, car alors tout me semblait facile ; aucun obstacle ne m'arrêtait ; ma mémoire acquérait tout à coup une perfection singulière ; je me rappelais de longs passages des auteurs latins ; j'écrivais en vers aussi bien qu'en prose. »

Au xviiie siècle, Van Swieten recueille l'observation d'une femme qui composait des vers pendant ses accès de manie avec une admirable facilité, bien qu'elle n'eût jamais montré le moindre talent poétique à l'état de santé.

Dans les temps modernes, les documents abondent, plus précis, mieux interprétés.

Pinel[1], parlant de la manie, s'exprime en ces termes : « Les accès de manie ont pour caractère un nouveau degré d'énergie physique et morale... L'accès semble porter l'imagination au plus haut point de développement et de fécondité, sans qu'elle cesse d'être régulière et dirigée par le bon goût. Les pensées les plus saillantes, les rapprochements les plus ingénieux et les plus piquants, donnent à l'aliéné l'air surnaturel de l'inspiration et de l'enthousiasme. »

Esquirol[2] déclare à son tour que « les maniaques, pleins de confiance en eux-mêmes, parlent et écrivent avec facilité, se font remarquer par l'éclat des expressions, par la profondeur des pensées, par l'association des idées les plus ingénieuses... ». Il rapporte l'observation d'un malade qui déclare après guérison : « On sera peut-être surpris que j'aie pu me souvenir de tant de choses; mais mon imagination était si vive et si active, que tous les objets venaient s'y peindre ou plutôt s'y graver en caractères de feu. »

Leuret[3] dit positivement : « Il m'est arrivé plusieurs fois de prendre une idée trop favorable de la capacité intellectuelle de quelques personnes, lorsque je n'avais pour les juger que la connaissance de ce qu'elles faisaient ou disaient pendant

---

[1] PINEL, *Traité médico-philosophique sur l'aliénation mentale.*

[2] ESQUIROL, *Des maladies mentales.*

[3] LEURET, *Fragments psychologiques sur la folie.*

un accès de manie. Tel malade qui m'avait frappé par ses discours ou ses saillies n'était plus, après sa guérison, qu'un homme très ordinaire et bien au-dessous de l'opinion que j'avais conçue de lui. »

Parlant des états maniaques, Marcé[1] reconnaît que « chez les sujets dont la surexcitation intellec-tuelle, au lieu d'être diffuse et de s'éparpiller sur une foule d'objets, se groupe autour d'une passion ou d'une idée prédominante, il peut arriver que le style s'élève à un éclat inaccoutumé, que les pen-sées, les sentiments soient exprimés avec un entraînement, une éloquence que ne comporte pas le niveau intellectuel des malades, et qui s'éva-nouissent dès que la convalescence devient plus complète ». Le même auteur parle d'un sujet « qui déraisonnait dès qu'il abordait la prose, mais qui s'élevait, dans des élégies tendres et mélancoliques, à une rare perfection de style et aux pensées les plus choisies...[2] ».

« J'ai eu l'occasion, écrit Morel[3], de remarquer chez quelques aliénés hypocondriaques, hystériques et épileptiques, une activité intellectuelle extraor-dinaire aux époques critiques de la maladie. Il n'est pas rare d'observer que les attaques d'exacer-bation auxquelles ils sont sujets sont précédées d'une manifestation anormale des forces de l'intel-ligence. Un jeune aliéné hypocondriaque, confié à mes soins, étonnait souvent ceux qui le voyaient

---

[1] MARCÉ, *Traité pratique des maladies mentales.*
[2] MARCÉ, *De la valeur des écrits des aliénés* (Journal de méde-cine mentale, 1864).
[3] MOREL, *Traité des maladies mentales.*

par la facilité de son élocution et par la manière
brillante dont il exposait ses idées. Il lui est arrivé
en de certains moments de composer, dans l'espace
d'une nuit, un morceau de musique ou une pièce
théâtrale qui renfermaient des traits remarquables
et quelques beautés de premier ordre. Mais pour
moi qui connaissais le malade, je n'étais jamais
trompé sur le pronostic que m'inspirait cette situation. Je savais qu'après trois ou quatre jours d'excitation ce jeune aliéné tomberait dans une morne
stupeur et dans un hébétement qui lui enlèveraient
jusqu'à l'instinct de ses besoins les plus naturels. »

Trelat [1], dans son intéressante étude sur la folie
lucide, présente une collection de faits non moins
édifiants, en plaçant certains aliénés dans le monde
des salons « où ils aiment à briller, où ils sont charmants, où, semblables à des gens sensés, ils se distinguent quelquefois par les formes les plus sédui-
santes ».

Parant [2], dans un ouvrage plus récent encore,
montre avec prudence qu'il faut juger de la folie
d'un homme « non par ce qui lui reste de raison,
mais par ce qui lui en manque ». Et l'auteur
ajoute : « Il est assez fréquent de voir que la maladie exalte les facultés intellectuelles et leur communique plus de force et de vivacité. Cette exaltation est même, en quelque sorte, la règle dans
certains états d'aliénation mentale dont elle constitue l'un des signes prédominants. Dans quelques
cas, elle en marque le début ; dans d'autres, elle

---

[1] TRELAT, *la Folie lucide*.
[2] PARANT, *la Raison dans la folie*.

se produit seulement alors que la maladie est déjà confirmée. Il en est ainsi dans la manie aiguë simple, dans la période maniaque de la folie à double forme, et quelquefois aussi au début de la paralysie générale. Les malades comprennent eux-mêmes que leurs idées sont plus vives, plus nettes, plus abondantes. Leur imagination a plus de force; les souvenirs leur reviennent avec une extrême facilité. Il y a une véritable extension de toutes leurs facultés mentales. »

Ainsi les documents ne sont pas rares qui révèlent dans l'histoire de l'aliénation cette surexcitation des facultés au cours des états de folie. Il est intéressant de faire observer que la même remarque fut faite non seulement par les hommes de science, mais par les littérateurs et les écrivains.

Il semble, dit Ch. Nodier [1], que « les rayons si divergents et si éparpillés de l'intelligence malade se resserrent tout à coup en faisceau, comme ceux du soleil sur une lentille, et prêtent alors aux discours du pauvre aliéné tant d'éclat qu'il est permis de douter s'il a jamais été plus savant, plus clair et plus persuasif dans l'entière jouissance de sa raison. »

Théophile Gautier [2], à l'occasion d'une visite qu'il avait faite à l'hospice des aliénés de San-Servolo à Venise, écrivait aussi : « La folie, qui creuse de si énormes lacunes, ne suspend pas toujours toutes les facultés. Des fous ont fait des vers et des peintures, où le souvenir de certaines lois de l'art

---

[1] Ch. Nodier, *les Bas-bleus*, 1846, p. 217.
[2] Théophile Gautier, *Voyage en Italie* (Paris, Charpentier, 1880).

avait survécu au naufrage de la raison. La quantité est souvent fort bien observée dans des poésies d'une démence complète. Dominico Théotocopuli, le peintre grec qu'on admire dans les églises et les musées d'Espagne, a fait des chefs-d'œuvre fou. Nous avons vu en Angleterre des combats de lions et d'étalons en fureur, exécutés par un aliéné sur une planche qu'il brûlait avec une pointe de fer rougie au feu, et qui avaient l'air d'une esquisse de Géricault frottée au bitume. »

Quoi qu'il en soit, il est bien certain que si les aliénés fournissent quelques productions, ces dernières sont surtout des productions d'ordre imaginatif. Il est à peine besoin d'en exposer les raisons. La faillite des facultés de contrôle et d'inhibition, sous quelque forme et à quelque degré qu'on puisse la réaliser, est un obstacle formel aux actes psychiques dont l'opération se traduit en jugements. Elle peut être au contraire tolérante et même favorable aux travaux d'imagination, dans lesquels une part importante revient à l'automatisme. C'est dire qu'à peu de choses près, tout ce qu'on a pu relever d'intéressant dans l'œuvre des aliénés appartient au domaine de l'art.

Parmi les arts préférés des psychopathes, la poésie, semble-t-il, tient la première place. Faut-il voir dans cette prédominance des productions poétiques une tendance vraiment accusée ? Ou bien n'est-il pas plus simple d'en chercher la raison dans les conditions de commodité ou d'incommodité qui président à l'éclosion de telle ou telle manifestation d'art dans un lieu clos où les ressources sont limitées? Il est certain que l'appareil du poète peut trouver place ici comme ailleurs ; il se réduit à trop peu de chose pour qu'on puisse en douter. Il n'en est pas de même de l'outillage du peintre et du musicien : les instruments de musique, non plus que la palette et le pinceau, ne peuvent s'improviser. D'ailleurs, l'abondance des productions littéraires tant en vers qu'en prose a son explication suffisante dans la nature même de ces productions, qui tiennent lieu de véhicule par rapport aux préoccupations délirantes des malades. Il est certain qu'à la faveur du verbe, la poésie par exemple offre à cet égard une facilité, une richesse et une précision que ne peut avoir le dessin et moins encore la musique.

C'est surtout à ce dernier point de vue que les cliniciens ont envisagé la question qui nous intéresse. La valeur des écrits dans le diagnostic de l'aliénation mentale a été mise en évidence par divers auteurs, en particulier par Marcé[1], par Régis[2], et plus récemment par Roques de Fursac[3]. Dans la grande majorité des cas, les productions littéraires des aliénés confirment ou révèlent à elles seules l'existence de la folie. Bien souvent même les écrits trahissent avec fidélité l'état d'esprit des malades, alors que la conversation n'a pu dévoiler que d'une manière incomplète leur trouble mental. Ils peuvent acquérir une grande importance, quand des aliénés

[1] MARCÉ, *De la valeur des écrits des aliénés (Journal de médecine mentale,* 1864).

[2] RÉGIS, *les Aliénés peints par eux-mêmes (l'Encéphale,* 1882).

[3] ROQUES DE FURSAC, *les Dessins et les écrits dans les maladies mentales et nerveuses* (Paris, Masson, 1904).

méfiants se tiennent en garde contre les questions qu'on leur pose, et cèdent au contraire à un besoin d'expansion irréfléchie, en prenant la plume, ou quand des malades vivant des mois et des années dans un mutisme absolu se laissent aller de temps en temps à confier au papier des conceptions délirantes qui étonnent par leur multiplicité et la complexité de leurs combinaisons. Inversement, un écrit raisonnable n'est pas toujours une preuve de lucidité parfaite. C'est une manifestation isolée qui pourrait induire en erreur, si le médecin n'était informé de la conservation de certaines facultés au cours des états de folie.

S'il y a au monde un livre curieux à faire, disait Nodier, c'est la bibliographie des fous ; et, s'il y a encore une bibliothèque piquante, curieuse et instructive à composer, c'est celle de leurs ouvrages. En vérité, les études de ce genre ont tenté quelques écrivains depuis Octave Delpierre[1]. En France, les thèses de Sentoux[2], de Lauzit[3], de Garnier[4], fournissent de nouveaux exemples empruntés indistinctement à tous les genres traités par les aliénés. Un article de Régis[5] et une thèse inaugurale de son élève Vigen[6] s'attachent plus particulièrement à l'étude de leurs productions poétiques. Des docu-

---

[1] OCTAVE DELPIERRE, *Histoire littéraire des fous*, 1866.

[2] H. SENTOUX, *De la surexcitation des facultés intellectuelles dans la folie* (Delahaye, 1867).

[3] C. LAUZIT, *Écrits des aliénés* (thèse Paris, 87, 88).

[4] E. GARNIER. *Écrits des aliénés* (thèse Paris, 94, 95).

[5] RÉGIS, *Poésie et folie* (*Revue philomathique de Bordeaux et du Sud-Ouest*, 9e année, n° 2, 1er février 1906).

[6] VIGEN, *le Talent poétique chez les dégénérés* (thèse Bordeaux, 1904).

ments intéressants concernant ces mêmes productions dans une catégorie spéciale de dégénérés sont renfermés dans les *Souvenirs de la grande et de la petite Roquette* de l'abbé Moreau, et dans les *Palimpsestes des prisons* de Lombroso.

En groupant les plus heureux spécimens relevés par tous ces auteurs, on peut constater que les élucubrations poétiques des aliénés ne sont pas toutes — il est à peine besoin de le dire — des œuvres de génie. La majorité ne se distinguent vraiment que par la platitude ou l'incohérence. Il ne faudrait donc pas exalter outre mesure le talent et la verve de nos insensés. L'hommage de leurs poésies doit être accepté comme *curiosité*, mais non point comme *œuvre*. Nous développerons tout à l'heure cette appréciation d'ordre général; mais il nous paraît utile de la formuler d'abord, pour éviter au lecteur une méprise suivie d'une désillusion. En réunissant les éléments dont nous disposions nous-mêmes et en faisant appel aux archives et aux collections d'obligeants confrères, nous n'avons trouvé qu'un nombre restreint de pièces capables d'être fixées. Pour peu qu'on néglige l'obscène et qu'on retranche les absurdités, la littérature poétique des fous se ramène à peu de choses, quoi qu'on en puisse dire. Pour la présenter, nous l'avons épurée, sauf à la réduire; et c'est le mieux qu'on puisse faire.

I. LES PALIMPSESTES DE L'ASILE

Les asiles d'aliénés sont des lieux de repos et de traitement; mais l'activité, sous la forme du travail et de la distraction, n'en est pas bannie. Il est des établissements qui possèdent leur *Journal,* créé et rédigé par les pensionnaires. Des tentatives de ce genre ont été faites en Angleterre à plusieurs reprises. Des journaux littéraires, *The New Moon, The York Star, The Opal,* rédigés et imprimés par les malades eux-mêmes, ont pris naissance dans les murs de plusieurs asiles. Marcé[1] nous assure qu'on peut y trouver en particulier « des morceaux poétiques dont quelques-uns sont pleins de charmes par l'originalité du rythme, par leurs accents passionnés, par le fini de leurs descriptions... ». Lombroso rapporte également que des journaux spéciaux sont publiés depuis longtemps par les meilleurs hospices d'aliénés, en Italie. Le plus ancien est le *Diario dell' Ospizio di Pesaro,* fondé par lui-même en 1872. La *Gazetta del Frenocomio di Reggio,* la *Cronaca del manicomio di Siena,* la *Cronaca del Reggio manicomio di Alexandria* ont suivi. Les hospices de Palerme, de Pérouse, d'Ancône, de Naples, de Ferrare et de Pavie, ont également leur organe. Plus loin de nous, le grand asile de Buenos-Aires possède encore *l'Ecos de las Mercedes,* revue espagnole qui porte cette mention significative : *Redacción é impresión á cargo de los enfermos del mismo establicimiento.*

[1] MARCÉ, *loc. cit.*

L'exemple des asiles étrangers fut imité naguère à Charenton, où les pensionnaires eurent l'idée de fonder et de rédiger eux-mêmes un journal, *le Glaneur de Madapolis*. La genèse de ce journal est longuement indiquée dans les ouvrages de Regnard[1] et de Sentoux [2]. Lombroso en rappelle les principaux traits de la façon suivante. Un monsieur Z..., atteint de folie de la persécution, s'était livré pendant plusieurs mois à des actes de violence. Puis l'agitation vint à s'apaiser. Le malade passa ses journées à lire et à composer. En même temps que lui, et dans sa section, se trouvait un officier qui, pour se distraire, peignait l'aquarelle. Un jour ce militaire reproduisit assez heureusement, paraît-il, la porte de l'asile. Monsieur Z... vit le dessin, et, frappé d'une idée subite, il donna le titre: *Route de Madapolis*. Puis il commenta : « La route de Madapolis n'est point une chaussée avec son empierrement, ses fossés et ses accotements; c'est une route sphérique, grande comme la terre, épaisse comme la hauteur de la plus grande des pyramides d'Égypte... C'est en naissant qu'on entre sur la route de Madapolis, c'est en mourant qu'on en sort... Chose bizarre, c'est peut-être en dormant qu'on y chemine le plus vite, et c'est souvent quand on s'en doute le moins qu'on franchit les portes de cette ville célèbre... C'est une grave erreur que celle qui court le monde, d'après laquelle Madapolis serait habitée par des hommes tombés de la lune. C'est bien plus en dehors de Madapolis que dans ses murs

[1] REGNARD, *loc. cit.*
[2] SENTOUX, *loc. cit.*

qu'on pourrait trouver des lunatiques. La route de Madapolis en fourmille. Pauvres gens! Ils viennent tous vers nous! » Alors, passant à l'officier son papier, monsieur Z... lui dit : « Il me faudrait tout un journal pour exprimer ma pensée. — Eh bien, lui répondit l'autre, faites un journal, je me charge de l'illustrer. » L'affaire fut convenue, et chacun se mit à son ouvrage. Monsieur Z..., rédacteur en chef, travaillait avec enthousiasme, allant jusqu'à composer par jour plusieurs pièces de vers, demandant des articles, examinant, corrigeant, coupant, se portant auteur et critique à la fois. Chose plaisante, les éloges le rendaient furieux. Le jour d'inauguration, une surveillante lui demande poliment de lui prêter le *Glaneur*, et joint à sa demande un petit compliment. Il refuse net, l'accable d'injures et ne parle rien moins que de la rouer de coups. Mais, pris d'un remords soudain, il lui adressa finalement le journal avec cet envoi :

> *Vous avez désiré, madame,*
> *Lire notre premier* Glaneur,
> *Et pour nous tout désir de femme*
> *Est un bonheur.*

> *Aussi dimanche, à la soirée,*
> *J'enrageais de vous refuser*
> *Notre prose trop admirée*
> *Pour m'excuser.*

> *Hier donc, j'ai fait l'écriture*
> *Que je vous offre en ce moment;*
> *Et je l'ai faite, sans rature,*
> *En peu de temps.*

Puisse ma copie illisible
Atteindre cependant le but
De celui qui fut irascible
   Dès le début!

Car ce but est d'être agréable
A qui sait charmer nos loisirs,
A qui pour chacun est aimable
   En ses plaisirs;

Et si le Glaneur *qu'on accuse*
D'avoir plus d'esprit qu'il n'en a
Vous fait rire, ma pauvre Muse
   Aussi rira.

Le *Glaneur* n'a pas survécu. Mais il est facile de glaner sans lui.

Nous avous fait le dépouillement des pièces poétiques émanant de différents asiles et fournies par des aliénés. Nous devons reconnaître qu'il faut en lire plus de cinquante pour en fixer une qui ne soit ni tout à fait banale ni complètement incohérente, et ceci n'étonnera personne. L'inspiration est généralement faible et, suivant l'aveu d'un des inspirés,

C'est le travail des fous d'épuiser leurs cervelles
En des riens fatigants, en quelques bagatelles.

Les genres les plus opposés peuvent se rencontrer; mais certains thèmes semblent solliciter d'une façon plus particulière la Muse de nos malades. Les épîtres au médecin représentent pour leur part un quart de la statistique. Généralement on exalte ses qualités, son zèle, son esprit de justice, à ce point qu'à lire tant d'éloges chacun pensera que les fous qui ont une douce folie sont de bien aimables et charmantes personnes. Un malade de Sainte-Anne écrit à Magnan :

> *L'estime et la reconnaissance*
> *Sont la seule monnaie du cœur*
> *Dont votre pauvre serviteur*
> *Dispose, pour la récompense*
> *Qu'il doit à vos soins pleins d'honneur.*
> *Recevez donc cet humble hommage,*
> *Docteur admiré, vénéré,*
> *Et j'ajouterais bien-aimé,*
> *Si vous vouliez tenir pour gage*
> *Qu'en cela, du moins, j'ai payé[1].*

Un fou de Ville-Évrard adresse à Sérieux cet hommage de vive sympathie :

Oui, je forme en ce jour bien des souhaits pour vous,
Car vous êtes bien bon envers chacun de nous.
Le pauvre malheureux souvent se désespère;
N'êtes-vous pas la voix qui vient lui dire... Espère!
Acceptez donc ces vœux que je viens vous offrir,
Moi, pauvre infortuné fatigué de souffrir.
Les souhaits sont les fleurs de la reconnaissance;
En les cueillant pour vous, malgré mon impuissance,
Une voix en mon cœur semble dire bien bas :
Va! tu peux les offrir, ces fleurs ne meurent pas[2].

---

[1] Cité par Régis.
[2] Communiqué par Sérieux.

L'asile lui-même et les événements qui s'y déroulent forment un sujet d'élection qui se présente sous les formes les plus variées. Ce sont surtout les représentations et les fêtes qui font surgir comme par enchantement la Muse ignorée ou abandonnée. Un malade soigné par Sentoux disait avec quelque esprit :

> *Le monde en théâtres abonde*
> *Où chacun prône ses acteurs,*
> *Et la comédie, au grand monde,*
> *Ne manque pas de spectateurs.*
> *C'est pourquoi Charenton, pour imiter la ville,*
> *S'est dit qu'il lui fallait un théâtre monté.*
> *Sitôt dit, sitôt fait, le théâtre en famille*
> *Fut bâti, machiné, démonté, remonté[1].*

Un malade de Régis célèbre la fête nationale. Il chante en décasyllabes :

> *Fête du peuple, ô jour si mémorable,*
> *Folles et fous retrouvent la raison.*
> *Par un effort dont l'amour est capable,*
> *Faisons ici la fête en la maison.*
> *Que le soleil, dans un baiser de flamme,*
> *Vienne embraser nos arbres tout en fleurs!*
> *C'est la nature, unissant dans notre âme*
> *L'amour, la foi, dans l'asile des pleurs.*

Et le Chœur reprend :

> *C'est aujourd'hui fête de la Patrie :*
> *Que jusqu'à nous s'étende son succès,*

---

[1] Cité par SENTOUX.

> *Que d'une voix tout Sainte-Anne s'écrie :*
> *Gloire aux Français (bis)[1] !*

Mais la note est souvent plus sombre. Quand l'*Ecos de las Mercedes* publia ses premiers poèmes, un malade lui dédia ce sonnet, pour le jour d'inauguration :

J'ai vu de la Merced l'antique monastère,
Peuplé de revenants évoqués tour à tour,
De moines à genoux sous le cilice austère
Pour demander à Dieu le pain de chaque jour.

Dans le lugubre asile, en pleurant, sur la terre,
Au mépris de la mort, sans haine et sans amour
J'écoutais leur couplet; le souffle délétère
Du crime et de l'erreur rugissait aientour.

Salut, jeune journal! au jour de ta naissance,
Des siècles écoulés fouille la souvenance,
Et de tout le passé sois le fidèle écho.

Pèse de l'avenir le sang et la souffrance
Préparés à longs flots, ici, dans le silence,
Avant de t'envoler, pauvre feuille, au tombeau[2].

Un fou de Bicêtre a chanté le séjour de l'asile en termes non moins maussades :

> *Ah! le poète de Florence*
> *N'avait pas, dans son chant sacré,*
> *Rêvé l'abîme de souffrance*
> *De tes murs, Bicêtre exécré[3] !*

---

[1] Cité par VIGEN.
Collection de l'asile de Buenos-Aires.
[3] Cité par MOREAU DE TOURS.

Comme bien l'on pense, les aliénés ne manquent pas de confier à leurs vers l'ennui qui se dégage d'une vie privée de liberté. Quelques-uns l'expriment en termes plaisants et sans trop de récriminations. Un malade de Régis dit en badinant :

> *Ils affirment que je suis fou !*
> *J'avais un rat dans la cervelle,*
> *Mais il est rentré dans son trou*
> *Sans avoir besoin d'une échelle.*
>
> *Saint Baudelaire, mon patron,*
> *Tu sais que j'ai dans un clystère*
> *De lin, de mauve et d'amidon,*
> *Absorbé l'âme de Molière.*
>
> *Si tu n'es pas un animal,*
> *Tire-moi de cette boutique,*
> *Et je te fais grand amiral*
> *De ma flotte de l'Atlantique*[1].

D'autres réclament leur liberté en termes plus dignes, tel ce pensionnaire qui écrit à une dame :

> *Quand l'heure du départ pour nous sera venue,*
> *Je bénirai le Ciel qui vous aura rendue*
> *Aux lieux qui vous sont chers. Les regrets d'un*
> *   [époux*
> *Et d'un fils bien-aimé vous rappellent chez vous.*
> *Mais je serai chagrin, et c'est d'un œil humide*
> *Que je constaterai que votre place est vide*
> *A la table où le soir nous prenons nos repas ;*
> *Content de vous y voir, je ne vous quittais pas.*

---

[1] Cité par VIGEN.

Quant à moi, par le sort traité comme le Tasse,
Des êtres incompris je subis la disgrâce,
Et je n'ai d'autre chant qu'un long cri de douleur.
Mais où vais-je du Tasse invoquer la mémoire?
N'ayant point son génie, ai-je part à sa gloire?
A peine ai-je avec lui de commun le malheur[1].

Un aliéné de l'asile de Toulouse adresse au médecin de l'établissement cette épître :

Un docteur éminent sollicite ma muse.
Certes l'honneur est grand, mais le docteur s'amuse;
Car, dans ce noir séjour, le poète attristé
Par le souffle divin n'est guère visité...
Faire des vers ici, quelle rude besogne!
On pourra m'objecter que jadis, en Gascogne,
Les rayons éclatants d'un soleil du Midi
Réveillaient quelquefois mon esprit engourdi;
Il est vrai : dans Bordeaux, cité fière et polie,
J'ai fêté le bon vin, j'ai chanté la folie,
Celle bien entendu qui porte des grelots.
Mais depuis, un destin fatal à mon repos
M'exile loin des bords de la belle Gironde,
Qu'enrichissent les vins les plus fameux du monde.
Aussi plus de chansons, de madrigaux coquets!
Plus de sonnets savants, de bachiques couplets!
Ma muse tout en pleurs a replié ses ailes,
Comme un ange banni des sphères éternelles!
Dans sa cage enfermé l'oiseau n'a plus de voix...
Hélas! je ne suis point le rossignol des bois,

---

[1] Cité par SENTOUX.

Pas même le pinson, pas même la fauvette;
Vous me flattez, docteur, en m'appelant poète...
Je ne suis qu'un méchant rimeur, et je ne sais
Si ces alexandrins auront un grand succès...
Cependant mon désir est de vous satisfaire.
Votre estime m'honore, et je voudrais vous plaire;
Mais Pégase est rétif quand il est enchaîné;
D'un captif en naissant le vers meurt condamné.
Si vous voulez, docteur, que ma muse renaisse,
Je ne vous dirai pas : Rendez-moi ma jeunesse.
Non; mais puisque vos soins m'ont rendu la santé,
Ne pourriez-vous me rendre aussi la liberté?
Des vers! Pour que le Ciel au poète en envoie,
Que faut-il? le grand air, le soleil et la joie!
Accordez-moi ces biens : mon luth reconnaissant,
Pour vous remercier comme un Dieu bienfaisant,
Peut-être trouvera, de mon cœur interprète,
Des chants dignes de vous et dignes d'un poète [1]!

Plus encore que les autres hommes, les fous parlent volontiers d'eux-mêmes. En fait, on a constaté mainte fois la tendance qu'ont certains de ces infortunés à choisir pour thème celui de la folie. Un malade cité par Régis semble hanté douloureusement par le mystère de l'aliénation :

. . . .

Soudain dans ce ciel pur passe un sombre nuage,
Un éclair menaçant jaillit à l'horizon.
C'en est fait. Le malheur pousse son cri sauvage :
Cet être a sa vigueur, mais n'a plus sa raison.

---

[1] Cité par PARANT.

Un choc a terrassé sa frêle intelligence :
Un amour malheureux, un chagrin maternel,
Un désir effréné de jalouse vengeance,
Une frayeur subite, un accident cruel,

Un fétu, quelquefois, a dans ses yeux limpides
Mis un regard stupide, hésitant, angoissé ;
Dans ce pauvre cerveau se sont faits de grands
⌊vides.
Il ne reste plus rien de ce brillant passé[1]...

On pourrait, sans grand intérêt, multiplier l'énumération des sujets traités par les aliénés poètes. Il est plus intéressant de grouper ces derniers suivant leur état morbide et de constater l'influence du mal sur la production. C'est cette question que nous devons aborder maintenant.

II. LA POÉSIE DES DÉGÉNÉRÉS

Suivant la juste définition de Morel[2], l'idée la plus claire que nous puissions nous former de la *dégénérescence* de l'espèce humaine est de nous la figurer comme « une déviation d'un type primitif ». La dégénérescence ne se présente pas comme un épisode, comme une affection qui vient se greffer sur l'état de santé. Au point de vue individuel, elle est une constitution, non un accident, une infirmité, non une maladie. Au point de vue général, elle est définie par ses éléments de transmissibilité.

---

[1] Cité par Régis.
[2] Morel, *Dégénérescence de l'espèce humaine* (Paris, 1857).

Celui qui en porte le germe est de plus en plus incapable de remplir sa fonction dans l'humanité, et le progrès intellectuel déjà enrayé dans sa personne se trouve encore menacé dans celle de ses descendants.

Quoi qu'il en soit, la dégénérescence se traduit par un ensemble de signes physiques qu'on nomme des « stigmates ». Mais il s'y joint des signes psychiques non moins évidents, et, en l'absence même des premiers, les seconds suffisent comme indices. Point n'est toujours besoin d'observer l'oreille ou de mesurer le crâne pour rattacher un individu à la classe des dégénérés.

Certains auteurs n'appliquent cette dénomination de « dégénérés » qu'aux sujets d'une infériorité intellectuelle et morale manifeste. Pour eux, les idiots, les imbéciles et les débiles doivent seuls être rangés dans cette catégorie, qui n'embrasserait ainsi que les formes les plus complètes de la déchéance constitutionnelle de l'esprit. Mais la plupart des psychiatres donnent à ce terme un sens plus étendu et font entrer dans la classe des dégénérés tout individu originellement organisé d'une manière vicieuse, c'est-à-dire s'écartant physiquement ou intellectuellement du type normal de l'humanité.

Pour nous conformer aux règles nosographiques adoptées en France, nous dirons donc qu'il y a deux catégories de dégénérés : les uns sont des esprits simples, incapables de s'élever au-dessus de la routine et de la vie purement animale ; les autres sont des esprits tronqués, dans lesquels certaines facultés demeurent atrophiées, tandis que tel don s'exalte avec une intensité quelquefois remarquable. Les premiers restent toujours, même aux époques de grande surexcitation, des débiles, des idiots ou des imbéciles; les seconds, au contraire, peuvent atteindre aux cimes les plus élevées du génie partiel. Le titre de « dégénérés supérieurs », qu'on leur confère généralement, est criticable par certains points. Nous prendrons le mot tel qu'il est, pour ce qu'il désigne et non pour ce qu'il vaut.

A. LES DÉGÉNÉRÉS SUPÉRIEURS

Les *dégénérés supérieurs* ont pour caractère fondamental le déséquilibre de l'esprit.

L'inégalité qu'on observe si fréquemment dans leur développement physique est encore le trait dominant de leur constitution morale. Ils sont asymétriques dans leurs facultés, comme ils le sont parfois dans leur crâne ou dans leur visage. Exagérés par certains côtés, atrophiés par d'autres, les individus de ce genre ont excité de tous temps un vif étonnement par la réunion des qualités et des défauts qui se contredisent le plus, par la luxuriante richesse de certaines facultés jointe à l'indigence et à l'infériorité de certaines autres, enfin par un incroyable alliage de bon et de mauvais, de vérité et d'erreur. On peut relever chez eux des aptitudes remarquables aux arts et aux lettres en particulier. Mais, à côté de facultés éminentes, d'autres demeurent embryonnaires; il y a des lacunes dans leur esprit. Ici, c'est une inaptitude absolue au calcul chez un musicien ; là, c'est le développement extraordinaire de la mémoire avec absence de jugement ; ailleurs encore, les facultés intellectuelles sont brillantes, mais le sens moral fait défaut. La littérature médicale fourmille de ces curieuses anomalies, démontrant le caractère inégal et irrégulier du déficit psychique et partant la conservation et même le développement hypertrophique de certaines sphères d'activité au milieu de l'oblitération presque complète de toutes les autres.

La dégénérescence mentale n'implique donc pas forcément un défaut d'intelligence, et ceux que l'on a coutume de ranger dans la classe des *dégénérés supérieurs* sont au contraire susceptibles d'atteindre un développement intellectuel remarquable dans certains cas. Mais le dégénéré, s'il possède quelque qualité spéciale, ne la possède qu'aux dépens des autres qui sont complètement ou partiellement étiolées. Au contraire, l'homme sain peut montrer une prédominance de certaines facultés sans que les autres demeurent en deçà de la moyenne mesure. On peut lui enlever cette faculté particulière par laquelle il est un génie : il lui restera toujours l'intelligence et la moralité du commun des hommes.

Chez les sujets qui nous intéressent, les facultés en défaut ne sont pour ainsi dire jamais les facultés imaginatives ; ce sont le plus souvent les facultés directrices : le jugement, le raisonnement, le bon sens, l'esprit de suite. Ce déficit n'exclut pas l'existence de dispositions marquées pour tout ce qui touche aux productions d'art.

La fréquence des goûts artistiques chez les dégé-

nérés supérieurs a été constatée par bien des
psychiatres. Morel dit que les dégénérés sont
souvent caractérisés « par leur facilité à écrire, à
parler et à cultiver les beaux-arts ». Lombroso les
désigne sous le nom de « mattoïdes », parce qu'ils
ont, dit-il, « la livrée de l'homme de génie avec le
fond de l'homme vulgaire ; » il leur applique souvent
une autre épithète, celle de « graphomanes », parce
qu'il voit en eux des demi-fous, dont l'une des tendances les plus manifestes est un « besoin d'écrire ».
Ainsi, lorsqu'un dégénéré présente des aptitudes
plus ou moins brillantes, c'est principalement vers
l'art et la littérature qu'il oriente ses occupations.

Le sentiment poétique, en particulier, est loin de
faire toujours défaut chez les déséquilibrés de l'esprit. Il atteint même, chez nombre d'entre eux, un
développement tout à fait remarquable. On peut en
découvrir la raison en étudiant leur psychologie, et
en la comparant aux conditions mêmes de la composition poétique telle que nous les avons établies
précédemment.

Chez le dégénéré, il arrive très souvent que la
sphère affective accapare toute l'activité au détriment de l'intelligence et de la volonté. Nous voulons dire par là que les impressions communiquées
par le monde extérieur à de pareils sujets produisent
un ébranlement violent de leur sensibilité, et que
l'intensité même de cet ébranlement les recherche
volontiers, comme s'ils avaient une prédilection
pour tout ce qui est émotion forte et sensation de
luxe. Mais ces émotions qu'ils éprouvent, ces sensations qu'ils se donnent à plaisir, ils manquent

de raison pour les pondérer, ils manquent de jugement pour en prévoir la portée, ils manquent
de caractère pour résister à leur attraction ou se
garder de leurs effets. Quand nous disons du dégénéré qu'il ressent violemment les impressions du
monde extérieur, nous n'affirmons nullement
l'exquise délicatesse de ses sentiments moraux. Il
est souvent d'une cruauté révoltante ou d'une
indifférence remarquable à l'égard d'autrui. Mais il
est grand amateur d'exaltation et d'énervement.
Son imagination maladive poursuit avec âpreté et
dans un but égoïste des situations ou des aventures
qui puissent procurer à ses sens toujours altérés un
breuvage d'émotions nouvelles. Sans cesse inassouvi,
il cherche éternellement dans un lendemain plus
extravagant l'au delà de ce qu'il éprouvait la veille,
et, dans sa course effrénée vers un monde d'illusions fantasques, il poursuit une chimère qui meurt
à son approche, comme s'évanouit l'image du
spectre imprenable sous la main qui veut s'en saisir. Quoi qu'il en soit, nous savons que la poésie est
tout émotion et que le fond même du tempérament
poétique est une extrême sensibilité. Or l'émotivité
excessive est une des marques les plus fréquentes
du dégénéré. Et par émotivité excessive, il faut
entendre une disproportion entre les sources d'excitation et l'émotion qu'elles produisent. En vertu
d'une débilité toute physiologique du système nerveux, le dégénéré est impressionnable au plus haut
degré, tel le vieillard ou le convalescent ; instrument
qui vibre au moindre contact, il s'émeut d'un rien.
De pareils sujets sentent fortement et vigoureuse-

ment. C'est d'eux dont on peut dire fréquemment qu' « ils accueillent tous les frissons du dehors »; et il est encore plus juste d'ajouter : « ces frissons les remuent et passent. » Toutes les émotions, en effet, ont un droit sur ces âmes réceptives; mais elles durent peu et s'en vont comme elles sont venues. L'acuité outrée de tout ce qu'éprouve le dégénéré semble révéler pour lui une compréhension spéciale de beautés cachées auxquelles le vulgaire est indifférent. Aussi bien, en vertu d'une comparaison fâcheuse, se donne-t-il une vraie supériorité par rapport au simple mortel, qu'il croit l'âme émoussée ou les sens fermés. Éprouvant pour sa part des sensations étranges ou exagérées, il estime que sa rare hyperesthésie le place au-dessus du commun des hommes.

Il faut ajouter que l'imagination, qui complète chez le poète le don de sensibilité, domine couramment toutes les facultés chez le dégénéré supérieur. Elle règne chez lui en souveraine maîtresse; elle est vraiment « la folle du logis », car il la laisse errer à l'aventure, sans guide et sans frein. De tels sujets voient souvent mieux que les autres hommes, mais ils voient surtout d'une façon différente. L'abondance et la nouveauté de leurs associations font qu'ils trouvent quelquefois des rapprochements fort inattendus. Ils sont capables des conceptions les plus hautes, mais les plus étranges, et ils revêtent de la sorte un caractère d'originalité toujours très intense, parfois même excessif. En fait, il est bien certain que la raison doit enlever à l'homme une source d'inspirations en le privant de ses illusions et en empêchant ses facultés imaginatives de s'exercer librement et à l'aventure. La disparition des qualités de retenue et de pondération favorise donc ici l'élan de la passion aussi bien que l'essor de la fantaisie.

S'il est vrai que l'inspiration naît à la faveur de la sensibilité d'une part et de l'imagination d'autre part, elle n'est pas déplacée chez les dégénérés supérieurs, dont la réceptivité sensitive est extrême et dont les idées s'associent avec une richesse et une exubérance toute particulière. Mais ce n'est pas tout. Les dégénérés ne sont pas seulement doués, comme le poète, d'une grande réceptivité doublée de facultés imaginatives; ils se servent de ces facultés suivant un mode rappelant très exactement l'état de rêverie que nous avons vu présider à l'éclosion de l'œuvre poétique. La rêverie est une attitude mentale particulièrement chère aux dégénérés, car elle dispense de la volonté d'agir. Mais elle est, en outre, le fond même de leur vie psychique, car elle s'oppose à une faculté dont ils sont dépourvus très ordinairement : celle de l'attention. Le dégénéré ne peut diriger d'une façon soutenue son observation ou sa réflexion sur un point donné; il est incapable d'élaborer nettement les données du monde extérieur, pour en tirer des jugements précis. Sa pensée s'éparpille; sa conscience flotte au gré d'images nébuleuses, instables, fuyantes, sans savoir inhiber les associations capricieuses de l'automatisme. Incapable de règle et de discipline dans la direction de son activité mentale, le dégénéré s'abandonne aux aperceptions nuageuses, et son imagination vagabonde est exclusive de tout effort concéntré pour prendre possession de la réalité à la faveur de l'expérience ou du raisonnement. On peut ajouter que s'abstraire de la vie terrestre est le propre de tous ces sujets. Comme le poète, le dégénéré est par caractère négligent de la réalité. Il vit volontiers de fiction et se plonge dans des songes bizarres ou désordonnés plutôt qu'il n'applique son activité aux phénomènes palpables de la vie pratique. Ces dispositions d'esprit rendent plus légitime la verve prépondérante des dégénérés supérieurs.

Leur poésie présente d'ailleurs quelques traits spéciaux qu'il faut indiquer.

*
* *

Les dégénérés ont fréquemment des tendances *mystiques*. Aussi réussissent-ils particulièrement dans les productions poétiques visant à traduire des impressions vagues. Leurs ressources de rêveurs émotifs sont suffisantes pour de tels sujets. Mais s'il s'agit de traduire une conception déterminée ou d'exprimer un sentiment net, leur poétique devient impuissante. La conscience de l'homme sain est « une pièce vivement éclairée », où l'œil voit distinctement, où tous les contours sont nets, où l'on ne peut découvrir nulle part l'apparence d'ombres indécises. Au contraire, le dégénéré voit toute chose « dans le jour gris de la première aube », si bien que les contours se prolongent pour lui dans « un possible mal arrêté ». On peut en effet rattacher ses tendances mystiques à un état « crépusculaire » de la pensée qui est incapable de se formuler d'une manière précise, et reste toujours diffuse et comme nébuleuse. Il perçoit d'ailleurs fréquemment des rapports inconnus et inexplicables; il dit ses pressentiments, ses craintes, ses doutes, ses angoisses :

> *Quel est ce spectre? Le passé.*
> *Ce souffle? Le présent. Chimère!*
> *Et ce néant? L'avenir. C'est*
> *Donc là vivre, hélas! O mystère*[1]*!*

Les dégénérés sont presque toujours atteints d'une hypertrophie du « moi », d'une exacerbation singulière de leur personnalité, d'un *égotisme* morbide en vertu duquel ils ne voient rien en dehors d'eux-mêmes. Tout ce qui s'en écarte ne les émeut pas et semble leur apparaître sous une forme pâle et décolorée. Aussi bien sont-ils impuissants à prendre vis-à-vis du monde extérieur juste position. Ce qui les caractérise avant tout, c'est leur incapacité de s'adapter aux conditions habituelles de vie. Antisocial sinon en actions, du moins en pensées, le dégénéré égotiste affiche couramment sa mauvaise humeur, son mécontentement haineux. La nature, les hommes, les institutions, tout alimente sa révolte et son pessimisme. N'ayant cure des opinions reçues et des mœurs admises, il s'exclut dans ses vues purement subjectives, confondant l'erreur et la vérité, substituant au beau la laideur et cultivant le mal à l'égal du bien. Toujours en quête de

---

[1] Collection de la maison nationale de Charenton.

sensations neuves, les dégénérés sont parfois doués
de facultés brillantes pour les découvrir; ils sont
souvent ingénieux et parfois artistes. Seulement leur
art est inégal, leurs productions se ressentent singulièrement de leur déséquilibre, leurs œuvres
reflètent ce défaut de mesure qui est le fond de
leur psychologie. A côté d'une sensibilité maladive,
ils ont un goût déplorable, une tendance désastreuse à l'extravagance, un incroyable désir d'originalité, un besoin particulier de se singulariser en
tout et pour tout. Ces émotions dont ils sont avides,
ils veulent les prendre hors de l'habituel et hors du
normal. L'étrange et l'artificiel ont tous leurs suffrages :

> Je te chanterai des chansons si douces,
> Que ton cœur de pierre en sera touché.
> Si bien qu'il faudra, si tu me repousses,
> Qu'il soit, ton cœur sec, plus dur qu'un rocher.
> Je te chanterai des chansons si douces !
>
> Je te donnerai, s'il le faut, ma vie;
> Mais pendant une heure, au moins je t'aurai.
> Ce moment passé, s'il m'en prend envie,
> C'est sans nul regret que je te tuerai.
> Je te donnerai, s'il le faut, ma vie.
>
> Et quand coulera le sang de tes veines,
> Pour tâcher encor d'accabler ton sort,
> Pour risquer aussi d'augmenter tes peines,
> Je me donnerai sur le champ la mort,
> Lorsque coulera le sang de tes veines.

Car, sache-le bien, dans mon âme étrange
Bouillonne un mélange ardent et sans nom,
Où l'on voit unis la douceur d'un ange,
La foi d'un chrétien, le cœur d'un démon.
Oui, sache-le bien, dans mon âme étrange[1]*!*

S'il est vrai que les dégénérés ont des sentiments morbides par défaut, par excès ou par perversion, il ne faut pas s'étonner que leurs poésies soient empreintes d'une fréquente immoralité et d'une recherche spéciale de pornographie. Souvent l'auteur analyse ses vices ou plutôt ses aberrations ; il les étale avec complaisance et les exalte en des vers obscènes. Il fait du répugnant la matière favorite de ses œuvres, et, dans ses tentatives de faux réalisme, il ne craint pas de mettre en évidence ses laideurs et sa cécité morale. Les représentations lubriques y sont exposées dans les termes les plus sales et les plus vulgaires. Nous avons sous les yeux un recueil bien fourni qu'il nous est impossible d'utiliser ici, tant le contenu en est offensant pour les oreilles les moins pudibondes. Nous ne voulons livrer au lecteur aucune pièce de ce genre : les titres mêmes sont à négliger. Contentons-nous d'extraire de ce tout un simple sonnet d'allure « rabelaisienne ». Nous le donnons tel qu'il est écrit, en nous dégageant de son défaut de noblesse :

Non, je n'oublierai pas la couleur de tes yeux,
Ces yeux verts où chantaient des douceurs infinies,
Ni le bouclage ardent de tes fauves cheveux,
Où nos mains se rencontraient si souvent unies,

---

[1] Collection de l'asile de Marseille.

Ni ta bouche où j'avais l'illusion des cieux,
Quand, grisé, j'y buvais des ivresses bénies,
Ni tout ce qui forma notre amour jeune ou vieux,
Qu'alors tu chérissais, qu'à présent tu renies.

Mais ce qui fait surtout que rien ne peut ternir,
Et me le garde, encor plus vif, le souvenir
De tout ce que tu fus et fis, chère Nérine,

Ce sont ces petits pets, sonores et troublants,
Dont tu gratifiais en riant ma narine,
Et qui puaient si bon sous l'aube des draps blancs[1].

Les dégénérés cultivent volontiers le genre macabre. Les situations lugubres ont pour eux une attirance toute spéciale, comme on peut le voir dans la poésie suivante adressée par un étudiant déchu « à un crâne de jeune fille » :

De quelque belle enfant restes froids et sans vie,
    Beau crâne apprêté par mes mains,
Dont j'ai sali les os et la face blanchie
    D'un tas de noms grecs et latins;

Compagnon triste et froid de mes heures d'étude,
    Toi que je viens de rejeter
Dans un coin, ah! reviens tromper ma solitude,
    Réponds à ma curiosité;

Dis-moi combien de fois ta bouche s'est offerte
    Aux doux baisers de ton amant;
Dis-moi quels jolis mots de ta bouche entr'ouverte,
    Dans des heures d'égarement...

[1] Collection de l'asile de Marseille.

Insensé !... Tu ne peux répondre, pauvre fille ;
Ta bouche est close maintenant,
Et la mort, en passant, de sa triste faucille
A brisé tes charmes naissants.

Triste leçon pour nous, qui croyons que la vie
Peut se poursuivre de longs jours !
Et jeunesse, et bonheur, et beauté qu'on envie,
Tout passe ainsi que les amours !

Aussi, quand vers le soir, âpre et dur à la tâche,
Je travaille silencieux,
Mon esprit suit le monde et, tout inquiet, s'attache
A des pensers plus sérieux.

Je rêve au temps qui passe... Alors je te regarde,
Et, songeant aux coups du destin,
Sur ton front nu je crois lire en tremblant : « Prends
[garde,
Mortel, ton tour viendra demain [1] *! »*

L'absence de sens moral, « cette force dirigeante qui détermine la conduite de l'homme vis-à-vis de la société, » est particulièrement fréquente chez les dégénérés supérieurs. La notion du bien et du mal ne leur est pas familière, et ils sont insensibles à l'opposition du droit et du devoir. Par leurs penchants violents et leurs écarts de conduite, beaucoup sont inadaptables aux conditions de l'existence sociale. Pour satisfaire un instinct, une inclination, un caprice, nulle considération ne les arrête. Poussé au plus haut degré, un tel caractère devient

[1] Cité par VIGEN.

la « folie morale » et se traduit par des actes graves;
il conduit au cynisme dans le crime ou le délit.
Mais les atténuations de ce type accentué ne
manquent pas : la plupart des dégénérés, sans
« exercer » leur folie morale, l'exaltent souvent
dans leurs théories; ils se gardent d'offenser le code,
mais ils affichent dans leurs discours et dans leurs
écrits un mépris tout philosophique du bien. Leurs
instincts sanguinaires, leurs goûts de cruauté ont
même quelquefois inspiré leurs vers. D'une *exhor-
tation à la tuerie* nous nous contentons d'extraire
ces deux strophes :

> *Compagnons, j'ai soif de carnage,*
> *Il faut que dans du sang je nage !*
> *Brisez les nez, crevez les yeux,*
> *Martyrisez de votre mieux.*
> *Ayez des rigueurs sans pareilles;*
> *Mettez en lambeaux les oreilles.*
>
> *Coupez les pieds, broyez les mains;*
> *Nous avons cessé d'être humains.*
> *Gaîment, amis, tranchez les têtes,*
> *Tranchez donc avec rage. Faites*
> *Si bien, qu'il ne nous reste d'eux*
> *Qu'un morceau de débris hideux[1] !*

Chez le dégénéré, la sensibilité excessive revêt
fréquemment une forme *mélancolique*. Les sujets
de ce groupe sont assaillis bien souvent par des
doutes, des remords, des scrupules. La vie leur est

[1] Collection de l'asile de Marseille.

pesante et pleine de dégoût. Tout leur apparaît sous des couleurs sombres. Un rien les chagrine ; tout est prétexte à découragement pour eux. Leur ennui s'entretient en d'étranges langueurs ; des peines imaginaires et des craintes indéfinissables talonnent leur esprit inquiet, douloureux et enclin aux désespérances. Le dégoût de l'action et l'impuissance de la volonté sont les conséquences naturelles de cet état d'âme. Toutes nos forces d'agir sont en effet à la merci de nos mobiles, de nos tendances et de nos goûts. Si le stimulus affectif frappé d'atonie nous prive de désirs, l'inaction s'ensuivra fatale et irréductible. Ainsi le dégénéré s'abandonne-t-il au *nirvana* comme au plus haut idéal de l'esprit humain. Aboulique et désemparé, il chante l'éloignement du monde et le mépris des hommes. Bien souvent le rêve de ces malheureux ne laisse pas que d'être triste :

J'ai dit à mes yeux, mes yeux soûls de pleurs:
« Oh! mes pauvres yeux, tarissez vos larmes;
Cessez vos émois, domptez vos alarmes ;
Je m'en vais, d'un mot, calmer vos douleurs. »
Mais mes yeux m'ont dit : « Que nous font tes
charmes!
Rien ne peut, ce jour, apaiser nos larmes. »

J'ai dit à mon cœur, mon cœur que baignait
Un fleuve de sang : « Panse ta blessure,
Je vais t'indiquer la guérison sûre. »
Mais mon pauvre cœur, mon cœur qui saignait,
Tristement m'a dit : « Ami, je t'assure
Que rien ne pourra guérir ma blessure. »

J'ai dit à mon âme, à mon âme en deuil :
« Je vais te trouver une autre maîtresse,
Qui fera cesser, chère, la tristesse ;
Sois prête bientôt à lui faire accueil. »
Mais mon âme a dit, pleine de détresse :
« Plutôt que de prendre une autre maîtresse,
Va donc retrouver l'autre en son cercueil[1] ! »

Couvrant ces tendances diverses, il est un défaut qui les domine : nous voulons parler de l'*inégalité*.

Nous avons tous des hauts et des bas. Notre activité cérébrale est plus ou moins excitée ou déprimée suivant les moments. Ces oscillations sont subordonnées aux tempéraments autant qu'aux milieux. Une foule de causes, soit intérieures soit extérieures, agissent sur nos dispositions. Mais il est des limites que nous ne dépassons pas dans un sens ni dans l'autre. Les déséquilibrés, au contraire, présentent successivement et coup sur coup des écarts vraiment incompréhensibles. Ils vont de l'absurde au génial. Leurs élucubrations sont un singulier mélange de bon et de mauvais. A côté de conceptions élevées et conformes à l'ordre éternel des choses, on en découvre d'autres qui ne sont rien moins que marquées au sceau de la démence. C'est la raison chevauchant côte à côte avec la folie. L'esthétique des dégénérés a quelque chose d'incomplet ou d'exagéré, quelque chose de baroque, de paradoxal ou d'incohérent. Souvent le burlesque y coudoie le grandiose, et il semble qu'avec des maté-

---

1 Collection de l'asile de Marseille.

riaux de premier choix le constructeur ait fait une chose inharmonieuse et choquante à plaisir ; ou bien, dans une inconcevable disproportion entre la pauvreté désespérante des éléments et les prétentions exorbitantes de l'objet, l'œuvre devenant une parodie n'est plus que la tentative maladroite et ridicule d'un art avorté. L'absence d'homogénéité, la recherche morbide des contrastes criards, se traduisent tour à tour par un mélange bizarre de dépravations crapuleuses et de goûts distingués. Des accents passionnés surgissent çà et là ; des phrases éloquentes émergent de pensées folles. De ces tentatives singulières où le sublime se mêle à la fange, il s'échappe, comme au hasard, un assemblage de langueur et d'exaltation qui met pourtant à fleur de peau la fibre nerveuse, et passe sur sa corde avivée l'archet mordant des sensations crispantes, l'archet doucereux des sensations mièvres.

Le dégénéré est doué d'une mobilité et d'une instabilité toute particulière. Ame sans consistance, toujours talonné par l'impulsivité de ses instincts et mal servi par la défaillance de sa volonté, il erre à l'aventure ; sans cesse ballotté entre des sentiments opposés suivant les hasards du moment, il est le jouet de ses propres caprices. Aussi bien plane-t-il aujourd'hui dans les célestes régions, tandis qu'il se vautrera demain dans la boue. Cette mobilité se manifeste nécessairement dans ses œuvres. Dans ses vers aussi bien que dans sa vie il passe des pleurs aux rires, du noble à l'obscène, de l'amour à la haine, du mysticisme le plus épuré à l'érotisme le plus sensuel.

Sur le recto d'un feuillet, nous lisons ces lignes :

De mes bonheurs vécus je veux chanter l'ivresse;
Oui, je veux à chacun raconter mes plaisirs,
Redire mes succès, parler de mes désirs
Et revivre les faits joyeux de ma jeunesse.

Je veux avant que leur mémoire disparaisse
Rassembler, pour charmer de mon cœur les loisirs,
Le faisceau triomphant de mes chers souvenirs,
Et réchauffer mon âme au feu de leurs caresses.

Car s'il est bon parfois, dans ce monde de pleurs,
De savoir conserver pour soi le doux mystère
Des tourments traversés, des maudites douleurs,

Le poète ne doit jamais ses plaisirs taire,
Et pour chasser le trouble et l'ennui de nos cœurs,
Il doit faire à chacun partager ses bonheurs[1].

Et sur le verso on peut lire la contre-partie :

Des maux que j'ai soufferts je garde le secret :
Nul jamais ne saura mon deuil et ma blessure,
Ni le prêtre absolveur, ni l'ami qui rassure;
Pour souffrir mon malheur, je veux être discret.

C'est pour cela qu'à tous ma douleur je tairai.
Je connais trop ce mal : sa marche lente et sûre
A produit dans mon cœur tout comme une fissure
Par où s'enfuit mon sang, nuit et jour, sans arrêt.

Et si de vivre encor je n'ai plus l'espérance,
Je me sens en état de braver ma souffrance
Et regarde, d'un œil clair, venir le trépas.

---

[1] Collection de l'asile de Marseille.

Isolé, je mourrai; mais l'on ne dira pas
Sur ma tombe que j'ai, poète à l'âme altière,
Conté mes désespoirs à la nature entière[1].

Les contrastes frappants ne sont pas un grand mal quand ils sont représentés dans des pièces nettement séparées. Mais on est froissé désagréablement en lisant une série d'assez jolies strophes que termine brutalement une platitude ou une grossièreté :

Pourquoi donc remuer les cendres du passé?
Laissons nos souvenirs dormir leur sommeil rose.
Si j'ai ce soir le front tout chargé de névrose,
Si mon âme est plus triste et mon cœur plus lassé,

A quoi bon évoquer cet amour insensé
Dont je sus t'entourer autrefois, ô ma Rose?
De ce bain de bonheur je sortirais morose,
Et me verrais encor plus seul, plus délaissé.

Si pourtant je voulais rechercher la racine
De ces maux, dont le spleen sans pitié m'assassine,
Comme je calmerais bien vite mes émois,

En songeant que ce feu qui dura de longs mois
Ne brûlait pas pour toi! Car il tenait, ma brune,
Rien qu'aux rotondités suaves de ta lune[2]!

Cette fréquente inégalité dans l'œuvre a sa cause première dans une incapacité manifeste de l'effort. Inapte au travail, le dégénéré s'en affran-

[1] Collection de l'asile de Marseille.
[2] *Ibid.*

Poésie et folie. 6*

chit le plus possible; il ne veut pas de règles, il bannit de son art tout labeur pénible et ne songe pas un instant que la peine seule est féconde. Il faut ajouter à cela une absence plus ou moins complète de l'auto-critique. Le dégénéré ne fait aucune sélection; il ne se laisse guider ni par la raison ni par le goût, parce que ce sont là des qualités qui lui manquent. Il accepte tout sans contrôle, parce que le guide prudent de la logique et le critérium du bon sens lui font défaut. Aussi ses œuvres manquent-elles de discernement et reflètent-elles d'une manière plus ou moins évidente le déséquilibre pathologique de son esprit. Il s'éloigne donc du poète véritable, chez lequel on peut voir l'esprit critique et la maturité du jugement faire escorte à une imagination ardente et à une sensibilité raffinée.

Une originalité extravagante dans la forme est encore un des traits les plus caractéristiques de la poésie des dégénérés. Les mots courants ne leur suffisent pas; par plaisir plutôt que par besoin, ils créent des néologismes. Leur syntaxe est pleine d'inversions et d'enchevêtrements, et toute cette phraséologie aboutit à une confection de « galimatias double », pour employer une vieille expression de Voltaire.

Leur poésie est donc très souvent obscure, voire même incompréhensible. Ce caractère est lui-même solidaire de différentes causes qu'on peut dissocier. C'est tout d'abord le désordre et la confusion des idées. Ne concevant rien d'une manière précise, bon nombre d'entre eux ne sauraient s'énoncer clairement. Leur discours se perd dans un dédale sans issue; leurs conceptions cahotées, mal dirigées et mal liées, s'enchevêtrent en un tissu d'incohérences inintelligibles. Comme ils n'agitent dans leur esprit que des idées troubles et à demi conscientes, l'expression de ces idées ne peut aboutir qu'à la confusion. Un autre facteur réside dans l'excessivité des images. Elles sont le plus souvent hardies; mais leur originalité n'est pas toujours très heureuse, et, loin d'éclairer le discours, elles ne font bien souvent que l'obscurcir. Enfin, il faut tenir compte du sacrifice trop exclusif de la pensée au cliquetis des mots. Il arrive que de pareils sujets s'attachent plus à la musique qu'à l'idée. Bien souvent ils ne recherchent qu'elle dans leurs vers. Peu importe s'il n'en résulte qu'un accouplement de sonorités verbales dépourvues de tout sens.

Ce sonnet « à Janvier » est vraiment difficile à lire :

Tel qu'on voit, dans la saison blanche,
Langé de neige, un champ dormir,
Et l'arbre, engourdi, ne verdir
Qu'en lui sève à flots ne s'épanche :

Comme, avant de croître et t'ouvrir,
Bourgeon, tu dors clos dans la branche,
Et sous la feuille se retranche
Bouton, qui fleur veut devenir :

Cœur, ainsi tu dors dans l'enfance,
Secrète encor, sourde puissance :
Futurs tourments, quel doux sommeil !

Tout au monde est accord d'avance :
Chant, ton espoir, c'est le soleil ;
Cœur, ton soleil, c'est l'espérance[1].

Cet autre « à Mai » n'est guère plus lucide :

Tout est rumeur sous la ramée ;
Voix ou chant, tout parle d'amours.
Mont, val, sont en complets atours ;
De fleurs aux champs, pour une armée.

Entends ; l'un dit : « Salut, beaux jours ! »
L'autre : « Viens-t'en, ma bien-aimée. »
Un couple, par l'herbe embaumée,
Passe : « Oui, » dit-elle, et lui : « Toujours ! »

La main à la main enlacée,
Purs tous deux comme la pensée,
Ils s'en vont, cœurs prêts à s'unir.

Fleurs des champs, fleurs de fiancée,
Qu'êtes-vous? presque l'avenir :
Saison des fleurs, bientôt passée[2].

Et cet autre encore « à Juillet » :

Champs, époux, votre été se lève :
Radieux soit-il et fécond !
Un monde, mystère profond,
Germe aux flancs de toute enfant d'Ève.

N'est l'oiseau, le bois se morfond.
Dans ses enfants l'homme s'achève ;

---

[1] Collection de la Maison nationale de Charenton.
[2] *Ibid.*

Hôte sur terre, ce qu'il rêve
Il l'ébauche; d'autres le font.

Couples, qu'ainsi, pour un autre âge,
De vous subsiste un héritage!
Nuls rejetons, tronc, point d'orgueil.

Absent l'oiseau, que sert la cage?
Chaume sans grains, sans enfants seuil,
Égal deuil et pareil dommage[1].

On parcourt ainsi les douze mois de l'année; mais d'un bout à l'autre on se perd dans la brume.

Dans la poésie suivante, si l'auteur poursuit une pensée, il faut bien avouer que cette pensée reste une pure énigme pour le lecteur :

Souvenir néfaste, écoute-moi :
J'implore la pitié de la raison humaine.
En quel songe a-t-on mis la romaine?
Souvenir néfaste, écoute-moi.

En quel songe a-t-on mis la romaine?
Naguère on fourbissait chassepots, clairons d'or;
Le sang coula; l'homme est mis à mort.
En quel songe a-t-on mis la romaine?

Le sang coula; l'homme est mis à mort.
En un clin d'œil jaillit, fière, la République,
Se dressant froide, nue et biblique.
Le sang coula; l'homme est mis à mort.

---

[1] Collection de la Maison nationale de Charenton.

Se dressant froide, nue et biblique.
Comme l'aigle franchit la nuée ou l'éther,
Comme fulgure au loin l'éclair,
Se dressant froide, nue et biblique.

Comme fulgure au loin l'éclair,
J'implore la pitié de la raison humaine ;
En quel songe a-t-on mis la romaine ?
Comme fulgure au loin l'éclair.

En quel songe a-t-on mis la romaine ?
L'éclair n'a pas suffi pour enfanter la loi.
Souvenir néfaste, écoute-moi :
En quel songe a-t-on mis la romaine[1] *?*

* * *

Il est un type de dégénérés chez qui les goûts esthétiques et les facultés poétiques en particulier méritent une mention spéciale : nous voulons parler de ceux qui sont atteints de psychopathies sexuelles.

Ils appartiennent eux-mêmes à deux groupes parfaitement distincts. Chez les uns, il s'agit vraiment d'un vice constitutionnel. La liste est inépuisable des anormaux chez qui l'instinct d'amour, s'écartant du rôle qui lui est dévolu, devient une tendance de luxe inutile ou nuisible à la grande œuvre de reproduction. Le sadique trouvant une âpre jouissance dans les tortures qu'il inflige à sa partenaire, le

---

[1] Collection de la Maison nationale de Charenton.

masochiste qui goûte avec volupté les supplices qu'on lui fait subir, le fétichiste pâmant de plaisir devant l'inerte chose qu'il érige en idole, tous ces malheureux ont une place dans le cadre tératologique des perversions sexuelles. Chez d'autres, l'anomalie survient d'une façon secondaire : elle est un effet acquis du déséquilibre. Pour obéir à une imagination déréglée, pour satisfaire des sens toujours exaltés, les dégénérés déséquilibrés poursuivent sans relâche des émotions neuves. Mais les émotions qu'ils se donnent sont souvent étranges et reflètent une absence complète de pondération. Les émotions sexuelles sont surtout recherchées, et elles affectent souvent une forme anormale pour ne pas faillir à la recherche systématique du rare et de l'original. Un tel état de choses trouve d'ailleurs un auxiliaire fréquent dans la suggestibilité de ces esprits serviles qui tendent à s'imprégner de toutes les bizarreries que leur enseigne la lecture ou le contact du monde. Au reste, les débordements qui s'ensuivent ne connaissent aucun empêchement, car le déséquilibré joint à l'éréthisme de son imagination une absence habituelle de jugement et un remarquable défaut de volonté.

Quoi qu'il en soit, l'attirance de l'art et de la poésie est vraiment manifeste pour bien des sujets de cette catégorie, et l'explication de rapports si inattendus n'est pas impossible. On ne peut nier, en effet, que le facteur sexuel ait une influence réelle sur le développement du sens esthétique en général.

Les théories évolutionnistes ont une tendance assez naturelle à prévaloir aujourd'hui dans toutes les branches de la biologie, et la conception qui place, au point de vue de la philogenèse, l'origine des sentiments esthétiques dans l'instinct sexuel a rallié de nombreux philosophes.

Si d'autre part nous considérons le mode d'apparition du sens poétique chez l'individu, nous sommes appelés à reconnaître qu'il se produit une « montée de lyrisme » au moment où se développe l'instinct de la sensualité. Les langueurs vagues de la puberté naissante se traduisent par une tendance bien marquée au sentimentalisme, et cette tendance même cherche à se donner essor bien souvent sous la forme d'élucubrations poétiques. Ils sont rares, les amoureux de la première jeunesse qui n'ont point taquiné la Muse.

Ferrero admet très nettement que le substratum de toute création lyrique est dans l'instinct primitif d'amour, et il va peut-être un peu loin, il est vrai, en affirmant que la sensibilité génésique de la femme met celle-ci en état d'infériorité par rapport à l'homme au point de vue des productions d'art. Les notions qui précèdent n'en restent pas moins légitimes dans leur ensemble et peuvent jeter quelque jour sur la relation énoncée plus haut.

Quoi qu'il en soit, les dégénérés à tendances sexuelles sont souvent doués de facultés brillantes au point de vue spécial qui nous intéresse. Leur art est le fruit de leurs instincts, qui éprouvent un besoin d'étalage; et cet étalage sert à son tour ces instincts eux-mêmes en les renforçant. Il y a donc échange de bons procédés entre l'anomalie de leurs tendances sexuelles et l'élucubration de leur imagination maladive. Pour avoir des sensations neuves, ils vont souvent les demander au poison des fleurs vénéneuses. Pour éprouver des jouissances inédites, pour sentir un frisson nouveau, ils se complaisent dans les situations extraordinaires et trouvent dans ces situations mêmes de quoi imprimer à leurs œuvres un cachet spécial. Malheureusement, ils n'ont le plus souvent de l'artiste que les qualités de surface; et si leurs tentatives confinent à un idéal de beauté, leurs productions sont empreintes fréquemment d'une faiblesse et d'un mauvais goût qu'on ne peut contester.

Un certain nombre de sujets, appartenant d'une façon bien nette au cadre que nous désignons, ont été à la fois célèbres par leurs exploits et connus dans le public pour leurs poésies.

Le marquis de Sade, qui fut un dégénéré inverti de bien triste renommée, fut aussi un poète de quelque mérite. Il partagea sa vie entre la prison et les débauches sanglantes que l'on sait, pour aller finir ses jours à Charenton, où il entra le 26 avril 1803 par ordre de l'Empereur, et où il mourut en 1814 après onze années d'internement. Sa littérature est aussi extravagante que ses actes. Des scènes érotico-sanguinaires y sont dépeintes avec une insistance remarquable. Ce ne sont que tortures effroyables, cadavres sanglants, enfants mutilés, femmes égorgées, accumulations de crimes, de viols et d'incestes. *L'Épreuve*, comédie en un acte et en vers, fut saisie par la police en 1782; mais *le Misanthrope par amour ou Sophie et Desfrancs*, comédie en cinq actes et en vers, fut reçue d'une voix unanime au

Théâtre-Français en 1790 et valut à l'auteur ses entrées pendant cinq ans. *L'Homme dangereux ou le Suborneur*, comédie en un acte et en vers de dix syllabes, fut reçue au théâtre Favart la même année.

Oscar Wilde, qui fut arrêté en 1895 et convaincu de mœurs contre nature après un procès retentissant, jouissait déjà comme poète d'une réputation incontestée. Il avait publié *Poems* en 1881, et plus tard *Of no importance an ideal husband*.

Plus près de nous encore il serait possible de citer des noms; mais nous croyons inutile d'entrer dans cette voie.

Les sujets atteints de psychopathies sexuelles ne sont pas légion au sein des asiles. Les psychopathes de l'amour physique, les invertis, les sadiques, les masochistes et les fétichistes y laissent pourtant çà et là quelques impressions formulées en vers. Telles sont les exhortations significatives qu'une lesbienne, qui signait « Minerve », adressait à sa favorite :

Aimer ne suffit pas, il faut savoir le dire
Autrement qu'en œillade, autrement qu'en sourire;
Il faut savoir oser quand l'autre n'ose pas,
Vers un cœur amoureux tenter le premier pas;
Sinon, vous risquerez de rester solitaire.
Imitez cet exemple et cessez de vous taire [1].

Mais ce sont le plus souvent les érotomanes, les

---

[1] Communiqué par SÉRIEUX.

psychopathes de l'amour moral, qui disent à la Muse leurs chastes espoirs et leurs platoniques visions. Voici un sonnet d'une venue assez poétique :

Puis-je approcher de toi, céleste créature,
Pour laquelle un amour insensé me torture ?
Puis-je, moi, vil mortel, apparaître à tes yeux,
Ange si pur, ô toi, dont la place est aux cieux ?

Ne souillerais-je pas ta divine nature,
En osant à ton corps demander la pâture,
Et n'est-ce pas à toi me montrer odieux,
Que te vouloir si jeune à moi, qui suis si vieux ?

Pourtant si tu daignais, ma Doña Sol rebelle,
Illuminer mon ciel pâli de tes regards,
Je m'unirais à toi, par notre âme immortelle.

Si bien qu'à ton destin à tout jamais fidèle,
Je te suivrais encore auprès des morts hagards,
Si la Camarde, un soir, t'emportait sous son aile[1].

Un pensionnaire qui vient de s'évader et de mettre ainsi les murs de l'asile entre lui-même et l'objet de ses rêves en exprime ses regrets :

Je suis ici de corps, vers vous par la pensée;
Mon cœur revole aux lieux où je vous ai laissée.
De mon amour pour vous je sens croître l'ardeur:
Il m'est d'autant plus cher qu'il fait seul mon mal-
                                                    [heur.

---

[1] Collection de l'asile de Marseille.

Sans mon évasion, je pourrais en silence
Contempler ta beauté, jouir de sa présence;
Mais loin d'elle, au tourment d'un amour sans espoir
Se joint encor celui de ne jamais la voir.

Soyez bénie, ô vous dont la seule pensée
Suffit pour consoler mon âme délaissée!
Vous revoir est le vœu que je fais tous les jours:
De loin, comme de près, je vous aime toujours[1].

Le même dit ailleurs :

J'ai chanté ce jardin, j'ai vanté ces bouquets
Que l'art a rassemblés en d'aimables bosquets;
Mais des nombreuses fleurs que cet espace enserre
La plus belle à mon goût ne vit pas dans la serre:
Heureux son possesseur[2]!...

Et ailleurs encore :

...De la revoir je meurs d'envie,
Et je demande au ciel de prolonger mes jours;
Mais il lui plaît, hélas! d'en arrêter le cours.
Je touchais au bonheur : je regrette la vie[3].

*
* *

Au groupe des dégénérés supérieurs appartiennent, comme nous l'avons dit, certains « fous moraux ». En élargissant cette donnée, bien des psychologues ont tenté de généraliser la « folie

[1] Cité par Sentoux.
[2] Ibid.
[3] Ibid.

morale », et d'y faire entrer tous les criminels. Nous n'avons pas à juger ici cette question de doctrine ; mais nous devons citer quelques faits tendant à fournir la preuve des tendances artistiques chez nombre de détenus, et à montrer en particulier, contre toute attente, la présence bizarre des goûts poétiques chez les représentants du crime.

Il est un poète de l'antiquité qui vécut sous la couronne d'un empereur. Poète de quelque talent, empereur de triste renommée, Néron était fils du plus méchant homme de son siècle, et de la femme la plus impudique de Rome. Sa sensibilité, d'une remarquable complexité, devait favoriser du même coup des extravagances d'une cruauté innommable et des tendances poétiques qu'on ne peut contester. Sa vie n'est qu'un tissu de monstruosités. Il fait emprisonner son frère ; il fait tuer sa mère ; il répudie son épouse ; il tue d'un coup de pied sa concubine ; il sacrifie les chrétiens aux bêtes et ordonne l'incendie de la ville. Mais il contemple ses funestes exploits en dilettante amoureux de son art. C'est en disant ses vers qu'il s'adonne aux plus invraisemblables débauches. C'est pour les lire qu'il monte sur les planches, comme un histrion. C'est en vue d'éclairer les abords d'une fête artistique qu'il fait enduire de poix les corps de ses victimes pour servir de torches dans les jardins de son palais. C'est une lyre à la main et chantant un hymne, qu'il voit périr dans les flammes la Rome capitale du monde.

Cet exemple historique est trop bien connu pour nous arrêter. Mais de nos jours la littérature des détenus a été çà et là recueillie par divers auteurs, et il convient d'en citer quelques menus passages.

Dans ses *Souvenirs de la petite et de la grande Roquette*, l'abbé Moreau rapporte l'histoire d'un de ces malheureux qui s'excuse d'être né poète :

Puisqu'après Michel-Ange on fait de la sculpture,
Puisqu'après Raphaël on fait de la peinture,
Et puisqu'après Mansard on construit des maisons,
L'on ne peut point trouver de mauvaises raisons
Pour empêcher l'auteur que son ardeur entraîne
De suivre, autant qu'il peut, notre grand La Fon-
[taine[1].

Dans ses ouvrages sur *l'Homme criminel* et sur les *Palimpsestes des prisons*, Lombroso cite également de nombreux extraits de poésie. Un prisonnier fait son examen de conscience, sans en éprouver de remords bien cuisants :

Oui, selon les tempéraments,
On a des ardeurs par moments :
Chacun les siennes.
Moi qui ne suis pas de carton,
J'ai beaucoup trop aimé, dit-on,
Les Parisiennes[2].

Un autre, au contraire, exprime son dégoût de lui-même :

Il est de ces instants dans lesquels le cœur monte
A la gorge; on voudrait alors, dans un hoquet,

[1] Cité par l'abbé MOREAU.
[2] Cité par LOMBROSO.

Vomir ce cœur fumant bien loin sur le parquet,
Tant il vous fait souffrir et vous cause de honte!
Pourquoi ne peut-on pas, comme un bras gangrené,
Lorsque l'on souffre trop, amputer ce viscère,
Et jeter au charnier ce morceau délétère
Au fond duquel le mal qui vous torture est né[1]?

L'étude de Ferri sur les *Criminels dans l'art*
apporte aussi quelques documents. L'auteur y
reproduit en particulier une pièce de vers assez
joliment tournée, qu'écrivit un détenu pour un
enfant dans son berceau :

De la lampe nocturne un rayon incertain
Tombe; en son pur sommeil il dort, le chérubin.
La bouche est entr'ouverte, on dirait une fraise,
Une fraise qui vous demande qu'on la baise.
Les perles de ses dents, son visage mignon,
Son petit corps tout rose et blanc, et son bras rond,
Et son amour de main que troue une fossette,
Son haleine embaumée, en font une fleurette.
Et je songe qu'un jour, pur, innocent aussi,
Un jour qui n'est pas loin de moi, je fus ainsi.
J'aimais ma mère, Dieu, mon père, ma poupée;
Je rêvais paradis et la folle équipée
Des anges y montant sur des chevaux de bois.
Mon front, pâle à présent et sombre, je le vois
Pareil à celui-ci, tout limpide et tout rose.
Dors, chérubin, va! Dors! le tourbillon morose
Des tenaces soucis et des chagrins cuisants
Assez vite viendra désenchanter tes ans;

---

[1] Cité par LOMBROSO.

Tes jouets préférés auront les yeux mobiles;
Tu seras prisonnier des foules imbéciles,
Ou leur idole. Il te faudra, pour ton plaisir,
De l'or ou de la science, afin de découvrir
Les secrets insondés de la vie; ou la gloire
Hantera ton cerveau d'une fièvre illusoire,
Décevante le soir, souriante au matin.
Dors, cher petit enfant! l'éclat pur de ton teint
Disparaîtra flétri par les vents de la vie;
Que ta mignonne bouche, ignorante, sourie;
Souris à ton jouet paré de cent vertus,
Souris à l'ange auquel je ne sourirai plus;
Des hommes, du savoir, tu verras la misère,
Et quand tu seras chauve ainsi que l'est ton père,
Tu sauras, parmi tant d'indices décevants,
Qu'en somme il n'en est qu'un, appris à nos dépens:
Que nos jours sont tissés de joie et de souffrance,
Que l'une et l'autre sont de même provenance:
L'amour; et sage et fou, notre sort incertain
Est tout entre les mains de l'aveugle destin[1].

Des criminels demeurés célèbres ont dit en vers leurs exploits.

Sellier, qui fut guillotiné avec Allorto en 1889 à la suite de l'assassinat d'Auteuil, a laissé des adieux en vers qui témoignent d'un sens moral irrémédiablement atrophié:

Allorto, lui, c'est un' canaille.
C'est vrai que j'suis canaille aussi;
Mécréant, c'est un rien qui vaille.
On dit que je l'suis autant qu'lui.

[1] Cité par FERRÉ.

L'plus chouett' des quat' c'était Cat'lin,
Qu'avait pas pour deux liards de vice;
Mais il n'a pas été malin
D' s'êt' fait choper par la police.

Il en a pour vingt ans d'Nouvelle.
On n'en r'vient pas de c'pat'lin-là;
Mais on part avec sa damzelle,
C'est tout c' qu'y faut pour viv' là-bas.

Tout com' Bibi et Allorto,
Et Mécréant, quoiqu' ça le r'bute,
Nous faudra aller sur la butte
Porter notre poire à Charlot.

Les aminch' et leurs gigolettes,
Ceux de Bel'ville et d' la Vilette,
Viendront nous voir couper l' sifflet,
Si ça leur fait pas trop d'effet.

Aurait fallu cramser en chœur
Tous les quatre, en frèr', en amis.
On se s'rait fait faucher d' bon cœur :
On ne meurt qu'un' fois dans sa vie[1].

Menesclou, ce misérable qui violait et tuait les petites filles, a laissé une preuve écrite de son crime après l'avoir nié de vive voix :

Je l'ai vue, et l'ai prise :
Je m'en veux maintenant.
Mais la fureur vous grise,
Et le bonheur n'a qu'un instant[2].

---

[1] Cité par LOMBROSO.
[2] Ibid.

Lacenaire a laissé plusieurs poésies dont l'une rappelle son arrestation :

Maudissez-moi, j'ai ri de vos bassesses,
J'ai ri des dieux par vous seul inventés ;
Maudissez-moi, mon âme sans faiblesses
Fut ferme et franche en ses atrocités.
Pourtant cette âme est bien loin d'être noire,
Je fus parfois béni des malheureux ;
A la vertu si mon cœur eût pu croire,
N'en doutez pas, j'eusse été vertueux.

Bien fou, ma foi ! qui sacrifie
Le présent au temps à venir !
Tout est bien et mal dans la vie,
Le chagrin succède au plaisir.
Contre le sort en vain on lutte :
Amour, richesse n'ont qu'un jour ;
Ce qui vient au son de la flûte
S'en retourne au bruit du tambour.

La faim rend un homme excusable ;
Un pauvre de grand appétit
Peut bien être tenté du diable.
Mais, pour me voler mon esprit,
Êtes-vous donc si misérable ?

C'est vraiment avoir trop bon cœur
De remplacer le vrai coupable
Et, sans avoir été l'auteur,
D'être l'éditeur responsable[1].

[1] Cité par VIGEN.

Les femmes peuvent d'ailleurs trouver place ici. De célèbres empoisonneuses ont laissé quelques jolis vers. Marie Capelle et Rachel Galtié peuvent en témoigner.

Pour avoir empoisonné son mari avec des gâteaux arseniés, Marie Capelle, femme Lafarge, fut condamnée aux travaux forcés à perpétuité après exposition sur la place publique de Tulle en 1840. Dans sa prison, elle écrit sur l'album d'une de ses amies :

> *Sur ton album, douce Flavie,*
> *Tu veux que j'écrive des vers.*
> *Ne sais-tu pas, gentille amie,*
> *Que ma voix, mourante et flétrie,*
> *N'a plus d'écho dans l'univers ?*
>
> *Ne sais-tu pas, belle imprudente,*
> *Que, si ma paupière mourante*
> *Tachait de pleurs ces feuillets blancs,*
> *Mes larmes, brûlant chaque page,*
> *Y traceraient un noir présage*
> *En hiéroglyphes sanglants ?*
>
> *Ne cherche donc plus dans mon âme*
> *Ces rayons de céleste flamme,*
> *Joyeux soleils de jours meilleurs.*
> *L'esprit meurt quand le cœur succombe,*
> *Et déjà je suis dans la tombe,*
> *Dans la tombe de mes malheurs*[1].

---

[1] Cité par René Charpentier.

Rachel Galtié, l'empoisonneuse de Saint-Clar, fit périr son mari, son frère et sa grand'mère. A la suite d'une expertise mentale de MM. Anglade, Pitres et Régis, qui conclurent à l'hystérie et à la responsabilité atténuée de l'accusée, elle fut condamnée à vingt années de travaux forcés par la cour d'assises du Gers, le 30 octobre 1904. Elle eut l'audace de lier une intrigue dans la prison même avec un détenu, et composa cet acrostiche sur son nom :

Ah ! il nous faut, vois-tu, l'hymen de deux pensées.
Les soupirs étouffés, les mains longtemps pressées,
Baisers et parfums purs, enivrante liqueur,
Et tout ce qu'un regard dans un regard peut lire.
Retrouver la chanson de cette douce lyre.
Tout... si tu veux aussi le chemin de ton cœur [1].

Honorine Mercier, qui fut l'auteur du crime de Villemomble en 1884, et que les experts durent déclarer irresponsable d'ailleurs, en raison de ses idées délirantes, fit, en dépit de son instruction rudimentaire, un très long poème qu'elle dédia au docteur Arnaud. Elle y donnait une description du « monde des abîmes » dans lequel elle se croyait transportée en vertu d'un délire mystique avec craintes de persécutions. S'adressant au savant qui sonde l'inconnu, elle dit :

Apprends, écoute et crois... J'apporte du nouveau.
Qui pourait se douter qu'il existait un monde
Sans limite, effroyable et plus triste que l'onde,

---

[1] Cité par René Charpentier.

Un enfer innomé que nul ne peut comprendre
Si le Ciel ne permet qu'il y puisse descendre ?

Elle se voit d'abord tournoyant dans l'espace :

En vain je recherchais la moindre aspérité,
Un point d'appui quelconque en mon anxiété,
Un rien, je ne sais quoi, mais qui puisse saisir
Cet infernal bourreau qui me faisait mourir
Mille et millier de fois sans expirer pourtant.
En vain je criais grâce, en vain je suppliais
Le Dieu du firmament, ce Dieu grand que j'aimais.

Sa mère lui apprend alors qu'elle est dans le monde des abîmes :

C'est l'endroit le plus triste, aussi le plus horrible;
L'enfer que l'on dépeint n'a rien d'aussi terrible.

. . . .

La solitude ajoute à l'horreur du supplice.
Nul ne peut y causer ni vider son calice,
Puisqu'il est éternel; l'espérance a donc fui
De ce gouffre appelé l'abîme de l'ennui.

Ailleurs elle fait une description détaillée des lieux :

L'abîme cahotant est un mont fait de rocs.
On le gravit courant, heurté de roc en roc,

. . . .

Or ce tourment s'accroît par une vue qui blesse:
C'est celle d'un dragon, sorte de monstre ailé,
Qui fougueux vous emporte à ce char attelé.

Il monte et puis descend en bondissant, rapide,
Sur ce mont suspendu dressé parmi le vide.
Cette course insensée ne peut se ralentir,
Car un funèbre glas hurle le mot : Partir.
Partir!... Ah! oui, partir! sans s'arrêter jamais[1]...

Pico[2], dans son étude sur la *Poésie des détenus*, conclut que cette dernière, toujours née dans un organisme faible, exagère encore ses défauts sous l'influence d'un milieu qui dépoétise, d'où l'élaboration artistique limitée, l'éternelle enfance et les vagissements de cet art qui chante fréquemment le blasphème, le vice et l'abrutissement. Cette opinion est généralement exacte, et l'œuvre des prisonniers ne s'élève que rarement au-dessus de la médiocrité.

Nous allons pénétrer dans un domaine bien plus pauvre encore, en abandonnant le territoire des dégénérés supérieurs pour celui des esprits débiles.

B. LES DÉGÉNÉRÉS INFÉRIEURS

Les *idiots* et les *imbéciles* n'écrivent guère. Leur langage est resté trop rudimentaire, et le symbole du mot ne fixe pas chez eux la pensée. Leurs facultés musicales sont plus développées que leurs qualités littéraires, parce que la valeur symbolique des sons est plus vague et n'atteint pas un degré de différenciation aussi net dans l'expression du sentiment et surtout de l'idée. Les esprits simple-

---

[1] Cité par VIGEN.
[2] Pico, *la Poesia dei detenulti*. In-8°, Terranova, 1892.

ment *débiles* ont au contraire des prétentions littéraires fréquentes et l'on pourrait presque dire spé-
cifiques. Ce sont eux surtout qui remplissent les
asiles à profusion de leurs écrits, soit en vers, soit
en prose, absolument comme ils prodiguent leurs
inventions, leurs découvertes et leurs théories, toujours marquées d'une puérilité vraiment caractéristique. Leur fécondité en toutes choses est inépuisable et désespérante de faiblesse.

En matière de poésie, les débiles se livrent le
plus souvent à de simples incohérences vaguement
rythmées et coupées d'assonances. Dans leurs productions les moins détestables, la rime est pauvre,
le mètre ignoré, et le bon sens à peu près absent.
Ici, l'état de la mentalité intervient bien pour provoquer chez des ignorants et des illettrés l'idée de
s'exprimer en vers; mais la valeur de la production
n'en est pas augmentée : elle est faible invariablement. Presque toujours, le sujet est burlesque de
prétention ou d'insignifiance. A côté de platitudes,
les débiles exercent leur verve sur les problèmes
les plus insondables, se payant de mots, alignant
les phrases, et rendent manifeste au moins affiné
l'indigence de leur dialectique et la pauvreté de
leur jugement. Les événements politiques et les
préoccupations d'ordre social ont aussi pour eux
un attrait tout particulier.

Un malade cité par Vigen expose ses principes
et ses opinions :

O mortels qui trônez dans les frasques du monde,
Pensez-vous que, devant l'auguste humanité,

Votre vie en cent ans n'est pas une seconde
En face du néant et de l'éternité?
A quoi vous serviront vos vains titres de gloire,
Vos somptueux salons, ces palmes de victoire,
Si vous n'avez vécu comme un stoïcien
A servir le pays, à pratiquer le bien,
A donner l'instruction saine à nos prolétaires,
A traiter tous mortels comme vos propres frères?
Car si nous sommes nés, c'est bien pour nous aimer,
Nous aider, nous connaître et pour nous estimer.

. . . .

Où sont donc les Titus et les Vincent de Paul,
La Tour-d'Auvergne, la Thébaïde et saint Paul?
Lors donc que vous sentez qu'un vieux pouvoir
                              [s'écroule,
Votre épiderme sent fleurir la chair de poule.
Vos cris d'aigle de mer, dans vos méchancetés,
De nos républicains ne sont plus redoutés.
Mais qu'on le sache bien, des hontes éternelles
Couvriront à jamais ces traîtres, ces rebelles[1]...

C'est un tison de banalités qui se continue en
plus de deux cents vers sur ce ton prétentieux.
La même faconde prêcheuse et puérile s'exerce
avec les mêmes soucis de politique et de moralité
dans ces platitudes rimées :

Bravo! La République, en brisant ses entraves,
De la réaction narguera les conclaves.

. . . .

---

[1] Cité par VIGEX.

La famille augmentant grandira dans l'aisance,
Par un travail actif, pleine de vigilance
Et de fraternité; car son instruction
Du vrai, du beau, du bien aura la notion.
L'école n'aura plus cet air de pédantisme
Qui répandait en grand la fleur du mysticisme.
En plus, elle enseignait à côté de cela
Les fourbes attributs du cruel Loyola.

. . . .

On nous dépeint la hutte où le pauvre en guenille
Manque souvent de pain pour nourrir sa famille.
Cela navre le cœur à tout homme de bien.
A tout déshérité sachons tendre la main.
Rappelons-nous le Christ prêchant son Évangile,
Et tâchons d'employer l'or qu'un bon cœur distille.
Sachons par nos vertus donner de bons exemples,
Instruire l'ignorant dans l'école et les temples,
Afin que tout mortel, dans la création,
Puisse éviter le mal de la corruption [1].

De loin en loin on peut découvrir une pièce à peu près sensée et d'une poétique presque rigoureuse. Les vers que voici sont au moins lisibles :

J'ai déjà vu passer bien des gens et des choses
        Dans mon étroit chemin;
J'ai déjà vu s'ouvrir et fermer bien des roses
        Dans mon petit jardin.

J'ai vu l'aveugle mort frappant en insensée
        Et brisant le plus fort;

---

[1] Cité par VIGEN.

J'ai vu la pauvreté de partout repoussée,
Et j'ai pleuré son sort.

Mon âme cependant n'a point la plainte amère
Qui ne console pas;
Et mon cœur sans regret délaisse l'éphémère
Et les biens d'ici-bas.

Il faut à sa grandeur un avenir plus stable,
Un idéal plus sûr;
A son besoin d'aimer un ami véritable
Plus fidèle et plus sûr[1].

Le sonnet suivant a des mots sonores, des vers harmonieux parfois; mais la pensée se trouble singulièrement au dernier tercet :

On a dit que parfois, dans nos vicissitudes,
Le chagrin ambiant nous avait rendus fous.
Pourtant, nous qui souffrons, fiers et sombres Latudes,
Espérons vivre encore en des rêves plus doux.

Le mal qui vient nous poindre et trouble nos études,
Glisse en s'insinuant pour arriver à nous.
Il en est ainsi sous toutes les latitudes;
Nous sentons dans nos chairs entrer, comme des clous,

L'âpreté des dégoûts, la rancœur des névroses;
Et, sans nous appliquer à rechercher les causes,
On nous voit quasi choir et confirmer le sort.

Les chemins du penseur aux bordures si belles
Sont cependant toujours ouverts aux plus rebelles,
Et c'est victorieux qu'il entrevoit la mort[2].

[1] Communiqué par LEVASSORT.
[2] Cité par WAHL.

Mais voici où toute pensée semble disparaître, en dépit d'un rythme observé et d'une rime presque suffisante :

La vie de ses beaux jours laissait l'âme mourante.
De l'amante en exil pleurant ses longs regrets,
A l'enfant tout ravi de la voir consolante,
Dès que sa voix parlait au chant qui la berçait.
Blessée des jours enfin dans son isolement
Que déserte son cœur d'amour inconsolable,
Elle songe à revoir quelques jours en aimant,
Dans l'être qui s'endort, un peu du misérable.
Mais sa vie n'est pas là, qui s'est endolorie
De peines sans répit contre le vif espoir
Dont tout s'armait en elle avec un pur défi[1].

Nous épargnerons au lecteur une plus longue série d'incohérences et d'absurdités. Les exemples que nous venons de citer suffisent amplement à spécifier l'œuvre poétique des dégénérés inférieurs : elle reste invariablement dans l'indigence ou la nullité.

III. LA POÉSIE CHEZ LES FOUS

La dégénérescence mentale n'est qu'un état constitutionnel ; mais elle favorise souvent l'éclosion d'épisodes morbides qui peuvent d'ailleurs survenir en dehors même de son influence et qui constituent d'une façon plus particulière les états de folie.

[1] Cité par WAHL.

Les productions littéraires sont notablement accrues dans certains d'entre eux, dans ceux en particulier qui s'accompagnent d'éréthisme psychique. Nous prétendons désigner surtout les états d'*excitation maniaque* proprement dits, et ceux qui surviennent symptômatiquement dans certaines *névroses*, dans certaines *intoxications* et dans la *paralysie générale au début*.

De tous les états de maladie mentale, c'est assurément la folie à forme *maniaque* qui produit le plus ordinairement la suractivité intellectuelle dont il est question. Toutefois les maniaques n'écrivent pas à la période aiguë. Il semble que ce moyen soit trop lent pour manifester alors leur activité nerveuse. Ce n'est qu'à la période prodromique ou lorsque l'agitation a perdu de son intensité que ces malades confient à la plume leurs pensées et leurs impressions.

Quoi qu'il en soit, tous les auteurs qui ont décrit cette forme morbide s'accordent à constater que chez de pareils sujets la mémoire est plus prompte, l'imagination plus vive qu'à l'état normal.

Pinel, après avoir fait observer que les accès de *manie* semblent quelquefois porter l'imagination au plus haut degré de développement et de fécondité, raconte l'histoire d' « un malade qui, pendant son accès, discourait sur les événements de la Révolution avec toute la force, la pureté et la dignité de langage qu'on aurait pu attendre de l'homme le plus profondément instruit et du jugement le plus sain... Dans tout autre temps, et dans ses longs intervalles de calme, c'était un homme ordinaire ».

Marcé rapporte l'observation d'une jeune femme qui était d'un esprit cultivé, mais d'une intelligence ordinaire, et qui, pendant le cours d'un accès maniaque, avec prédominance d'idées de jalousie, « écrivait à son mari des lettres qui, par leur éloquence, par le style passionné et énergique, pouvaient être placées hardiment auprès des pages les plus brûlantes de la *Nouvelle Héloïse*. Une fois l'accès passé, les lettres redevenaient simples et modestes, et jamais, en les comparant aux autres, on eût cru qu'elles provenaient de la même plume. »

Moreau de Tours dit avoir observé, pendant près de deux ans, « un jeune homme appartenant à une famille dans laquelle les hommes d'intelligence sont communs, et qui était tombé tout d'un coup, sans cause appréciable, dans l'excitation maniaque. Plusieurs jours avant et plusieurs jours après l'accès, il passait une grande partie de la journée à écrire et à composer des vers. Tous les sujets lui étaient bons, et il eût été difficile de trouver dans ses compositions les traces de l'état maladif d'où il sortait à peine, et dans lequel il devait retomber quelques jours plus tard. » Le même auteur raconte tout au long l'histoire d'une jeune excitée maniaque. Au début, « Mlle X... s'animait plus que de coutume, et sans cause apparente ; son visage se colorait, ses yeux devenaient plus brillants ; elle semblait plus affairée, elle parlait beaucoup. Mais sa conduite était si parfaite d'ailleurs, ses raisonnements si justes, qu'on était à cent lieues de penser que tout cela fût le prélude d'une grave maladie. Bientôt la loquacité ne connut plus de bornes, mais toujours sans incohérence, sans désordre réel des idées. Tout au contraire, Mlle X... s'exprimait parfois avec une véritable éloquence, un choix d'expressions remarquable. L'excitation devenant de plus en plus vive, la famille, alarmée, songea enfin à y porter remède... Lorsque nous vîmes Mlle X... pour la première fois, continue l'auteur, nous fûmes vivement frappé de son état. On ne saurait, je crois, se faire une image plus parfaite de l'inspiration ou plutôt de la fureur poétique. Mlle X... passait la journée à écrire des vers sur une foule de sujets. Elle les écrivait avec une incroyable rapidité, sans hésitation aucune. L'agilité de sa plume ne pouvait suffire à l'abondance de ses pensées. La malade semblait plutôt écrire sous la dictée de quelque être mystérieux que d'après ses propres inspirations ; c'est à peine, comme elle le disait elle-même, si elle avait conscience de ce qu'elle faisait. Son écriture, naturellement fort correcte, était à peu près indéchiffrable, et, en se relisant, le sujet semblait plutôt réciter de mémoire que d'après les caractères hiéroglyphiques tracés sur le papier. Dans son état de calme, il lui était presque aussi impossible qu'à toute autre personne d'y rien reconnaître. Ces vers sont loin, assurément, d'être irréprochables sous tous les rapports : on y remarque beaucoup d'emphase, d'exagération ; les néologismes abondent,... mais il s'en rencontre aussi qu'un véritable poète ne désavouerait pas, et qui sont frappés au coin d'une justesse et en même temps d'une originalité d'expression et d'idée extraordinaires. Mlle X... était tellement dominée par le besoin d'écrire, qu'à défaut de papier, de plumes et d'encre, elle faisait usage de tout ce qui lui tombait sous la main, de chiffons, de feuillets arrachés à des livres, d'ardoises, de tessons d'assiettes, de morceaux de charbon, de craie et de bouts de bois. Enfin, ayant été mise dans l'impossibilité absolue d'écrire d'une manière quelconque, la malade s'en consola en prenant la résolution de ne parler qu'en vers. Et en effet c'est en vers, ou plutôt en prose rimée, qu'elle répondait, le plus souvent, à nos questions[1]. »

Plus près de nous, Régis[2] rapporte l'histoire d'un excité maniaque qui vivait en 1882 à l'asile Sainte-Anne. Cet individu, d'une instruction très rudimentaire, puisqu'il exerçait la profession d'employé tailleur, s'intitulait *comte de Swedenborg*. Il se croyait à la fois ministre des affaires étrangères, président de la République et prince héritier d'Autriche. Dominé par une surexcitation cérébrale incoercible, dit l'auteur, « il écrivait toute la journée, sans s'arrêter un instant, produisant chaque jour la matière d'un véritable volume. Bien qu'auparavant il n'eût jamais songé à joindre deux rimes à l'état de santé, la plupart de ses écrits pathologiques étaient en vers, tracés d'ailleurs au courant de la plume et avec une rapidité inouïe. » Voici une lettre que ce malade adressait à Émile Augier, et que nous nous permettons d'extraire de l'intéressante publication du professeur de Bordeaux. Dans

---

[1] MOREAU DE TOURS, *la Psychologie morbide*, p. 423-427.
[2] RÉGIS, *les Aliénés peints par eux-mêmes* (*L'Encéphale*, 1882-1883).

cette lettre, qu'il signe « comte de Swedenborg »,
le postulant charge Émile Augier d'obtenir pour
lui à l'Académie française le siège d'Auguste Barbier.

Il est au monde un homme, à la plume facile,
Écrivain de talent, un prosateur habile,
L'honneur personnifié. Aussi l'Académie
Lui a ouvert ses bras. Moi qui n'ai pour bagage
Qu'un seul bouquin de moi, et pose en historien,
Moi qui suis de Paris, mais un vrai Parisien,
Je voudrais vous charger d'un tout petit message
Auprès des Immortels. Entrouvrez-moi la porte,
Je ne suis pas bien gros. Un modeste fauteuil,
Celui du bon Barbier, ferait bien mon affaire.
Demandez-le pour moi. Votre bagage est riche,
Moi je n'ai presque rien. Demandez à Labiche,
Son théâtre est complet. Si cela peut suffire
Pour être parmi vous, vrai, je vous ferai rire[1].

Dans la période d'excitation de la *folie circulaire*
ou *folie à double forme*, les écrits présentent les
mêmes caractères que dans l'excitation maniaque
simple. Chez la plupart des sujets, la phase d'agitation se manifeste par un besoin d'écrire, comme s'ils
avaient médité ou conçu quelque chose d'important
pendant leur phase dépressive.

Une malade de Sentoux changeait alors de personnage, de condition, et de sexe même, du jour
au lendemain. Tantôt fille de sang royal et fiancée
à un empereur quelconque, tantôt plébéienne et

---

[1] Cité par Régis.

démocrate, aujourd'hui mariée et enceinte, demain
encore vierge, il lui arrivait aussi de se prendre
pour un homme. Elle se figura un jour qu'elle devait
être un prisonnier politique d'importance ; et dans
cette conviction elle composa les vers que voici :

Lorsque dans ma cellule, où parfois je sommeille,
Un doux songe embellit les heures de ma nuit,
Souvent la liberté de mon rêve m'éveille :
« Suis-moi, je te fais libre ! abrité sous mon aile,
On ne pourra ravir à ta mère son fruit ! »
Mais moi, faisant effort, je repousse son zèle :
« Mon Dieu ! je ne veux pas être libre à tout prix ;
Mon sort est magnifique, il est digne d'envie.
Je veux encor des fers, des fers toute ma vie.
Je veux souffrir, je veux mourir pour mon pays[1]. *»*

C'est surtout au moment critique de la transition
que la verve est heureuse. Un jeune homme d'ailleurs fort instruit, qu'on dut faire soigner au pension-
nat de l'asile de Marseille pour une crise d'excitation maniaque consécutive à un surmenage, n'écrivit
que des divagations pendant son accès. Mais il fit
un recueil de vers assez bien tournés avec une facilité remarquable et une rapidité surprenante durant
le laps de temps où il passa de l'excitation à la
dépression. Un malade de Charenton, atteint de folie
circulaire, dut subir de nombreux internements successifs. Chaque fois que l'excitation débutait ou
qu'elle s'atténuait pour se transformer en mélancolie,

---

[1] Cité par SENTOUX.

l'inspiration prenait son essor. Un jour il donne cette réponse au docteur qui fait son éloge :

> *Vous m'appelez Anacréon.*
> *Je n'atteindrai jamais sa gloire :*
> *Elle lance un trop beau rayon.*
> *Je n'use pas d'une écritoire;*
> *Un bout de mine est assez bon.*
> *Près du coursier de l'Hélicon*
> *Mon insuffisance est notoire :*
> *Je ne suis qu'un âne à crayon*[1].

Une autre fois, il sent poindre le découragement :

> *J'ai consulté l'oracle, et l'oracle est muet;*
> *Je vais abandonner mon ouvrage incomplet.*
> *Je n'aurai fait ainsi qu'imiter la nature,*
> *Qui laisse si souvent sans fin mainte aventure*[2].

Mais il demande à la Muse un remède efficace contre la tristesse :

> *Qui sait de quels soucis est formé le nuage*
> *Dont s'assombrit un front? Sur un jeune visage,*
> *Au milieu des plaisirs se peint la gravité;*
> *Ma bouche est sans sourire, et mon œil sans gaîté.*
> *David avec son luth calmait une folie;*
> *Va, mon vers, dissiper une mélancolie*[3].

Ou bien encore il fait son propre examen men-

---

[1] Collection de la Maison nationale de Charenton.
[2] *Ibid.*
[3] *Ibid.*

tal ; il se demande s'il n'est pas parfois le jouet d'un songe ou d'une illusion :

J'ai pendant plus d'un an, jeudi comme dimanche,
Vu de mes propres yeux danser la Dame blanche ;
J'ai fait des vers pour elle, et prié le docteur
De remplir auprès d'elle office de facteur.
Aujourd'hui le docteur dit ne la pas connaître.
C'est donc l'illusion qui l'a fait apparaître?
Une femme à ce point jamais n'eût de beauté ;
Je n'ai fait que rêver, je m'en étais douté[1].

L'humeur hautaine, jalouse et hargneuse des malades atteints de folie circulaire, dans l'intervalle même des accès morbides, est relevée par tous les auteurs. Le sujet dont nous venons de parler en donne une preuve évidente dans les vers qu'il compose aux heures d'accalmie. Il affirme son « moi » et professe le mépris des grands :

Je me ris des honneurs que tout le monde envie ;
Je méprise des grands le plus charmant accueil,
J'évite le palais comme on fait d'un écueil,
Où, pour un de sauvé, mille perdent la vie.

Je fuis la cour des grands autant qu'elle est suivie ;
Le Louvre me paraît un superbe cercueil ;
La pompe qui le suit, une pompe de deuil,
Où chacun doit pleurer sa liberté ravie ;

Loin de ce grand cercueil, loin de ce grand tombeau,
En moi-même j'enferme un Empire plus beau ;
Rois, cours, honneurs, palais, tout est en ma puissance,

[1] Collection de la Maison nationale de Charenton.

Pouvant ce que je veux, voulant ce que je puis,
Et vivant sous les lois de mon indépendance.
Enfin, les rois sont rois : je suis ce que je suis[1].

Le riche surtout lui est odieux :

... Cependant un vampire aux mille tentacules,
Depuis trois fois vingt ans, s'est abattu sur nous.
A la faveur des lois de nos rois, ses émules,
Ce ventre monstrueux s'est emparé de tout.
Chacun se meut pour lui; et sept jours la semaine,
C'est pour lui qu'on travaille : à la ville, à la plaine,
Il a la main partout. C'est pour ses dividendes
Que siffle la vapeur de Dunkerques aux Landes;
Et quand le laboureur, qui nourrit dix enfants,
Pour prix de ses sueurs reçoit en tout deux francs,
Chaque jour, dans son lit, lui en porte cent mille.
On peut, avec cela, élever sa famille.
Insensible à nos joies, il sourit à nos maux,
Car ses jours de triomphe ce sont nos Waterloos.
Ni son sang ni son nom ne sont de ce pays;
Ces biens qu'il accapare, ce sont ceux de nos pères.
Il vit dans des palais, et nous dans des tanières :
Maudit soit le chemin qui l'a conduit ici[2]*!..*

Sa satire grincheuse ne devait pas épargner non
plus la maison où il fut si souvent détenu. En 1892
il parle ainsi de *la Bastille de papa Carnot* :

C'est une noble institution,
Où, moyennant rétribution,

---

[1] Collection de la Maison nationale de Charenton.
[2] *Ibid.*

Monsieur Carnot prend en pension
Les petits et les grands garçons
Qui ne savent pas leurs leçons
Ou qui lorgnent les cotillons.
Monsieur le Préfet de police
Y loge aussi certains oiseaux
Sans consulter les tribunaux.
Même on dit que dame justice,
Qui tape si dur sur les gueux,
Lorsqu'il s'agit d'un gros bourgeois
Ou d'un citoyen de renom,
Qui peuvent payer la pension,
Trouve une excuse cérébrale,
Leur fait grâce de la Centrale
Et les dorlote à Charenton,
En attendant leur évasion,
Qui regarde la Direction.

. . . .

L'Esculape de la Maison,
Moitié jésuit', moitié maçon,
Sans se donner le moindre mal,
S'y fait une chaude toison.
Chaque année, au premier de l'an,
Il attend un bout de ruban.
Allons, allons, monsieur Constans!
Décorez tous ces charlatans.
Pour soigner deux ou trois gagas,
Vous les traitez en vrais pachas.
Mais les extras se paient à part;
Ne restez donc pas en retard,
Et donnez à ce bon docteur
La croix de la Légion d'honneur.

Ces Diafoirus de la cervelle
Aujourd'hui nous la baillent belle !
Maintenant, dans la Faculté,
On se croirait déshonoré
Si l'on s'occupait de l'arrière.
Ces anciens donneurs de clystères,
Ces pourvoyeurs de cimetières,
Veulent tous aller de l'avant !

. . . .

Bagnes, prisons, bouges infâmes,
Affreux cachots d'inquisition,
Cimetières de la raison,
Où l'homme honnête et travailleur
Est séquestré par des voleurs,
Et gardé par des assassins ;
Où le valet de bas étage
Sur le faible assouvit sa rage,
Qui donc ira vous purifier ?
Qui donc mettra fin à vos crimes,
En vous arrachant vos victimes ?
Bon Dieu du ciel, en qui j'ai cru,
Si tu voyais ce que j'ai vu !
Moïse, où donc est ta justice ?
Où donc, ô Christ, est ton amour ?
Honte à vous tous, vils mercenaires !
Honte à la Chambre et au Sénat,
Complices de ces attentats !
Tu n'es qu'un nom, humanité,
Puisqu'on assassine mon frère.
Quand viendras-tu, fraternité ?

. . . .

Vos cartons sont remplis de mes humbles suppliques,

Citoyen Président de la chose publique.
Du premier des emplois tu méritais l'honneur;
Mais les lambris dorés, les festins et les fêtes,
Émoussent ta vertu et te font malhonnête :
Tu n'entends plus nos cris, tu ne vois plus nos pleurs.
Des hommes du passé la Loi pourrait suffire,
Si l'État dans tes mains était bien gouverné;
Mais de la course à l'or tes gens ont le délire...
D'un amas de valets tu n'es plus que le maître!
Nos palais sont peuplés de mauvais serviteurs.
Pour payer des laquais les mille sinécures,
Dans les flancs du Trésor vous puisez sans mesure.
Pour vos coureurs de vins et vos hâteurs de rôts,
Vous doublez nos sueurs, vous triplez nos impôts[1].

L'excitation maniaque proprement dite n'est pas la seule affection mentale qui soit susceptible de développer momentanément l'éréthisme psychique en général et les tendances poétiques en particulier. Les états similaires qui surviennent à titre d'épisode, au cours de divers états psychopathiques, méritent d'être envisagés dans le même sens.

L'excitation qui apparaît sous une influence *toxique* appelle une mention spéciale.

Un alcoolique soigné par Régis lance à la Muse ce chaleureux appel :

C'était toi, douce Poésie,
Objet de mes premiers serments,
Toi qu'on aime sans jalousie,
Qui ne trompe pas tes amants!

---

[1] Collection de la Maison nationale de Charenton.

Poésie, ô toi que j'adore !
Viens me dicter des vers encore,
Sois ma maîtresse pour toujours !
Fais-moi par ta sollicitude,
Dans le travail et dans l'étude,
Oublier mes vieilles amours[1].

Puis il parle de l'inspiration dans un langage qui rappelle singulièrement celui de l'auteur des *Médi-tations :*

Demandez-moi plutôt comment la pâquerette
Ouvre au soleil d'avril ses pétales d'argent,
Comment le bouton d'or prend son reflet changeant,
Comment après l'hiver fleurit la violette.

O poète, tes vers naissent comme ces fleurs ;
Ils germent au hasard et n'ont pour raison d'être
Que le vouloir de Dieu qui tient à les voir naître,
Et que toi qui fournis le rêve et les couleurs.

A l'oiseau voyageur ressemble le poète.
Sa demeure est ailleurs, et vers elle son vol
Là-haut, en plein azur, plane au-dessus du sol :
Dans son voyage saint il n'est rien qui l'arrête.

Quelle route suit-il ? Il ne le sait que mal :
Il ne la choisit point suivant sa fantaisie.
Mais instinctivement, comme vers sa patrie,
Dans un essor sublime il tend vers l'idéal[2].

---

[1] Cité par VIGEN.
[2] *Ibid.*

Un autre exerce sa verve en écrivant une ode
pour le centenaire de Calderon :

> *O maître, en ta course choisie,*
> *Traçant des rivages nouveaux,*
> *Coule ta large poésie*
> *Comme un fleuve aux profondes eaux.*
> *Libre elle s'épanche, et son onde*
> *Révèle au regard qui la sonde,*
> *Dans son cours grondant ou serein,*
> *Plus de richesses merveilleuses*
> *Que Ceylan aux plages heureuses*
> *N'a de perles dans son écrin[1] !*

Mais, comme on peut le penser, les chansons à
boire sont un thème de choix pour tous ces malades. L'un, se croyant grand seigneur, exhorte ses
hommes :

> *Je veux qu'on le verse, le vin,*
> *Le vin de ma vigne féconde,*
> *Je veux qu'on le verse à la ronde,*
> *Et qu'à ma table tout le monde*
> *Ait sa part du nectar divin.*
> *Je veux qu'on le verse, le vin.*
>
> *Allons, sortez donc du tiroir,*
> *Gobelets d'or, d'argent, de cuivre !*
> *Au seigneur Bacchus je vous livre,*
> *Et veux que mon peuple s'enivre*
> *Du bon vin de notre terroir.*
> *Gobelets, sortez du tiroir.*

---

[1] Cité par VIGEN.

O mes gens, vous tous, hommes forts,
Buvez; le vin vous donne à l'âme
Du feu, de l'ardeur, de la flamme.
Et l'on aime bien mieux sa dame,
Quand on boit son verre à pleins bords.
Allons, buvez donc, hommes forts!

Versez, versez le flot vermeil!
Versons jusqu'au bout, camarades !
Buvons tout à larges rasades.
Quand nous serons las d'algarades,
Nous nous livrerons au sommeil.
Versez, versez le flot vermeil[1].

Un autre moins prétentieux fait à l'usage de ses pareils une *Marseillaise*... au vin:

Allons, enfants de la chopine,
Le jour de rire est arrivé:
Pour boire l'absinthe surfine,
Ayons tous le coude levé.
Entendez-vous dans la buvette
Du vin pur les adorateurs,
Et dans les cafés des chanteurs
Qui roucoulent des chansonnettes?

Dieu sauva Noé du naufrage
Quand il noya le genre humain;
« Voilà ce que doit boire un sage, »
Dit-il en lui donnant du vin.
Car d'après l'arrêt d'un tel juge,

[1] Collection de l'asile de Marseille.

> *Tous les méchants sont buveurs d'eau ;*
> *C'est bien prouvé par le déluge.*
> *Buvons du vin jusqu'au tombeau[1] !*

L'éréthisme symptômatique de certaines *névroses*
à répercutions mentales peut se traduire également
par un débordement de littérature poétique. Les
poésies tendres ou érotiques occupent plus particulièrement la verve de pareils malades. C'est ainsi
qu'un hystérique cité par Vigen choisit dans ce
cadre la presque totalité de ses sujets. Dans le
Balcon à Tolède, il raconte :

> *Un jour que j'étais l'âme en peine,*
> *Je vis sur un balcon s'asseoir*
> *Une femme, un ange, une reine.*
> *Alors je tirai sans surseoir*
> *Des accords de ma mandoline,*
> *Et lui dis : « O beauté divine,*
> *Voulez-vous de moi pour amant,*
> *Ou je meurs? — Mourez pas, beau page,*
> *Attendez-moi quelques instants ;*
> *Alors vous serez, je le gage,*
> *Le plus satisfait des amants[2]. »*

Dans un *Rayon d'amour*, il dit encore :

> *Quand je te vois, mon bel ange adoré,*
> *L'amour fait tressaillir mon âme,*
> *Ma lèvre alors sur ton sein enfiévré*
> *Dépose un doux baiser de flamme.*

---

[1] Collection de l'asile de Marseille.
[2] Cité par VIGEN.

A moi seul appartient ton cœur;
Je l'aimerai la vie entière.
Rayon d'amour, douce lumière,
Apporte-moi le vrai bonheur[1].

Une de ses pièces s'intitule même *Hystérie :*

O ma charmante,
L'amour te tente :
Es-tu contente
De tes beaux jours ?

Folles ivresses,
Douces caresses,
Fêtons sans cesse,
Aimons toujours.

O doux rêve
Qui s'achève,
Fille d'Ève,
Tout pour toi !

Quand la fièvre
Joint ta lèvre
A ma lèvre,
Tout finit[2] !

Voici qui est encore de meilleure facture :

Vous m'avez oublié, ma mie,
Certes depuis longtemps déjà;
Mais votre souvenir resta
Au fond de mon âme meurtrie.

---

[1] Cité par VIGEN.
[2] *Ibid.*

Malgré le temps qui s'écoula,
Seul votre souvenir resta.

Combien de fois ai-je revu
Le nid charmant de nos amours,
Où tous deux nous avons vécu,
Jurant de nous aimer toujours!
Cela dura quelques printemps.
Mais, hélas! il y a bien longtemps!

Lise, Suzon, fleurs de jeunesse,
Amours qui n'ont duré qu'un jour,
Autant de jolies pécheresses
Avec qui j'ai chanté l'amour!
Mais je pensais à vous quand même,
Et dans l'amoureuse chanson,
Lorsque je leur disais : Je t'aime,
Mes lèvres murmuraient ton nom.

S'il vous plaisait, chère maîtresse,
Revoir l'ami des anciens jours,
Mon cœur déborde de tendresse
Et veut chanter l'hymne d'amour.
La nature est resplendissante,
Les oiseaux peuplent les buissons:
Si vous le voulez, ma charmante,
Comme à vingt ans nous aimerons[1].

Les phénomènes congestifs qui s'opèrent dans l'intimité des tissus, au début de la *paralysie générale*, s'accompagnent ordinairement d'un état de surexcitation intellectuelle dont tous les auteurs font mention.

---

[1] Collection de l'asile de Marseille.

Falret est un des premiers qui l'aient signalé : « L'intelligence, chez ces paralytiques au début, est surexcitée, dit-il. Ils acquièrent des aptitudes qu'on ne leur connaissait pas et qu'ils ne se connaissaient pas eux-mêmes. Leur mémoire avivée reproduit avec vivacité les souvenirs de leur enfance et même les faits récents qui se passent autour d'eux ou dans leur for intérieur. Leur intelligence, à la fois plus active et plus féconde, est dans une véritable fermentation d'idées, dont quelques-unes sont absurdes et irréalisables, mais dont les autres peuvent être utiles et applicables. »

Moreau de Tours dit également : « Tous les médecins savent que c'est précisément à une époque où telle personne avait montré des dispositions intellectuelles que rien n'aurait pu faire soupçonner auparavant, qu'elle a été frappée par la maladie : si c'est un homme d'étude, plus de facilité dans le travail habituel, de spontanéité, d'imprévu, d'originalité dans les idées, dans les conceptions, d'éclat dans l'imagination; si c'est un homme d'affaires, plus de capacité, plus de hardiesse dans les spéculations, plus d'assurance, de cette foi dans le succès si nécessaire pour mener à bien les entreprises difficiles... Tels sont, assez généralement, les phénomènes psychiques qui, chez un très grand nombre de paralytiques généraux, ont annoncé le prélude de la maladie. »

Régis[1], dans un article spécialement affecté à la poésie chez les paralytiques généraux, expose les

---

[1] Régis, *Poésie et paralysie générale* (*L'Encéphale*, p. 175, mars-avril 1906).

mêmes bases : « Au début de cette terrible affection, dit-il, l'intelligence, avant de sombrer, jette
souvent une dernière et vive lueur. Dans cette
phase prodromique de dynamie fonctionnelle, les
malades, poussés par une stimulation irrésistible,
se mettent à produire, avec une abondance et une
chaleur incroyables, des œuvres de toute sorte.
Beaucoup de ces œuvres sentent déjà la démence
imminente; la plupart cependant ont quelque
valeur, et, soit dans le choix du sujet, soit dans le
caractère ultra expansif des sentiments, soit dans
la vivacité de la forme et de l'expression, portent
nettement l'empreinte de l'exaltation morbide qui
leur a donné naissance. » Le même auteur rapporte
à l'appui de son dire l'histoire d'un marchand de
journaux, d'ailleurs fort illettré, dont les tendances
poétiques représentèrent quasiment un des premiers
symptômes de la maladie. Ce malheureux voulait
acheter tous les terrains autour de Paris, depuis le
Point-du-Jour jusqu'à Charenton, et y construire
des maisons industrielles sur le rendement desquelles il abandonnerait quarante pour cent à l'État.
Mais en même temps qu'il ébauchait ces idées de
grandeur, il fut pris d'un tel prurit cérébral qu'il
écrivit en peu de temps une infinité de poésies,
pour la plupart d'un genre inférieur, mais dont
quelques-unes sont assez piquantes. Voici une
de ces chansons, qui, à défaut d'élévation et de
noblesse, est tout au moins d'un ton enjoué :

Ce n'est pas la fortun' qui m'gêne,
Ni la scienc' qui m'rend orgueilleux;

J'n'ai rien qu'un bon champ, qu'avec peine
J'cultiv', comme ont fait mes aïeux.
Or dans mon bien, Dieu leur pardonne!
J'ai vu des p'tits rôdeurs tantôt,
Qui v'naient p't-êt' ben un peu trop tôt
Voir si la récolte était bonne.
Mais pourquoi m'en embarrasser?
De grain mûri mon champ regorge.
Allez! enfants, chipez mon orge:
Ça vient tout seul sans y penser.

Quand j'suis auprès de Marguerite,
Que j'aime et qui m'aime en retour,
Je sens mon cœur battre plus vite
Et j'os' pas lui dir' mon amour.
Je me sens des frissons tout drôles.
J'voudrais parler et j'reste coi.
Marguerit', voyant mon émoi.
Me dit en haussant les épaules:
« Mais pourquoi donc t'embarrasser?
Parler d'amour est douce chose.
Un peu d' courage, et puis l'on ose :
Ça vient tout seul sans y penser. »

J'suis resté seul : les morts vont vite.
Là-haut les vieux ont émigré.
Demain moi-même et Marguerite
Irons chez l' maire et le curé.
Et puis, à la saison prochaine.
Faudra s'émoustiller un brin.
Afin de trouver un parrain,
Accompagné d'une marraine.

Mais pourquoi donc m'embarrasser
Pour un bébé tout frais, tout rose?
J'espère bien doubler la dose :
Ça vient tout seul sans y penser.

Des gens à qui tout fait d' la peine
Dis'nt, avec des airs mécontents,
Qu' j'ai tort d'user ma vie en graine,
Et qu' j'aurai pas toujours vingt ans.
Eh! quoi, j'ai tort d'aimer tout l' monde,
De m' donner tout l' bonheur que j' puis,
Et d' préférer à l'eau des puits
Le vin de ma vigne féconde?
Laissons-les donc s'embarrasser!
Je jouis de ma belle jeunesse;
Bien plus tard viendra la vieillesse:
Nous avons le temps d'y penser[1].

Mais il est plus intéressant de constater l'influence de la *paralysie générale* sur un esprit instruit et intelligent, en observant dans la poésie elle-même la ruine progressive de l'activité mentale. On peut suivre cette évolution chez un homme de lettres, ancien pensionnaire de Ville-Évrard. Au début, la pensée reste assez lucide. Dès les premiers jours, le malade s'indigne de sa situation :

Ne dites pas « oui » quand c'est « non » :
Ma chambre est un pur cabanon.
De la première à la dernière,
Et de l'ultième à la première,

---

[1] Cité par Régis.

Poésie et folie. 8

Je vois dans toutes vos maisons
Des murs fermant les horizons[1].

Il se fâche et profère des menaces :

Quel crime ai-je commis pour être solitaire?
Je ne vois sous mes yeux que des fous torturés
Et des brutes frappant leurs corps défigurés.
Je n'ai d'autres recours que prier et me taire :
Oh! Seigneur, si je vous ai toujours bien servi,
Brisez l'asile infâme où mon âme agonise.
Si ma captivité plus longtemps s'éternise,
Que dois-je faire, ô maître, en qui ma foi survit?
J'ai, calme et réfléchi, supporté les injures
De tous les médecins liant ma volonté,
Et je sens s'élever dans mon cœur irrité
Une haine de fou pour ces docteurs parjures.
Lâches! Vous ferez bien de ne pas provoquer
D'un seul affront de plus ma fierté qui s'indigne;
Car d'un seul de mes poings, avec ma force insigne,
Je ferais d'un seul coup votre tête craquer[2].

S'adressant au médecin, il rêve de carnage :

Je te ferai mourir, sitôt sorti, sais-tu,
Comme un bandit gavé de constantes rapines.
Je te ferai râler dans un buisson d'épines
Qui te lacéreront avec leur dard pointu;
Enfin je t'étreindrai de ma rage à la gorge,
Et tu ne pourras pas, ô vermine d'égout,

---

[1] Communiqué par SÉRIEUX.
[2] *Ibid.*

Empêcher que ma main ne t'aveugle et t'égorge,
Car je t'étranglerai sans honte et sans dégoût.
Sale et triste coquin qui toujours m'empoisonne,
Crains fort que je t'empoigne et que ta tête sonne,
S'écrasant à mes pieds et crevant d'un seul coup[1].

La poésie suivante, un peu ultérieure et d'une toute autre allure, indique la conservation d'une certaine cohésion mentale :

Au large roulis des carènes
Préside un rythme très savant.
Je sais que ce n'est pas le vent :
C'est la musique des Sirènes.

Leur voix est telle qu'on dirait
Des soupirs de brises calmées,
Ou des susurrements d'almées
Se confiant leur doux secret.

Et le charme de leur voix lente
Ajoute au mystère des flots,
A leurs soupirs, à leurs sanglots
Une magie ensorcelante,

Qui nous fait voir leur corps charmants
Pâmés, ô mer, sous tes caresses,
Et leurs cheveux en lourdes tresses
Mouillés de mille diamants.

Oh! charitables dont la bouche
Me promet un mortel baiser,
Vous seules pouvez apaiser
A jamais mon désir farouche.

[1] Communiqué par SÉRIEUX.

Mes amis, ne m'attachez pas
Comme Ulysse aux mâts du navire.
Vers leurs seins émus je chavire :
Je veux m'abîmer en leurs bras,

Et, bercé par leurs cantilènes,
D'un rêve terrible et charmant
Mourir, mourir exquisement
De l'amer baiser des Sirènes[1].

Il y a encore de beaux vers dans la strophe suivante :

Tes bras sont les liens de mon humilité,
Car je suis très petit dans ta main, ô Madone !
Si jamais Dieu voulait que ton cœur m'abandonne,
Je maudirais le Ciel, et d'un vol irrité
J'irais crever les yeux de l'immense clarté,
Planter un trait vibrant, soleil, dans tes paupières,
Et casser, Dieu cruel, avec de lourdes pierres
L'étincelant vitrail de ton ciel insulté.
Mais en te bénissant j'achève mes prières,
Car ta puissance, ô Vierge, est faite de bonté[2].

Et dans cette autre un peu plus obscure :

Oui, je te veux planant les ailes toutes grandes
Dans la splendeur du ciel, au-dessus des grands
[monts,
Pour voir s'évanouir, tant que nous nous aimons,
Les banales gaîtés des folles sarabandes,

---

[1] Communiqué par SÉRIEUX.
[2] Ibid.

Et l'humaine chanson que nous n'entendrons plus.
Lors nous serons en l'air très pur où ne vont plus
Les cris désenchantés de la douleur humaine,
Car mon ardent désir vers l'extase t'emmène[1].

Mais voici où la démence s'accuse d'une façon bien nette :

Oh! je voudrais en un miraculeux décor
T'étreindre toute en la caresse mordorée
Des foins coupés par la faucille, mer dorée
Où nous endormirons notre amoureux essor,
Tandis qu'en la futaie, à l'hallali du cor
Qui brame notre amour, barque désemparée,
Je traîne en trémoli ma plainte de ténor,
En des notes d'airain sous la voûte éthérée,
O ma reine divine, ô mon très pur trésor!
Pour t'éveiller, râlant, par Éros dévorée[2].

Et plus encore dans ce qui suit :

O nuit splendide! ô nuit plus belle que le jour!
Dis les douces chansons d'Hoffmann souples et
        [calmes,
O nuit d'amour! ô nuit où la haute colline
Luit de l'argent divin de ton joyeux tambour!
O Lune où mon Pierrot va rouler en sourdine
Ses désirs avivés par ta main séraphine[3]!

Nous n'avons considéré jusqu'ici que les états morbides caractérisés foncièrement par une excita-

---

[1] Communiqué par SÉRIEUX.
[2] *Ibid.*
[3] *Ibid.*

tion maladive des facultés. Mais il convient d'ajouter que tout délire, quel qu'il soit, présente, par rapport à la sphère d'affectivité, un caractère dynamogénique; il entraîne toujours à quelque degré une exaltation du tonus émotionnel, et ici encore cette exaltation ne peut que favoriser les tendances lyriques. Aussi peut-on recueillir un certain nombre de poèmes plus ou moins heureux parmi les malades atteints de *délire systématisé* à base d'interprétations ou d'hallucinations.

Un persécuté parle de son talent et fait allusion à ses idées délirantes :

> *Il paraît que je suis poète,*
> *Que le bon Dieu m'a fait ce don,*
> *Et que j'ai rimes dans la tête*
> *Pour composer vers et chanson.*
>
> *Tenant ainsi, par ma nature,*
> *De la cigale et du pinson,*
> *Je chantais les bois, la verdure,*
> *Les champs et la fleur du buisson.*
>
> *Le matin je chantais l'aurore,*
> *La fraîcheur des gazons perlés;*
> *Le soir, l'horizon qui se dore,*
> *Et, la nuit, les cieux étoilés.*
>
> *Je ne faisais à mes semblables*
> *Que rendre bonté sur bonté;*
> *Il est vrai qu'à des misérables*
> *J'ai dit un jour la vérité.*
>
> *Eh bien! pourtant je leur pardonne*
> *Leur vice et leur méchanceté :*

Mais je demande qu'on me donne
L'estime que j'ai mérité...

En ce monde je n'ambitionne
Que la paix, la tranquillité;
Aux autres gloire et puis couronne!
Je ne veux que la liberté.

Alors, dans un coin de la Brie,
Butinant, chantant ma chanson,
Doucement finirai ma vie,
Tout comme finit le pinson[1].

Un mystique converse avec le Très-Haut :

Lorsque sur notre cœur frappe l'adversité,
Nous cherchons un appui dans la divinité,
Et, dans un autre monde emportant la pensée,
L'âme s'élève, oublie, et se trouve apaisée.
Ne se souvenant plus des terrestres douleurs,
Volant vers l'infini, elle sèche nos pleurs.
Elle va, elle va, en traversant les mondes,
Dans une joie immense, en une paix profonde...
O Dieu, je fais appel à ta noble puissance
Pour qu'un terme soit mis à ma longue souffrance.
Tu voulus m'éprouver, je m'incline devant
Ta volonté sacrée; mais aujourd'hui, sachant
Tout ce que j'ai souffert des hommes et des choses,
Tu me pardonneras si, meurtri, blessé, j'ose
Faire appel à ta main, qui doit me protéger.
Trop chrétien que je suis pour vouloir me venger,
J'ai souffert, je suis las, je n'ai plus de courage.
La maladie me tue, et le méchant m'outrage;

[1] Communiqué par MASSELON.

Et pourtant j'étais bon, j'étais loyal et doux.
Aie pitié, ô mon Dieu, je suis à tes genoux,
Acceptant humblement la volonté divine :
Le front dans la poussière, à tes pieds je m'incline.
Dans le bleu firmament tout constellé d'étoiles,
Où glissent les soleils, où la nuit tend ses voiles,
Où chaque astre, à son tour, poursuit son mouve-
                                                    [ment,
Où la gloire divine est un rayonnement,
La grande voix de Dieu, maître de la nature,
Vient me parler tout bas : « Si tu es éprouvé,
C'est que je jugeais bon que tu fusses sauvé.
Le temps m'appartient seul; ma justice infaillible
Redressera les torts; que rien ne soit pénible.
La vie humaine est courte, il faut savoir souffrir,
Et l'on gagne le ciel à savoir bien mourir.
La paix soit avec toi! sois patient, et puis pense
Qu'après la vie t'attend ici la récompense. »

. . . .

Haletant, j'écoutais... Soudain la nuit se fit,
Et mon âme calmée doucement s'endormit[1].

Un mélancolique veut mourir et fait ainsi ses
adieux à celle qui fut son amante :

> *Tu fuis, cruelle, et j'expire.*
> *Pardonne à ma faible voix*
> *D'oser encore te redire*
> *Ce qu'elle a dit tant de fois.*
>
> *Rassure ton âme émue,*
> *Regarde-moi sans frémir :*

---

[1] Collection de la Maison nationale de Charenton.

On doit supporter la vue
De ceux que l'on fait mourir.

Je t'aimai sans être aimé;
Jamais je n'en eus l'espoir,
Mais à mon âme charmée
Il suffirait de te voir.

Hélas! ta seule présence
Suspendait tous mes tourments.
Je ne comptais d'existence
Que ces rapides moments.

Reçois de moi sans colère
Les adieux de l'amitié.
Trembles-tu que ma misère
T'inspire de la pitié?

Non, non, tu n'as rien à craindre
En m'accordant un regard.
Va, je ne suis pas à plaindre :
Je meurs avant ton départ[1].

Un autre exprime en ces termes la hantise du
suicide dont il est poursuivi, et à laquelle d'ailleurs
il cédera quelques jours plus tard :

Paul insensible aux biens du monde,
Le cœur glacé dans son printemps,
Cherchait un soir, penché sur l'onde,
Le discret abri des tourments :
« Pâle mort, je crois à tes charmes;
Fais qu'on ignore sous ces flots
Celui qui n'attend pas de larmes...
O mort, donne-moi le repos! »

[1] Collection de la Maison nationale de Charenton.

Au sein de ce lieu solitaire,
Un pauvre passait en chantant :
« Que fais-tu là, dit-il, mon frère?
— Je vais où s'en va le torrent.
Au berceau j'ai fui la sagesse,
Pour marcher au bras de l'erreur ;
L'ennui dévorait ma jeunesse,
Et je mets fin à ma douleur.

Les dons brillants de l'opulence
M'ont séduit à peine un matin ;
L'amour a trompé mon enfance,
Le ciel a maudit mon destin.
— Infortuné! quelle tristesse
Te peut ainsi désespérer?
Le bonheur qui fait ta détresse,
Combien sont à le désirer!

Pour moi, qui traîne sur la terre,
Depuis vingt ans, un triste sort,
J'aime mieux ma libre misère
Que les promesses de la mort.
L'illusion vient me sourire,
La nuit, sous les chênes touffus...
Vers mon toit je veux te conduire. »
... Mais Paul, hélas! n'existait plus[1]*!*

L'étiquette de « folie partielle », qu'on donne fréquemment aux délires systématisés, sans modification patente de l'intelligence, explique assez qu'en
de pareils états les facultés imaginatives soient

---

[1] Collection de l'asile de Marseille.

presque toujours respectées ou même exaltées. Il
n'est cependant pas indifférent de montrer dans
quel désarroi certains sujets ont écrit leurs vers.

Sentoux rapporte l'histoire d'un malade à la fois
mélancolique et persécuté qui, à la suite de travaux
excessifs, avait été pris d'idées tristes et d'hallucinations de l'ouïe ; on l'insultait, on le menaçait...
Il s'imagina qu'on en voulait à sa personne et se
proposa de vendre chèrement sa vie. On se décida
à le faire conduire à Charenton... Il y resta sombre,
ombrageux ; rien ne put le faire sortir de son isolement ; il refusa constamment de répondre aux
lettres qu'on lui adressait. Malgré la persistance
des hallucinations et des idées délirantes, il entre-
prit divers travaux, notamment une traduction des
œuvres de Dickens, et composa plusieurs poésies.
De sa *Locomotive* on peut extraire quelques
strophes passables :

> *Ce monstre annule les frontières*
> *Séparant les peuples entre eux ;*
> *Il ne connaît pas de barrières ;*
> *Il voit partout les mêmes cieux.*
> *Il augmente le nombre d'heures*
> *Que nous devons vivre ici-bas ;*
> *Il apporte la vie aux plus humbles demeures ;*
> *Les points les plus distants pour lui sont à deux pas.*

> *Pour lui la plus haute montagne.*
> *Ouvre ses rudes flancs ;*
> *Pour lui la plus belle campagne*
> *Laisse entamer ses champs :*

Pour lui la profonde vallée
Porte des monuments ;
Pour lui la rivière encaissée.
A des ponts élégants.

. . . .

Ainsi que le Progrès, il brise les obstacles
Qu'il rencontre sur son chemin ;
Ainsi que le Progrès, il a fait des miracles,
Lui le plus grand miracle humain.

. . . .

Si sa trop vive ardeur n'était pas refrénée,
Il marcherait jusqu'au trépas,
Et l'univers entier à sa course effrénée
Ne suffirait peut-être pas.

. . . .

Il fera le tour de la terre.
Il roulera sans doute, un jour, sous l'Océan ;
Mais ses feux rouges de l'arrière
Disent qu'il veut aussi des martyrs et du sang[1]*!*

Les vers suivants, fournis par le même malade,
ne manquent pas d'une certaine couleur :

Le soleil est couché. Partout dans la campagne
Les villageois nombreux suspendent leurs travaux ;
Le bétail à pas lents descend de la montagne ;
La diligence passe au grand trot des chevaux.
Le ciel est pur, l'air est tranquille ;
Les oiseaux gazouilleurs sont retournés au bois ;
Dans le lointain fume la ville ;
La nature d'un ton baisse sa grande voix[2].

[1] Cité par SENTOUX.
[2] *Ibid.*

On trouve également dans l'ouvrage de Sentoux
l'observation d'un autre malade persécuté et mélancolique qui fut pris subitement d'une crise de frayeur
intense. On dut le conduire à Charenton. Quand on
lui apporta une potion, il la but avec empresse-
ment, espérant que ce breuvage pourrait activer sa
fin. La potion le fit dormir; il s'éveilla tout étonné
d'être encore vivant et pensa qu'on voulait sans
doute prolonger son supplice. C'est alors que, songeant à ses enfants, il les vit errants et misérables,
repoussés de tous à cause de l'indignité de leur
père. L'idée lui vint de les recommander à l'empereur avant de mourir, et pour toucher son souve-
rain, il voulut lui parler de l'Orphelinat du prince
impérial, en des termes flatteurs et attendrissants :

> *Malheur à l'enfant de la rue!*
> *Il boit plus de pleurs que de lait.*
> *Le froid mord son épaule nue,*
> *Et toute grâce est disparue*
> *De son front au pâle reflet.*
> *Il grandit sans jamais connaître*
> *Le frais sourire du bonheur,*
> *Sans entendre la voix du prêtre,*
> *A sa droite sans voir paraître*
> *Le guide qu'on nomme l'Honneur!*

> . . . .

> *Quel sage bienfaiteur, quel Lycurgue intrépide,*
> *Réchauffant dans son sein la vile chrysalide,*
> *Ouvre le ciel à qui vivait dans le limon,*
> *Et réalise ainsi la sublime chimère*

D'inspirer de l'amour à qui n'a pas de mère,
Le culte de l'honneur à qui n'a pas de nom?

Certes, ce n'est aucun de ces songeurs superbes
Qui, se mettant au front les rayonnantes gerbes,
En Moïses nouveaux prétendent s'ériger;
Le dévouement jamais n'embrasa leur poitrine.
Leur orgueil, si fécond en menteuse doctrine,
Sait irriter le pauvre et non le soulager.

Celui qui le fonda, cet asile qui s'ouvre,
C'est celui qui d'un mot a couronné le Louvre,
Ce rêve des Valois et puis de Louis le Grand!
C'est celui qui, deux fois père de la patrie,
A de son bras puissant chassé la barbarie
Et d'un peuple abaissé fait un peuple géant!

Car il faut que ton nom, Napoléon, se pose
Du palais à la crèche au bout de toute chose,
Et que, dans ton manteau d'abeilles parsemé,
Qui porte dans ses plis les destins de l'Europe,
Comme ton propre fils l'orphelin s'enveloppe
Sans plus craindre le froid, sans plus être affamé.

Pourtant tu n'es pas seul dans cette œuvre modeste:
Un ange de grandeur et de bonté céleste
En inspira la gloire à ton cœur de lion,
Et c'est avec l'accord de vos âmes pareilles
Que vous effacerez les antiques merveilles,
Car un simple Hôtel-Dieu vaut mieux qu'un Par-
[thénon!

Et vous voilà dans cet asile,
Vagabonds sauvés par César.
Un cœur droit, une âme virile
Seront désormais votre part.
Vous pourrez fièrement répondre
A ceux qui croiront vous confondre
En vous demandant votre nom :
Cessez toute ironie amère,
Car la France fut notre mère;
Notre père, Napoléon [1].

Si certains types de *mélancolie* peuvent être une
source d'activité en raison d'une élévation inaccoutumée du tonus émotionnel, on peut se demander
si les formes nettement dépressives sont compatibles
avec un effort lyrique. En fait, il est bien certain
que dans la dépression nettement accusée le ralentissement profond de tous les processus mentaux,
la gêne de l'évocation, l'insuffisance des mobiles,
le dégoût de l'action, tout cela doit être un obstacle
à la production et frapper de stérilité l'imagination
qui demeure engourdie aussi bien d'ailleurs que tout
l'organisme. Cependant il faut observer que, dans
les cas atténués, l'esprit déprimé n'est encore
envahi que par une vague langueur; les facultés
imaginatives peuvent alors se donner carrière et
fournir quelques productions nuageuses dont la gri-
saille n'est point déplaisante. Un jeune homme
atteint de folie circulaire faisait, en tant que
mélancolique, surgir de son âme souffreteuse, lan-

---

[1] Cité par SENTOUX.

guissante et maussade, quelques rimes harmonieuses.
Écoutez la *Pluie* :

> Le ciel gris s'ennuie :
> Une fine pluie
> Pénètre mes os,
> Et ma chair frissonne.
> La cloche qui sonne
> S'enroue sous les eaux.
> La pluie fine verse
> Son onde. Et l'averse
> Impassiblement
> Mouille toute chose,
> L'insecte et la rose.
> Je vois vaguement...
> Mon âme transie
> Et toute saisie
> Par l'humidité
> Erre d'aventure,
> Frémissante et pure
> Dans l'air hébété[1].

Et le *Cimetière désert* :

Rien. Sur la pierre grise une feuille qui tombe ;
Le silence,... la mort. Et sur le sol jauni
Les débris veloutés des mousses d'une tombe,...
L'inexprimable ennui rejoignant l'infini...

Un ciel morne entrevu parmi les hauts feuillages,
L'humidité malsaine et triste du passé,
Et l'âcre souvenir éternel des vieux âges...
L'air paraît très ancien, grandiose et glacé.

---

[1] Collection de l'asile de Marseille.

J'ai vu par les barreaux vermoulus de la porte
Le vieux bois frissonnant et la mousse des temps;
J'ai longuement rêvé de cette race morte,
Et je sentais mon cœur expirer par instants...

Et le soleil pleura dans les feuilles d'automne
D'étranges larmes d'or,... des larmes de soleil,
Que le vent secoua sur le sol monotone
Avec l'étrange peur de troubler le sommeil[1].

Et la *Chanson du soir* :

Écoute, hélas! Mon âme pleure
Dans le soir bleu. Comme un frisson,
Je suis triste et j'aime. C'est l'heure
Où le ciel chante sa chanson.

Une voix dit : Poursuis sans cesse
Dans le soir clair ton rêve d'or;
Ton âme est pleine de tristesse,
Mais poursuis-le jusqu'à la mort.

Et dans l'infini de la plaine
La voix s'alanguit comme un œil;
La brise étreignit son haleine,
Et la nuit vint, vêtue de deuil.

Écoute, hélas! Mon âme pleure
Dans le soir bleu. Comme un frisson,
Je suis triste et j'aime. C'est l'heure
Où le ciel chante sa chanson[2].

Il est généralement admis que les *délires systé-matisés,* sous quelque forme qu'ils se présentent, doivent, lorsqu'ils évoluent d'une façon chronique,

---

[1] Collection de l'asile de Marseille.
[2] *Ibid.*

aboutir tardivement à la ruine totale et définitive
de l'activité mentale. Cette règle, qui peut se vérifier d'une façon courante, souffre pourtant quelques
exceptions. Parrot[1] publiait encore il y a quelques
mois une série de sonnets qu'il emprunta au recueil
d'un persécuté chronique, malade depuis trente-cinq
ans. Ces sonnets sont écrits alors que le sujet a soixante,
soixante-dix et quatre-vingts ans. Voici le premier :

Depuis cinq ans bientôt, pour subir la souffrance
Des mains de mes bourreaux, captif à Charenton,
J'attendais, j'implorais mon jour de délivrance
Au besoin par la mort ou par la déraison.

Mais un soir, lorsque mars, sonnant la renaissance,
Annonçait le printemps et la molle saison,
Vous m'êtes apparue au salon de la danse,
D'un rêve caressé troublante vision;

Et depuis que j'ai vu votre grand air de reine
Illuminer ces murs de grâce souveraine,
Mon martyre m'est doux et chère ma prison;

Et j'en suis à trembler qu'on baisse la barrière,
Et que la liberté me rouvre la carrière,
Puisqu'alors je devrais quitter votre horizon[2].

Et voici le dernier :

Vous avez dû souvent, aux délais condamnée,
Voyant que vainement le jour succède au jour,
Sans aucun changement dans votre destinée,
Vous rappeler le sort de la belle Bauldour.

---

[1] Parrot, *Poésies d'un persécuté* (*L'Encéphale*, 1re année, n° 4,
juillet-août 1906, p. 396).

[2] Cité par Parrot.

Comme elle verrez-vous votre beauté fanée
Avant que Pécopin, oublieux du retour,
Soit venu réclamer, après longues années,
La récompense offerte à son antique amour?

Mais si, depuis quinze ans déjà, le mariage
Nous avait réunis, qu'importe le dommage
Qu'aurait l'aile du temps fait à votre beauté!

Vous en devrais-je moins les soins de ma tendresse?
Ma parole est sacrée, et jamais ma promesse,
Pour tenir, n'eut besoin d'une formalité[1].

Au demeurant, si extraordinaire que puisse
paraître la coexistence de l'excitation intellectuelle
et de la *démence* proprement dite, qui est l'abolition
de toutes les facultés, il est bien vrai, cependant,
qu'elle se présente quelquefois. On l'observe dans
des états morbides qui ont pour symptôme essentiel
la déchéance globale de l'activité, notamment dans la
paralysie générale avancée et *l'affaiblissement sénile.*
Quelques souvenirs précis, quelques notions justes
se trouvent encore dans les écrits d'un petit nombre
de sujets au milieu d'idées confuses portant l'empreinte du délire primitif. D'autre fois la phrase, bien
construite au point de vue grammatical, ne représente aucune idée; ce sont des mots, rien que des
mots. Mais, d'une façon générale, il est à peine
besoin de dire que l'incohérence domine dans les
écrits en prose ou en vers de tous les déments. La
perte de la mémoire, le défaut de perception et
d'association entraînent l'impossibilité de combiner

[1] Cité par PARROT.

les idées. Nous ne voyons aucun intérêt à produire
de pareilles élucubrations, car nous n'avons que
trop abusé déjà de la bonne volonté de ceux qui
nous liront.

*
* *

L'inventaire qui précède et que nous avons voulu
faire aussi long et aussi complet que possible, au
risque d'y introduire des productions très médiocres
et des exemples très fastidieux, mérite d'être appré-
cié d'un coup d'œil rapide et dans une vue synthétique.

On y trouve d'abord la preuve de cette vérité
générale, assez mal connue du public, à savoir que
les deux termes raison et folie, selon le vulgaire si
opposés, si incompatibles, ne s'excluent pas nécessairement; que, bien au contraire, tout aliéné en
présente un certain mélange dont les proportions
réciproques varient à l'infini; que, dans ces variations, de même que la folie peut se manifester
avec un développement suffisant pour éclipser la
raison, de même la raison peut se déployer à son
tour au point de masquer la folie.

On peut même constater que la suractivité intellectuelle qui accompagne la folie fait rencontrer
accidentellement à quelques insensés, dans la manifestation de leurs idées, de leurs sentiments, de
leurs passions, une abondance et quelquefois même
un certain talent d'expression dont l'existence ne
s'était point témoignée hors des frontières de la
maladie. Ici, en effet, l'action réductrice ou modé-

ratrice de la raison n'intervient plus pour arrêter les élans de l'imagination déréglée qui se donne libre cours avec l'intensité impulsive du réflexe. C'est que la raison, en réprimant les illusions, enlève à l'homme normal une source d'inspiration féconde. Au contraire, par le débordement de l'imagination qu'aucun frein ne retient, la folie peut prêter à l'intelligence un levain capable de l'élever au-dessus de la banalité. Cette remarque est surtout applicable aux arts, et à la poésie en particulier, car on peut être à la rigueur un poète avec une intelligence moyenne et une imagination vive, au lieu qu'avec l'intelligence la plus lucide on devra renoncer à écrire des vers si l'on manque d'imagination.

Toutefois, il faut insister sur ce fait que les facultés ne sauraient être surexcitées au delà de l'aptitude virtuelle du cerveau qui les met en jeu. Vous aurez beau presser un mur, dit le proverbe, vous n'en extrairez pas de l'huile. Et, comme le fait observer Lemoine en parlant du Tasse, « c'est parce qu'il était fou peut-être qu'il chantait, mais c'est parce qu'il était le Tasse qu'il chantait si bien : il faut que ce soit déjà le génie qui délire, pour que le délire soit encore du génie[1]. » Les œuvres qui sont un produit de surexcitation morbide sont donc mesurées, en définitive, par la virtualité cérébrale de leur auteur. Cela suffit à nous expliquer la valeur très insignifiante de beaucoup d'entre elles. Celles qui se piquent de montrer de l'esprit

---

[1] ALBERT LEMOINE, l'Ame et le Corps.

ne dépassent pas le niveau d'une farce de brasserie. Les autres sont souvent plates et sans intérêt. Bien peu méritent d'être fixées, et dans la majorité il y a plus de rimes que de vers, et plus de vers que de bon sens. Il est donc abusif de parler avec Lombroso de « la génialité temporaire des fous ». Très certainement les états de surexcitation qui accompagnent ou traduisent certaines formes de l'aliénation ne manquent pas d'aiguiser la plume de quelques sujets, et il faut reconnaître que ces derniers, sous cette influence morbide, écrivent mieux qu'avec leur bon sens. Mais ces manifestations n'aboutissent jamais à une œuvre vraie, et, à part de rares exceptions, nous sommes assez tentés de dire avec Regnard qu' « on y remarque beaucoup de verbiage, très peu d'idées et pas du tout de génie ».

V

Nous avons insisté sur la manière dont il convient d'apprécier selon nous les rapports des deux termes *folie* et *génie*, et nous avons été conduits à noter l'exagération de toute théorie exclusive dans les deux sens de l'opposition et de l'identité.

Quoi qu'il en soit, et sans sortir du domaine des faits, il reste évident que nombre de productions viables sont intimement liées dans leur nature et leur mécanisme à l'état morbide de certaines fonctions.

Depuis les travaux de Lélut sur le *Démon de Socrate* et l'*Amulette de Pascal*, l'étude psychiatrique des génies morbides a donné lieu aux publications les plus variées de la part de nombreux auteurs.

En vérité, nous avons une certaine tendance à exhumer les cadavres de nos demi-dieux pour mettre à nu leurs misères secrètes, et la mode s'en est quelque peu mêlée depuis un certain temps. On se fait d'ailleurs une idée très exagérée de la fréquence des anomalies mentales chez les hommes connus du public, et cette erreur procède de deux causes.

D'abord, la névrose paraît plus fréquente chez l'homme de génie parce qu'on la remarque plus facilement chez lui. Charles Nodier avait dit déjà : « C'est un sot besoin de l'homme vulgaire que celui de trouver des faiblesses, des bizarreries et des ridicules dans le grand homme; mais nous sommes tous plus ou moins hommes en ce point. Nous ne pardonnerions pas au génie de porter si haut sa tête dans le ciel s'il ne tenait pas à la terre par les pieds, et Dieu sait alors avec quelle sollicitude nous nous attachons aux moindres défauts de ce qui tombe sous nos yeux dans ce géant inaccessible. » Il est rare qu'en étudiant de près la vie d'un grand nombre d'hommes supérieurs on ne trouve pas dans leur organisme mental quelque chose de défectueux, voire même de morbide. Mais la question est de savoir si l'on ne trouverait pas les mêmes bizarreries, les mêmes étrangetés, chez bien des mortels qui vivent ignorés et dont les bizarreries ou les étrangetés n'intéressent personne. On va chercher dans la vie des célébrités toutes les imperfections qu'on y peut trouver. Puis on revient avec ce butin que l'on agite avec frénésie devant l'opinion vulgaire, et les moindres faiblesses prennent des proportions inquiétantes, car c'est l'apanage des hommes extraordinaires d'attirer l'attention et la surprise des générations sur leurs défaillances plus encore que sur leurs grandeurs. Il faut ajouter que les idées fausses, chez les esprits forts, sont poussées plus loin que chez les gens médiocres : elles peuvent donc en imposer dans certains cas pour des signes de désordre. La simple nouveauté des conceptions ou des impressions apparaît volontiers chez eux comme un caractère morbide, et pour peu que de pareils sujets laissent errer à quelque distance de l'axe de raison cette irrégularité de bon aloi qui est une part de leur force, elle devient sans difficulté une accusation de folie.

Mais une autre cause peut entrer en jeu. L'artiste sait trop souvent que l'irrégulier est à cultiver dans l'intérêt même de ses inventions. Il s'entraîne à l'extravagance, ce qui est quelquefois un bien. Puis il se laisse entraîner par elle, ce qui est toujours un malheur. Le public inepte et béat l'encourage dans cette voie en de certains milieux, et l'on court à la frénésie. La névrose a été simulée maintes fois pour consterner le bourgeois et mystifier le philistin.

Quoi qu'il en soit, de vraies légendes se sont installées sur certains poètes, qui ont pourtant conservé, toute leur vie durant, un esprit fort bien pondéré.

Ainsi s'est formée « l'image monstrueuse d'un *Shakespeare* qui aurait été un fou de génie, un barbare sublime, écrivant dans une espèce d'hallucination, dans une nuit d'où jailliraient des éclairs ». On pensa qu'il était impossible de juger son œuvre par les procédés courants de la critique et d'en parler avec sang-froid, sans subir en aucune façon l'atteinte du délire dont on croit le voir s'imprégner sans cesse. Alors on fabriqua « un Shakespeare à souhait, pauvre grand homme errant et souffrant, méconnu, haï, trahi, vivant dans la réalité toutes les passions de ses drames, jetant à la société un perpétuel défi, composant de ses douleurs et de ses erreurs la substance même de son tragique et sombre génie ». Après cela, il ne laisse pas d'être piquant de constater que Shakespeare fut tout simplement un bourgeois jovial. Cependant rien n'est plus certain. Pour expliquer chez lui « ces contradictions, ces heurts, ces incohérences, ces contrastes, ce mélange d'horreur et de tendresse, de grandeurs et de trivialité, de poésie exquise et de grossièreté », point n'est besoin de réclamer pour notre poète « le bénéfice de l'imagination délirante et de la frénésie[1] ».

L'épilepsie d'un *Dante* mégalomane et érotomane par surcroit, n'a guère plus de valeur. L'auteur de l'*Enfer* se trouve au milieu des âmes, misérables victimes d'amour que le Dieu des chrétiens tourmente. Et « tandis qu'un des esprits parlait, l'autre pleurait si fort que, de pitié, il me sembla mourir », ajoute le poète.

> E caddi, como corpo morto cade.

Il n'en faut pas davantage pour faire dire à certains critiques que Dante souffrait du haut mal. M. Lombroso[2] se contente de cette preuve et de deux ou trois autres assez analogues pour affirmer que l'auteur a ressenti véritablement les effets qu'il décrit si bien. S'agit-il de l'épilepsie ou bien de

---

[1] René Doumic, *Shakespeare et la critique française* (*Revue des Deux-Mondes*, 15 octobre 1904).

[2] Lombroso, *le Nervosio Dante Michel-Angelo* (*Archivio di Psichiatrie*, 1894, p. 126).

l'hystérie? On veut bien reconnaître qu'il serait osé de porter sur ce point un jugement formel; et pourtant l'orgueil du poète et son délire amoureux font pencher pour l'épilepsie. L'orgueil de Dante! Il est légendaire peut-être, mais bien légitime sans doute comme celui de Hugo et de tous ses pareils. Quant au délire amoureux qu'on suspend de toute pièce à sa Béatrice, c'est un mal entendu, dont il faudrait se dégager une bonne fois. Un auteur moderne a donné, semble-t-il, le vrai mot de l'énigme : « Après que sa bien-aimée lui eut été enlevée, et après le désespoir qu'il a raconté, Dante, se rattachant à la vie, ne tarda pas à chercher des consolations dans l'étude, dans la philosophie d'abord, puis dans la théologie, qui lui sembla supérieure... A ce moment-là, il s'opéra dans son esprit une sorte d'identification entre cette étude, pour laquelle il se passionnait, et la femme qu'il avait tant aimée. Pendant toute sa jeunesse, il avait rapporté à Béatrice ses moindres actions comme ses plus grands efforts. Amicalement accompagné par son souvenir, il se plut à lui rapporter encore les hautes satisfactions que lui donnait son travail. Dans cette nouvelle phase de sa vie, c'est encore elle qui le conduit : elle est la Philosophie pendant qu'il cherche à s'appliquer à lui-même le *Traité de la Consolation;* elle est la Théologie ensuite, quand, dépassant ses guides païens, il se jette dans la discussion des dogmes avec saint Thomas d'Aquin ou s'élève aux hauteurs de la vie contemplative avec saint Bonaventure et saint François d'Assise. Et lorsque, arrivé au mi-chemin de la vie, revenu des égarements où il s'était laissé entraîner un temps, ayant trouvé un but adéquat à son génie, il entreprend d'élever à la bien-aimée le monument impérissable de son poème, il ne la sépare plus des illustres abstractions qu'il veut aussi célébrer. La morte mystérieuse qu'il a pleurée est devenue à la fois son idéal poétique, son guide sur le chemin de la Foi, la figure que revêt pour lui la science des sciences. Et il n'y a plus, entre le sens littéral et le sens symbolique de cette Béatrice transfigurée, les séparations introduites par notre analyse... La critique s'y perd; nous restons incertains et ballottés entre ces apparentes contradictions; mais il savait bien, lui, qu'il ne se contredisait pas. Ce qui nous semble aujourd'hui anormal et complexe lui paraissait si naturel et si simple, qu'il n'a certainement pas même entrevu le problème sur lequel devaient se morfondre vingt générations de commentateurs[1]. »

Les hallucinations dûment constatées chez certains poètes ont contribué à favoriser des opinions fort mal justifiées sur plusieurs d'entre eux. Il n'est plus à démontrer que l'hallucination, phénomène morbide, peut surgir accidentellement et passagèrement sous l'influence de certaines conditions spéciales, sans perturber en aucune façon le fonctionnement général d'un cerveau valide. Arguer de pareilles manifestations pour décréter la folie d'un Gœthe, d'un Byron, d'un Shelley, c'est un véritable abus.

Gœthe raconte en ces termes comment il eut un

---

[1] EDOUARD ROD, *la Biographie du Dante* (*Revue des Deux-Mondes*, 1890, p. 809).

beau jour le spectacle de sa propre image : « Pendant que je m'éloignais doucement du village, je vis, non avec les yeux de la chair, mais avec ceux de l'intelligence, un cavalier qui, sur le même sentier, s'avançait vers Sesenheim ; ce cavalier c'était moi-même. J'étais vêtu d'un habit gris bordé de galons d'or, comme je n'en avais jamais porté. Je me secouai pour chasser cette hallucination et ne vis plus rien. Il est singulier que huit ans plus tard je me retrouvais sur cette même route, rendant une visite à Frédéricque et vêtu du même habit dans lequel je m'étais apparu. Je dois ajouter que ce n'était pas ma volonté, mais le hasard seul qui m'avait fait prendre ce costume[1]. » Cette manifestation isolée n'entache en rien la lucidité du poète allemand. On a parlé de son amour pour le mystérieux et l'occulte, qui fut exalté d'ailleurs par la fréquentation de Mme de Klettenberg ; on a mentionné aussi ses alternatives d'enthousiasme et d'indifférence ; on a opposé ses colères subites au *tœdium vitæ* qu'il confesse à Zelter et à Eckermann. Tout cela est insuffisant pour constituer une observation morbide et pour diagnostiquer en particulier une forme atténuée de « folie circulaire », comme le fait Mobius.

Byron eut l'apparition d'un spectre, et, de pareils phénomènes venant s'adjoindre à des crises qu'on peut rapporter à l'épilepsie jacksonnienne, d'après les descriptions de Thomas Moore, c'en fut assez pour qu'on soupçonnât en lui une aliénation

---

[1] *Mémoires de Gœthe*, trad. Mme DE CARLOWITZ, t. I, p. 270.

réelle. D'ailleurs, les pires exagérations ont été écrites sur la moralité du poète anglais. Sans compter « l'humeur vagabonde », il était possédé, dit-on, d'un « égoïsme vraiment morbide », si bien qu'alors même qu'il aimait sa femme, raconte Jeaffreson, « il refusait de dîner avec elle, pour ne pas renoncer à ses vieilles habitudes. » Et sa maîtresse, une gondolière véni-tienne, devait en pâtir aussi. « Il battait la Guiccioli, » laquelle le lui rendait bien. La vérité est qu'il eut sim-plement le malheur d'épouser une de ces femmes igno-rantes et bornées qui semblent nées pour être la néga-tion vivante de toute poésie. Cela n'empêcha pas la société bourgeoise de crier à l'abomination quand l'ancienne miss Milbanke jugea à propos de quitter la maison conjugale, dont elle avait rendu le séjour fort insupportable, et l'on prit le parti de la « pauvre abandonnée » contre le « libertin ». Plus tard mal-heureusement, l'horrible mégère qu'était miss Mil-banke rencontra sa pareille dans la personne de Mrs Harriet Beecher Stove, femme d'un clergyman qui se vanta d'avoir reçu les confidences de Byron, et l'accusa tout bonnement d'inceste avec sa sœur Augusta. Cette calomnie fut dirigée dans l'espoir d'un succès de librairie qui, vu l'importance du scan-dale, ne manqua pas de se réaliser. Leslie Stéphen[1] a bien montré que « tout concourt à prouver la fausseté de cette odieuse histoire », qui n'a pour elle que des faits mal interprétés ou dénaturés désobligeamment.

Shelley avait eu, dit-on, une vision hallucinatoire

---

[1] *Diction. of National Biography*, t. VIII, London, 1886.

peu de jours avant l'accident qui devait l'emporter à la fleur de l'âge. « Comme nous nous promenions sur le bord de la mer, après avoir pris le thé, raconte Williams, il me saisit violemment par le bras. Je lui demandai ce qu'il avait : « Le voici ! le voici encore ! » s'écriait-il, pour toute réponse. Puis il se remit un peu et me déclara qu'il avait vu aussi distinctement qu'il me voyait un enfant nu sortir de la mer et lui sourire en battant des mains. Il fallut recourir au raisonnement et à la philosophie pour le ramener tout à fait à lui, tant la vision l'avait impressionné.[1] » Le poète, il est vrai, fut sujet dès son plus bas âge à des accès de somnambulisme. De bonne heure on le mit en pension à Brentfort, à l'école de Sion-House, où il rencontra son cousin Medwin, qui a pu transmettre sur son état des renseignements fort circonstanciés. « Nous ne couchions pas dans le même dortoir, dit-il; mais je n'oublierai jamais l'apparition de Shelley dans ma chambre, une nuit, par un beau clair de lune. Il était en état de somnambulisme. Il avait les yeux ouverts et marchait à pas lents, se dirigeant vers la fenêtre. Je m'élançai vers lui et, l'ayant pris dans mes bras, je l'éveillai. Je ne savais pas alors qu'il y eût danger à tirer brusquement un somnambule de son sommeil. Il était extrêmement agité. Après l'avoir reconduit à son lit, je m'assis à son chevet pendant quelque temps et pus observer les violents effets de la surexcitation nerveuse produite par le brusque choc. Mais il lui arrivait

---

[1] RABBE, *Shelley, sa vie, ses œuvres* (Savine, 1887).

souvent de rêver tout éveillé, en proie à une sorte de léthargie, et comme absent; et quand l'accès avait pris fin, ses yeux devenaient brillants, ses lèvres tremblaient, sa voix était brisée par l'émotion : il semblait livré à une sorte d'extase et parlait plutôt comme un esprit ou comme un ange que comme un humain[1]. » Tout cela n'est sans doute pas le gage d'une santé robuste, mais de ces phénomènes morbides transitoires il serait téméraire de conclure à l'état de folie.

Il n'en est pas moins vrai que des faits comme ceux que nous venons d'indiquer impliquent à quelque degré un terrain de prédisposition, et c'est ce terrain même que nous aurons à envisager d'abord, dans ses conditions intrinsèques autant qu'extrinsèques. La folie confirmée n'est point si fréquente parmi les poètes, et l'histoire littéraire n'en fournit après tout que des exemples assez clairsemés. On ne peut en dire autant de la névropathie.

I. LE TERRAIN NÉVROPATHIQUE : SES CONDITIONS INTRINSÈQUES

La névropathie doit être considérée comme un état spécial et biologiquement anormal du système nerveux, état que révèlent des signes évidents, mais qui ne peut être classé dans aucune des névroses décrites et cataloguées.

La modernité relative du mot n'implique pas

---

[1] THOMAS MEDWIN, *The Life of P. B. Shelley* (London, 1857, 2 vol. in-8°, t. II).

que la chose soit une nouveauté. En créant la névropathie, l'École de Paris ressuscite sous une appellation d'ailleurs aussi vague l'état nerveux de Sandras[1], le nervosisme de Bouchut[2] et la neurataxie de Huchard[3]. C'est en effet un degré accentué du « tempérament nerveux », dont Brochin[4] formait la première assise et comme la prédisposition essentielle aux psycho-névroses. En vérité, tous les nerveux ne sont pas névropathes, de même que tout lymphatique n'est pas scrofuleux. De plus, tous les névropathes ne passent pas forcément du tempérament à la maladie en versant définitivement dans telle névrose bien déterminée ou dans la folie, de même que tout scrofuleux n'est pas une victime forcée de la tuberculose et de ses manifestations nettement spécifiées sur tel viscère ou sur tel organe.

En regardant de près leur défilé, dit un critique, « n'a-t-on pas comme une vague impression que c'est l'humanité tout entière qui se pousse, se coudoie et vous passe sous les yeux ? Ne se sent-on pas un peu pris soi-même de ce mal de névropathie qui synthétise nos enthousiasmes, nos illusions comme nos désespérances et nos découragements ? Et si l'on trouve pour soi l'épithète désobligeante, mettra-t-on la même réserve à l'appliquer aux autres ? De quelle personnalité ne peut-on dire qu'elle est quelque peu névropathe[5] ? » Ceci est par-

---

[1] SANDRAS, *La Neurasthénie*, Paris, 1891.

[2] BOUCHUT, *Du nervosisme*, Paris, 1877.

[3] HUCHARD et AXENFELD, *Traité des névroses*, Paris, 1883.

[4] BROCHIN, *Dictionnaire encyclopédique des sciences médicales*, Paris, 1878.

[5] DALLEMAGNE, *Dégénérés et déséquilibrés*, p. 490.

faitement vrai, et il serait fort légitime encore de
se poser par surcroît cette autre question : Un brin
de cette névropathie, quelque peu de cette impressionnabilité quasiment morbide, une certaine dose
de ce déséquilibre affectif en un mot, ne serait-ce
pas là justement une cause évidente, sinon une raison, de supériorité? En fait, il est bien certain que
le parfait équilibre c'est l'accalmie, c'est la négation
de toute activité, c'est l'extinction de la vie même.
Un peu de tumulte affectif imprime au contraire un
élan sans cesse renouvelé; et cet élan peut devenir
sous certaines influences une impulsion inaccoutumée qui crée l'homme exceptionnel, dans le bon
sens du mot.

Ainsi, l'impressionnabilité spéciale, l'intolérance
aux agents extérieurs qui constitue la condition
indispensable à l'émotivité morbide, réalise aussi,
lorsqu'elle n'est pas poussée à d'extrêmes limites,
une des conditions physiologiques du tempérament
génial; et ceci n'est pas pour nous étonner, si nous
songeons simplement que l'invention, sous quelque
forme qu'on l'envisage, se ramène à la perception
de rapports nouveaux et inexplorés. Mais s'il est
une modalité géniale où l'excessive émotivité peut
entrer en jeu comme facteur utile, c'est à coup sûr
la modalité fondée sur la vie sensible.

Le « névropathe » est vraiment le « superhomme »
dans le domaine des sensations, et il serait bien
surprenant de ne pas retrouver l'un et l'autre ac-
couplés chez nombre d'individus géniaux, chez ceux
du moins qui appartiennent aux modalités affectives
du génie.

*
* *

Tout poète est doué d'un tempérament sensible.
Or cet attribut ne va pas sans fragilité. Les objets
d'une délicatesse peu commune risquent de se briser au moindre contact, et ce sont les fleurs les
plus exquises qui sont aussi les plus tendres, les
plus accessibles aux altérations. Multipliez les âmes
sensibles, disait Diderot[1], et vous augmenterez les
bonnes et les mauvaises actions. Les sujets les plus
impressionnables, en effet, ne sont pas seulement
les plus aptes aux sentiments généreux et nobles;
ils sont les plus exposés aux pires égarements. Au
point de vue esthétique en particulier, on doit demander à leur plume l'expression de beautés
presque inattendues; mais on doit craindre parfois
que ces beautés trop rares ne deviennent trop individuelles, trop peu accessibles au commun des
hommes; on doit même redouter que ces beautés
ne deviennent des laideurs, car rien n'est si laid
qu'un monstre, et rien ne choque autant qu'une
anomalie.

Loin de nous la pensée de vouloir insinuer qu'une
rare sensibilité doit exclure une moralité sévère et
un esprit d'une précision parfois scientifique. C'est
une erreur bien trop courante au contraire que
d'opposer le savant au poète, comme si l'enthousiasme devait exclure la raison et inversement. De
grands poètes furent de grands penseurs, et

1 DIDEROT, *Paradoxe sur le comédien.*

quelques-uns n'ont point craint d'introduire jusque dans leurs œuvres un effort d'argumentation qui pourrait servir de modèle à plus d'un apôtre de la science. La philosophie dans ses problèmes les plus abstraits a inspiré les plus belles pages de la poésie moderne, et en relisant quelques-unes d'entre elles force est bien de confesser qu'une exquise délicatesse ou une impérieuse passion n'a jamais détrôné chez les vrais poètes la profondeur des idées et le rigorisme de leur expression.

Une sensibilité excessive, comparativement à celle du commun des gens, peut donc habiter un cerveau robuste, et ce n'est pas dans son développement qu'il faut chercher une marque d'anomalie. Seulement la prépondérance des qualités affectives peut entraîner, chez certains, le déficit d'autres facultés, ou bien cette prépondérance peut être orientée elle-même dans un sens très spécial et vraiment tératologique : alors il faut déplorer l'existence d'une lacune ou d'une déviation. C'est à ce double point de vue qu'on peut étudier la psychologie morbide de quelques poètes.

Le premier type, celui de la sensibilité envahissante, non point pervertie, mais despotique et accaparant toute l'activité mentale qu'elle conduit au gré de ses caprices, *Alfred de Musset* l'incarne douloureusement.

Tout a été dit sur la vie de Musset, et des volumes entiers ont été consacrés à sa biographie. La question médico-psychologique a tenté d'une façon spéciale quelques écrivains : plusieurs articles de

MM. Cabanès[1] et Lefébure[2] l'ont effleurée par différents points qui ont été plus approfondis dans la thèse récente de M. Oudinot[3].

On nous apprend que le père du poète était sujet aux attaques de goutte, et que sa mère, « un peu hautaine, pourtant bonne et charitable, mais faible et sans volonté, avait imprimé à ces qualités un cachet personnel de nervosité légèrement maladive, qui la mettait à la merci des moindres impressions, et l'annihilait en face des moindres obstacles. » Cet état devait s'accentuer chez son fils dans des proportions très nettement morbides.

Né en 1810, Musset appartenait à la génération qui supporta les conséquences matérielles et morales du formidable ébranlement produit, dans l'Europe entière, par la Révolution et l'Empire. « Pendant les guerres de l'Empire, a-t-il dit lui-même, tandis que les maris et les frères étaient en Allemagne, les mères inquiètes avaient mis au monde une génération ardente, pâle et nerveuse. » En fait, on trouve chez lui, dès le plus bas âge, les signes d'une impressionnabilité extrême, à laquelle se joignaient, au dire de son frère, « une impatience de jouir, une disposition à dévorer le temps, qui ne se sont jamais calmées ni démenties un seul jour. » On connaît à ce propos l'anecdote

---

[1] CABANÈS, la Dipsomanie d'Alfred de Musset (Chronique médicale, 1er mars 1906, p. 142).

[2] LEFÉBURE, Alfred de Musset sensitif (Chronique médicale, 1er mars 1906, p. 129).

[3] OUDINOT, Étude médico-psychologique sur A. de Musset (Thèse Lyon, 1906).

des souliers, racontée partout. « Alfred avait trois ans, lorsqu'on lui apporta une paire de petits souliers rouges. On l'habillait et il avait hâte de sortir avec cette chaussure neuve dont la couleur lui donnait dans l'œil. Tandis que sa mère lui peignait ses longs cheveux bouclés, il trépignait d'impatience. Enfin il s'écria d'un ton larmoyant : « Dépêchez-vous « donc, maman, mes souliers neufs seront vieux[1]. » Ce n'est qu'un mot d'enfant, mais Paul de Musset n'a sans doute pas tort d'y voir l'expression précoce d'un enthousiasme effréné.

Cet enthousiasme fut doublé d'une timidité marquée et d'une inquiétude désolante. On sait les tribulations du futur poète lorsqu'on le mit en pension, comme tous les enfants. « Il fut malheureux et toujours agité pendant le temps de ses études classiques... Une mauvaise place le mettait au désespoir. S'il n'avait pu apprendre ses leçons jusqu'au dernier mot, il partait pour le collège tremblant de frayeur... Le remords d'une faute même légère le poursuivait à ce point qu'il venait s'accuser lui-même. »

Plus tard, le malheur, le chagrin, les regrets, durent exaspérer encore davantage cette exquise sensibilité, si bien qu'à la fin de sa vie l'émotivité du poète « touchait presque au surnaturel ». Il gardait volontiers, après que ses douleurs étaient endormies, le souvenir vivant des épreuves passées. Il aimait à caresser doucement les cicatrices qu'elles lui avaient laissées, et se complaisait dans cette

---

[1] Paul de Musset, *Biographie*.

vague tristesse que nous éprouvons en retrouvant la trace des sanglots défunts. N'a-t-il pas dit lui-même :

Il est doux de pleurer, il est doux de sourire
Au souvenir des maux qu'on pourrait oublier.

Jamais le poète ne fit quoi que ce soit pour lutter contre cette disposition d'esprit qui le rendait malheureux, sans doute, mais qui donnait à sa poésie un aliment sans cesse renouvelé. C'est ainsi que Musset amoureux fait un bouquet de ses rancœurs et de son amertume.

Quoi qu'il en ait médit aux heures noires, le poète des *Nuits* croyait à l'amour plus que personne au monde, et c'est à sa poursuite qu'il a passé toute son existence. Tout enfant, il laisse déjà prévoir ce qu'il sera plus tard. A l'âge de quatre ans, il se prend d'une passion violente pour une cousine de douze ans plus âgée que lui. Il la demande en mariage, et naturellement on lui promet la main de celle qu'il aime sans penser que le bambin peut prendre au sérieux un tel engagement. Pourtant il s'informe d'elle, et comme on lui dit que c'était une cousine à lui : « Ah! elle est à moi? répond-il. Eh bien! je la prends et je la garde! » Il la garda si bien, ajoute un biographe, qu'on crut devoir, par la suite, lui cacher pendant plusieurs années le mariage de la jeune fille. « Ton nom est écrit dans mon cœur avec un canif, » s'était-il écrié la première fois qu'elle s'en alla. Et les ménagements qu'il fallut prendre avec lui, dans cette circonstance, prouvent que l'on soupçonnait déjà son état nerveux.

En mai 1833, M. Buloz avait invité Alfred de Musset à un dîner qu'il offrait aux rédacteurs de la *Revue des Deux-Mondes*. C'est à ce dîner que le poète rencontra pour la première fois la femme qui devait lui inspirer la passion violente qui brisa sa vie. On sait comment se termina l'idylle des amants de Venise. Au cours du voyage, Musset fut gravement malade. George Sand ne cessa point de le soigner avec dévouement, malgré les querelles incessantes qui heurtaient chaque jour ces deux natures si peu faites pour se concilier. Mais à côté de la véritable amie se dressait chez elle la maîtresse infidèle qui le trompa, en se livrant sans plus de ménagements aux bras de Pagello. Musset, persuadé qu'il était seul coupable dans cette affaire, s'éloigna de Venise. « Il rentra à Paris le 12 avril. Il était brisé. Il s'enferma dans sa chambre, sentant un affreux vide se faire en lui. Malade encore, il éprouvait chaque soir un nouvel accès de fièvre qu'il cachait soigneusement pour ne pas inquiéter sa mère. Cependant, sa douleur devait se calmer peu à peu. Dès qu'il le put, il écrivit à George Sand de nouvelles lettres passionnées; il en reçut d'elle qui trahissaient peut-être un reste d'amour. Le roman recommença. La nouvelle vie des deux amants fut un enfer. Ils s'adoraient le matin et s'insultaient le soir. La sensation de l'irréparable était entre eux... Au mois de mars 1835, George Sand dut partir pour Nohant. Une lassitude réciproque les avait envahis, et Musset ne crut pas devoir la rappeler. En l'espace d'un mois ils devinrent tous deux indifférents, et la rupture fut définitive. Ils devaient néanmoins rester bons amis jusqu'à la fin. Ils s'écrivirent de temps à autre et se revirent souvent. Mais leur amitié toute fraternelle ne laissa plus jamais place aux crises qui s'étaient produites pendant la longue période passionnelle[1]. »

De son aventure avec George Sand, Musset devait garder l'éternel dégoût, le manque de foi dans ses vieilles croyances, cette sorte de défiance en un mot que le souvenir des souffrances passées entretient en nous. Nombreuses furent pourtant les aventures auxquelles fût mêlé le poète depuis cette époque. Ne résistant à aucun entraînement, tantôt débauché et tantôt repentant, il s'intéressait à sa souffrance, la caressait, et s'appliquait à la conserver vivace.

« En 1836, son amour pour la Malibran faillit changer le cours de ses habitudes. Mais l'artiste mourut prématurément, et Musset, qui n'avait jamais été son amant, pleura de vraies larmes sur sa tombe... Bientôt Rachel devint sa favorite ; elle chercha à l'entraîner vers le théâtre, mais n'y réussit que médiocrement... Puis ce fut au tour de la princesse Belgiojoso de lui inspirer une passion violente. Mais cette femme, qui exigeait toutes les adorations sans s'animer jamais, affola le poète de ses provocations hardies et le tint en haleine d'une façon constante, sans lui accorder la moindre faveur... Enfin, Mme Allan, qui avait révélé aux Pari-

---

[1] Raoul Oudinot, *loc. cit.*

siens les beautés de son théâtre, était devenue sa maîtresse ; les deux amants étaient allés cacher leur bonheur à Ville-d'Avray. Il y eut d'abord bien des tiraillements. Mme Allan voulait s'attacher Musset afin de le forcer à écrire ; mais dès qu'elle le contrariait il se mettait à boire, et l'artiste, pour le retenir, devait passer par tous ses caprices. Cette idylle fut comme toutes les autres... Un dernier enthousiasme avec Mme Ristori, une grande amitié pour Augustine Brohan, amitié qui valait, disait-il, bien des amours,... et ce fut tout[1]. » Ce fut tout pour la série officielle des liaisons avouées. Mais que d'amours passagères, sans doute moins connues, et pourtant plus intéressantes dans leur abandon et leur décousu !

Musset amoureux apparaît comme un passionné, un faible et un inégal, non point comme un perverti. On s'est plu à le considérer comme une sorte de sadique moral ne demandant à l'amour que de la douleur ou des émotions violentes, et voulant à tout prix faire saigner les cœurs quand il les aimait. Cette opinion est exagérée. Mais « il fallait que ses maîtresses fussent tout à la fois pour lui, maîtresses d'abord, mais également sœurs, femmes, confidentes, garde-malades, amies, compagnes de plaisirs. C'était pour elles un rôle difficile ; elles ne pouvaient s'accommoder successivement à des genres aussi divers, et la bonne entente ne pouvait durer bien longtemps ». On a prétendu aussi que charmant, aimable, gai, spirituel avant la posses-

---

[1] RAOUL OUDINOT, loc. cit.

session, il prenait, aussitôt après, des crises de folie rageuse, au cours desquelles il lui arrivait même de « jeter dehors » la femme qu'il venait d'aimer. Nous préférons croire que Musset mettait dans l'amour la fougue et l'emportement d'une passion exaltée, et que par contre la satiété rapide et la lassitude précoce faisaient de ce grand amoureux un amant médiocre et peu assidu. Quoi qu'il en soit, et en dépit de toutes les calomnies, il reste certain que le désir des sens était toujours chez Musset « à la remorque et bien loin en arrière du désir psychique ». Jean de Bourgogne, dans son article *Alfred de Musset chez lui,* nous en donne la confirmation. « Il était, dit-il, en villégiature chez des amis de son oncle, M. Desherbiers, et, charmant, charmeur, entouré déjà d'une auréole de renommée, il passait en vainqueur, laissant tomber de ses lèvres des strophes passionnées, qui caressaient les femmes comme une amoureuse déclaration. Une jeune fille se prit si bien à ce ramage d'oiseau bleu, qu'éperdue elle vint un soir dans la chambre de Musset, toute pâle de désir dans sa robe blanche, les lèvres prêtes pour un baiser et portant dans ses cheveux blonds une rose, prête à s'effeuiller. Au lieu d'ouvrir les bras, le poète tomba à genoux. Il admira les beaux cheveux, mais ne les dénoua pas; il aspira la rose, mais n'en arracha pas les pétales parfumés; et, serrant les mains de l'imprudente, il lui parla longtemps tout bas, s'adressant à son âme, sans vouloir prendre son corps. Pendant huit nuits, il eut le courage de résister, estimant que profiter de semblable affolement serait une vilenie. » Somme toute, le poète se comporta simplement, dans la circonstance, comme un honnête homme ; mais pour cela justement on ne peut accorder qu'un crédit relatif à ceux qui ont crié au libertinage. Musset, malgré ses écarts, reste par-dessus tout l'amoureux candide et mélancolique, l'amoureux qui aspire. Cet amour dont il a tant blasphémé, il en a fait au point de vue moral l'aliment de sa vie, et on le retrouve dans son œuvre entière, tantôt ulcéré et tantôt guéri, aujourd'hui s'élevant en imprécations et demain confondu de remords. C'est bien tout Musset qui parle dans la *Nuit d'août :*

> J'aime, et pour un baiser je donne mon génie,
> Et je veux répéter et raconter sans cesse
> Qu'après avoir juré de vivre sans maîtresse,
> Je fais serment de vivre et de mourir d'amour.

L'extrême sensibilité d'Alfred de Musset ne se traduit pas simplement dans l'étude du tempérament. L'état d'hyperesthésie dans lequel il vivait ne pouvait moins faire que de favoriser les illusions sensorielles, et sur ce fait les documents sont assez nombreux dont il est difficile de contrôler d'ailleurs l'intégrale authenticité.

Faut-il rappeler tout d'abord que Musset présentait un exemple de ce phénomène bizarre qu'est l'audition colorée, phénomène dont personne ne parlait alors, et dont la psychologie contemporaine s'occupe au contraire assez activement ? Mme Arvède Barine confirme le fait dans son intéressante biographie, et l'auteur indique, d'après une lettre adressée à Mme Joubert, comment le poète, dînant avec sa famille, fut obligé de soutenir une discussion « pour prouver que le *fa* était jaune, le *sol* rouge, une voix de soprano blonde, une voix de contralto brune[1] ».

L'audition colorée n'implique pas forcément un état morbide; mais dans la vie sensorielle de Musset des tendances plus nettement maladives ont été relevées. « Vers dix ou douze ans, il subissait la fascination du cadre doré d'un vieux portrait qui lui servait à s'hypnotiser lui-même. Quand, par une belle matinée, le soleil donnait sur ce portrait, l'enfant, à genoux sur son lit, s'en approchait avec délices. Tandis qu'on le croyait endormi, en attendant que le maître arrivât, il restait parfois des heures entières, le front posé sur l'angle du cadre; les rayons de lumière, frappant sur les dorures, l'entouraient d'une sorte d'auréole où nageait son regard ébloui. Dans cette posture, il faisait mille rêves; une extase bizarre s'emparait de lui. Plus la clarté devenait vive, et plus son cœur s'épanouissait. Quand il fallait enfin détourner les yeux fatigués de l'éclat de ce spectacle, il fermait alors ses paupières et suivait avec curiosité la dégradation des teintes nuancées dans cette tache rougeâtre qui reste devant nous quand nous fixons trop longtemps la lumière; puis il revenait à son cadre et recommençait de plus belle[2]. » C'est le poète lui-même qui donne ces détails autobiographiques au début d'une de ses nouvelles.

---

[1] ARVÈDE BARINE, *Alfred de Musset*, 1893.
[2] A. DE MUSSET, *les Deux maitresses*.

Nous sommes ici très proches de l'extase, de même que nous frisons l'hallucination dans le rêve prolongé qu'on trouve mentionné par tous ses biographes, et qui fut, dit-on, un obstacle définitif aux études de médecine qu'Alfred avait entreprises. Il venait d'assister pour la première fois à la leçon pratique de l'amphithéâtre. « Le soir de cette épreuve, il eut un cauchemar qui fit sur lui une vive impression. Un cadavre sale et visqueux vint se coucher auprès de lui; il en sentit le contact glacé. Rempli d'horreur, il l'emporta dans la chambre voisine, fermant la porte à double tour. Le cadavre revint. La même scène se répéta à plusieurs reprises, et la dernière fois il sembla au poète que ce cadavre était flasque, sans os, et que ses membres étaient ballants comme ceux d'un polichinelle. » A son réveil, le jeune homme se montra fort impressionné, et l'on prétend que la vision vint à plusieurs reprises le hanter de nouveau, dans le cours de son existence.

Paul de Musset ne fait guère allusion aux phénomènes franchement hallucinatoires dont son frère était coutumier, au dire de certains témoins. Il raconte simplement que Musset, malade d'une fluxion de poitrine, en 1840, eut des hallucinations fugaces comme il en avait eu déjà pendant la fièvre pernicieuse dont il fut atteint au cours du voyage à Venise. Au reste, il fait entendre ailleurs que « le médecin ne s'inquiétait point de ces visions et disait que le grand maestro ne pouvait ni se bien porter, ni être malade comme tout le monde [1] ». Mais d'autres

---

[1] *Lui et elle*, XVIII, p. 229.

personnes ont attesté, avec un luxe de détails vraiment surprenant, l'existence d'hallucinations aussi bien visuelles qu'auditives chez le poète.

A notre avis, l'histoire du cadavre entrevu à l'amphithéâtre, et revenant de temps en temps l'obséder pendant son travail, n'indique vraisemblablement qu'une vision mentale. Il en est de même des paroles que Mme Collet lui prête, lesquelles n'impliquent pas un trouble hallucinatoire, mais bien simplement une évocation imaginative : « Je revois toujours ceux que j'ai aimés, soit que la mort, soit que l'absence m'en sépare ; ils reviennent obstinément dans ma solitude, où je ne me sens jamais seul. Ce sont surtout les femmes qui ont ému mon cœur ou que j'ai pressées dans mes bras qui m'apparaissent et m'appellent ; elles ne me causent aucun effroi, mais une sensation particulière et comme inconnue à ceux qui vivent. Il me semble, aux heures où cette communication s'opère, que mon esprit se détache de mon corps pour répondre à la voix des esprits qui me parlent[1]... »

Dans tous les cas, Musset avait fréquemment des pressentiments, et ces derniers prenaient parfois une telle vivacité, qu'ils aboutissaient à une véritable télépathie. On a cité à ce propos de nombreuses anecdotes. Voici ce que dit Mme Martellet des phénomènes anormaux dont elle fut témoin : « Comme on le verra par ce que je vais raconter, le nervosisme de M. Alfred touchait quelquefois au surnaturel, et je me suis souvent demandé s'il n'avait

---

[1] *Lui*, XXXIII, p. 368, 369, 382 (5ᵉ édit., 1864.)

point un sixième sens, un don de seconde vue. Nous avions comme voisine, dans la rue Rumford, une femme qui passait pour veuve, mais qui ne l'était pas, puisqu'un beau jour son mari lui revint, très souffrant et demandant à être soigné. Je me suis toujours dit que cette bonne dame ne devait point tenir beaucoup à guérir son mari, car elle le soigna en dépit du sens commun, et cela était si visible, que je m'en indignai et entretins mon maître de mes soupçons. Si bien que, souvent, monsieur me disait : « Eh bien! le voisin, où en est-il? » Un soir, tandis que monsieur dînait en ville, j'entendis chez mes voisins de grands cris, des pleurs. Je m'informai et appris que le pauvre malade venait de rendre son âme à Dieu. J'écrivis aussitôt à M. Desherbiers de venir voir mon maître le lendemain, afin de le distraire, et pour qu'il ne vît point les tristes spectacles qui suivent la mort, et dont il était toujours très impressionné; je mis ma lettre à la poste, et je me couchai. Mais subitement, au milieu de la nuit, je fus réveillée par la sonnette de la chambre de monsieur, qui tintait avec violence. Je sautai au bas de mon lit et me précipitai chez mon maître. Jamais je n'oublierai le visage qu'il avait, pâle, convulsé, les yeux agrandis démesurément et regardant fixement le pied du lit. « Là! là! dit-il avec effroi. « Un croque-mort! Le voyez-vous? Il a un drap noir « sur le bras! Ah! mon Dieu! l'entendez-vous? Il me « parle, il me dit : Quand il vous plaira! » J'essayai d'élever la voix pour rompre cette hallucination, et pris moi-même la place du spectre. Tant que je restai là, M. de Musset ne le vit plus; mais dès que

je m'éloignais, la vision revenait chaque fois plus
nette. Je ne savais plus que devenir; j'ouvris les
fenêtres, mais la vision était toujours là; j'allumai
toutes les bougies, mais le spectre ne bougeait pas.
Enfin je repris ma place au pied du lit; la vision
disparut, et M. de Musset put se rendormir. Le
lendemain, mon maître raconta son cauchemar avec
de grands détails. Puis, au milieu de la conversation, il me dit : « Et à propos, notre voisin, com-
« ment va-t-il? — Très bien! lui répondis-je; il est
« parti à la campagne. » Mais j'ai toujours gardé la
conviction que, cette nuit-là, M. de Musset avait
senti la mort venir chez notre voisin[1]. »

Mme Martellet raconte également : « Un jour, il
se promenait avec deux de ses amis, et tous trois
causaient joyeusement, lorsque, passant sous un
guichet du Louvre, les deux jeunes gens virent le
poète s'arrêter et devenir tout pâle. « N'entendez-
« vous pas? leur dit-il à voix basse. — Quoi? qu'avez-
« vous? qu'entendez-vous? » reprirent-ils inquiets.
Et le poète, saisi d'un léger tremblement, ajouta :
« J'entends une voix qui me dit : Je suis assas-
« siné au coin de la rue Chabanais! » Les deux amis
partirent de rire. « Ah! c'est là ce que vous
« entendez? Ce n'était pas la peine de nous faire
« peur pour une pareille sottise. » Mais M. de Musset
paraissait si troublé, si anxieux, son visage trahis-
sait tant d'épouvante, qu'un de ses amis proposa
d'aller voir si rien d'insolite ne se passait rue Chabanais. On partit, on pressa le pas. Les deux com-

---

[1] *Les Annales politiques et littéraires* (25 juillet 1897, p. 52).

pagnons, pris d'une crainte vague, restèrent silencieux, tandis que le poète murmurait de temps en temps : « C'est affreux. J'entends ses cris. » On se dirigeait du côté de la rue Chabanais, lorsque les trois jeunes gens rencontrèrent une civière contenant un homme tout ensanglanté. Ils s'arrêtèrent interdits, et demandèrent quel était cet homme que l'on emportait. On leur répondit que c'était un malheureux garçon qui venait d'être assassiné au coin de la rue Chabanais, et qui avait rendu le dernier soupir. Les trois amis, en proie à une vive émotion, suivirent le cortège funèbre jusqu'au commissariat ; mais aucun d'eux ne reconnut le mort[1]. »

D'autres faits du même genre ont été rapportés par plusieurs témoins. Musset avait fait aux bains de mer la connaissance d'une jeune Anglaise. Cette dernière, qui était phtisique, lui avait dit un jour : « Dans deux ans, à l'automne, quand je devrai mourir, je serai à Paris, ne l'oubliez pas ; au lieu d'un tombeau de marbre blanc, je veux un beau chant de vous pour m'ensevelir. Je resplendirai à jamais dans vos vers et je serai bien joyeuse. » Deux ans après, Musset était au Vaudeville quand une main se posa sur la sienne ; il vit devant lui l'ombre de la jeune Anglaise et entendit ces mots : « Pourquoi donc m'oubliez-vous ? » Le poète sortit du théâtre, précédé de l'ombre qui venait de lui apparaître. Celle-ci le conduisit rue de Rivoli, le fit entrer dans une maison qu'il ne connaissait pas, et ne s'évanouit que lorsqu'il se trouva dans la chambre

---

[1] *Les Annales politiques et littéraires* (22 août 1897, p. 116).

mortuaire, où la jeune fille venait de rendre le dernier soupir en disant à sa vieille tante : « Le voici, le voici qui arrive. » Une autre fois, Musset entendit tout à coup, à un bal de l'ambassade d'Autriche, une voix qui lui disait à l'oreille : « Je veux un tombeau. » Cette voix le poursuivit. Bientôt l'ombre d'une ancienne prostituée qui l'avait tenté un soir lui apparut et se suspendit à son bras, répétant toujours : « Je veux un tombeau, j'ai été souillée par assez de chair et d'ossements durant ma vie ; je veux être seule sous la terre. » Toute la nuit le poète fut poursuivi par ces mêmes paroles. Le lendemain, sans y penser, il alla voir un de ses anciens camarades, interne en médecine. Le jeune homme était en train de disséquer la pauvre femme dont la veille, au soir, le souvenir l'avait obsédé.

Il est certain que de tels phénomènes sont faits pour nous étonner. Si tous ceux qui ont connu le poète les ont confirmés, il faut bien y croire ; mais la science n'est vraiment pas à même d'édifier actuellement une théorie véritablement assise en pareille matière, et nous croyons bien faire en nous gardant d'interprétations plus ou moins fondées. En ce qui concerne le sujet, du moins, cela semble indiquer un état bien net d'hypersensibilité nerveuse que des exemples d'un autre genre viennent encore confirmer.

Le dédoublement du « moi » chez Musset nous est tout au long décrit dans un des ouvrages de Sand. Avant leur voyage d'Italie, les deux amants se promenaient une nuit dans la forêt de Fontainebleau. Musset voulut retrouver un écho parmi les

rochers. Sand le perdit de vue; puis, au bout de quelque temps, elle entendit un cri d'inexprimable détresse. Musset venait de se trouver face à face... avec lui-même. Couché sur l'herbe, dans le ravin, sa tête s'était troublée. Il avait entendu l'écho chanter tout seul. Puis, comme il se relevait sur ses mains pour mieux se rendre compte du phénomène, il avait vu passer devant lui, sur la bruyère, un homme qui courait, pâle, les vêtements déchirés et les cheveux au vent. « Je l'ai si bien vu, dit-il, que j'ai eu le temps de raisonner et de me dire que c'était un promeneur attardé, surpris et poursuivi par des voleurs; et même j'ai cherché ma canne pour aller à son secours. Mais la canne s'était perdue dans l'herbe, et cet homme avançait toujours vers moi. Quand il a été tout près, j'ai vu qu'il était ivre, et non pas poursuivi. Il a passé en me jetant un regard hébété, hideux, et en me faisant une laide grimace de haine et de mépris. Alors j'ai eu peur, et je me suis jeté la face contre terre, car cet homme... c'était moi[1]! »

Au total, Musset paraît avoir eu surtout des sensations exagérées, par suite d'une susceptibilité spéciale, d'une impressionnabilité toute particulière de son système nerveux. Mais, quelquefois aussi, ces sensations furent déformées ou même arbitraires, par suite d'un état maladif qu'exagérait, ainsi que nous le verrons, l'abus des produits toxiques. Si le poète fut halluciné, s'il eut de tristes pressentiments, surtout vers la fin de sa vie, on peut affirmer, du

[1] *Elle et lui* (ch. v, p. 111-113).

moins, qu'en dehors des états fébriles il n'eut jamais
d'idées délirantes. Ses hallucinations, si tant est
qu'elles soient confirmées, furent toujours conscientes; elles furent tenues pour pathologiques par
le sujet même, et rectifiées par son jugement aidé
du témoignage de ses divers sens.

Quoi qu'il en soit, les œuvres du poète portent
souvent l'empreinte des anomalies que nous venons
de signaler. L'auteur met en jeu des phénomènes
anormaux, dit M. Lefébure, « toutes les fois que les
passions de quelqu'un de ses héros arrivent à leur
paroxysme. Alors il trouve tout naturel de nous
représenter un visionnaire. C'est pour lui une conséquence logique de l'état mental où se trouve le
personnage, et comme ce personnage se confond
toujours avec l'auteur, qui était la sincérité même,
on s'aperçoit aisément qu'il y a là quelque chose de
pris sur le vif. »

Il est une particularité nerveuse sur laquelle
Musset insiste plus volontiers, parce qu'elle se
manifeste chez lui d'une façon constante. Nous
voulons parler de la télépathie. Ses personnages
principaux sont assaillis de craintes et de pressentiments. C'est une assertion qu'on peut vérifier en
lisant, en particulier, le *Roman par lettres*, les
Caprices de Marianne, *Frédéric et Bernerette*, *André
del Sarto* et la *Confession d'un enfant du siècle*.

Dans la *Nuit de décembre*, on voit le poète hanté
par son double, avec l'intensité persistante d'une
véritable obsession :

> Du temps que j'étais écolier,
> Je restais un soir à veiller

Dans notre salle solitaire.
Devant ma table vint s'asseoir
Un pauvre enfant vêtu de noir,
Qui me ressemblait comme un frère.

. . . .

Comme j'allais avoir quinze ans,
Je marchais un jour, à pas lents,
Dans un bois, sur une bruyère.
Au pied d'un arbre vint s'asseoir
Un jeune homme vêtu de noir,
Qui me ressemblait comme un frère.

. . . .

A l'âge où l'on croit à l'amour,
J'étais seul dans ma chambre un jour,
Pleurant ma première misère.
Au coin de mon feu vint s'asseoir
Un étranger vêtu de noir,
Qui me ressemblait comme un frère.

. . . .

A l'âge où l'on est libertin,
Pour boire un toast en un festin,
Un jour je soulevais mon verre.
En face de moi vint s'asseoir
Un convive vêtu de noir,
Qui me ressemblait comme un frère.

. . . .

Un an après, il était nuit,
J'étais à genoux près du lit
Où venait de mourir mon père.
Au chevet du lit vint s'asseoir
Un orphelin vêtu de noir,
Qui me ressemblait comme un frère.

. . . .

> Partout où j'ai voulu dormir,
> Partout où j'ai voulu mourir,
> Partout où j'ai touché la terre,
> Sur ma route est venu s'asseoir
> Un malheureux vêtu de noir,
> Qui me ressemblait comme un frère.

> . . . .

Au début de la *Nuit de mai*, le poète, sous le coup de l'émotion qui l'étreint, semble décrire une double hallucination. C'est-d'abord une vision :

> Comme il fait noir dans la vallée,
> J'ai cru qu'une forme voilée
> Flottait là-bas sur la forêt.
> Elle sortait de la prairie,
> Son pied rasait l'herbe fleurie ;
> C'est une étrange rêverie :
> Elle s'efface et disparaît.

Puis, plus loin, une voix :

> Pourquoi mon cœur bat-il si vite ?
> Qu'ai-je donc en moi qui m'agite,
> Dont je me suis épouvanté ?
> Ne frappe-t-on pas à ma porte ?
> Pourquoi ma lampe à demi morte
> M'éblouit-elle de clarté ?
> Dieu puissant ! tout mon corps frissonne.
> Qui vient, qui m'appelle ? Personne,
> Je suis seul. C'est l'heure qui sonne.
> O solitude ! ô pauvreté !

Sans doute, il serait bien puéril d'arguer de telles constatations en faveur d'un dossier morbide ; car aux figures poétiques tous les tours sont bons, et le caprice du style peut fort bien prêter à certaines images des formes de pure convention dont il faut se garder de chercher les équivalences réelles. Mais les dispositions mentales du poète étant connues par ailleurs, on ne peut éviter de mettre en relief certains rapprochements.

Si la sphère affective est hypertrophiée, la sphère volitionnelle est en déficit chez Musset. Au milieu des péripéties de la vie, il n'oppose pas la moindre lutte à la marche des événements. Il les subit, mais ne les dirige point, et s'abandonne de plein gré à toutes les surprises. Quand il lui faut prendre une résolution, il est le plus malheureux des hommes. Pendant son voyage en Italie avec G. Sand, dit M. Lefébure, ils hésitèrent entre Rome ou Venise, de sorte qu'ils les jouèrent à pile ou face. Venise, face, retomba deux fois sur le plancher. Dans *Il ne faut jurer de rien*, Valentin va user du même procédé pour savoir s'il aimera Cécile; mais, changeant tout à coup d'augure, il décide en définitive : « Si elle tourne la tête de mon côté, je l'aime; sinon, je m'en vais à Paris. »

L'instabilité mentale est toujours alliée sous différentes formes à la faiblesse de la volonté. Musset ne sait point se refréner. Il passe d'un extrême à l'autre, et ce défaut est bien évident dès sa prime enfance. « Bien souvent sans motif, et après plusieurs jours de sagesse, le petit Alfred devient tout à coup maussade et commet faute sur faute. Incapable de maîtriser ses impulsions, il lui faut attendre que ses nerfs soient calmés; mais alors il se lamente, demande pardon, et témoigne un repentir si sincère et un désespoir si violent, que sa mère est encore obligée de le consoler... Il rit et il pleure, il est gai et taciturne, causant et fermé, raisonnable et impulsif tour à tour, et ses parents, qui connaissent son état nerveux, évitent soigneusement ce qui peut le contrarier. » La colère naissait chez lui pour des causes infimes : elle se calmait d'ailleurs brusquement et se terminait par une crise de larmes. Paul de Musset raconte que, revenant de la villa des Clignets, où il avait passé la belle saison : « Alfred eut des accès de manie causés par le manque d'air et d'espace, qui ressemblaient assez à ce qu'on raconte des pâles couleurs des jeunes filles. Dans un seul jour, il brisa une des glaces du salon avec une bille d'ivoire, coupa des rideaux neufs avec des ciseaux et colla un large pain à cacheter sur une grande carte d'Europe au beau milieu de la Méditerranée. Ces trois désastres ne lui attirèrent pas la moindre réprimande, parce qu'il s'en montra consterné[1]. » Cet état d'instabilité ne s'est pas démenti plus tard. Musset avoue lui-même s'être abandonné à l'égard de sa maîtresse à des « accès de colère et de mépris », alternant avec « des élans d'un amour étrange ». Et il ajoute : « Une exaltation portée à l'excès me la faisait traiter comme une idole, comme un dieu ; un quart d'heure après l'avoir insultée, j'étais à ses pieds et je lui demandais pardon en pleurant[2]. » D'ailleurs, ceux de son entourage étaient frappés de cette curieuse inégalité. On

---

[1] PAUL DE MUSSET, *loc. cit.*
[2] *La Confession d'un enfant du siècle*, p. 251.

en trouve la preuve dans une lettre où Mme Allan, après avoir fait un éloge sincère du poète, termine en disant : « Retournez la page et prenez le contre-pied, vous avez affaire à un homme possédé d'une sorte de démon, faible, violent, orgueilleux, despotique, fou, dur, petit, méchant jusqu'à l'insulte, aveuglément entêté, personnel et égoïste autant que possible, blasphémant tout et s'exaltant autant dans le mal que dans le bien[1]. » Musset a peut-être exprimé à son insu sa propre inégalité dans ses œuvres, et l'on peut avec Oudinot émettre cette hypothèse que dans chacune de ses pièces il nous dépeint un côté de sa nature changeante. Il fut en effet tour à tour « le tendre Cœlio, l'épicurien Octave, le frivole Valentin, le rieur Fantasio, le passionné Fortunio, et enfin le philosophe de *la Confession d'un enfant du siècle* ».

Une nature aussi faible était exposée aux débordements. Malgré le souci avec lequel sa vieille gouvernante, Adèle Colin, a cherché à nous donner le change en déclarant que son poète ne buvait que de l'eau coupée d'un peu de vin, les habitudes bachiques de Musset sont assez connues pour qu'il soit inutile d'en parler longuement. Toutefois, nous pensons avec Oudinot qu'on a fait trop de bruit autour de cette funeste passion pour l'alcool. On l'a surtout mal interprétée, et il nous paraît difficile de croire que Musset ait pu être un ivrogne vulgaire, un débauché cynique, qui se grisait d'une façon honteuse, sans souci de son nom et de sa dignité.

---

[1] *Lettre à Mme Samson-Toussaint.*

Nous savons que Musset fit de nombreux abus. Sur ce point, le témoignage de ceux qui l'ont connu ne peut guère être mis en doute. Mais il semble qu'on ait exagéré la portée des affirmations que les garçons de café de la Régence ont semées çà et là. On a saisi également avec un acharnement quelque peu outré les bons mots de Villemain et les déclarations de G. Sand elle-même. L'amante infidèle, soucieuse de se disculper du rôle qu'elle avait joué dans l'aventure de Venise, proclamait en effet qu'elle avait cessé d'aimer le poète parce que l'ivrognerie ne pouvait en aucune façon laisser subsister l'amour.

Musset fut avant tout un faible et un inégal, qui passait de la vie la plus active à la dépression morale, des désirs les plus exaltés au découragement. La sensation de vide, l'impression d'inutilité qui l'envahissaient nous expliquent bien suffisamment pourquoi son système nerveux, trop vite épuisé et trop avide de jouir à la fois, demandait aux excitations de l'alcool la force qui lui manquait, en même temps que l'illusion d'une vie plus intense. Il eut des aveux touchants, des heures de repentir :

> J'ai perdu jusqu'à la fierté
> Qui faisait croire à mon génie !

Mais l'instant d'après « sa tête se troublait ; il n'était plus maître de lui-même ; il courait en insurgé ou en fou au café de la Régence, se faisait servir de l'absinthe, et c'en était fait de son âme pour un mois ou deux ».

On trouve là, sans doute, quelques symptômes

fréquents chez les dypsomanes. La dypsomanie se traduit en effet, ainsi que nous le dirons plus loin, par des impulsions à boire qui se produisent d'une manière soudaine et intermittente. L'accès terminé, il ne reste plus au sujet que le dégoût de soi-même et un découragement profond. Mais, dans la façon de boire de Musset, il manque bien des éléments pour constituer un syndrome complet.

Le poète n'a jamais perdu, à vrai dire, la direction de ses actes : il semble même qu'il ait conduit dans une certaine mesure ses excès d'une manière consciente et dans un but bien déterminé. Il buvait en malade peut-être, mais il buvait aussi pour s'exciter au travail, pour s'isoler du monde extérieur et se mettre dans un état d'abstraction spécial. Lui-même n'en faisait aucun mystère, si l'on en croit M. d'Orcet, car il décrivait souvent les effets de l'ivresse qu'il recherchait. « Elle produisait, disait-il, une sorte de catalepsie, à travers laquelle lui arrivait distinctement tout ce qui se passait autour de lui, mais comme s'il l'eût écouté d'un autre monde. Il faisait son choix dans les images bizarres flottant à sa portée, comme un pêcheur qui jette sa ligne dans une eau poissonneuse. A mesure que les matériaux lui parvenaient, il les mettait en œuvre immédiatement, avec autant de sang-froid et de facilité qu'un maçon perché sur son échafaudage. Artificiellement, mais violemment concentrée, son imagination leur donnait sur place le dernier coup de ciseau, et telle était la netteté de sa mémoire que le lendemain, lorsque les fumées du poison s'étaient dissipées, il n'avait conservé d'autre souvenir que celui des vers composés par lui la veille, et qu'il écrivait couramment sans retouches; car du moment qu'il ne se trouvait plus sous l'influence de sa muse alcoolique, l'illustre poète n'était plus qu'un simple mortel s'élevant à peine au-dessus du médiocre [1]. » Cabanès décrit et interprète de la même façon les abus de Musset : « Le plus souvent, nous dit-il, un garçon lui apportait une assiette de cigares et un épouvantable mélange de bière et d'absinthe, qu'il avalait d'un trait, avec cette grimace de dégoût que provoque une médecine répugnante. Assurément, la sensualité ne jouait aucun rôle dans cette abominable intoxication. Une fois drogué de la sorte, Alfred de Musset s'établissait solidement contre le dossier du divan, allumait un cigare, puis un autre, jusqu'à ce que l'assiette fût vide. Personne n'aurait osé troubler le poète dans sa rêverie. Il était seul avec sa pensée. A onze heures et demie, le garçon faisait avancer une voiture de louage, conduisait le poète par le bras, puis l'installait dans le fiacre. Il se laissait mener docilement à la maison; sa vieille bonne l'accueillait et le couchait comme un enfant. Une fois chez lui, A. de Musset pouvait noter avec une incroyable précision de mémoire les hallucinations que lui procurait la fièvre de l'absinthe. C'était un don de nature, développé par une certaine éducation, ou plutôt une faculté singulière, réservée à un petit nombre d'esprits d'élite, capables de transformer

---

[1] *Revue britannique*, 1873, p. 434 et suiv.

en œuvre de génie des rêvasseries alcooliques. Pour l'auteur de *Rolla*, l'ivresse était un excitant cérébral qu'il jugeait indispensable, une hallucination nécessaire pour la conception, une intoxication raisonnée. »

Mais on peut invoquer encore une autre genèse tendant à prouver que le poète a cherché volontairement dans l'alcool un peu de consolation et d'oubli. A l'appui de cette thèse, Oudinot nous cite un sonnet qui ne figure pas dans l'œuvre de Musset et qui fut remis en 1858 au frère du poète par Mme Joubert :

Qu'un sot me calomnie ! Il ne m'importe guère
Que, sous le faux semblant d'un intérêt vulgaire,
Ceux mêmes dont hier j'aurai serré la main
Me proclament ce soir ivrogne et libertin.

Ils sont moins mes amis que le verre de vin
Qui pendant un quart d'heure étourdit ma misère.
Mais vous qui connaissez mon âme tout entière,
A qui je n'ai rien tu, même pas un chagrin,

Est-ce à vous de me faire une telle injustice,
Et m'avez-vous si vite à ce point oublié ?
Ah ! ce qui n'est qu'un mal, n'en faites pas un vice.

Dans ce verre où je cherche à noyer mon supplice,
Laissez plutôt tomber quelques pleurs de pitié,
Qu'à d'anciens souvenirs devrait votre amitié.

De cela il ne faudrait cependant pas conclure que Musset ne s'est livré aux excès alcooliques qu'à la suite de sa rupture avec George Sand. Sur ce point, George Sand elle-même paraît explicite.

Dans une lettre à Mme Arnould-Plessy elle dit en effet : « Ah! cette malheureuse passion! Les malveillants, et ils sont nombreux, ont voulu m'en donner la responsabilité, et rien n'est plus faux. Ce n'est pas parce qu'Alfred de Musset a été délaissé par moi qu'il s'y est adonné ; mais c'est bien au contraire parce que j'ai vu qu'il s'y adonnait, que j'ai rompu avec lui. Je ne m'en suis aperçue que pendant notre voyage en Italie, et cela a été pour moi une grande déception, une grande douleur!... Je voulais rompre, et je ne savais comment. J'avais supporté déjà, sans en comprendre la cause, tant de caprices inexplicables!... J'avais osé lui faire tous les reproches, excepté celui-là que je considérais comme trop humiliant. J'en étais là, quand il me fournit lui-même un prétexte. Pendant que nous étions tous deux à Gênes, il alla dans un souper à la suite duquel il fut l'amant d'une danseuse. Or je lui aurais pardonné ce coup de canif dans notre contrat, mais je ne pouvais lui pardonner un vice qui avait déjà causé la rupture de mon mariage. Je pris le prétexte qui m'était offert par lui-même pour rompre une liaison où l'amour était détruit complètement, chez moi, par la répulsion, par le dégoût auquel a succédé une immense pitié... C'est parce qu'il buvait que je n'ai plus aimé Alfred de Musset, et je ne suis pas, heureusement pour moi, coupable d'avoir contribué à la destruction de ce beau génie[1]. »

Il ne semble donc pas que Musset ait commencé

---

[1] *La Petite Revue internationale*, 28 mai-4 juin 1899, 3e année, 2e série, n°s 21-22.

de boire à dater seulement de la trahison dont il fut victime. Mais le chagrin, en favorisant le besoin et la recherche d'un stimulant, dut accélérer du même coup les tendances déjà dessinées. Ainsi peut-on concilier les affirmations contraires de Sand et de Musset. Il est fort possible que le poète ne se soit réellement rendu compte de sa funeste habitude qu'à partir du moment où, l'exagérant à plaisir, il lui demanda des consolations. On peut admettre que, jusqu'à ce jour, il n'avait prêté aucune attention à ses excès, tant qu'ils n'avaient servi qu'à lui procurer une excitation factice. Mais quand il eut à souffrir, il se mit sans doute à boire davantage, pour en venir au deuxième degré de l'intoxication, celui qui procure l'oubli avec la torpeur. Alors « buvant par force, comme s'il se fût agi d'un remède ordonné par un médecin, et déplorant la misère et les chagrins humains, qui se consolent de pareille façon », il alla fréquemment jusqu'à l'ivresse totale, au point que, la réflexion l'abandonnant, « il levait les yeux au ciel comme pour se dire adieu à lui-même, » suivant sa propre expression. A cette époque, il est bien probable que le poète se dégradait à plaisir, et il voulait que chacun le sût, comme pour faire honte à celle qui était cause de sa déchéance.

Quoi qu'il en soit, l'usage de l'alcool, d'abord modéré, augmenta chaque jour, au fur et à mesure que la dépression morale en fit sentir davantage la nécessité. Que le poète lui ait demandé une consolation, qu'il ait transformé très souvent aussi les rêvasseries qu'il procure en œuvres de génie, il ne

s'en est pas moins donné à ce poison sans réserve
et sans frein, et l'habitude une fois prise dut avoir
sur l'état névropathique du sujet une action d'autant plus fâcheuse que l'opium et le tabac venaient
y joindre leur influence, au dire des contemporains.

M. Audebrand [1] a décrit en termes imagés la
décadence précoce du pauvre poète : « Sur des traits
naturellement pâles s'étendait de jour en jour cette
teinte d'ivoire jaunissant, qui est l'indice d'une
vieillesse prématurée. Il n'y avait presque plus
rien de rose sur ses lèvres. L'œil, d'ordinaire si
grand ouvert, semblait se rapetisser comme pour
se mouvoir dans moins de lumière. Dans sa parole,
on ne retrouvait plus la vivacité impérieuse et caus-
tique d'autrefois, et cette main fine d'artiste qui avait
écrit tant de belles choses commençait à trembler. »

Avec la santé, Musset devait perdre sa faculté
de produire, mais non point son tempérament de
poète. « Il devenait tous les jours plus accessible
aux moindres émotions, rapporte son frère. Le malheur, les regrets, le chagrin, ne faisaient qu'exaspérer sa sensibilité. Les larmes lui venaient aux
yeux pour un mot, pour un vers, pour une mélodie. Au moment même où il se plaignait de n'avoir
plus la force de vivre, ses impressions augmen-
taient de vivacité, et les objets extérieurs agissaient
sur son organisation avec une puissance plus
grande. » Mme Martellet ajoute qu'avant sa mort,
Musset souffrit « non seulement de son mal, mais
encore de tristes pressentiments, d'hallucinations
étranges, de cauchemars effrayants et de terribles

1 Ph. Audebrand, *Petits mémoires du XIXe siècle.*

visions[1] ». Ce mal, une lésion des valvules aortiques, Musset en était atteint depuis dix ans quand il succomba, le 1er mai 1857. Son corps n'était plus qu'une ombre, et son extrême sensibilité touchait au paroxysme de son développement morbide ; sa belle intelligence pourtant n'avait point sombré.

Si maintenant nous cherchons à résumer le bilan pathologique d'Alfred de Musset, nous devons reconnaître comme Oudinot « que, sans avoir trouvé des choses bien anormales chez lui, nous avons constaté que tout y était exagéré et excessif. Les plaisirs comme les peines laissaient sur lui une empreinte profonde et ineffaçable. Une contrariété vulgaire lui causait un violent chagrin, et sous son masque de sceptique se cachait l'être le plus tendre et le plus malheureux qui existât. Il était un grand enfant sensible, et cette impressionnabilité extrême se rattache à la pathologie ». Une pareille constitution devait le conduire à bien des écarts ; mais on doit à la vérité d'ajouter que le sens moral ne s'est pas démenti chez lui, si bien que les désordres de sa vie privée ne firent jamais de mal qu'à lui-même. Entraîné à la débauche par une force plus puissante que sa volonté, il comprit mieux que personne la dégradation physique et morale à laquelle sa faiblesse devait l'exposer :

Ah ! malheur à celui qui laisse la débauche,
Planter son premier clou sous sa mamelle gauche !

[1] *Les Annales politiques et littéraires*, 22 août 1897, p. 116 et 117.

Un écrivain qui trouve de tels accents pour flétrir sa propre inconduite ne peut être taxé d'immoralité.

Maintenant faut-il, à propos de Musset, prononcer, ainsi qu'on l'a fait, les mots : hystérie, épilepsie, neurasthénie ? M. Charles Maurras [1] parle d'épilepsie, mais l'intervention de l'alcool rend les faits d'une interprétation tout au moins douteuse en pareille matière. M. Raoul Oudinot [2] réunit certains arguments pour édifier le diagnostic plus vraisemblable d'hystéro-neurasthénie. Mais en l'absence de certains signes dont la constatation rétrospective est presque impossible, nous préférons nous en tenir à une étiquette plus vague et voir dans Musset un type de terrain névropathique d'ailleurs entretenu et exagéré par des influences toxiques.

Ce qu'il y a de plus curieux chez lui, c'est la netteté avec laquelle il s'est analysé et comme disséqué pour saisir sur le vif les phénomènes intimes de sa psychologie. Il suivit avec curiosité les manifestations bizarres dont il fut l'objet, et il prouva dans ses descriptions qu'il se sentait vivre, aimer et souffrir avec une violence dont il ne nous est pas permis de douter. « Je sens en moi deux hommes, disait-il, l'un qui agit, l'autre qui regarde : si le premier fait une sottise, le second en profitera. » Ainsi, se dédoublant lui-même, il assistait en spectateur impassible à l'agitation intime de sa vie.

---

[1] *Les Amants de Venise* (Paris, Fontemoing).
[2] *Loc. cit.*

L'œuvre de Musset prend, dans bien des cas, la forme d'une auto-observation où toujours quelques personnages sont faits à son image. L'auteur contemplait en artiste clairvoyant la tourmente dont ses nerfs, son cœur et son cerveau étaient la proie. Aussi a-t-il laissé, avec sa *Confession,* la plus magnifique monographie mentale qu'un poète ait jamais écrite. Et l'on peut ajouter avec Oudinot qu' « il y dépeint les angoisses du cœur avec une telle vigueur de pensée et de style, que ses cris déchirants deviennent en quelque sorte des abstractions, et que l'homme en général s'y retrouve avec ses propres douleurs et ses aspirations secrètes ».

*
* *

La névropathie ne se traduit pas toujours par l'exaltation affective pure et simple. Il est des cas où la sensibilité subit comme une déviation, si bien qu'elle est anormale plutôt par sa qualité que par sa quantité. Il s'agit de perversion, non point tant d'excès.

Charles Baudelaire est par excellence le représentant de cette sensibilité spéciale, faite d'exceptions, nourrie d'étrangetés. Son génie s'offre comme une fleur « qui gagnerait des taches inconnues à tremper ses pieds en quelque poison »; mais les rapports de l'œuvre à l'homme ont été jugés de façons si diverses, qu'il serait sans doute téméraire de conclure sans restriction de la première au second. L'œuvre du moins respire la névrose, et tandis qu'en lisant les *Nuits* nous sommes avec un Musset semblable à nous-mêmes, en pénétrant dans les *Fleurs du mal* nous avons l'impression d'un Baudelaire si différent de la majorité des hommes, que nous sommes tentés de soupçonner d'emblée un peu de comédie ou un grain de folie.

Sans admettre, — il s'en faut, — que la sensibilité soit « nulle » chez Baudelaire, ainsi qu'on l'a prétendu parfois, nous devons reconnaître qu'elle est fantasque et déconcertante. Et tout d'abord, les données sensorielles qui sont à sa base offrent déjà d'intéressantes particularités. Véritable gourmet d'odeur, le poète a pu dire de lui-même : « Mon âme voltige sur les parfums, comme l'âme des autres hommes voltige sur la musique. » Cette sorte d'hypertrophie fonctionnelle des impressions olfactives a été soulignée maintes fois au cours de ses poésies, et elle devient pour lui une source d'associations nombreuses :

Il est des parfums frais comme des chairs d'enfants,
Doux comme les hautbois, verts comme les prairies,
Et d'autres, corrompus, riches et triomphants,

Ayant l'expansion des choses infinies,
Comme l'ambre, le musc, le benjoin et l'encens,
Qui chantent les transports de l'esprit et des sens.

La femme aimée, il se plaît à la sentir plutôt qu'il ne tient à la contempler :

Quand les deux yeux fermés, en un soir chaud d'automne,
Je respire l'odeur de ton sein chaleureux,
Je vois se dérouler des rivages heureux
Qu'éblouissent les feux d'un soleil monotone.

Aussi ne manque-t-il jamais, pour décrire une maî-tresse, d'en exprimer les exhalaisons :

O toison, moutonnant jusque sur l'encolure!
O boucles, ô parfum chargé de nonchaloir! ...
La langoureuse Asie et la brûlante Afrique,
Tout un monde lointain, absent, presque défunt,
Vit dans tes profondeurs, forêt aromatique!

Il convient d'ajouter qu'au point de vue pure-ment esthétique on ne peut que rendre hommage à une sensibilité sensorielle qui agrandit le répertoire de la poésie. M. Brunetière fait observer que si Baudelaire n'a pas inventé la poésie des odeurs, il a su du moins lui donner une place et une impor-tance nouvelle dans l'art encore tout musical, pittoresque ou plastique, des Lamartine, des Victor Hugo, des Théophile Gautier. Le critique ajoute d'ailleurs avec raison que, par cela même qu'il est le moins spirituel de tous les sens, l'odorat est celui dont les impressions s'échangent le plus aisé-ment. Tandis que les couleurs ou les formes limitent, pour ainsi parler, la liberté du rêve, en en dessinant les contours avec quelque précision, les odeurs, au contraire, l'émancipent, la favorisent et l'exaltent. C'est ce que Baudelaire a su, mieux que personne, et c'est ce qu'il a si bien exprimé dans le sonnet des *Correspondances*.

Mais les prépondérances sensorielles sont les moindres curiosités du génie de Baudelaire. C'est dans sa façon même d'utiliser la sensation tout élaborée, c'est dans le sentiment en un mot qu'il faut chercher l'étrange particularité de son œuvre, en touchant du doigt les tendances qui semblent s'y révéler.

Nous y voyons le poète flotter, dans un mysticisme étrange, des accents religieux les plus éthérés aux cris de la chair les plus farouches. Paul Bourget a pu dire de lui : « Cette âme ne se contentait pas d'une foi dans une idée. Elle voyait Dieu. Il était pour elle non pas un mot, non pas un symbole, non pas une abstraction, mais un Être, en la compagnie duquel l'âme vivait comme nous vivons avec un père qui nous aime. » Et, en revanche, l'auteur reconnaît que « des visions dépravées jusqu'au sadisme troublent ce même homme qui vient d'adorer le doigt levé de sa Madone. Les mornes ivresses de la Vénus vulgaire, les capiteuses ardeurs de la Vénus noire, les raffinées délices de la Vénus savante, les criminelles audaces de la Vénus sanguinaire, ont laissé de leur ressouvenir dans les plus spiritualisés de ses poèmes[1] ».

L'antiquité avait connu et goûté déjà ces secrets rapports de la débauche et de la foi; mais Baudelaire, plus qu'aucun poète, a confondu dans leurs expressions l'amour divin et l'amour humain. Le frisson mystique fait passer dans son âme une sensualité à la fois catholique et perverse, où viennent se mêler les émotions les plus imprévues :

Quand chez les débauchés l'aube blanche et vermeille
Entre en société de l'idéal rongeur,
Par l'opération d'un mystère vengeur
Dans la brute assoupie un Ange se réveille.

---

[1] Paul Bourget, *Essais de psychologie contemporaine* (t. I, p. 16 et p. 5).

Mais le satanisme l'emporte :

> Sans cesse à mes côtés s'agite le démon ;
> Il nage autour de moi comme un air impalpable ;
> Je l'avale et le sens qui brûle mon poumon,
> Et l'emplit d'un désir éternel et coupable.

Tantôt, se débattant contre cette obsession, il appelle Dieu à son secours contre le Prince des ténèbres ; tantôt au contraire il adore Satan et lui voue son âme :

> Gloire et louange à toi, Satan, dans les hauteurs
> Du Ciel, où tu régnas, et dans les profondeurs
> De l'enfer, où, vaincu, tu rêves en silence !
> Fais que mon âme un jour, sous l'Arbre de science,
> Près de toi se repose...

Baudelaire oppose à la règle les droits de l'instinct. Ennemi des hommes et des lois, il a le culte de lui-même par-dessus tout, en apparence, du moins, et son égoïsme féroce semble vouloir ployer la vie tout entière aux exigences de ses appétits :

> Ah ! ne ralentis pas tes flammes !
> Réchauffe mon cœur engourdi,
> Volupté, torture des âmes !...
> Volupté, sois toujours ma reine !

La vie et le mouvement semblent lui déplaire. Il fait dire à la Beauté :

> Je hais le mouvement qui déplace les lignes,
> Et jamais je ne pleure et jamais je ne ris.

Il trouve du sublime dans l'artificiel et compare

ce dernier au fard qui rehausse une belle femme. Dans une inspiration bizarre, il dépeint un paysage de métal, d'où l'eau et les végétaux sont bannis. Tout y est rigide, poli, luisant, sans chaleur ni soleil; et c'est là qu'il cherche son idéal. Le cœur insatiable, les sens blasés, il est avide d'émotions étranges et il demande ces émotions à tout ce qui est anormal ou exceptionnel. Dans la *Danse macabre*, il déclare que « les charmes de l'horreur n'enivrent que les forts »; dans *Horreur sympathique*, il avoue qu'il est « irrésistiblement avide d'obscur et d'incertain »; puis il veut, dans le *Voyage*,

Plonger au fond du gouffre, Enfer ou Ciel, qu'importe ?
Au fond de l'inconnu pour trouver du nouveau !

L'appareil de la mort doit constituer un élément de choix pour l'épouvante qu'il procure, et le poète l'exploite largement. Il fait une description de pourriture, puis il adresse à sa belle ce compliment assez peu galant :

— Et pourtant vous serez semblable à cette ordure,
    A cette horrible infection,
Étoile de mes yeux, soleil de ma nature,
    Vous, mon ange et ma passion !

Ou bien, il se représente avec volupté son propre cadavre en putréfaction :

Ainsi, quand je serai perdu dans la mémoire
Des hommes, dans le coin d'une sinistre armoire
Quand on m'aura jeté, vieux flacon désolé,
Décrépit, poudreux, sale, abject, visqueux, fêlé,

Je serai ton cercueil, aimable pestilence !

Baudelaire ne se contente pas d'exalter la laideur à l'égal du beau; il célèbre le mal comme d'autres célèbrent le bien. Ici, il idéalise tout ce que le vice a de plus répugnant et lance aux filles de Lesbos un appel sympathique et approbateur (*Femmes damnées*); là il évoque les horreurs du meurtre et du viol (*Une martyre*); ailleurs, il rêve de carnage et voit :

> Des vêtements souillés, des blessures ouvertes,
> Et l'appareil sanglant de la Destruction.

Et partout le Mal triomphe :

> Race d'Abel, voici ta honte :
> Le fer est vaincu par l'épieu !

> Race de Caïn, au ciel monte
> Et sur la terre jette Dieu !

L'auteur semble donc cultiver le sentiment malsain et s'y plonger à plaisir comme en une douceur perverse. Mais le plus remarquable est qu'au plein de la satisfaction il aboutit par une attirance invincible et inéluctable aux noirs abîmes d'un monstrueux pessimisme. Chez lui, l'effort s'épuise en tristesse navrante :

> Loin des sépultures célèbres,
> Vers un cimetière isolé,
> Mon cœur, comme un tambour voilé,
> Va battant des marches funèbres.

Sa sensibilité étrangement surmenée a des lassitudes douloureuses, des phases de stérilité où les passions défuntes résonnent comme un glas, où les souvenirs s'élèvent pâles et froids comme des tombes. Il dit de lui-même dans la *Cloche fêlée* :

> ... Mon âme est fêlée, et lorsqu'en ses ennuis
> Elle veut de ses chants peupler l'air froid des nuits,
> Il arrive souvent que sa voix affaiblie
> Semble le râle épais d'un blessé qu'on oublie
> Au bord d'un lac de sang, sous un grand tas de morts.

Et dans le *Spleen* :

> ... Mon triste cerveau
> C'est ... un immense caveau
> Qui contient plus de morts que la fosse commune.
> Je suis un cimetière abhorré de la lune,
> Où, comme des remords, se traînent de longs vers.

Et le remords, en effet, le talonne parfois :

> Pouvons-nous étouffer le vieux, le long Remords,
>   Qui vit, s'agite et se tortille,
> Et se nourrit de nous comme le vers des morts,
>   Comme du chêne la chenille?
> Pouvons-nous étouffer l'implacable Remords?

Mais c'est surtout l'ennui qui accable le poète. Il se plaint d'être malheureux « comme le roi d'un pays pluvieux ».

> Riche, mais impuissant, jeune et pourtant très vieux.

La monotonie des choses d'ici-bas est pleine d'écœurements; l'inutile effort éloigne de l'action : il appelle l'ironie amère, le découragement navré. L'homme est bien insensé qui aspire et s'agite. Quoi qu'il fasse, il n'abordera pas au port :

> Une voix de la hune, ardente et folle, crie :
> « Amour... gloire... bonheur!... » Enfer! C'est un écueil.

Tout espoir en l'avenir est vain. Rien ne vaut d'être vécu. L'extinction seule est désirable :

O Mort, vieux capitaine, il est temps ! levons l'ancre !
Ce pays nous ennuie, ô Mort ! Appareillons !

Et la Mort apparaît comme une volupté :

Dans une terre grasse et pleine d'escargots,
Je veux creuser moi-même une fosse profonde
Où je puisse à loisir étaler mes vieux os
Et dormir dans l'oubli comme un requin dans l'onde...

La Mort ! Toujours la Mort... dans le *Gouffre*, dans le *Recueillement*, dans la *Fin de la journée*, dans le *Goût du néant*, dans *Une Mort joyeuse*.

Tout cela est-il bien sincère? Ou bien y a-t-il de la pose dans cette volonté du mal? Faut-il voir dans le poète un farceur de mauvais aloi, brutal, immoral, macabre et artificiel prétentieusement, pour ahurir le bourgeois? Doit-on traiter ses doctrines d'excentricités prétentieuses et ne trouver dans toutes ses images que la contorsion d'un esprit sec qui force l'inspiration?

L'auteur, dans la première édition des *Fleurs du mal*, prend des précautions oratoires qui peuvent faire douter de sa sincérité : « Parmi les morceaux suivants, le plus caractérisé... n'a été considéré, du moins par les gens d'esprit, que pour ce qu'il est véritablement : le pastiche des raisonnements de l'ignorance et de la fureur. Fidèle à son douloureux programme, l'auteur a dû, en parfait comédien, façonner son esprit à tous les sophismes comme à toutes les corruptions. »

M. Paul Bourget[1] adhère en partie à cette déclaration candide mais un peu suspecte, et il croit devoir faire dans l'œuvre de Baudelaire la part de la « mystification qui exagère en agressifs paradoxes quelques idées, par elles-mêmes seulement exceptionnelles ». Il ajoute que « chez beaucoup de lecteurs, même les plus fins, la peur d'être dupes d'un fanfaron de satanisme empêche la pleine admiration ».

M. Max Nordau[2], toujours fidèle à la généralisation de dégénérescence qui inspire son ouvrage, trouve une indulgence outrée dans cette opinion : « L'affirmation de Baudelaire lui-même, que son satanisme n'est qu'un rôle étudié, n'a aucune espèce de valeur, nous dit-il... Comme cela se produit si fréquemment chez les dégénérés supérieurs, il sent tout au fond de lui que ses aberrations sont maladives, immorales et antisociales, et que les gens normaux le mépriseraient ou le prendraient en pitié, s'ils étaient convaincus qu'il est véritablement ce qu'il se vante d'être dans ses poésies; il recourt en conséquence à l'excuse enfantine que les malfaiteurs ont souvent à la bouche... Peut-être aussi cherchait-il à se faire accroire à lui-même qu'avec son satanisme il se moquait des philistins. Mais une telle palliation après coup ne donne pas le change au psychologue et n'a aucune importance pour son jugement. »

M. Pierre Caume[3] ne semble passe rallier davan-

---

[1] PAUL BOURGET, *Charles Baudelaire,* in *Essais de psychologie contemporaine,* t. I, p. 25.

[2] M. NORDAU, *loc. cit.,* t. II, p. 96.

[3] P. CAUME, *Causerie sur Baudelaire* (*Nouvelle Revue,* 15 août 1899, p. 659).

tage à l'idée de mystification; mais à l'inverse du
précédent il trouve aux singularités « baudelai-
riennes » une explication normale, une excuse suffisante. « Baudelaire aimait son temps, dit l'auteur... Il l'adorait comme on adore une vieille maîtresse, malgré ses vices et même à cause d'eux.
Son esprit en avait conçu les douloureuses misères.
Fils d'un siècle au sang appauvri, il appréciait le
charme des choses maladives. Son âme, instinctivement triste, s'abîmait délicieusement dans les
mélancolies de notre civilisation décrépite. » Si le
poète détestait la nature fraîche et saine, s'il ne la
comprenait que fanée et décolorée, c'est que telle
est la note dominante de l'atmosphère où il était
né et qu'il chérissait. Si la beauté de la femme ne
lui plaisait que « précoce et presque macabre de
maigreur, avec une élégance de squelette apparue
sous la chair adolescente, ou bien tardive et dans
le déclin d'une maturité ravagée », c'est que ce
tableau correspond très exactement à « la femme
damnée de son époque, qui est laide, mais si suggestive »! Le critique fait observer que la passion
de Baudelaire pour cette femme laide, d'une laideur
qui symbolise la modernité, n'était pas seulement
inspirée « par des sentiments tout charnels dans
leur décadence », il se mêlait à ceux-ci « d'autres
sentiments purement artistiques qui induisaient
Baudelaire à aimer les seuls corps capables de
renfermer l'âme moderne ». On peut observer en
effet que la *beauté*, le *malheur* et la *modernité* sont
partout associés dans l'esprit du poète, et l'on doit
se demander dès lors s'il n'y a pas dans sa perver-

sion apparente une inquiétude parfaitement sincère d'esthétique adaptée à son entourage et à son époque.

Que faut-il conclure? Les avis sont si partagés, qu'on aurait peine à prendre un parti si l'on ne savait par expérience que le plus sage parti est souvent de n'en point prendre. Entre le Baudelaire dupeur et mystificateur, le Baudelaire dégénéré perverti et le Baudelaire sympathique, pitoyable et sincère, l'opposition n'est peut-être pas aussi grande qu'on pourrait le croire au premier abord; et à cet égard nous aimons le bon sens de M. Brunetière[1], qui considère comme parfaitement oiseux d'examiner si le poète fut toujours d'une parfaite franchise ou. si, dans ses plaintes et dans ses blasphèmes, il ne s'est pas glissé parfois, avec beaucoup de rhétorique, une intention de mystifier son monde. Que Baudelaire ait été toute sa vie à la poursuite du singulier et du monstrueux, que l'obsession d'échapper par tous les moyens à la vulgarité de l'existence l'ait précipité dans la frénésie du factice et du maquillage, nous n'en doutons pas. Mais il passe dans tout cela un rictus amer, et l'on y voit transparaître, au travers d'un cynisme immoral et gouailleur, comme l'attitude de défense d'une âme qui brave le mal et qui en rit pour n'en pas pleurer.

En vérité, Baudelaire fût-il un simulateur, que sa cause n'en serait guère meilleure auprès des médecins. Les psychiatres s'accordent à dire qu'un homme capable de conserver artificiellement toute

---

[1] BRUNETIÈRE, *la Statue de Baudelaire* (*Revue des Deux-Mondes*, t. V, 1892, p. 212).

sa vie l'attitude d'un aliéné, même en ayant conscience d'être comédien, n'est pas un homme vraiment sain d'esprit. Le choix d'une telle attitude est
à lui seul une preuve de trouble profond. Les personnes qui simulent avec quelque persévérance la
folie, même dans un but raisonnable, sont presque
sans exception des victimes du déséquilibre.

Or il semble qu'ici l'opinion se vérifie par certains
côtés. Baudelaire fut un excentrique, et sans avoir
été l'homme de son œuvre autant qu'on l'a prétendu
parfois, il s'est révélé dans la vie comme un anormal, un inadapté.

Ses parents, « idiots ou fous, » nous dit-il lui-
même, « moururent tous victimes d'une folie terrible. » Le fait est très contesté ; mais, né d'un vieillard, il est bien vrai que Baudelaire avait senti de
bonne heure « se tordre en lui des hérédités douloureuses ».

Aussi éprouva-t-il de tous temps une attirance
toute particulière pour ceux qu'une tare rendait
impropres à la vie normale. Son admiration pour
Thomas de Quincey et pour Edgar Poë est capable
de nous édifier sur ce point. Il emprunta au premier
un extrait qu'il accompagna d'un exubérant commentaire, et la lecture du second ayant été pour
lui comme une révélation, il résolut de le faire connaître à la France. Il y a bien réussi d'ailleurs.
« Les *Histoires grotesques et sérieuses* et *Eureka*
ont été, dit Th. Gautier, traduites par Baudelaire
avec une identification si exacte de style et de pensée, une liberté si fidèle et si souple, que ces tra-
ductions produisent l'effet d'ouvrages originaux et

en ont toute la perfection géniale. » Mais Baudelaire va plus loin. Il érige en Dieu son modèle :
« Je me jure à moi-même, dit-il, de faire tous les
matins, en mon cœur mis à nu, ma prière à Dieu,
réservoir de toute force et de toute justice, à mon
père, à Mariette et à Poë comme intercesseurs ; les
prier de me communiquer la force nécessaire pour
accomplir tous mes devoirs et d'octroyer à ma mère
une vie assez longue pour jouir de ma transforma-
tion[1]... »

Nous nous méfions des anecdotes, et il est certain qu'on s'est plu à les accumuler sur la vie de
Baudelaire. Tous ces clichés courants sont d'une
valeur très inégale. On raconte que le poète allait
dîner au café Riche sans cravate, le col nu, la tête
rasée, dans une vraie toilette de guillotiné. Sans
doute c'était afficher un certain mépris de ses contemporains, mais rien de plus. S'il est vrai que le
poète se teignait en vert, la chose est un peu plus
grave : on peut y voir avec raison une recherche
anormale de la pose et de l'extravagance. On a
dressé un dossier fort hétérogène fondé sur des
bizarreries de ce genre : « Baudelaire vivait à côté
d'un hideux assemblage de lézards, de couleuvres
et de vipères... Il changeait de logement tous les
mois et demandait l'hospitalité à des camarades...
Il lui arrivait de lancer des objets contre les vitrines
des magasins, à seule fin de les entendre se briser...
Ayant perdu son père, il entra en lutte contre le
nouvel époux de sa mère, et tenta de l'étrangler...

---

[1] Ch. BAUDELAIRE, *OEuvres posthumes*, édit. Crépet, p. 196.

Envoyé dans l'Inde pour y exercer le commerce, il perdit tout, et ne rapporta de son voyage qu'une négresse... »

L'appréciation de ces détails intimes n'est pas toujours bien aisée, et il convient d'être réservé en pareille matière. Mais il faut reconnaître pourtant que Baudelaire, de son propre aveu, se révèle comme un impulsif assez oublieux du droit des gens et enclin à la recherche de satisfactions bizarres. On se souvient comment il décrit lui-même une de ces « plaisanteries nerveuses » dont il était coutumier. S'étant levé « maussade, triste, fatigué d'oisiveté, et poussé à faire quelque action d'éclat », il ouvre la fenêtre, et il aperçoit un vitrier dont le cri discordant arrive jusqu'à lui. Sans savoir pourquoi, il est « pris à l'égard de ce pauvre homme d'une haine aussi soudaine que despotique ». Il lui fait signe de monter et réfléchit, « non sans quelque gaieté, que, la chambre étant au sixième étage et l'escalier fort étroit, l'homme devait éprouver quelque peine à opérer son ascension et accrocher en maint endroit les angles de sa fragile marchandise. » Le vitrier paraît : « J'examinai curieusement toutes ses vitres et je lui dis : « Comment ! vous n'avez pas de verres « de couleur ! Des verres roses, rouges, bleus, des « vitres magiques, des vitres de paradis? Impudent « que vous êtes ! Vous osez vous promener dans des « quartiers pauvres, et vous n'avez pas même de vitres « qui fassent voir la vie en beau? » Alors, continue Baudelaire, « je le poussai vivement vers l'escalier, où il trébucha en grognant. Je m'approchai du balcon, je me saisis d'un petit pot de fleurs, et quand l'homme reparut au débouché de la porte, je laissai tomber perpendiculairement mon engin de guerre sur le rebord postérieur de ses crochets. Le choc le renversant, il acheva de briser sous son dos toute sa pauvre fortune ambulatoire, qui rendit le bruit éclatant d'un palais de cristal crevé par la foudre. Et, ivre de ma folie, je lui criai furieusement : « La vie en beau! la vie en beau[1]! » Il est difficile d'interpréter de pareils faits, si ce n'est en invoquant le dérangement de l'esprit.

Le goût des jouissances rares devait entraîner le poète à d'étranges fantaisies. Ceux qui l'ont connu dans l'intimité ont pu noter que ses amours avaient presque toujours pour objet des femmes phénomènes. Il passait de la naine à la géante, et reprochait à la Providence de refuser parfois la santé à ces êtres, qu'il considérait comme privilégiés au point de vue plastique, en raison de leur complexion peu commune. A ses caprices il affectait de mêler quelquefois une pointe de sadisme : « Un soir, conte un de ses familiers, nous nous trouvions dans je ne sais plus quelle brasserie, et le poète des *Fleurs du mal* racontait je ne sais quoi d'énorme... Une femme blonde, assise à notre table, écoutait tout cela, les yeux écarquillés et la bouche ouverte. Tout à coup le narrateur, s'interrompant, lui dit : « Mademoiselle, vous que les épis d'or couronnent et « qui, si superbement blonde, m'écoutez avec de si « jolies dents, je voudrais mordre dans vous, et si « vous daignez me le permettre, je vais vous dire

[1] *Le Mauvais vitrier,* in *Petits poèmes en prose.* OEuvres complètes de Ch. Baudelaire, 1889, p. 21.

« comment je désirerais vous aimer. Au reste, vous
« adorer autrement me semblerait, je vous l'avoue,
« assez banal. Je voudrais vous lier les mains et vous
« pendre par les poignets au plafond de ma chambre.
« Alors je me mettrais à genoux, et je baiserais vos
« pieds nus. » On peut se demander s'il faut voir en
cette histoire plus qu'une simple boutade. Cabanès[1]
rapproche ce récit d'une page où le poète donne de
la passion amoureuse une définition assez équivoque : « Moi, je dis : la volupté unique et suprême
de l'amour gît dans la certitude de faire le mal. Et
l'homme et la femme savent, de naissance, que
dans le mal se trouve toute volupté[2]. » L'auteur
que nous venons de citer se demande si celui qui
s'exprime ainsi n'est vraiment perverti qu'en prenant la plume, et si le « sadisme » est ici purement
littéraire. A notre avis, cette question s'appuie sur
une confusion. Quand Baudelaire affirme que la
volupté de l'amour est dans le mal, il entend par
mal non point la douleur physique, mais le péché
moral. Sa profession de foi n'est point d'un sadique,
mais d'un satanique. Se fonder sur de telles paroles
pour conclure à une perversion sexuelle, c'est au
moins de la témérité.

Le Baudelaire opiophage et toxicomane n'est
guère mieux affirmé, malgré les présomptions qu'on
a cru pouvoir tirer des œuvres mêmes du poète.
Un chapitre des *Paradis artificiels* a pour titre :

---

[1] CABANÈS, *le Sadisme chez Baudelaire* (*Chronique médicale*,
15 nov. 1902, p. 728).
[2] CH. BAUDELAIRE, *Œuvres posthumes* (*Correspondance iné-
dite*, p. 73-74).

« Du vin et du haschisch comparés comme moyen de multiplication de l'individualité, » et dans la *Fontaine de sang* le poète fait, il est vrai, un aveu bien démonstratif :

J'ai demandé souvent à des vins capiteux
D'endormir pour un jour la terreur qui me mine.

Dans ses lettres, il raconte quelque part qu'un pharmacien de ses amis lui a confié une recette excellente pour composer soi-même du haschisch, et ailleurs encore il écrit au seul confident pour lequel il n'ait pas de secrets : « Je suis bien mal, mon cher, et je n'ai pas d'opium. » Une correspondance de l'éditeur Poulet-Malassis à M. Troubat semble indiquer même que la maladie qui emporta Baudelaire aurait eu pour cause des abus de boissons : « Depuis six mois, tout l'ensemble du système nerveux était chez lui fort compromis. Il a négligé de tenir compte de symptômes et d'avertissements graves, et, contre l'avis des médecins et les prières de ses amis, il a continué à user et à abuser d'excitants. Sa volonté était si faible à cet égard, qu'on ne mettait plus d'eau-de-vie sur la table chez moi, pour qu'il n'en bût pas. Autrement, son désir était irrésistible. »

Dans la notice des *Œuvres complètes,* Théophile Gautier a cependant protesté avec énergie contre cette opinion que Baudelaire cherchait l'inspiration dans les excitants, et que sa paralysie fût causée par des excès de haschisch et d'opium. « Qu'il ait essayé une ou deux fois du haschisch comme expérience physiologique, cela est possible, et même probable, dit l'auteur; mais il n'en a pas fait un usage continu. » Dans un article récent, le Dr Michaut[1] affirme même, en parlant de Baudelaire, que « jamais, d'après ceux qui l'ont connu, homme de lettres ne fut plus sobre ».

La vérité est que le poète a usé en dilettante des poisons dont il fait l'éloge; mais, par contre, il paraît bien exagéré de le représenter comme un intoxiqué ayant « roulé » dans les pires excès. En particulier, il est peu probable que le ramollissement cérébral auquel succomba Baudelaire fut en rapport direct avec l'alcoolisme chronique, comme certains auteurs paraissent l'insinuer.

Reproduisant une expression qui, dans la bouche de Maxime du Camp, ne pouvait avoir un sens nosographique bien précis, M. Lombroso parle gratuitement de « paralysie générale ». Nordau et Grasset l'ont suivi sans protestation. Cependant nous ne voyons pas en quoi Baudelaire s'est « vautré de longs mois dans les degrés les plus abjects de la démence ». Il est simplement avéré qu'il fut hémiplégique et aphasique vers la fin de ses jours.

Dès le commencement de 1862, Baudelaire consignait dans son journal intime ces lignes douloureuses : « ... Maintenant j'ai toujours le vertige, et aujourd'hui 23 janvier j'ai subi un singulier avertissement : j'ai senti passer sur moi le vent de l'aile de l'imbécillité. » Trois ans plus tard, en 1865, il écrit encore : « ... Ce qui m'irrite plus que tout,

---

[1] MICHAUT, Comment est mort Baudelaire (Chronique médicale, 15 mars 1902).

plus que la misère, plus que la bêtise dont je suis environné, c'est un certain état soporeux qui me fait douter de mes facultés. Au bout de trois ou quatre heures de travail, je ne suis plus bon à rien. Il y a quelques années, je travaillais quelquefois douze heures, et avec plaisir. » Au commencement de mars 1866, le beau-père de son ami Rops l'avait invité à venir passer quelques jours chez lui. « Il avait accepté avec joie l'invitation... Il connaissait déjà Namur ; mais il était heureux de l'occasion de revoir l'église Saint-Loup, qu'il considérait comme le chef-d'œuvre des jésuites. Tandis qu'il admirait et faisait admirer à ceux qui l'accompagnaient les confessionnaux sculptés avec la plus riche profusion, il chancela, pris d'un étourdissement subit, et alla s'abattre sur une marche. Ses amis le relevèrent. Il ne parut pas s'effrayer et prétendit que le pied lui avait glissé. On feignit de le croire ; mais le lendemain matin, en se levant, il donna des signes de troubles cérébraux. On le ramena en hâte à Bruxelles ; à peine monté dans le wagon, il pria qu'on ouvrît la portière. Or elle était ouverte. Il avait dit le contraire de ce qu'il voulait dire. C'était un des prodromes de l'aphasie qui n'allait pas tarder à se déclarer[1]. »

La correspondance de ses amis nous donne sur la marche de la maladie des indications précises. Peu de temps après l'accident de Namur, Poulet-Malassis écrit à Troubat : « Il y a eu vendredi huit jours, la paralysie du côté droit s'est déclarée en

---

[1] CABANÈS, loc. cit.

même temps que le ramollissement du cerveau...
Il baisse à vue d'œil. Avant-hier, il confondait les
mots pour exprimer les idées les plus simples;
hier, il ne pouvait pas parler du tout... Baudelaire,
rétabli physiquement, ne serait plus, de l'avis des
médecins, qu'un homme réduit à l'existence animale, à moins d'un prodige, — disaient-ils il y a
huit jours, — et depuis lors ils ne parlent plus de
prodige... » Quelques mois plus tard, Troubat écrit
à son tour : « J'ai vu Baudelaire une fois, une
seule. Champfleury va le voir de temps en temps.
On l'a fait dîner chez Nadar. C'était imprudent, et
lui-même, je crois, en a ressenti et manifesté de la
fatigue. Il en est resté à ces trois mots : « Non,
« cré non, non, » et la mémoire n'a pas faibli en lui.
Il m'a montré tout ce qu'il aimait, lorsque j'ai été
le voir : les poésies de Sainte-Beuve, les œuvres
d'Edgar Poë en anglais, un petit livre sur Goya,
et, dans le jardin de la maison de santé Duval,
une plante grasse exotique, dont il m'a fait admirer les découpures. Voilà l'ombre de Baudelaire
d'autrefois, mais elle est toujours ressemblante. Il
a manifesté la plus grande colère à un nom de
peintre que je lui ai nommé; mais quand je lui ai
parlé de Richard Wagner et de Musset, il a souri
d'allégresse. »

Nous ne voyons rien dans tout cela qui puisse
justifier l' « idiotie paralytique » dont parlent certains auteurs. Il semble, au contraire, que l'intelligence du poète n'ait point faibli d'une façon notoire.
« Bien que muet et figé dans une immobilité
navrante, il parvenait encore à se faire comprendre.

Ses yeux n'ont jamais cessé de reconnaître les yeux aimés, sa main s'est toujours tendue la première vers les mains fidèles. Au plus fort de la maladie, il s'entretenait, par l'intermédiaire d'un ami, avec son éditeur... Il a été abattu, brisé; mais insensé au sens propre du mot, jamais[1]. »

Par contre, étrange ironie! cet homme, qui avait avec Théophile Gautier le plus riche vocabulaire de son époque, fut condamné à un mal qui se traduit par l'oubli des mots. Ce poète, si préoccupé jadis de la phrase élégante et de l'antithèse à effet, n'a pu prononcer qu'un juron sonore à la fin de ses jours.

Synthétisons maintenant. L'homme nous apparaît avant tout comme un tempérament d'une sensibilité exigeante, malencontreusement servi par un esprit sceptique et désabusé. La note volontaire vient y déposer encore un ferment fécond d'étrangeté malsaine qui joue avec le malheur; et il sort de tout cela une révolte systématique contre les principes admis et les sentiments communs. Baudelaire a senti la vie d'une façon amère, et il a rendu dans toute sa hideur, tantôt avec un « rire jaune » et tantôt avec un accent d'amertume rageuse, le mal qui l'obsède; sa névropathie douloureuse et hautaine à la fois s'est abritée pour cacher ses larmes derrière les bravades orgueilleuses de sa plume, et le poète envisagé sous un pareil jour est moins le mystificateur d'autrui que l'éternel dupeur de lui-même. Quant à l'œuvre, elle est d'une beauté très individuelle, toujours excen-

---

[1] CABANÈS, *loc. cit.*

trique et souvent perverse. Mais cette œuvre, nous nous garderons bien de lui contester sa place et sa part d'influence dans le mouvement de la littérature. La place est grande et l'influence se prolonge encore depuis plus de trente ans.

Paul Verlaine est un représentant également fameux de cette poésie névrosée dont on a tour à tour flétri et vanté les charmes morbides.

C'est une autre figure, plus simple que la précédente et plus primitive, encore que d'une naïveté bien souvent truquée ; plus douçâtre surtout, parce que plus passive et comme abandonnée plus mollement aux vents du dehors et du dedans qui la poussent « de çà, de là », incertaine, pirouettante et clownesque ; intraitable toujours, et inadaptable au suprême degré, mais trop flottante pour être agressive et donner dans l'opposition par raison ou par principes ; faible à glisser dans le mal jusqu'en ses tréfonds, mais trop inconstante pour le vouloir systématiquement et l'accomplir en toute liberté : âme non point noire, mais grise, avec sur les bords des teintes dégradées ; cœur révolté sans beaucoup de haine, et dont le mépris nonchalant s'épanche moins en rictus amers qu'en sourires goguenards ; être hybride et désemparé, dont la souffrance a parfois des accents sincères et dont la misère mérite au total un peu de sympathie, pas mal d'indulgence, et beaucoup de pitié.

On a fait bien souvent le procès du pauvre poète, et on l'a fait en termes si décisifs, qu'il serait quasi téméraire d'élever des protestations. Le Dr Nordau parle sans réplique : « Nous voyons, dit-il, un effrayant dégénéré au crâne asymétrique et au visage mongoloïde, un vagabond impulsif et un dipsomane qui a subi la prison pour un égarement érotique, un rêveur émotif, débile d'esprit, qui lutte douloureusement contre ses mauvais instincts et trouve dans sa détresse parfois des accents de plaintes touchants, un mystique dont la conscience fumeuse est parcourue de représentations de Dieu et des saints, et un radoteur dont le langage incohérent, les expressions sans signification et les images bigarrées révèlent l'absence de toute idée nette dans l'esprit. Il y a dans les asiles d'aliénés beaucoup de malades dont le délabrement intellectuel n'est pas aussi profond et incurable que celui de ce « circulaire » irresponsable, que, pour son malheur, on laisse aller librement, et que seuls ont pu condamner, pour ses fautes épileptiques, des juges ignorants[1]. » M. Jules Huret, — un littérateur pourtant, — nous montre également le poète sous un jour assez peu charmeur, car il déclare très explicitement que « sa tête de mauvais ange vieilli, à la barbe inculte et clairsemée, au nez brusque, ses sourcils touffus et hérissés comme les barbes d'épis couvrant un regard vert et profond, son crâne oblong entièrement dénudé, tourmenté de bosses énigmatiques, élisent en cette physionomie l'apparente et bizarre contradiction d'un ascétisme têtu et d'appétits cyclopéens ».

Un étrange assemblage d'érotisme souvent bes-

---

[1] NORDAU, loc. cit., t. I, p. 228.

tial et de mysticisme très épuré, voilà ce qui frappe
en effet dans l'œuvre de Verlaine. D'aucuns, il est
vrai, lui ont fait honneur de sa sensualité raffinée.
On a célébré en lui le désir de toutes les jouissances, et l'on a trouvé une sorte de beauté
farouche à ce débordement de l'instinct qui perce
au travers de sa poésie. Il est bien vrai que le goût
de la grivoiserie et la recherche des images polis-
sonnes est un des traits les plus évidents de son
imagination créatrice. Il est sur ce point sans scrupule et ne craint pas de nous en informer :

> Que ton âme soit blanche ou noire,
> Que fait? Ta peau de jeune ivoire
> Est rose et blanche et jaune un peu.
> Elle sent bon ta chair perverse
> Ou non, que fait? Puisqu'elle berce
> La mienne de chair...

Il avoue d'ailleurs sincèrement :

> J'ai la fureur d'aimer...
> N'importe quand, n'importe quoi, n'importe où.

Et son cœur est « si faible », qu'il est bien inutile de tenter la lutte :

> J'ai la fureur d'aimer. Qu'y faire? Ah! laisser faire.

Aussi chante-t-il les plaisirs sexuels avec enthousiasme :

> L'écartement des bras m'est cher, presque plus cher
>   Que l'écartement autre;
> Mer puissante et que belle et que bonne, de chair,
>   Quel appât est le vôtre!...

Jusqu'ici, rien de monstrueux vraiment. Mais que dire de cette pièce qui débute ainsi :

> L'une avait quinze ans, l'autre en avait seize ;
> Toutes deux dormaient dans la même chambre.
> C'était par un soir très lourd de septembre ;
> Frêles, des yeux bleus, des rougeurs de braise.
>
> Chacune a quitté, pour se mettre à l'aise,
> La fine chemise au frais parfum d'ambre...

Et que penser également de cette autre :

> Tendre, la jeune femme rousse,
> Que tant d'innocence émoustille,
> Dit à la blonde jeune fille
> Ces mots, tout bas, d'une voix douce :
>
> « Sève qui monte et fleur qui pousse,
> Ton enfance est une charmille :
> Laisse errer mes doigts dans la mousse
> Où le bouton de rose brille... »

En vérité, on peut avancer, pour la défense du poète, qu'il n'a fait que peindre en vers magnifiques un vice qu'il n'approuve nullement. Nous aimons à le croire. Mais se complaire dans la description de l'obscène et de la perversion est encore trop.

Si Verlaine nous paraît hanté bien souvent par les images libidineuses d'un érotisme morbide, il ne sort de l'amour bestial que pour se confondre dans une ferveur religieuse dont le contraste est assez plaisant, mais dont la contribution n'a rien de si extraordinaire quand on sait l'étroite parenté qui peut unir en un même sujet les transports mystiques et l'exaltation d'un amour profane. Notre poète a par endroits des accents délicieux de foi ingénue, et il y a dans son âme de satyre pervers comme des coins parfumés de candeur dévote. Le grand pécheur « aspire en tremblant » :

Mon Dieu m'a dit : « Mon fils, il faut m'aimer... »

. . . .

J'ai répondu : « Seigneur, vous avez dit mon âme,
C'est vrai que je vous cherche et ne vous trouve pas.
Mais vous aimer ! Voyez comme je suis en bas,
Vous dont l'amour toujours monte comme la flamme... »

Et voici que le poète de *Sagesse* paraît oublier les plaisirs d'un monde misérable et vain, pour se vouer corps et âme au Dieu de miséricorde et de bonté :

O mon Dieu, j'ai connu que tout est vil,
Et votre gloire en moi s'est installée.
O mon Dieu, j'ai connu que tout est vil...

Il chante avec enthousiasme les louanges du Christ. Il fait à la Vierge une prière émue :

Je ne veux plus aimer que ma mère Marie.

Et sa piété lui inspire des sentiments d'une élévation peu commune :

Dans tous les mouvements bizarres de ma vie,
De mes malheurs, selon le moment et le lieu,
Des autres et de moi, de la route suivie,
Je n'ai rien retenu que la bonté de Dieu.

Faut-il s'étonner, maintenant, que les publicistes chrétiens aient vu, dans Verlaine, un repentant sincère? Un Père jésuite, étudiant la religion des contemporains, n'a-t-il pas écrit de bonne foi et sans sourciller : « Tout est là de pure inspiration chrétienne et de franche orthodoxie. C'est bien la conversion par la pénitence et l'eucharistie, non les variations d'une religiosité quelconque, mais les chants d'une âme qui retourne vers les bras ouverts de l'Église. »

Et pourtant, le pécheur chez qui la lumière s'était faite et dont l'expiation était exemplaire, le pécheur qui s'était confessé publiquement et retranché du monde pour s'isoler dans une cellule blanche, en face d'un christ d'ivoire, ce pécheur trouva-t-il vraiment le calme au contact de Celui pour qui son âme venait de s'épanouir en une floraison de repentirs, de tendresses et de bontés? Il n'y paraît point. La religion put inspirer en lui l'artiste, mais ne réussit pas à corriger l'homme. Le chantre sublime de *Sagesse*, « qui parla de Dieu avec autant de suavité et d'harmonie que saint Augustin, saint Thomas d'Aquin ou sainte Thérèse, » revint à sa boue. Et aux heures d'ivresse il plaisanta ce Dieu « qui avait recueilli sa confidence et lavé ses plaies ». La qualité qu'il faut attribuer au mysticisme de Verlaine est assez démontrée pour qu'aucune méprise ne puisse persister. Chez lui, la veine pieuse et la veine sensuelle vont « parallèlement ». Dans l'émotion religieuse aussi bien que dans l'excitation lubrique, le poète cherche la jouissance. Et cette manière de dilettantisme est une attitude franchement opposée au vrai sentiment chrétien. Ceci justifie l'opinion de Doumic : « La rêverie alanguie de nos contemporains s'est mêlée d'un mysticisme inquiétant et trouble... Tout juste peut-on dire que Verlaine en a été plus profondément atteint qu'un autre et qu'il en a donné l'expression la plus aiguë. Après cela, il est bien superflu de discuter sur le degré de sa sincérité, et c'est une question oiseuse de rechercher jusqu'à quel point il a été dupe lui-même de son émotion au moment où il la ressentait. Il suffit de ne pas s'abuser sur la nature de cette émotion et d'y voir ce qu'elle est réellement : une forme de l'énervement, un cas de sensibilité triste[1]. »

Triste en effet, cette sensibilité! Triste en dépit des amours profanes qui ne laissent qu'écœurement! Triste, malgré les transports divins qui abandonnent au sol de misère la bête impérieuse et inassouvie! Triste toujours! Elle se complaît dans les descriptions de la nature morose. Le froid, la pluie, le ciel gris, la campagne désolée, l'inspirent bien mieux que la sève printanière, la fraîcheur et la robustesse des choses. Et si même la nature chante, il lui fait un reproche d'une gaieté qui s'appareille mal avec son ennui.

Aussi, faut-il le reconnaître, Verlaine est par excellence le poète du spleen et du nirvana, et l'on doit ajouter qu'il a su tirer de sa mélancolie des poésies de la plus grande beauté. Il y a dans la littérature française peu de pièces comparables à la *Chanson d'automne;* et *Il pleure dans mon cœur* est, pour la vérité de l'impression, une des poésies les plus admirables qu'on puisse citer.

---

[1] R. Doumic, *les Œuvres complètes de Verlaine* (*Revue des Deux-Mondes*, 15 janvier 1901).

Mais la langueur confine au découragement :

Je suis l'Empire à la fin de la décadence...

. . . .

Ah! tout est bu, tout est mangé! Plus rien à dire!

Seul, un poème un peu niais qu'on jette au feu,
Seul, un esclave un peu coureur qui vous néglige,
Seul, un ennui d'on ne sait quoi qui vous afflige!

Et c'est comme une mort précoce qui suspend l'existence à peine ébauchée :

> Un grand sommeil noir
> Tombe sur ma vie :
> Dormez, tout espoir!
> Dormez, toute envie!
>
> Je ne vois plus rien,
> Je perds la mémoire
> Du mal et du bien...
> Oh! la triste histoire!

Satyre raffiné plutôt que perverti extravagant, mystique éploré et pusillanime plutôt que diabolique, doucement languide aux heures de mélancolie plutôt que farouche pessimiste, Verlaine s'oppose encore à Baudelaire par la nuance un peu différente d'un autre trait qui leur est commun : la recherche de l'étrange.

Verlaine est ami de l'étrange, mais non point par système, par opposition active aux opinions reçues et aux habitudes courantes; il est bizarre par indépendance, et en quelque sorte par sauvagerie, comme le serait un homme primitif, vivant par nécessité dans un lieu de civilisation. « La société, écrit-il lui-même, n'est pas pour glorifier les poètes qui souvent vont à l'encontre, sinon toujours de ses lois positives, du moins très fréquemment de ses usages les plus impérieux. Et, par contre, le poète, pourtant avide de luxe et de bien-être autant sinon plus que qui que ce soit, tient sa liberté à un plus haut prix que même le confortable, que même l'aisance d'un chacun qu'achèterait la moindre concession aux coutumes de la foule. De sorte que l'hôpital, au bout de sa course terrestre, ne peut pas plus l'effrayer que l'ambulance le soldat, ou le martyre le missionnaire. Même c'est la fin logique d'une carrière illogique aux yeux du vulgaire, j'ajouterais presque la fin fière et qu'il faut. »

En vérité, le poète s'est comporté toute sa vie comme un vagabond. En principe, il réside dans la capitale; mais il n'a pas de domicile, le plus souvent. Quand il est malade ou à bout de ressources, quelque médecin lui ouvre l'hôpital, et il s'y attarde à écrire ses vers. Jules Lemaître a pu dire de lui : « Nul ne l'a jamais vu ni sur le boulevard, ni au théâtre, ni dans un salon. Il est quelque part, à un bout de Paris, dans l'arrière-boutique d'un marchand, où il boit du vin bleu. Il est aussi loin de nous que s'il n'était qu'un satyre innocent dans les grands bois... Il n'est point déclassé : il n'est pas classé du tout. » Chose remarquable, il paraît indiscipliné jusque dans son art. Il a pu subir un instant l'influence de quelques poètes, mais « ils n'ont servi qu'à lui révéler l'extrême et douloureuse sensibilité, qui est son tout. Au fond, il est sans maître. La langue, il la pétrit à sa guise, non point comme les

grands écrivains, parce qu'il la sait, mais comme
les enfants, parce qu'il l'ignore ». Il n'est point
jusqu'à sa mise qui ne le signale comme un dissident. Son chapeau mou « semblait lui-même se
conformer à sa triste pensée, inclinant ses bords
vagues tout autour de sa tête, espèce d'auréole noire
à ce front soucieux. Son chapeau! Pourtant joyeux
à ses heures, lui aussi, et capricieux comme une
femme très brune, tantôt rond, naïf, celui d'un
enfant de l'Auvergne et de la Savoie, tantôt en
cône fendu à la tyrolienne et penché, crâne, sur
l'oreille, une autre fois facétieusement terrible : on
croirait voir la coiffure de quelque banditto, sens
dessus dessous, une aile en bas, une aile en haut,
le devant en visière, le derrière en couvre-nuque ».
Au reste, conformément à une tendance bien naturelle de l'esprit humain, le poète ressent pour les
vagabonds, ses frères, une admiration non dissimulée :

> ... Donc, allez, vagabonds sans trêves,
> Errez, funestes et maudits,
> Le long des gouffres et des grèves,
> Sous l'œil fermé des paradis!
>
> La nature à l'homme s'allie
> Pour châtier comme il le faut
> L'orgueilleuse mélancolie
> Qui vous fait marcher le front haut.

Dans une autre pièce, il crie à ses camarades :

> Allons, frères, bons vieux voleurs,
>   Doux vagabonds,
>   Filous en fleurs,
>   Mes chers, mes bons,

> Fumons philosophiquement,
>   Promenons-nous
>   Paisiblement :
> Rien faire est doux.

Cet homme incivilisé, qui néglige la morale reçue et semble ignorer les codes, encourt les pires aventures ; mais c'est du même élan qu'il commet la faute et qu'il s'en excuse, et c'est aussi d'une humeur égale qu'il subit la peine. « Un jour il disparaît, nous dit Jules Lemaître. Qu'est-il devenu ? Je veux qu'il ait été publiquement rejeté hors de la société régulière. Je veux le voir derrière les barreaux d'une geôle, comme François Villon, non pour s'être fait, par amour de la libre vie, complice des voleurs et des malandrins, mais plutôt pour une erreur de sensibilité, pour avoir vengé, d'un coup de couteau involontaire et donné comme en songe, un amour réprouvé par les lois et coutumes de l'Occident moderne. Mais, socialement avili, il reste candide. Il se repent avec simplicité, comme il a péché, et d'un repentir catholique, fait de terreur et de tendresse, sans raisonnement, sans orgueil de pensée ; il demeure, dans sa conversion comme dans sa faute, un être purement sensitif... » Par ses propres aveux, on sait qu'il a passé en prison deux années de sa vie. Il raconte tout au long et avec une nonchalance quasiment joyeuse cette étape :

> J'ai naguère habité le meilleur des châteaux,
> Dans le plus fin pays d'eau vive et de coteaux :
> Quatre tours s'élevaient sur le front d'autant d'ailes,

Et j'ai longtemps, longtemps habité l'une d'elles...

          ... J'étais heureux avec ma vie,

Reconnaissant de biens que nul certes n'envie.

Mais il n'est point cynique irréductiblement. Il connaît le remords et la pitié de soi :

> Qu'as-tu fait, ô toi que voilà
>> Pleurant sans cesse,
> Dis, qu'as-tu fait, toi que voilà,
>> De ta jeunesse ?

Il est donc moins un « fou moral » qu'un « impulsif » et un « aboulique ». Le « fou moral » s'installe avec tranquillité dans son abjection: il ne tient pas ses fautes pour quelque chose de mauvais. Non seulement il les accomplit avec la candeur que mettrait un homme sain à l'accomplissement d'actions vertueuses ou indifférentes, mais encore il est satisfait après leur perpétration. L'« impulsif aboulique » est au contraire à la merci d'un instinct qu'il ne peut refréner ; mais il s'adresse des reproches à lui-même, et fait suivre toutes ses actions d'un repentir sincère. C'est bien le cas de Verlaine comme celui de Villon. Seulement, comme le fait observer Doumic, ce dégoût de soi n'est pas persistant, et le regret semble faire défaut dans le Verlaine de « l'œuvre complète ». Le poète se compare finalement au reste des hommes, et il le fait avec une certaine fierté : « L'ensemble de mon œuvre en vers et en prose témoigne assez, d'aucuns trouvent que c'est trop, de beaucoup de défauts, de vices même, et d'encore plus de malchance plus ou moins dignement supportée. Mais tout de même, sans trop de vanité ou d'orgueil, le mot de Rousseau peut servir de morale moyenne à ma vie : on est fier quand on se compare. »

La perpétuelle alternance de dispositions opposées chez Verlaine, le passage habituel du rut bestial à la dévotion extatique et du péché au repentir, ont autorisé certains psychologues à parler de « folie circulaire ». Mais le terme est assez impropre, appliqué à des états d'âme aussi complexes que les précédents. Parce que Verlaine, après avoir bu sans doute bien plus que de raison, déclare par instants son dégoût de l'alcool et parle de « breuvages exécrés » dans la première pièce de la *Bonne chanson*, il n'est pas nécessaire non plus de voir en cela une preuve de « dipsomanie ». Tous ces mots scientifiques ont un sens bien délimité, une valeur parfaitement précise : en les prodiguant à la légère, on induit en erreur bien des gens qui pensent de bonne foi que de telles étiquettes couvrent un diagnostic sans discussion ni réplique. Il faut en être sobre, ou l'on court à l'abus.

Ce qu'on peut affirmer, c'est le remarquable déséquilibre de cette âme inconstante et sans volonté. Et c'en est assez pour expliquer ses laideurs sans trop l'accabler. « L'avenir remettra toute chose en juste place, dit Catulle Mendès. En même temps que l'œuvre de Verlaine resplendira d'une blancheur sacrée de lis entre les cierges de l'autel, sa personnalité, délivrée des viles légendes par où l'on se donnait le droit de ne point venir en aide à ce faible et de ne point compatir à ce souffrant, sera blanche aussi dans la mémoire des hommes, blanche comme fut blanc sous nos yeux pleins de larmes son visage apaisé... » C'est un horoscope d'une indulgence par trop angélique. Mais faut-il acquiescer plutôt aux torrents d'injures qu'on a déversés ailleurs ?

De l'homme, il faut bien avouer qu'il vécut en paria, impuissant et souvent indigne. Et par ce côté il nous apparaît sinon comme « l'âme la plus basse qu'il soit possible d'imaginer, sans fierté dans la faute, lâche et vile dans la lutte », du moins comme un tempérament excessif autant que faible, et dont les instincts n'ont pu se soumettre aux exigences de la vie moderne. Mais il est comme le prototype de tout ce que cette vie a d'humanité souffrante. Il en symbolise la misère honteuse, les supplications et la détresse.

De l'ouvrage, il restera, ainsi qu'on l'a dit, « des chansons balbutiantes, des polissonneries et des élévations à Dieu, des cantiques à Marie, et des obscénités, des invocations, des imprécations, des mièvreries, des niaiseries, des farces, des calembours, des jurons, des ordures, des non-sens. » Mais de ce fatras on tirera sans difficulté maints bijoux précieux : chefs-d'œuvre frêles, beautés souffreteuses, floraison pâlotte, malingre et comme étiolée, poussée bien loin de la robuste sève des époques classiques, mais ensorcelée de charmes morbides, exquise de parfums troublants, et pleine de pouvoirs magiques sur les nerfs dont elle vient et auxquels elle retourne directement.

II. LE TERRAIN NÉVROPATHIQUE :
SES CONDITIONS EXTRINSÈQUES

Par un échange de procédés qu'il est facile de prévoir, si le tempérament névropathique tend à modifier les conditions de vie, les conditions de vie à leur tour réagissent sur lui en le fortifiant et l'exagérant.

D'une façon générale, et en faisant abstraction de toute intervention morbide, l'inadaptation du poète aux conditions de l'existence pratique n'est pas à discuter. Son insouciance des contingences d'ici-bas n'est rien moins que proverbiale, et son abstraction de la réalité présente est une conséquence directe et inéluctable de toute sa psychologie. Comment serait-il dans le réel et dans le rêve à la fois? Comment, s'élevant jusqu'aux nues, raserait-il le sol? Ceci d'ailleurs ne nuit pas à son équilibre, car l'équilibre c'est l'harmonie. Et que demander d'un homme bien équilibré, si ce n'est de rester harmonieux? Un poète foncièrement pourvu de qualités pratiques, dans le sens moderne du mot, serait d'une mentalité singulièrement disloquée. Il est des qualités qui se heurtent et ne se marient pas : exiger leur accord, ce serait réclamer l'enfantement d'un monstre. Qu'on reconnaisse donc que les tempéraments poétiques sont victimes parfois de qualités affinées, lesquelles n'ont point cours parmi les natures grossières qui sont la masse de l'humanité. Qu'on ajoute encore qu'ils payent le plus souvent de quelques lacunes la rançon d'une originalité qui les place au-dessus des contingences d'ici-bas : ce sera bien assez ! Qu'on les en plaigne simplement, et que pour cela même on leur ménage de plus grands égards : ce ne sera point trop ! Seulement l'insouciance de la vie pratique peut aller chez certains jusqu'à la plus complète inadaptation sociale, et voilà qui est beaucoup plus grave. Sans doute, on peut avancer que si les déséquilibrés sont inadaptables, le fait de ne point s'adapter n'est pas forcément en soi une marque de déséquilibre. L'harmonie individuelle peut s'exercer en dehors des affinités secondaires d'une société qui a pour base l'intérêt de la plus grande partie, laquelle est surtout faite de médiocrités. Il n'en est pas moins qu'une vie dissidente et irrégulière doit créer de tous temps des conditions franchement défectueuses pour le repos de l'esprit. « On ne me persuadera jamais, dit Hoffmann, que celui-là est un vrai poète, dont la vie tout entière n'est pas soulevée par la poésie au-dessus de la vulgarité, des misérables petitesses et des conventions du monde. » Eh ! oui, sans doute ; mais rien n'est aussi dangereux que de se considérer comme un être à part, car un moment viendra où l'on ne saura plus s'adapter aux inflexibles exigences du monde, ni se conformer aux obligations complexes de la société humaine. Et si le vent des épreuves se met à souffler, l'individu aussi impuissant à subordonner sa personne aux événements que les événements à sa personne s'en ira de choc en choc se briser sous les coups d'une adversité qui est en grande partie son œuvre.

L'histoire de la poésie est toute pleine de ces inclassés, qui exaspèrent leur système nerveux déjà hyperesthésié, en lui infligeant une longue odyssée de misères et de vicissitudes. La liste est inépuisable des malheureux, des désemparés, des vaincus de la vie, parmi les poètes. C'est la triste famille des Chatterton et des Glatigny. Plus d'une de ces infortunes fut imméritée. Mais la poésie, hélas! est de toutes les spéculations celle dont on vit le moins, et sous le coup des adversités les âmes tendres savent mieux gémir qu'affronter la tempête.

Au reste, fût-elle supportée bravement ou par une nature cynique qui jette un défi à la société, la misère influence l'esprit d'une manière néfaste, et le nervosisme s'en trouve accrû dans des proportions énormes. Née d'un tempérament déjà voué à l'extravagance, elle apporte chaque jour un nouvel engrais au terrain dont elle est sortie.

Villon, grand détrousseur, menteur sans vergogne, ribaud, filou, et gâté jusqu'aux moelles malgré d'étonnantes fraîcheurs d'imagination, déclare fort ingénument qu' « il n'est trésor que de vivre à son aise; » mais pour sa part il vit en prison ou sur les grands chemins, il couche à la belle étoile et ne mange pas autant qu'il le désirerait. Lui, du moins, vaguait dans un siècle où l'on se permettait tant de choses, que se comporter autrement que chacun c'était encore procéder à l'imitation de tout le monde. Mais il n'est pas nécessaire de chercher si loin : les cas sont légion près de nous. N'insistons pas sur Baudelaire et passons sur Verlaine, que nous connaissons déjà ; mais mettons en regard du dernier son très grand ami, autre vagabond tourmenté d'aventures, harcelé de malheurs : Rimbaud.

Une vie gaspillée, faite de gloires avortées et d'étranges turpitudes. Il naît à Charleville d'une famille bourgeoise : petite cité, éducation étriquée. De bonne heure il se lasse du joug des principes rigides et des idées closes. Déjà, sur les bancs de l'école, son tempérament se révèle : ses appétits crient la rébellion, et les mille choses qui s'agitent en lui vont le pousser hors du régulier, au travers des désirs qu'il veut assouvir, des jouissances qu'il veut épuiser. Assoiffé d'air libre, il s'évade un jour. La guerre qui battait son plein l'avait attiré. Plus aventurier que patriote, il part à l'insu des siens, néglige de prendre un passeport, se fait arrêter en gare de Paris et refuse de donner son nom. En guise de libération, le voici écroué, au dépôt d'abord, à Mazas ensuite. On le renvoie au pays natal : il avait seize ans. Au bout de quelques jours il s'enfuit encore, mais il part à pied. Son bissac est vide et sa bourse à sec ; il va sans but, au hasard des chemins. La campagne est mauvaise, la route est dure ; mais il se plait aux jouissances de la vie des gueux :

Ces bons soirs de septembre où je sentais des gouttes
De rosée à mon front, comme un bain de vigueur !...

Il rôde, il s'attarde, dînant des fumets qu'exhalent les cuisines :

Mon auberge était à la Grande-Ourse...

On l'arrête pour vagabondage, et on le réintègre dans Charleville. Là, il dit dans ses vers toute sa haine et tout son dégoût. Amas systématique de couleurs sordides et d'odeurs infâmes, où la fureur sacrilège met bien en valeur l'intense volonté de secouer toute entrave, la rancune farouche contre l'oppression, l'élan impétueux des libres instincts. Rimbaud s'échappe encore, vend sa montre et regagne Paris. Mourant de faim dans la capitale, il lui faut affronter de nouveau l'accueil familial. Il traverse à pied les forêts de l'Ardenne, mais voici que la Commune éclate : ce Paris exalté attire son esprit de révolte. Pour la troisième fois il refait le voyage et s'engage dans les tirailleurs. Alors il connaît Verlaine, et l'intimité s'établit si bien, que ce dernier le veut prendre à sa charge : compagnonnage singulier, que des coups de revolver terminent, à Bruxelles.

La *Saison en enfer*, cet examen de conscience aussi passionné que sincère, nous édifie sur la phase nouvelle qui suit l'événement tragique, dans la vie de Rimbaud. Il déplore son passé, il veut un rachat de lui-même. A quelle cause se dévouera-t-il? A quelle mission sera-t-il destiné? Qu'importe! Mais il veut s'ennoblir, se régénérer dans l'amour vivifiant de l'action. Sa pauvre âme malade sera hantée d'illusions nouvelles, d'espoirs chimériques sans fin. Alors vient une autre étape, plus incertaine et plus douloureuse peut-être que la première. Rimbaud a vingt ans. Le poète est mort, mais l'homme continue sa course. On le retrouve à Paris d'abord, puis à Londres, à Stuttgard, à Naxos. Il traverse le Gothard à pied et gagne l'Italie. Rapatrié par le consulat, il travaille au port de Marseille, misérablement. Quelque temps après il est sur la place de Vienne ; mais une rixe avec la police le fait expulser d'Autriche. Il passe en Allemagne, puis part au compte des Néerlandais pour la Malaisie. On ne tarde pas à le revoir en France : après avoir déserté, il a traversé des forêts dangereuses et il s'est embarqué comme manœuvre sur un navire anglais en partance pour Dieppe. Il s'enrôle alors dans un cirque errant, et il siège avec lui à Stockholm et à Copenhague. Mais il s'ennuie dans les villes du Nord, et de nouveau le consulat doit le rapatrier. Ses aventures continuent. Rimbaud s'embarque pour Chypre, où il surveille l'exploitation d'une carrière d'abord, la construction d'un palais ensuite. Puis il part pour l'Égypte, où il s'emploie comme acheteur au compte d'une maison de commerce. Il parcourt la côte orientale d'Afrique, vendant les parfums, l'ivoire et le café. Il a des relations suivies avec Ménélick et travaille à l'introduction d'armes européennes en Abyssinie. Ses voyages se transformaient en explorations. Mais voici que la vie l'abandonne. Une tumeur du genou terrasse son activité : il doit rejoindre la France. Puis le mal s'accentue. Le 10 novembre 1891, il mourait, à la façon des pauvres, lui aussi, à l'hôpital de la Conception de Marseille: Il avait été le premier des « poètes maudits », mais aussi mendiant, baladin, soldat, débardeur, fabricant, constructeur, architecte, maçon, géologue, agriculteur, commissionnaire et explorateur. Il avait été vaga-

bond surtout, vagabond à l'âme révoltée, à l'activité sans frein, vagabond non point fou sans doute,
mais anormal sûrement.

N'a-t-on pas, après cela, l'impression de vertige
que donnerait le tournoiement d'une trombe, le passage de quelque cyclone ravageant et dévastateur?

* *
*

Ainsi la difficulté matérielle de vivre est un facteur dont on doit tenir compte comme source accessoire de névropathie chez nombre d'artistes et de
poètes en particulier. Mais à côté de cette condition qui, sans être indépendante du sujet, reste
étrangère du moins à sa volonté, il en est une
autre d'un caractère beaucoup plus spécial, et sur
laquelle l'attention doit se porter longuement.
Celle-là n'est point tant subie, mais plutôt recherchée en toute connaissance de cause. Nous entendons parler de l'usage de certains toxiques.

Tant que les facultés affectives ne sont pas mises
à l'épreuve d'une manière exagérée, tant qu'on ne
les martelle pas à outrance, elles restent pour
l'esprit un précieux apanage, en lui procurant des
jouissances ignorées de la plupart des hommes.
Mais les claviers les plus harmonieux risquent de
se briser, si c'est à coups de poing qu'on les fait
vibrer. La vie scientifique, par sa nature même, et
aussi par ses lenteurs d'élaboration, par la méthode
qu'elle nécessite et la pondération qu'elle demande,
se trouve à l'abri de l'émotivité morbide. La vie
d'artiste, au contraire, s'en fait un levier fréquent et

presque un outil banal : rechercher dans les sensations ce qu'elles ont d'inédit et d'exceptionnel, s'affranchir de sa guenille pour vivre plus en dehors à
défaut de plus haut : voilà le perpétuel tourment de
bien des natures d'élite ; et ce n'est pas impunément qu'on cultive ce jeu, car en guise de qualités
rares on risque de voir éclore des anomalies
latentes, des tares en germe dont le développement
viendra rompre un jour l'équilibre des facultés
mentales. C'est là l'héritage de tous les poètes qui
ont cherché dans certains poisons l'excitation désordonnée d'une sensibilité déjà maladive et prédis-
posée aux pires égarements.

On connaît suffisamment aujourd'hui le rôle physiologique de l'alcool, de l'éther, de l'opium, du
haschisch et des autres toxiques de la même famille.
Il serait fastidieux d'en renouveler ici le développement. Chacun sait en effet que le cerveau travaille
avec une activité inaccoutumée sous l'influence naissante de l'ivresse, et les « paradis artificiels » que
Thomas de Quincey, Théophile Gautier et Baudelaire nous font entrevoir, montrent le débridement
de l'imagination lancée dans une course vertigi-
neuse... « Toute substance ayant une action élective sur les centres nerveux, dit Moreau de Tours, -
semble introduire dans l'organisme comme un nouveau principe de vie et communique aux facultés de
l'âme une activité inaccoutumée... Ces agents
peuvent, il est vrai, troubler profondément les
facultés, les anéantir même ; mais les résultats
extrêmes dépendent essentiellement de l'abus qu'on
peut en faire ; et, dans tous les cas, il est toujours

une première phase de leur action dans laquelle, loin d'être troublées ou perverties, les facultés sont simplement imprégnées d'une énergie et d'une activité nouvelles, les sensations plus vives, les perceptions plus promptes, l'imagination plus active et toujours prête à se plonger dans la rêverie, cet état d'âme que l'on a presque divinisé, et sans lequel il n'y a point d'inspiration poétique[1]. »

La vérité est que plusieurs des poisons du système nerveux sont, au début du moins, « un fouet pour le Subconscient, » et le Subconscient, nous l'avons vu, est la source féconde où puise l'inspiration d'art. Il faut donc bien se pénétrer de la portée des mots, quand on parle d'excitation, de stimulation. Les apparences d'une suractivité psychique ont ici leur seule raison d'être dans une atonie provoquée des appareils cérébraux inhibiteurs, et l'hyperidéation n'est autre chose qu'une incontinence de sentiments et d'idées. La profusion des images se succédant avec une rapidité inaccoutumée, la richesse de représentations qu'on ne fixe pas au passage, tout cela, faute d'être modéré et coordonné, constitue un chaos mouvant dans lequel il est impossible de faire une pause. Dans cette prétendue suractivité, nous ne trouvons au total qu'une paralysie : paralysie de l'élément supérieur qui dirige toutes les facultés en les associant dans une harmonie rationnelle, paralysie du « moi » qui juge, rectifie, modère et compare, du « moi » qui, étant en pleine possession des ressources dont

---

[1] MOREAU DE TOURS, *loc. cit.*, p. 412.

il dispose, les prend où il veut et quand il veut, pour en faire tel usage qui lui plaît. Par la disparition momentanée de cet élément directeur, les facultés de second ordre, l'imagination, la mémoire, se trouvent abandonnées à elles-mêmes sans règle, sans guide et sans frein, de telle sorte qu'elles produisent les effets les plus baroques et les plus inattendus dont l'échelle ira de l'inepte au sublime. Mais nous n'avons qu'à suivre les phénomènes dans leur évolution pour trouver la confirmation de cette influence primitivement et foncièrement parésiante de l'alcool et des poisons similaires, car cette influence ne tarde pas à se propager des centres supérieurs à leurs subordonnés, et si les manifestations du début peuvent induire en erreur en donnant à l'inhibition toutes les apparences de la dynamogenèse, les manifestations ultérieures ne laisseront aucun doute sur leur nature réelle. En effet, qu'on vienne à forcer la dose, la paralysie va s'étendre des centres cérébraux de contrôle et d'inhibition aux centres cérébraux d'exécution. Cet « incontinent psychique » de tout à l'heure, exubérant et audacieux, la langue déliée et les jambes alertes, n'est plus qu'un être abattu et déprimé, la parole embrouillée et les membres engourdis. Puis le psychisme est annihilé dans son entier, le coma survient, et la brute s'endort.

Ainsi, sous l'influence des boissons alcooliques et des toxiques enivrants, l'attention et la volonté tombent en défaillance. Il en résulte que les productions imaginatives sont assez analogues, le cas échéant, à celles qui se produisent dans le rêve. Le principe directeur qui organise et impose l'unité doit y faire défaut plus ou moins. Toutefois nous savons que ce principe, qui est une condition essentielle de la création, n'a pas dans les productions imaginatives la rigueur exigée dans les rationnelles. C'est pourquoi le culte des poisons se montre plus souvent chez un romancier ou chez un poète que chez un philosophe, un mathématicien, ou tout autre esprit spéculant sur la pure raison. Les exemples de Musset, de Baudelaire et de Verlaine sont déjà saillants; mais ce sont surtout les poètes du fantastique et du merveilleux qui ont recours aux toxiques pour voir ce que ne voient pas les cerveaux parfaitement normaux. Ils ont besoin en effet d'être visionnaires, et ils savent bien que plus ils auront le cauchemar et plus leur récit sera impressionnant et illuminé des apparences d'une réalité vécue.

Hoffmann, qui est qualifié mieux que personne pour donner un avis en pareille matière, fait du vin l'éloge le plus enthousiaste : « Il est certain que lorsqu'on est dans l'heureuse disposition, — je pourrais dire dans la constellation favorable, — où l'esprit passe de la période d'incubation à celle de la création, une boisson spiritueuse imprime aux idées un mouvement plus vif. La comparaison qui me vient à l'esprit n'est pas bien noble; mais, de même qu'une roue de moulin travaille plus vite quand le torrent grossit et augmente de force, de même, quand l'homme se verse du vin, le mouvement intérieur prend une forme plus rapide. C'est tout de même beau, qu'un noble fruit porte en lui-même de quoi régir l'esprit humain, par un procédé inexplicable, dans ses résonances les plus personnelles. » Au reste, le conteur se faisait fort de classer les crus suivant qu'ils sont favorables d'une façon plus particulière à tel ou tel genre : « S'il était réellement à conseiller de verser quelques spiritueux sur la roue intérieure de l'imagination, — et je le crois, car cela procure à l'artiste, outre l'allure plus rapide des idées, un certain bien-être, une gaieté qui rendent le travail plus facile, — on pourrait établir certains principes, certaines méthodes pour l'usage des boissons. Par exemple, je recommanderais pour la musique d'église les vieux vins de France ou du Rhin, pour l'opéra sérieux le meilleur bourgogne, pour l'opéra-comique le champagne, pour les canzonettes les vins chaleureux d'Italie, et enfin, pour une composition éminemment romantique comme le *Don Juan,* un verre modéré de la boisson issue du combat entre la salamandre et les gnômes. » Cette érudition subtile est d'ailleurs suivie d'une morale prudente : « Cependant je laisse à chacun son appréciation individuelle. Je crois seulement devoir me faire remarquer à moi-même, discrètement, que l'Esprit, fils de la lumière et du feu souterrain, dominateur insolent de l'homme, est extrêmement dangereux, et qu'on ne doit pas se fier à sa bienveillance, car il a vite fait de changer d'attitude et devient un tyran terrible, d'ami agréable et bienfaisant qu'il était. »

Oui, certes, il devient un tyran, car l'accoutumance engendre bientôt le besoin, et l'économie s'enlise. Dès l'instant qu'elle consent à vivre avec cet ami douteux, elle en devient éperdument amoureuse. Outrageusement trompée, elle se laissera léser jusque dans ses plus chers intérêts, plutôt que de souffrir une rupture ; et, comme à ce jeu elle perdra tous les jours de nouvelles richesses, — admirable perfidie ! — le tyran, se faisant usurier, lui servira ses moyens de subsistance, jusqu'au moment où, incapable de soutenir plus longtemps la feinte et levant le masque d'hypocrisie, il abandonnera sa dupe à l'inévitable faillite, à la plus désastreuse des banqueroutes.

Hoffmann lui-même a donné le spectacle de cette déchéance finale. Sans doute, il s'est observé pour ne pas tomber sous le joug du « tyran terrible. », et il y a réussi en ce sens qu'il n'a jamais été un ivrogne vulgaire, buvant pour boire, jusqu'au degré le plus abject de l'abrutissement. Il n'en fut pas moins un alcoolique chronique, et comme il appartenait à la classe des individus à prédisposition spéciale, les hallucinations ne se firent pas attendre. Deux ou trois ans après avoir commencé à boire, il écrivait dans son Journal : « Hier soir, tous les nerfs excités par le vin épicé. Léger accès de pensée de mort. Fantômes. » Il était en effet entouré de spectres, et des figures grimaçantes lui apparaissaient lorsqu'il était seul à sa table de travail pendant la nuit. Les personnages de ses contes vivaient alors tout autour de lui, si réels, si objectivés, que l'effroi le prenait et qu'il allait réveiller sa femme. La patiente Micheline se levait, et s'asseyait auprès de son mari pour le rassurer. De pareils états ont pu enfanter *Don Juan*, le *Spectre fiancé* ou la *Femme vampire*. Mais ils devaient aboutir un jour à la stérilité et à l'épuisement. C'est sa propre décrépitude que l'auteur analyse quand, perclus, impotent, épuisé, il dicte de son lit la *Fenêtre d'angle du cousin*. Le « cousin », c'est lui. Et voici ce qu'il dit : « Le pauvre cousin a eu le même sort que le fameux Scarron. Une maladie opiniâtre lui a aussi ôté l'usage de ses jambes. Il en est réduit à rouler de son lit à son fauteuil, et de son fauteuil à son lit, avec l'aide du bras vigoureux d'un invalide maussade qui lui sert de garde-malade. Mon cousin a une autre ressemblance avec Scarron. Il est aussi auteur. Il a aussi beaucoup de fantaisie et d'humour, une manière à soi de plaisanter. Le public lit volontiers ses ouvrages, il paraît que c'est bon et amusant; moi, je ne m'y connais pas. Cette passion d'écrire a pourtant joué un vilain tour au pauvre cousin. Il a beau être très malade, la roue de l'imagination tourne toujours au galop dans sa tête; il invente, invente, malgré toutes les souffrances. Mais, quand il s'agit de faire prendre aux idées le chemin du papier, le méchant démon de la maladie a barré le passage. Non seulement la main refuse le service, mais les idées s'envolent, ce qui jette le cousin dans la plus vive mélancolie[1]. »

A Hoffmann on a comparé maintes fois le poète *Edgar Poë*. Rapprochement très superficiel; car tandis que, en bon alcoolique, le conteur allemand fête « le noble vin », le poète de Richmond lance

---

[1] D'après ARVÈDE BARINE, *Essai de littérature pathologique*, in *Revue des Deux-Mondes*, novembre 1895, p. 311.

injures et malédictions contre l'alcool, auquel il se livre en victime résignée comme les dipsomanes. C'est là une remarque nettement posée dans l'ouvrage très documenté de M. Lauvrière[1].

Des ancêtres alcooliques, un père et une mère phtisiques, succombant avant l'âge à une vie de misère, un frère mal équilibré, une sœur presque idiote, tel est le bilan familial du poète.

L'enfant resta orphelin de très bonne heure et fut adopté par Allan, un riche négociant. Dès son jeune âge, il se fit remarquer non seulement par sa précocité singulière, mais par son caractère mal équilibré. Sorti de l'école de Richmond et se préparant à l'Université de Virginie, il se signala par des bizarreries nombreuses, et ses crises de dipsomanie ne furent pas sans frapper déjà quelques personnes de son entourage. Un camarade d'alors dit à cet égard : « Sa passion pour les boissons fortes était aussi marquée et aussi singulière que sa passion pour les cartes. Ce n'était point le goût du breuvage qui l'attirait. Sans y tremper les lèvres à l'avance ni en humecter sa langue, il s'emparait d'un verre plein, sans eau ni sucre, et l'avalait d'un trait. Il en avait le plus souvent son compte; mais, s'il n'était pas « réglé », il était rare qu'il revînt à la charge[2]. » Voilà la façon de boire qu'à dix-sept ans Poë adoptait, et que toute sa vie il dut conserver. C'était boire « en barbare », suivant l'expression de Baudelaire; mais c'était aussi et surtout boire en dipsomane.

---

[1] ÉMILE LAUVRIÈRE, *Edgar Poë, sa vie et son œuvre* (Alcan, 1904).
[2] Lettre de TH. F. TUCKER, 5 avril 1880 (citée par LAUVRIÈRE).

Après d'infructueux essais en littérature, Poë obtient son entrée à l'École militaire. Mais son caractère indisciplinable était impropre à subir la contrainte et les règlements de West-Point. Au bout de peu de temps, il fut rayé des cadres. Son père adoptif ayant refusé d'honorer ses dettes, il s'en sépara et, la bourse légère, s'en alla de nouveau tenter la gloire littéraire. Nous le retrouvons à Baltimore chez la tante Clemm, une sœur de son père, veuve, sans ressources, ayant elle-même une fille à élever, et vivant avec peine de quelques travaux de couture. Tandis que tante Clemm et la frêle Virginie s'évertuaient au foyer, le pauvre Poë chercha un emploi comme rédacteur ou comme professeur. Mais ce fut en vain. Cette fois, le malheur devait l'éprouver durement. Or le malheur est la pierre de touche des natures fragiles. Le poète s'abandonna, et sa volonté chancelante, par intermittences, céda aux tentations du dehors comme aux impulsions du dedans. Toutefois les témoins s'accordent à faire observer qu'il avait alors de « rares accès d'ivrognerie » plutôt que des « habitudes d'intempérance », et la distinction n'est pas à négliger. Il est probable, en effet, qu'à cet âge critique de la vingtième année, et sous l'influence débilitante de privations physiques et de déboires moraux, la dipsomanie de Poë, jusqu'alors latente, se déclara d'une façon bien nette par de brusques accès, dont la violence devait alarmer à la fois la victime elle-même et son entourage.

Chose étrange : c'est au milieu même de cette déchéance que le succès vint, inespéré. Une revue

de Baltimore, le *Saturday Visiter*, avait offert au
concours deux prix, dont l'un de cent dollars pour
le meilleur conte. Ce prix de cent dollars lui fut
décerné. C'est à ce moment même que White créait
à Richmond le *Southern litterary Messenger*. White
était homme d'audace, mais sans talent littéraire. Il
lui fallait un aide : ce fut Poë. A vingt-deux ans,
celui-ci se trouva donc directeur d'une revue dont
la destinée reposait sur lui. Pendant quelques mois,
le *Southern litterary Messenger* dut reconnaître que
c'était à cet « excentrique maudit », à cet « ivrogne
incorrigible », qu'il devait sa notoriété. Ainsi le bon
vent avait soufflé subitement, et le poète était en
bonne voie : vingt dollars lui étaient alloués par
semaine. Mais un beau jour White, malgré les services rendus, se mit en devoir de congédier son
représentant. C'est que, dès son retour à Richmond,
Poë avait été repris d'accès. La lettre suivante,
adressée par White, semble en attester : « Que je
voudrais bien qu'il fût en mon pouvoir de vous
révéler mon cœur, en un langage tel que je pourrais
le souhaiter à l'heure actuelle! Mais je ne le puis
pas, et je dois donc me contenter de vous parler
avec ma simplicité habituelle. Que vous êtes sincère en toutes vos promesses, je le crois fermement.
Mais, Edgar, dès que vous mettrez de nouveau le
pied dans ces rues, j'ai des raisons de craindre que
vos résolutions ne tombent et que vous ne trempiez
encore vos lèvres dans le breuvage jusqu'à en perdre
les sens. Comptez sur vos seules forces, et vous
êtes perdu! Demandez le secours de votre Créateur,
et vous êtes sauvé! Combien j'ai regretté de me

séparer de vous, personne au monde ne le sait, si
ce n'est moi-même. Je vous étais attaché, et je le
suis encore, et je voudrais bien dire : « Revenez, »
si je ne redoutais de voir vite revenir aussi l'heure
de la séparation. Si vous pouviez vous contenter de
vivre avec ma famille, ou avec quelque autre qui
n'use jamais de liqueurs fortes, il y aurait, je crois,
quelque espoir pour vous. Mais si vous allez à la
taverne ou à quelque autre maison qui en serve à
table, vous êtes en danger. J'en parle par expérience. Vous avez de belles facultés, Edgar, et vous
devriez les faire respecter comme vous-même.
Apprenez à vous respecter, et vous ne tarderez pas
à voir qu'on vous respecte aussi. Fuyez la bouteille
et les compagnons de la bouteille. Dites-moi si
vous pouvez et si vous voulez le faire, et dites-moi
que c'est votre ferme résolution de ne jamais céder
à la tentation. Si vous revenez à Richmond et si
vous reprenez votre poste dans mes bureaux, qu'il
soit bien entendu entre nous que je me trouverai
libéré de tout engagement dès la première fois que
vous vous serez enivré. Il n'y a point d'homme qui
soit en sûreté s'il boit avant le petit déjeuner. Il
n'y a point d'homme qui, le faisant, puisse con-
venablement s'acquitter de ses devoirs[1]. »

Congédié par son directeur, le poète nomade erre
d'une ville à l'autre, collaborant à de nombreuses
revues, traitant indifféremment et avec la même
aptitude les articles de critique ou de philosophie,
les contes, les nouvelles ou la poésie. On le retrouve

---

[1] Cité par LAUVRIÈRE.

à New-York, puis à Philadelphie et encore à New-York; mais partout il traîne une misère navrante, acceptant pour gagne-pain les corvées de rédaction les plus mesquines dans les bureaux les plus obscurs de la presse locale.

Il avait épousé la frêle Virginie; le maigre salaire de tante Clemm allait s'épuisant, et le poète avait charge d'âmes. Il fallait à tout prix sortir de l'adversité. On s'intéressa à sa pauvreté; on le recommanda en vue d'obtenir une place dans les douanes. Mais voici que, pour son malheur, Poë se rend lui-même à Washington pour solliciter le poste convoité. Il s'enivre et fait un scandale. L'ami auquel il s'est adressé déclare, tout désappointé : « Il s'expose ici à la vue de gens qui peuvent lui nuire grandement auprès du président, et il nous empêche ainsi de lui rendre les services que nous voulons et que nous pourrions lui rendre, dès qu'il sera rentré à Philadelphie. Il ne comprend pas les manières des hommes politiques, et ne sait comment s'y prendre avec eux pour réussir. Et comment le saurait-il?... Je crois devoir vous conseiller de venir et de veiller sur lui, pour qu'il rentre sain et sauf dans sa famille[1]. » Poë s'enfuit, et, de retour chez lui, il écrit à son protecteur : « Je suis arrivé tout dégrisé... Je suis seul à blâmer... Merci mille fois, mon cher, de votre bonté et de votre grande indulgence, et ne soufflez mot à personne du manteau mis à l'envers, ni des autres peccadilles du même genre. Exprimez à votre femme mes profonds

---

[1] Cité par Lauvrière.

regrets pour la contrariété que je dois lui avoir
causée... Ce qui suit est pour Thomas. Mon cher
ami, pardonnez-moi ma vivacité, et n'allez pas
croire que je pensais tout ce que je disais. Croyez
que je vous suis très reconnaissant de toutes vos
attentions et indulgences, et que je ne les oublierai
jamais, non plus que vous... Veuillez exprimer mes
regrets à M. Fuller pour m'être conduit dans sa
maison comme un animal, et dites-lui que son
excellent porto ne m'aurait pas grisé la moitié
autant, sans le café au rhum qu'il m'a fallu avaler
par-dessus[1]. »

En vérité, l'extrême sensibilité de Poë à l'alcool
était, paraît-il, devenue effrayante. Vraie pierre de
touche, ce poison révélait chez lui, de plus en plus
nettement, la débilité du système nerveux. Au dire
de ceux qui l'ont fréquenté à cette époque, le poète
se trouvait mentalement transformé ou même franchement délirant, sous l'influence de la moindre excitation ébrieuse. « Je me promenais un jour avec
Poë, dit le Rév. Warren Cudworth, lorsque, ayant
soif, je le pressai de prendre un verre de vin avec
moi. Il refusa, puis finalement accepta, par manière
de compromis, un verre de bière. Presque aussitôt
un grand changement s'accomplit en lui. Au lieu
de se livrer, comme auparavant, à une conversation
d'une éloquence incroyable, il se trouva comme
paralysé, et, les lèvres serrées, les yeux fixes et
hagards, il s'en revint, sans prononcer un mot, dans
la maison où nous étions en visite. Pendant des

---

[1] Cité par ARVÈDE BARINE.

heurés, il resta en proie à cette mystérieuse influence. On eût dit un être transformé, comme atteint de quelque bizarre accès d'aliénation[1]. » Willis, qui fut pendant quelque temps le collaborateur de Poë, confirme cette opinion : « Il est, dit-il en parlant du poète, une chose qui devrait être citée chaque fois qu'on fait allusion à ses lamentables irrégularités : c'est qu'avec un seul verre de vin sa nature entière était transformée; le démon prenait le dessus, et, quoiqu'aucun des symptômes habituels de l'ivresse ne fût apparent, sa volonté était visiblement aliénée... En cette sorte d'intoxication qui dénaturait son sentiment de la justice et du vrai, il disait et faisait, à coup sûr, bien des choses qui contredisaient pleinement ce qu'il y avait de meilleur en lui[2]. »

De toutes les conséquences immédiates de l'intempérance, la plus importante à noter chez le poète était certainement le sentiment de la peur. Cela d'ailleurs n'est pas pour nous étonner, car l'un des effets les plus ordinaires de l'empoisonnement par l'alcool, c'est justement cet état panophobique qui tient tout l'être en suspens et comme en proie à une perpétuelle anxiété. La frayeur, ou, sous une forme plus atténuée, l'appréhension illégitime des êtres et des choses, tel est, au point de vue mental, le symptôme le plus caractéristique de cet empoisonnement. On peut même dire que cette disposition morale est bien réellement chez l'intoxiqué

---

[1] Cité par Lauvrière.
[2] Ibid.

chronique le principe générateur et comme le terrain sur lequel se développent toutes les manifestations morbides tant délirantes qu'hallucinatoires.

Toujours est-il que, chaque nuit, une invincible impression de terreur envahissait le malheureux Edgar. Il fallait alors que tante Clemm fût au chevet de son lit pour le rassurer. Et la bonne et sainte femme, caressant son front, éloignait pendant de longues heures la peur des ténèbres qu'il croyait peuplées de mauvais esprits. Le jour, elle le soignait comme un enfant, le grondait quelquefois quand il était ivre, mais n'admettait devant personne que son cher *Eddy*, « cet être généreux, affectueux et noble, » pût avoir des torts.

Elle pensa néanmoins qu'il était prudent de quitter la cité; elle partit, avec Virginie malade, au petit village de Fordham. Ce fut une triste villégiature. Virginie s'éteignit dans la consomption, laissant une tante Clemm en désolation et un *Eddy* plus désemparé que jamais.

Après la mort de sa femme, les ténèbres s'épaississent autour du malheureux Poë. C'est une vie saccagée au point de vue moral, et voici que la santé physique va sombrer bientôt. Il y eut pourtant des heures de relèvement. L'immortel poème du *Corbeau* aurait dû soustraire le poëte à la retraite farouche où il s'enfermait, pour le faire brusquement entrer dans la plus brillante société de New-York. Mais il est des êtres dont la nature malheureuse défie toutes les faveurs de la destinée. Le succès des dernières années n'enraya pas les progrès du mal, et l'apparition d'*Euréka* marque décidément le début d'un trouble mental désormais sans répit et sans éclaircie.

Un jour, l'un des plus grands éditeurs de New-York reçoit la visite d'un agité, qui réclame son attention pour une affaire de la dernière importance : « Il s'assit auprès de mon bureau, me regarda fixement une bonne minute de son œil étincelant et dit enfin : « Je suis M. Edgar Poë. » Je fus naturellement tout oreilles... Il reprit après une pause : « Je ne sais par où commencer. C'est « une chose d'une immense importance. » Nouvelle pause : il était tout tremblant d'excitation. Il expliqua enfin qu'il venait proposer une publication d'un intérêt capital. Les découvertes de Newton sur la gravitation ne comptaient pas auprès de celles qu'on verrait dans son livre, lequel causerait une telle sensation, que son éditeur pourrait abandonner toutes ses autres entreprises et faire de ce seul ouvrage l'affaire de toute sa vie. On pourrait se contenter au début de cinquante mille exemplaires, mais ce ne serait qu'un petit commencement. Il n'y avait pas dans toute l'histoire du monde un événement scientifique qui approchât en importance des développements originaux de ce livre. J'en passe, et tout cela était dit, non pas avec ironie ou en plaisantant, mais avec un sérieux intense... Nous risquâmes l'affaire, mais avec cinq cents exemplaires au lieu de cinquante mille[1]. » L'ouvrage qui allait « révolutionner le monde des sciences physiques et de la métaphysique » s'appelait

---

[1] *Putnam's Magazine*, 2ᵉ série, vol. IV (cité par ARVÈDE BARINE).

Euréka, poème en prose. Un critique ne l'ayant pas pris au sérieux, Poë s'empressa de répliquer qu'il ne saurait « répondre à la légèreté par la légèreté, au sarcasme par le sarcasme », et il ajouta très naturellement : « Le terrain couvert par le grand astronome français Laplace n'est, comparé avec celui que couvre ma théorie, que comme une bulle d'eau sur le vaste océan où elle flotte[1]. »

John Sartain, un éditeur de Philadelphie, conte sur cette époque de la vie de Poë un épisode franchement délirant, et d'une nature qui pour le médecin ne laisse aucun doute sur son origine : « Un lundi, de bonne heure dans l'après-midi, il parut, l'air pâle et hagard... « Monsieur Sartain, « dit-il, je viens vous demander un refuge et votre « protection. Vous aurez de la peine à croire que de « pareilles choses puissent se produire au XIXᵉ siècle... » Il me raconta que, durant son voyage à New-York, il avait surpris la conversation de gens qui, assis à quelque distance de lui, complotaient de le tuer et de le précipiter du wagon. Puis il me dit soudain après un long silence : « Si je faisais dis- « paraître ces moustaches, il ne serait plus facile de « me reconnaître. Voulez-vous me prêter un rasoir, « pour les supprimer ? » Je lui répondis que, ne me rasant jamais, je n'en avais pas, mais que, s'il le voulait, je pourrais les lui couper avec des ciseaux; et j'accomplis en effet cette opération. Après le thé, comme il faisait nuit, il se prépara à sortir... Il se mit à parler de visions... Une jeune femme,

---

[1] *Poë à Ch. Hoffmann,* 20 septembre 1848 (cité par LAUVRIÈRE).

toute radieuse, lui adressait la parole du haut d'une tour de pierre crénelée... Enfin, après avoir dormi, il recouvra peu à peu conscience et reconnut en ces cauchemars des illusions [1]. »

Il n'y a pas à en douter, nous sommes ici en présence d'une crise de délire hallucinatoire. Elle n'est pas la seule qu'on ait rapportée, mais elle est assez nette pour nous faire prévoir le dénouement prochain d'une situation désormais fort grave.

Poë avait entrepris, moins pour lui-même que pour tante Clemm, d'épouser quelque bonne âme dont la fortune les mît à l'abri du besoin. Son choix tomba d'abord sur Mrs Whitman, une poétesse renommée pour ses bizarreries autant que pour ses vers. Ils prirent jour pour se marier; mais Poë ne dégrisait pas, et Mrs Whitman rompit l'engagement. Poë s'en félicita et tourna ses vues du côté de Mrs Shelton, une amie d'enfance qui habitait Richmond. Il se présenta chez elle, lui demanda sa main, et fut agréé. Deux semaines plus tard, il quittait Richmond pour régler ses affaires et revenir célébrer le mariage. Passant à Baltimore, il s'enivra. Au lieu de rentrer à son hôtel, il erra par les rues et fut, dans un état d'inconscience complète, saisi par une bande de politiciens qui le promenèrent, dit-on, par la ville et le firent voter à leur guise. Vers le soir il fut découvert dans quelque taverne et transporté à l'hôpital, plus mort que vif. Voici maintenant ce que raconte le Dr Moran : « Il n'avait pas sa con-

---

[1] Cité par LAUVRIÈRE.

naissance, et ne savait ni qui l'avait apporté, ni
avec qui il s'était trouvé auparavant. Il resta dans
cette condition depuis cinq heures de l'après-midi
jusqu'au lendemain matin trois heures. A cet état
succéda un tremblement des membres et un délire
accompagné, au début, d'une grande agitation, mais
sans violences. Il parlait sans arrêter ; il avait une
conversation dépourvue de sens avec des spectres
et des êtres imaginaires qu'il voyait sur les mu-
railles. Sa figure était pâle et tout son corps
baigné de sueur. Nous ne parvînmes à ramener le
calme que le second jour après son entrée. Conformément aux ordres que j'avais laissés aux infirmières, je fus appelé dès qu'il eut repris connaissance. Je lui adressai des questions sur sa famille,
sa résidence, etc. Mais je n'obtins que des réponses
incohérentes et point satisfaisantes. Il me dit pourtant qu'il avait une femme à Richmond et qu'il ne
savait ni quand il avait laissé cette ville ni ce
qu'étaient devenus sa malle et ses effets. Voulant
relever son moral qui s'affaissait rapidement, je
lui exprimai l'espoir qu'au bout de peu de jours il
pourrait jouir de la société de ses amis, et j'ajoutai
que je serais très heureux de contribuer à son soulagement et à son bien-être. Il répondit avec véhémence que le meilleur service que pût lui rendre le
meilleur de ses amis serait de lui faire sauter la
cervelle d'un coup de pistolet ; que lorsqu'il contemplait sa dégradation, il souhaitait que la terre
l'engloutît, etc. L'instant d'après, M. Poë eut l'air
de s'assoupir, et je le quittai pour quelques moments. A mon retour, je le trouvai en proie à un

délire violent ; les efforts de deux infirmières ne parvenaient pas à le maintenir dans son lit. Cet état persista jusqu'au samedi soir. Il commença alors à appeler un certain Reynolds, et il continua toute la nuit, jusqu'à trois heures du matin. A ce moment, — le dimanche matin, — un changement marqué s'opéra en lui. Les efforts qu'il avait faits l'ayant affaibli, il devint calme et sembla reposer quelque temps. Puis, remuant doucement la tête, il dit : « Dieu vienne en aide à ma pauvre âme ! » et il expira[1]. »

De cette longue évolution morbide on peut conclure, croyons-nous, que Poë ne fut pas un simple buveur, mais un dipsomane.

Chez le *buveur d'habitude*, l' « état de besoin » a été créé artificiellement par le mécanisme de l'accoutumance. Le sujet s'est primitivement déterminé avec son libre arbitre, avec la pleine autorité d'une volonté bien intacte ; il a bu de prime abord en vue d'obéir à une intention qui, pour être vaine, malsaine ou stupide, n'en était pas moins une intention. Ce n'est que par la répétition de l'acte que cet homme, se créant une seconde nature, a donné naissance à l' « état de besoin » et s'est transformé en un empoisonné chez qui l'empoisonnement est devenu le pain de vie. Le « besoin » du *dipsomane*, au contraire, se présente comme une impulsion. Le dipsomane n'analyse pas son désir ; il ne le détaille pas dans une perception nette et vraiment raisonnée ; il le subit en bloc, et l'on

[1] Cité par ARVÈDE BARINE.

pourrait presque dire qu'il en est inconscient, s'il n'y avait pas une incompatibilité apparente dans la brutalité de cette opposition. Contrairement au *buveur d'habitude,* qui se donne aux breuvages d'une manière progressive et plus ou moins conti-nue, le *dipsomane* est un malade parfaitement sobre en dehors de ses accès, et qui peut oublier le poison durant des semaines et des mois. A inter-valles plus ou moins espacés, il est pris de véri-tables crises, au cours desquelles l'influence irrésis-tible d'une force supérieure à sa volonté le pousse à boire malgré lui des doses souvent énormes d'alcool. Mais observez-le après l'orage, vous voyez un homme parfaitement raisonnable, qui souffre des mécomptes que lui ont attirés ses fatales impul-sions, et demande à être guéri d'un mal qui, d'une façon périodique, vient apporter le désordre dans son existence.

Ce sont là justement les caractères mis en évi-dence par une analyse bien interprétée de la vie d'Edgar Poë, et le poète lui-même nous fournit sur ce point les renseignements les plus précis, dans quelques-unes de ses lettres : « En aucune période de ma vie, affirme-t-il, je n'ai été ce qu'on appelle intempérant. Je n'ai jamais eu des habitudes d'ivro-gnerie. Mais je cédais, *à de longs intervalles,* aux tentations que m'offraient de toutes parts les mœurs sociables du Midi. Mon tempérament sensible ne pouvait résister à des excitants dont usaient chaque jour mes compagnons. Bref, il m'arriva parfois d'être tout à fait enivré. Pendant quelques jours, après chaque excès, je devais invariablement garder

le lit[1]. » Plus tard encore, il dit plus explicitement : « Je ne trouve absolument aucun plaisir en
ces stimulants auxquels je me livre parfois si
furieusement. Ce n'est pas pour l'amour du plaisir
que j'ai exposé ma vie, ma réputation et ma raison[2]. »

Certains auteurs, Wilmer[3] en particulier, ont
insinué que les excès de Poë avaient eu pour point
de départ ses chagrins et ses déceptions; ce qui
semblerait impliquer à la base de ces excès mêmes
un désir volontaire de griserie, un effort conscient
vers l'oubli. Rien n'est plus inexact. Il est certain
qu'au milieu de l'ébranlement progressif de sa personne morale, un sentiment était resté stable chez
le poëte : il aimait sa femme tendrement. Aussi
les instants qui précédèrent et suivirent la mort de
l'épouse furent pour lui les pires heures de détresse
et de débauche. La dépression morale donnant le
coup de fouet à l'instinct, le pauvre Poë allait
errant par la nuit, et, dans « l'impuissance de la
dépression mélancolique », il s'abandonnait à
« l'emportement de l'impulsion dipsomaniaque ».
Ce déterminisme réciproque de la dépression mo-
tivée et de l'impulsion quasi inconsciente, lui-même
en donne l'analyse en même temps que l'aveu.
« Vous me demandez, disait-il plus tard, de vous
indiquer quel était ce terrible malheur qui causa

---

[1] *Poë au docteur Snodgrass* (*Baltimore American,* avril 1880)
(cité par LAUVRIÈRE).

[2] *Lettre de Poë,* 4 janv. 1848 (*Ingrann,* p. 174) (cité par LAU-
VRIÈRE).

[3] *Our Press Gang,* 243.

des *irrégularités* tant déplorées... Oui, je puis mieux faire que de l'indiquer. Ce malheur fut le plus grand de ceux qui peuvent atteindre un homme. Il y a six ans, une femme que j'aimais comme nul homme n'aima jamais auparavant se rompit un vaisseau en chantant. On désespéra de sa vie. Je pris congé d'elle à jamais et subis toutes les agonies de sa mort. Elle revint en partie à la santé, et je me repris à espérer. Au bout d'une année, le vaisseau se brisa de nouveau. J'endurai exactement le même supplice... Puis encore une fois, une autre fois encore et une fois de plus encore, à des intervalles variés. A chaque accès du mal je l'aimais plus tendrement et m'attachais à sa vie avec une obstination plus désespérée. Mais je suis, de par ma constitution, sensible, d'une nervosité très peu commune. Je devins fou avec d'*horribles inter-valles* d'horrible lucidité. Durant ces accès d'*inconscience absolue,* je bus, Dieu sait seulement que de fois et combien. Naturellement mes ennemis ne manquèrent pas d'*attribuer la folie à la boisson et non pas la boisson à la folie* [1]. »

Cette lettre est vraiment un texte d'observation remarquable. Poë y décrit en esprit sagace les vraies causes de sa maladie. Il n'hésite pas à reconnaître que, pour une nature aussi nerveuse que la sienne, les événements prennent des proportions dangereuses. Il lutte, il résiste, puis à la fin il succombe. Mais il boit en impulsif, non en ivrogne vulgaire. Sa crise passée, il est ahuri et comme

---

[1] Lettre de Poë, 4 janvier 1848 (*Ingrann,* p. 174) (cité par LAU-VRIÈRE).

inconscient des événements qui se sont déroulés. L'instinct aveugle vient d'écraser brutalement, chez lui, la personne morale, et cette personne morale, témoin douloureux autant qu'impuissant, assiste chaque fois à cette invasion du mal, déplore ses ravages, prévoit toutes ses conséquences et maudit la fatalité qui l'entraîne pour l'abandonner, à la fin de l'accès, au noir désespoir, à la lourde lassitude, au dégoût et à l'écœurement.

L'intermittence des crises semble avoir chez Poë une répercussion bien nette sur les modifications de l'état affectif, et c'est encore là un des traits de la dipsomanie au cours de laquelle l'*exubérance* et la *dépression* suivent très exactement la courbe oscillante du relèvement et de la rechute. Un jour, on le trouve profondément déprimé par les soucis et par la misère, ou bien il déplore sa propre impuissance à écrire. Quelques jours plus tard, la lecture d'une lettre élogieuse le dispose aux projets les plus ambitieux, à l'enthousiasme le plus insensé, et des conceptions littéraires aussi fécondes que brillantes coulent naturellement de sa plume. Tantôt il s'abandonne à tous les caprices d'une humeur folâtre, et tantôt il s'enfuit triste et solitaire, mécontent du monde et de lui-même. A l'époque de ses plus éclatants succès, alors que la fortune lui souriait d'une façon très inespérée, il était certes en droit de se réjouir. Pas du tout. Il écrit à Kennedy : « Ma situation est agréable à bien des égards ; mais il me semble, hélas ! que rien ne peut désormais me causer de plaisir ni la moindre satisfaction. Excusez-moi, cher monsieur, si vous trouvez en cette lettre beaucoup d'incohérence. Mes sentiments sont, en ce moment, vraiment lamentables. Je souffre d'un affaissement comme je n'en ai jamais ressenti. J'ai lutté en vain contre l'influence de cette mélancolie. Et me croirez-vous, si je vous dis que je suis toujours malheureux en dépit de l'heureux changement de mes affaires? Oui, vous me croirez, pour cette simple raison qu'un homme qui écrit pour l'effet n'écrit pas ainsi. Mon cœur est ouvert devant vous. S'il vaut la peine d'être lu, lisez. Je suis misérable, et ne sais pourquoi. Consolez-moi, car vous le pouvez. Mais hâtez-vous, ou ce sera trop tard. Écrivez-moi de suite. Prouvez-moi que cela en vaut la peine, qu'il est bien nécessaire que je vive, et vous vous serez vraiment montré mon ami. Persuadez-moi de faire ce qu'il faut. Je ne feins pas, croyez-le bien! N'allez pas prendre pour une plaisanterie ce que je vous écris en ce moment. Oh! non, ayez pitié de moi, car je sens que mes paroles deviennent incohérentes, et je veux reprendre possession de moi-même. Vous sentez bien que je souffre d'une dépression qui me perdra, pour peu qu'elle dure. Écrivez-moi donc bien vite; pressez-moi de faire ce que je dois faire. Vos paroles auront plus d'influence sur moi que les paroles des autres, car vous fûtes mon ami quand personne autre ne l'était. N'y manquez pas, ne serait-ce que pour le repos de votre esprit dans l'avenir[1]. » Mais voici que subitement la vie lui apparaît en rose, et il dit

---

[1] *Life of John Pendleton Kennedy*, p. 375-376 (cité par LAU-VRIÈRE).

au même dans une lettre qui fait un singulier contraste avec la précédente : « Je suis maintenant à tous égards bien portant et heureux. Je sais que vous serez très content de l'apprendre. Ma santé est meilleure qu'elle ne l'a été depuis des années, mon esprit est pleinement occupé ; mes difficultés pécuniaires se sont évanouies. J'ai une belle perspective de succès dans l'avenir... ; en un mot, tout va à souhait. Je n'oublierai jamais à qui tout ce bonheur doit être en grande partie attribué. Je sais que sans votre assistance opportune j'aurais succombé en mes épreuves. M. White est très libéral, et outre mon salaire de cinq cent vingt dollars il me paye très généreusement mon travail supplémentaire, si bien que je reçois presque huit cents dollars. L'année prochaine, c'est-à-dire au commencement du second volume, je dois recevoir mille dollars. De plus, je reçois des éditeurs presque toutes les nouvelles publications. Mes amis de Richmond m'ont accueilli à bras ouverts, et ma réputation s'étend, surtout dans le Midi. Comparez tout ceci aux circonstances de désespoir absolu dans lesquelles vous m'avez trouvé, et vous jugerez quelle bonne raison j'ai d'être reconnaissant à Dieu et à vous-même[1]. »

Et que penser de cette lettre à « sa chère Annie », une jeune fille qu'il avait connue au village de Westford, et à laquelle il avait fait part d'une tentative de suicide effectuée dans une crise de mélancolie : « Vous verrez par cette correspondance, dit-il, que je suis presque, sinon tout à fait bien,

---

[1] *Life of John Pendleton Kennedy* cité par LAUVRIÈRE.

Ne soyez donc plus inquiète sur mon compte... Ce n'est pas que j'aie été malade autant que j'ai été déprimé. Je ne puis vous exprimer combien j'ai affreusement souffert d'une sombre tristesse. Vous savez avec quelle allégresse je vous écrivais il n'y a pas longtemps, à propos de mes projets, de mes espérances, comme j'anticipais le terme prochain de mes difficultés. Eh bien ! tout semble frustré... » Et il ajoute : « Sans doute, Annie, vous attribuez ma tristesse à ces événements. Vous auriez tort. Il n'est pas au pouvoir de simples considérations de ce genre en ce monde de me déprimer... Non, ma tristesse est inexplicable, et je n'en suis que plus triste. Je suis plein de sombres pressentiments. Rien ne me ranime ni ne me console. Ma vie me semble gaspillée, l'avenir m'apparaît comme un vide affreux [1]. »

Ainsi que le fait observer Lauvrière, il ne faut donc pas s'étonner si, sous la trame complexe des contradictions, l'énigmatique figure de Poë paraît, à première vue, irréelle, presque invraisemblable. L'opinion de ses chefs ou de ses associés changeait du jour au lendemain ; tel qui l'avait adoré ne voulait plus le voir au bout de quelques mois. C'est qu'il entrait en fonctions pétri de bonnes résolutions et confiant dans sa volonté ; puis brusquement le mal le terrassait, et c'était alors une métamorphose complète. Il ne restait plus rien de l'homme raffiné aux manières aristocratiques ; on n'avait plus devant soi qu'un ivrogne brouillon

---

[1] Cité par Lauvrière.

et grossier, qu'il fallait s'empresser de congédier.
Aussi, les uns nous dépeignent « un inquiétant
personnage, fourbe, cruel, cynique, moins humain
qu'infernal » ; les autres nous décrivent, au contraire, « un ami paisible, généreux, d'une bienveillance invariable et d'une courtoisie enjouée. » En
réalité, il faut admettre dans un même être
dédoublé « la réelle opposition de deux personnalités contraires qui, au lieu de se juxtaposer,
alternent sans cesse ». Ce même Poë qui n'était,
pour ses ennemis et ses compagnons de taverne,
qu' « un ivrogne dégradé, plus ou moins privé de
raison et de sens moral », devenait inopinément
aux yeux de ses admirateurs et de ses amis « un
pauvre être méconnu, calomnié, et, par suite, d'autant plus digne de sympathie et d'admiration ».

D'ailleurs, Poë n'a-t-il pas lui-même décrit sous
une autre forme sa propre instabilité, quand il dit
à Lowell : « Je suis extrêmement nonchalant et prodigieusement actif, par accès. Il y a des périodes
où toute sorte d'exercice mental m'est une torture,
et où rien ne me fait plaisir, si ce n'est de communier dans la solitude des montagnes et des bois. Je
me suis ainsi perdu en rêves et en courses vaga-
bondes pendant des mois entiers, pour m'éveiller
enfin en proie à une sorte de manie d'écrire. Alors
je griffonne toute la journée, je lis toute la nuit,
tant que dure cette maladie[1]. » On ne peut rien
désirer de plus précis. Or cette perpétuelle alternance d'une dépression et d'une surexcitation

---

[1] *Poë à Lowell,* 2 juillet 1844 (*Woodberry,* p. 211) (cité par
LAUVRIÈRE).

excessives est bien un symptôme de dipsomanie, et point n'est utile de chercher son explication dans l'*épilepsie larvée*, ainsi que l'ont pensé Fairfield et le Dᵣ Leblois.

Sans doute Poë, vers la fin de sa triste carrière, fut un alcoolique délirant. Mais originairement il semble très vraisemblable qu'il n'a bu ni par vice ni par entraînement, et en principe il a jugé sa situation mieux que personne le jour où il a déclaré que « son ivresse était causée par la folie et non sa folie par l'ivresse ». Dans cette phrase est contenue toute la différence qui sépare le dipsomane de l'alcoolique vulgaire. Elle est aussi la meilleure excuse qu'on puisse découvrir aux égarements du poète, car cela revient à dire que, victime d'une infirmité congénitale plutôt que coupable d'une habitude vicieuse, il fut moins un « grand pécheur » qu'un « grand malheureux ».

L'influence de l'alcool sur l'œuvre de Poë n'en est pas moins saisissante. Sans contredit, le poète américain apporte une certaine nouveauté dans la littérature poétique ; mais cette nouveauté est étayée presque tout entière sur un même sentiment : celui de la frayeur ; et elle s'alimente d'un événement sans cesse renouvelé sous ses formes les plus variées : la mort. Barbey d'Aurevilly dit qu' « il n'y eut jamais de génie plus épouvanté, plus livré aux affres de l'effroi et à ses mortelles agonies que le génie panique d'Edgar Poë [1] ». Et un critique plus moderne a pu affirmer sans trop d'exagéra-

---

[1] BARBEY D'AUREVILLY, *les Œuvres et les hommes*, Litt. étrang., p. 382.

tion : « Que l'on rassemble les plus sombres pages de littérature universelle, certains chants de l'*Enfer*, les scènes brutales des dramatuges shakespeariens, les fantaisies de Swift, les terreurs plus puériles de Godwin ; que l'on confonde certaines pages des épopées septentrionales, des chroniques russes et espagnoles, du Malleus inquisitorial, des voyages des missionnaires en Chine ; que l'on joigne à des passages de Suétone certains chapitres de nos traits de pathologie, toutes ces images de sang et de souffrance blanchiront auprès de l'horreur glaçante, du dégoût, de l'énervement, de la pesante angoisse que causent certains contes fort courts et fort calmes de Poë[1]. »

Chose étrange : les Américains, White et Kennedy en particulier, ne virent dans cette tendance du poète qu'une influence d'origine allemande. Mais Poë se charge lui-même de rectifier l'opinion de ses contemporains... « S'il est vrai que la terreur soit le thème d'un grand nombre de mes productions, dit-il, je soutiens que cette terreur ne vient pas de l'Allemagne, mais de mon âme[2]. »

En vérité, la frayeur est bien de tous les temps et de tous les pays ; mais elle n'en dépend pas moins de causes singulièrement variables, dont quelques-unes peuvent en amplifier le caractère d'une façon intense. Parmi ces dernières, l'action physiologique de l'alcool est en première ligne. La tristesse et la crainte, dit Charles Richet, sont les

---

[1] E. HENNEQUIN, *Écrivains francisés,* p. 143.
[2] *Tales of the Grotesque and Arabesque,* 2 vol., Philadelphie, 1840 (cité par LAUVRIÈRE).

résultats de l'empoisonnement chronique de l'intelligence par l'alcool, « comme si la nature voulait, par une sorte de légitime vengeance, faire expier les joies de l'ivresse par les terreurs de l'alcoolisme. » D'abord, « ce n'est qu'un sentiment vague de tristesse indéfinissable qu'on cherche à combattre par de nouvelles doses de poison. » Peu à peu, cette tristesse augmente. Le soir, à ce moment qui n'est pas encore le sommeil et qui n'est déjà plus l'état de veille, apparaissent des fantômes mal éclairés, mais à formes repoussantes. « Ce ne sont pas encore de vraies hallucinations, ce sont des illusions seulement ; mais le moment des hallucinations arrive. Alors, voici des formes hideuses, des animaux immondes, des objets terrifiants empruntés au domaine de la vie réelle... [1]. » Or nous savons par sa biographie que Poë fut victime de ces visions effrayantes, de ces scènes étranges. Il n'est donc pas étonnant qu'il les ait exploitées au profit de ses compositions. Ses contes en sont remplis, et les héros qui s'y meuvent sont plus ou moins des trembleurs, « esclaves subjugués d'une peur anormale, » à l'instar des *Roderik Usher*, des *Metzengernstein* et des *Egœus*. Mais sa poésie elle aussi en est infiltrée, et l'on y vit malgré soi dans l'atmosphère tantôt stuporeuse, tantôt affolante, de la *Cité condamnée* ou de la *Vallée Nis*, quand on on n'y est pas convié aux terreurs du *Palais hanté*, du *Ver conquérant*, d'*Ulalume* ou d'*Annabel Lee*.

La nuit et la solitude inondent ses tableaux qui

---

[1] CHARLES RICHET, *les Poisons de l'Intelligence* (*Revue des Deux-Mondes*, 15 févr. 1877).

se peuplent de fantômes, et quand l'horreur ne s'en dégage pas franchement, on n'y trouve que ruine et désolation. C'est d'ailleurs sa propre déchéance que le poète symbolise dans un certain nombre de pièces qui resteront immortelles. Le *Palais hanté* nous montre en la personne de l'auteur lui-même l'effondrement du radieux asile jadis nourri d'orgueilleuses visions, et pour qui « l'aube d'aucun lendemain ne luira » ; le *Ver conquérant* étale sous nos yeux le hideux et décourageant spectacle de la mort triomphante, achevant lamentablement une existence non moins lamentable d'horreur et de folie ; et de tout cela il s'exhale, avec une intensité qui n'a jamais été surpassée, le dégoût le plus profond de soi-même et de la vie. *A une âme du Paradis*, le poète adresse des vers douloureux où se révèle également, dans l'impuissance même de la contemplation esthétique, la fin irrémédiable et décevante du vieil idéal. Et c'est enfin le *Corbeau*, l'oiseau immobile et noir dont le croassement monotone répète implacablement le « never more » fatidique. Le puissant symbolisme de ce simple drame met à nu l'âme du grand Poë. Le héros, c'est Poë lui-même, dans ses nuits frissonnantes de peur ; Lénore, c'est encore Poë, car c'est l'idéal radieux dont la pensée le poursuit invinciblement et dont les charmes le hantent de leur attirance fugitive et vaine ; et le corbeau, c'est encore, c'est toujours Poë, car c'est l'écho intérieur de son désespoir installé à demeure et qui l'enveloppe d'une ombre fatale sans trêve ni merci.

L'union de l'Amour et de la Mort, dont l'exploitation fut si grande avec l'école baudelairienne en France, cette union terrifiante ne fut jamais étalée avec autant de persistance que par Edgar Poë. C'est chez lui un fond d'esthétique, et il s'en explique : « Considérant la Beauté comme mon domaine, dit-il, je me demandai quel pouvait être le ton de sa plus haute manifestation. Or l'expérience a montré que ce ton est celui de la tristesse. La Beauté, de quelque nature qu'elle soit, ne manque jamais, en son suprême développement, d'exciter l'âme sensible jusqu'aux larmes. La mélancolie est ainsi la plus légitime des attitudes poétiques... Mais, de tous les sujets, quel est le plus mélancolique? La mort, sans contredit. Et dans quelle circonstance ce sujet, qui est le plus mélancolique de tous, est-il en même temps le plus poétique? C'est lorsqu'il s'allie le plus intimement à la Beauté. La mort d'une belle femme est donc incontestablement le plus poétique sujet du monde[1]. »

Cette profession de foi est d'ailleurs en parfait accord avec divers événements réels de la vie de l'auteur, et en particulier avec ses premières aventures galantes, telles qu'elles sont racontées par Mrs Whitman. « Au temps où il était à l'Académie de Richmond, il vint à accompagner chez lui un de ses camarades de classe; il y rencontra pour la première fois la mère du jeune homme... En entrant dans la pièce, cette dame lui prit la main et lui adressa quelques douces paroles de bienvenue, qui émurent le cœur sensible du jeune orphelin

---

[1] *Philosophy of Composition; Works,* VI, p. 36, 39.

au point de l'interdire et de le priver, pour un instant, de toute conscience. Il revint de là comme dans un rêve, n'ayant plus qu'une pensée, qu'un espoir en sa vie, entendre de nouveau les tendres et aimables paroles qui lui avaient fait paraître si beau un monde désolé, et qui avaient rempli son cœur solitaire de l'accablement d'une joie nouvelle. Cette dame devint par la suite la confidente de tous ses chagrins d'enfant, exerçant sur lui l'unique influence qui pût le sauver et le guider aux premiers jours de sa jeunesse turbulente et passionnée. Après avoir éprouvé d'étranges et mystérieux malheurs, elle mourut, et, durant des mois après son trépas, il prit l'habitude de visiter la nuit le cimetière où reposait enseveli l'objet de sa passion juvénile. La pensée qu'elle dormait là, dans la solitude, remplissait son cœur d'une affliction profonde et incommunicable. Quand les nuits étaient très lugubres et froides, quand les pluies d'automne tombaient et que les vents gémissaient affreusement sur les tombes, c'est alors qu'il s'attardait le plus longtemps et qu'il s'éloignait avec le plus de regret. » Ce récit suggestif s'accorde pleinement avec tout ce qu'on sait de la personne et de l'œuvre de Poë. Mais ce qu'il importe d'y mettre en relief, c'est le caractère déjà singulier de cet amour précoce, conçu à quinze ans, et s'exaltant par delà le trépas. Ici, le culte platonique, tout en conservant le caractère mystique, s'est par un côté matérialisé. L'amant semble s'attacher au corps; il le suit jusque dans la tombe. A la pensée de cette chair ensevelie, il se complaît dans des méditations affreuses également suggestives de douleur poignante et de volupté folle. Et c'est comme une diabolique survivance des sens qui anime cet amour posthume et lui suggère des tableaux tour à tour sinistres et charmeurs.

Cette façon d' « érotomanie nécrophilique », cette survivance des sens dans l'au delà, toute mêlée d'horreurs et d'extases, cette association de sentiments complexes et condradictoires, mais d'un ton invariablement macabre, effrayant ou lugubre, on va la retrouver comme source esthétique dans l'œuvre en vers comme dans celle en prose. Poë ne se contente pas de déclarer, pour son propre compte, qu'il ne peut plus aimer que « là où la Mort mêle son souffle à celui de la Beauté »; l'amour désespéré pour une beauté morte est la formule habituelle de son art, le thème favori de ses contes et de ses poésies. Les amantes auxquelles le poète s'adresse sont toutes belles d'une splendeur purifiée de la vie et plongée dans le néant de la mort. Dans le mysticisme extravagant des poèmes d'*Ulalume* et d'*Annabel Lee*, où nombre de lecteurs ne manquèrent pas de voir un indéniable document de désarroi mental, on peut découvrir ce double symbole d'extase et de mélancolie. Et du fond de la tombe entr'ouverte, c'est encore à cette source lugubre que puise l'inspiration du pauvre poète, dans ses derniers vers *Pour Annie*.

Cela justifie suffisamment les paroles que M. Jules Lemaitre lui a prêtées dans le *Dialogue des Morts* : « J'ai été un malade et un fou; j'ai éprouvé plus que personne avant moi la terreur de l'inconnu, du noir, du mystérieux, de l'inexpliqué. J'ai été le poète des hallucinations et des vertiges ; j'ai été le poète de la peur. J'ai développé dans un style précis et froid la logique secrète des folies, et j'ai exprimé des états de conscience que l'auteur d'*Hamlet* lui-même n'a pressentis que deux ou trois fois. » Tel est bien le bilan d'Edgar Poë.

III. LA FOLIE

En quittant le terrain de la simple névropathie pour celui de la folie proprement dite, nous pénétrons dans un domaine beaucoup plus restreint au point de vue spécial qui nous intéresse. Si les névropathes ont rempli la littérature de leurs productions bizarres, mais souvent heureuses et parfois géniales, les poètes qui furent aliénés dans toute l'acception du terme ont été pour la plupart terrassés par la maladie et frappés d'une stérilité rapidement complète. C'est dire que l'alliage du supranormal au pathologique est ici moins inextricable et en quelque façon plus grossier et plus susceptible de dissociation.

L'Italie eut dans *Torquato Tasso* un de ses plus illustres poètes. Mais l'auteur de la *Jérusalem délivrée* fut atteint à la fleur de l'âge d'une psychose dont les manifestations devaient se poursuivre jusqu'à sa mort, et il n'est plus question aujourd'hui de la fameuse légende d'après laquelle il aurait été seulement une victime malheureuse de l'égoïsme et de la cruauté du duc de Ferrare.

Né d'une famille sans tare apparente, le Tasse était fils d'un père également poète et non dépourvu d'une certaine valeur. Il reçut une éducation brillante dans les Universités de Padoue et de Bologne. Il avait vingt et un ans lorsqu'il entra au service du cardinal d'Este et fut admis à la cour de Ferrare. Déjà il était célèbre par *Rinaldo*, un roman de chevalerie en vers. Logé dans le château avec une jolie pension, entouré d'amitié et de prévenances, libre de tout souci et chéri des dames, il s'employa tout entier à son art, si ce n'est qu'il lui déroba parfois quelques heures en faveur du beau sexe et des libations. Après *Aminta*, un drame pastoral, il produisait son chef-d'œuvre, la *Jérusalem délivrée*. En 1574, elle était complètement achevée. Il avait trente et un ans.

Cette année-là même, le poète fut atteint de la fièvre quarte. La malaria devait produire sur sa santé un ébranlement irrémédiable et définitif. L'année suivante en effet, sous le coup d'une rechute, il devient en proie à un état de confusion mentale qui se complique de doutes obsédants sur le dogme et sur Dieu. Tourmenté par des idées de damnation, il va se confesser à l'inquisiteur de Bologne. Alors, ce sont des scrupules et des craintes morbides touchant ses lettres et ses différents ouvrages, qu'il songe à soustraire à son protecteur pour les mettre en sûreté hors de l'Italie. Il veille sur son bien avec un soin jaloux et demeure persuadé qu'on cherche à forcer sa porte pour le voler.

Un jour même, il accuse un courtisan d'indélicatesse et le soufflette publiquement. Quelques jours après il menace un serviteur de son poignard, en présence de Lucrezia, duchesse d'Urbino. Pour la première fois, le duc Alphonse le fait enfermer et le confie aux soins des médecins. A ce moment, on note chez le poète un délire de culpabilité nettement confirmé : il s'accuse d'hérésie et redoute d'être empoisonné. Puis il écrit à Rome pour se plaindre de l'inquisiteur de Bologne, qui n'a pas voulu écouter sa confession et s'est contenté de l'absoudre comme aliéné. Cependant le détenu parvient à s'enfuir. Bientôt on le retrouve à Sorrente, chez sa sœur. Il n'y séjourne que passagèrement et regagne Ferrare pendant l'été de 1578, malgré l'accueil peu empressé du duc. Alors ses idées de persécution le reprennent ; il voit partout des ennemis ; ses craintes le chassent de nouveau du lieu préféré. On le voit successivement à Mantoue et à Venise, puis chez le duc d'Urbino. Les soins qu'il y reçoit sont impuissants à le retenir. Il fuit, arrive à Turin dans une tenue misérable et reçoit quelques secours du duc de Savoie. Il se lasse bientôt de ce dernier, et fait écrire au duc de Ferrare pour demander l'autorisation de revenir à sa cour. Mais là, il donne lieu à une scène scandaleuse. Poussé à bout par ses griefs délirants, il s'oublie jusqu'à injurier ses bienfaiteurs devant toute la cour. La mesure était comble. L'infortuné poète fut enfermé incontinent chez les moines de Sainte-Anne. Il devait y rester sept ans.

On sait comment Montaigne lui fit dans sa re-

traite une visite qui inspira cette sage réflexion au
grand philosophe : « Infinis esprits, se trouvant rui-
nez par leur propre force et souplesse! s'écrie-t-il.
Quel sault vient de prendre de sa propre agitation
et allaigresse l'un des plus judicieux, ingénieux et
plus formez à l'air de cette antique et pure poésie
qu'aultre poète italien aye jamais esté! N'a-t-il pas
de quoy sçavoir gré à cette sienne vivacité meur-
trière, à cette clarté qui l'a aveuglé, à cette exacte
et tendue appréhension de la raison qui l'a mis
sans raison, à la curieuse et laborieuse queste des
sciences, qui l'a conduit à la bestise, à cette rare
aptitude aux exercices de l'âme, qui l'a rendu sans
exercice et sans âme? »

Toujours est-il que si la démonstration de la folie
du Tasse n'eût pas été faite à cette heure, on en
eût trouvé la preuve irréfutable dans les nombreuses
lettres qu'il a écrites pendant sa séquestration.
Dans l'une d'elles, il parle de sa déchéance avec une
conscience parfaite : « Ma tête est toujours pesante,
souvent douloureuse ; ma vue et mon ouïe sont
altérées ; mon corps est maigre et épuisé, mon
esprit est paresseux, mon imagination lente ; mes
sens s'appliquent malaisément les impressions ; ma
main est lourde, et ma plume se refuse à écrire ;
en tout, je suis engourdi et plongé dans une stupeur extraordinaire[1]. » Ailleurs, il expose son délire
hallucinatoire et raconte tout au long ses rapports
suivis avec le Diable et la Vierge, avec un Lutin,
un Esprit follet, son génie et son messager : « J'ai

---

[1] Lettre à Gonzague (cité par IRELAND).

ici bien plus besoin d'exorciste que de médecin, car mon mal a pour cause un art magique... Je veux vous entretenir de mon Lutin. Le petit voleur m'a dérobé beaucoup d'écus ; il met mes livres en désordre, ouvre mes coffres, cache mes clefs, si bien que je ne sais comment me préserver de lui. Je suis malheureux en tout temps, mais surtout la nuit, et je ne sais s'il faut attribuer mon mal à la frénésie[1]. »

Il dit dans une lettre : « Pendant la veille, il me semble voir scintiller des feux dans l'air. Quelquefois mes yeux s'enflamment, de sorte que je crains de perdre la vue. D'autres fois encore, j'entends des bruits épouvantables, des coups de sifflet, des tintements, des sons de cloches et des battements analogues à ceux que produiraient des horloges qui s'accorderaient et sonneraient les heures en même temps. Pendant mon sommeil, je crois voir un cavalier se jeter sur moi et me renverser, ou bien je me vois assailli par des bêtes immondes... Mais parfois, au lieu de ces terreurs, c'est l'image de la Vierge belle et jeune qui m'apparaît avec son fils couronné d'un arc-en-ciel[2]. »

Cependant, le désordre mental du pauvre poète s'étant amélioré, le duc de Ferrare permit au fils du duc de Mantoue de le recueillir. Mais le Tasse devait continuer ses fugues. Il ne fit que passer à Mantoue. Craignant de nouveau un internement, il prit part à un pèlerinage pour demander à la Vierge

---

[1] Lettre à Cattaneo (cité par Lombroso).
[2] *Ibid.*

sa guérison et se mit à parcourir l'Italie d'une cour
à l'autre, cherchant un maître et un protecteur.
L'amélioration n'était que passagère. Les troubles
reparurent, et le poète dut poursuivre son existence
en proie à de nombreuses hallucinations. On raconte
qu'un jour il dit à Manso : « Puisque je ne peux
vous persuader par des raisons, je vous convaincrai
par l'expérience ; je vous ferai voir l'Esprit de vos
propres yeux, puisque vous ne voulez pas ajouter
foi à mes paroles. » « J'acceptai son offre, dit Manso,
et le lendemain, comme nous étions assis au coin
du feu, il tourna les yeux vers la fenêtre et la fixa
avec tant d'attention, qu'il ne répondit à aucune des
questions que je lui adressais. « Voici l'Esprit qui
« vient me parler, » dit-il... Je dirigeai immédiatement mes yeux de ce côté ; mais j'eus beau faire, je
ne vis rien que les rayons du soleil qui pénétraient
dans la chambre par les carreaux. Pendant que je
portais mon regard de tous les côtés sans rien
découvrir d'extraordinaire, je m'aperçus que le
Tasse était occupé à la conversation la plus sérieuse
et la plus élevée ; car, bien que je ne visse rien et
n'entendisse que lui, la suite de son discours était
ordonnée comme elle doit l'être entre deux personnes qui s'entretiennent ; il proposait et répondait
alternativement. Émerveillé de ce qui se passait
sous mes yeux, je restai assez longtemps dans le
ravissement,... sans doute jusqu'au départ de l'Esprit. Le Tasse m'en tira en se tournant de mon
côté et me disant : « Êtes-vous enfin dégagé de vos
« doutes ? — Bien au contraire, lui dis-je, ils ne
« sont que plus forts ; j'ai entendu des choses mer-

« veilleuses, mais je n'ai rien vu de ce que vous
« m'aviez annoncé. » Alors, souriant, il répliqua :
« Vous avez très certainement vu et entendu. »
Mais il n'en dit pas davantage. »

Il est difficile d'affirmer très exactement la nature
de l' « Esprit follet » qui poursuivit le Tasse, tant
que sa vie dura. « Ce ne peut être un diable,
disait-il lui-même, parce qu'il ne m'inspire point
l'horreur des choses sacrées ; mais ce n'est point
non plus une chose naturelle, car il fait naître en
moi des idées que je n'avais jamais eues auparavant. » D'après ces paroles, il y a tout lieu de
croire qu'il s'agit de phénomènes hallucinatoires
auxquels le poète rattache à la fois, dans une
synthèse assez suggestive, ses inspirations et sa
maladie.

La maladie d'ailleurs devait le laisser « tout
branlant et tout décrépit » prématurément. Il
n'avait que cinquante et un ans quand il vint en
1595 au couvent de Saint-Olofrio, pour s'aliter et
mourir. Quant à l'inspiration, elle avait jeté çà et
là quelques lueurs pâlotes, aux jours d'accalmie.
Mais fort heureusement le poète avait fait jaillir de
son jeune cerveau les *Tancrède* et les *Renaud*, et
les *Clorinde* et les *Armide*, avant que la folie s'y
fût installée,... et la gloire était en marche depuis
vingt ans.

L'Autriche posséda un poète dont l'œuvre lyrique
jouit d'une juste célébrité, et dont la vie se termina aussi lamentablement que celle du précédent :
Frantz Niembsch, qu'on appelle plus souvent *Lenau,*

fut une autre victime fameuse de l'aliénation mentale.

Dans ses antécédents familiaux, Frantz a plus qu'il ne faut pour constituer sans l'ombre d'une équivoque un terrain de prédisposition. La vie désordonnée de son père, les troubles moraux et physiques dont sa mère fut affectée durant sa grossesse, devaient influer d'une façon marquée sur la qualité de sa constitution mentale.

Dès sa plus tendre enfance, il ne vit que d'angoisses et de sensations violentes. Il se plaît aux contes terrifiants, et déjà il se fait une vie imaginative pleine de sombres cauchemars. Après avoir entrepris à Vienne des études de droit, il se lance successivement dans la médecine, la philosophie, les lettres et les arts ; mais il cultive plus que toute autre chose le café d'Argent. Il y trouve sans doute des passions fécondes, et avec elles des cadences harmonieuses et des rimes sonores ; mais il y prend aussi le goût des narcotiques. Si l'on ajoute à cela les déboires dont il fut victime et les chagrins qu'il dut éprouver en des histoires malheureuses d'amour, on conçoit que les éléments de « détraquement » qu'il apportait avec lui devaient se développer comme dans un « bouillon de culture ».

Au reste, il avait eu de tout temps une facilité remarquable à simuler la folie. Obligé de partir pour l'Amérique, par un contrat qu'il avait signé à la légère avec une société industrielle, il se mit en devoir de paraître fou pour se tirer d'une aventure dont il redoutait l'issue. Une autre fois il joua pareil jeu pour son bon plaisir, en compagnie de nombreux assistants. « Je me mis à raconter des histoires de revenants d'un air tellement démoniaque, disait-il ensuite, je clignais les yeux de façon si bizarre, que les jeunes filles se mirent à pleurer d'angoisse. » Un jour encore, la fille qui était au service du poète se précipita soudain dans la chambre de sa sœur : « Jésus! Maria! criait-elle, M. de Niembsch est devenu fou. » Comme on se hâtait, il dit simplement en riant : « Je n'ai voulu que lui faire peur avec des grimaces et des roulements d'yeux. »

Mais le virtuose finit par être effrayé lui-même de son talent. Lenau sortait un jour du café d'Argent avec le docteur Georgen, et ce dernier s'arrêta devant l'établissement d'aliénés qu'il dirigeait à Dobling. Il invita le poète à l'accompagner. « Non, non, dit l'autre avec un rire qui cachait mal son effroi ; il y a des fous dans cette maison ! C'est dangereux. On pourrait devenir fou soi-même. »

L'histoire des bustes de Menerschmidt n'est pas moins démonstrative. Comme un ami lui montrait curieusement cette collection de figures plus ou moins bizarres : « Allons-nous-en, dit le poète, car j'éprouve la tentation de reproduire sur moi toutes ces physionomies. Un homme comme moi ne doit jamais regarder des caricatures, et moins encore les imiter... Dans ces figures, il y a je ne sais quoi qui a failli me rendre fou. »

Il est d'ailleurs fort curieux de noter les pressentiments à longue échéance du malheureux poète. Il disait à un de ses amis : « Tu connais l'histoire de Phaéton et des chevaux du soleil qui s'emballent... Nous autres, poètes, sommes cochers de choses si

fantastiques, qu'un jour nos idées pourraient bien
nous entraîner malgré nous. » Et une autre fois :
« Je m'imagine qu'il y a en moi un démon auquel
je ne puis résister, et qui gravite vers le malheur,
depuis qu'on m'a parlé d'une jeune fille avec laquelle
j'ai dansé, que mon amour a rendue folle, et qui,
dans les accès de son délire, se croit reine de Hon-
grie. »

Ses poésies elles-mêmes reflètent la hantise du
mal. Les titres en témoignent : *le Fou*, *les Maladies de l'âme*, *la Violence du rêve*, *la Lune d'un
mélancolique*... Et dans l'une il peint son angoisse
en termes troublants :

Le fou est ici debout, pâle et muet, adressant à la
lune son rire amer; la lueur de l'astre recule d'effroi, et,
terrifié aussi, le vent se hâte en passant près de lui. —
Quoi de plus triste que la folie levant son regard sauvage vers la paix silencieuse et toujours égale, où se
meuvent les étoiles ? — Et qu'a fait cet homme, ô Destin, pour que tu entasses sur la route de sa vie ces
obscures angoisses? pour que tu arraches de son âme ce
qui était son Dieu ?

Or voici que le cauchemar devient une réalité.
Dans la pleine maturité de sa vie, Franz Niembsch
s'écroule. Douloureusement conscient au début, il
s'analyse avec angoisse et rédige sur lui-même des
bulletins journaliers. Il raconte ses nuits mouve-
mentées, ses insomnies pleines d'appréhensions
lugubres et d'horreurs. Il avoue que le diable
« chasse dans son ventre », et il entend tout au fond
de lui-même comme « les funèbres échos de l'enfer ». Le diable le pousse jusqu'en Amérique. A son

retour il se voit fêté, mais l'hypocondrie lui « a planté au cœur sa dent profonde » : il a peur des hommes. L'Allemagne lui prépare des arcs de triomphe : il s'enfuit et se met à errer sans but. Il écrit cependant ; il donne au travail une activité brouillonne, combine des mariages, jette sur le chantier des travaux nombreux dont aucun n'est réalisé. Puis la raison l'abandonne d'une façon complète. Dans une crise de panophobie, il songe au suicide et cherche à brûler tous ses manuscrits. Le lendemain même il croit avoir détruit son *Don Juan*, que Reinbeck avait eu le bon esprit de sauver. Puis c'est une accalmie de quelques jours. Mais la crise reprend : il entre chez un ami, l'accuse de l'avoir dénoncé devant un tribunal et fait preuve d'une excitation extrême. Nouvelle rémission. Le poète s'analyse encore, et comme en un rayon de soleil traversant la nuit, il s'inspire de sa folie même dans les vers chaotiques de son *Traumgewalt*. Le génie venait de livrer à l'aliénation sa dernière bataille.

Quelques jours plus tard, Frantz a disparu. On le trouve errant à travers la ville ; on l'invite à rejoindre son domicile. Mais le poète retire sa jaquette et veut l'étendre sur le pavé pour s'en faire une couche. On parvient à le réintégrer. Alors il prend son violon et se met à danser des valses avec frénésie. Le soir même il est à deux doigts de se pendre. C'en était assez. Le docteur Schelling envoya un de ses élèves en toute hâte au docteur Zeller, directeur de la maison de Winnenthal, pour le prévenir de l'arrivée de Niembsch. Les crises allaient se rapprochant,... on dut lui mettre la camisole de force. A quatre heures du matin, dit un de ses biographes, l'anxiété le ressaisit : « Lève-toi, Lenau! lève-toi! » s'écriait-il. Il pria le garde qui le surveillait de lui chercher de l'eau. Pendant ce temps, il courut à la fenêtre et se précipita sur le pavé, d'une hauteur de huit pieds, sans se blesser. En tombant, il faillit renverser un valet de l'ambassadeur d'Angleterre qui venait demander de ses nouvelles. Il courut vers lui en criant : « Liberté! révolte! A l'aide! au feu! » Saisi par plusieurs hommes et rapporté chez lui, il se précipita sur Reinbeck, le traitant d'assassin et essayant de l'étrangler. Il fût enfin transporté à la maison de Winnenthal.

Quelques mois plus tard il mourait, dit-on, d'une péricardite. Schurtz, un parent du malheureux Frantz, a donné le récit de ses derniers instants : « A trois heures, nous étions au pied du lit de Lenau ; il respirait d'un souffle hâtif, oppressé; mais il était calme, il se sentait mieux qu'auparavant. Ma femme et mes enfants arrivèrent à quatre heures. Lenau n'ouvrait les yeux que de temps en temps, et, lorsqu'il les ouvrait, il ne voyait pas les larmes de ceux qui l'entouraient... Je me couchai dans la chambre même ; vers six heures du matin, les râles devinrent plus faibles, on ne les entendait même plus. Il soulevait le haut de son torse, il remuait la tête continuellement. Je m'approchai de lui et passai doucement mon bras sous sa tête. Le garde était parti chercher de l'eau. Ainsi nous étions seuls, tout à fait seuls. Il ouvrit encore une fois les yeux tout grands, avec la conscience la plus pleine et la plus complète de ce triste et dur moment ; et il me regarda avec l'infini tout entier dans son regard. Le dernier regard de Lenau m'appartient, c'est mon trésor le plus cher. Il se pencha vers moi, et je reçus son dernier soupir ; je bus à son âme qui s'enfuyait. « Il meurt, » dis-je au garde qui entrait. Nous lui fermâmes les yeux. Il était six heures. Dehors les oiseaux chantaient ; le ciel était clair, beau, triomphant[1]. »

En France, on voyait se dérouler vers 1830 une vie de poète aliéné qui reste pour nous comme un prototype : *Gérard de Nerval*, de son vrai nom *Gérard Labrunie*, passa une partie de ses jours dans le délire, et trouva dans le suicide l'apaisement de sa folie.

Il n'était point descendant de Nerva, ainsi qu'il le prétendait, mais fils d'un simple roturier, d'ailleurs bizarre, hypocondriaque, « d'humeur incommode et fuyant le commerce des hommes. »

Aussi précoce dans ses dispositions littéraires que dans ses aventures amoureuses, il se distingua de bonne heure comme un des rêveurs mystiques les plus extraordinaires qu'on ait jamais vus. Suivant la remarque de Mme Arvède Barine[2], un de ses plus distingués biographes, il estimait que l'univers matériel, auquel nous avons foi parce que nos yeux le voient, n'est que fantômes et appa-

---

[1] D'après JACQUES SALY-STERN, *la Vie d'un poète : essai sur Lenau.*

[2] ARVÈDE BARINE, *Essai de littérature pathologique (Revue des Deux-Mondes,* 15 octobre et 1er novembre 1897).

rences. Pour lui, le monde invisible était, au contraire, le seul qui ne fût point chimérique. L'erreur
des masses provient, disait-il, de ce que l'au delà
leur est fermé : c'est qu'il est donné à un petit
nombre d'élus seulement de frayer avec les esprits
avant d'avoir dépouillé leur enveloppe mortelle.
Cette grâce d'en haut, le bon Gérard remerciait la
Divinité de l'en avoir doté : « Je ne demande pas
à Dieu de rien changer aux événements, mais de
me changer relativement aux choses, et de me laisser le pouvoir de créer autour de moi un univers
qui m'appartienne et de diriger mon rêve éternel
au lieu de le subir[1]. »

Sa prière devait être exaucée un jour. Mais déjà
ses contemporains le jugeaient. Paul de Saint-Victor[2] dit que Gérard n'était jamais si heureux que
loin de la vie réelle, « songeant tout haut, rêvant
les yeux ouverts, attentif à la chute d'une feuille,
au vol d'un insecte, au passage d'un oiseau, à la
forme d'un nuage, au jeu d'un rayon, à tout ce qui
passe par les airs de vague et de ravissant. »
Champfleury[3] confirme cette opinion : « Je l'ai rencontré plus souvent seul qu'en société, le pas alerte,
traversant le jardin du Palais-Royal, l'œil souriant
à ses imaginations intérieures. On l'arrêtait ; sa
physionomie changeait tout à coup ; c'était un
homme qu'on tirait d'un rêve agréable, et dont les
yeux tenaient du réveil et de l'étonnement. »

---

[1] *Paradoxes et Vérités* (*L'Artiste,* 1844).
[2] Paul de Saint-Victor, Préface de la *Bohème galante.*
[3] Champfleury, *Grandes figures d'hier et d'aujourd'hui.*

« Quelquefois, dit Gautier[1], on l'apercevait au coin d'une rue, le chapeau à la main, dans une sorte d'extase, absent évidemment du lieu où il se trouvait... Quand nous le rencontrions ainsi absorbé, nous avions garde de l'aborder brusquement, de peur de le faire tomber du haut de son rêve, comme un somnambule qu'on réveillerait en sursaut, se promenant les yeux fermés et profondément endormi sur le bord d'un toit. »

Cette vie ultra-sensible, à laquelle le poète donnait toute son âme, prit une intensité quasi alarmante. Il voyait de ses yeux, il entendait de ses oreilles ce que la foule des humains ne pouvait aborder par aucun de ses sens. Les choses lui révélaient leurs correspondances troublantes, leurs symboles mystérieux ; il déchiffrait partout des augures, et marchait dans un monde « où toutes les énergies, toutes les formes de la matière sont des esprits, des êtres ayant vie ». Durant un séjour en Orient, il acheva de se troubler la cervelle au contact de sectes mystérieuses et malsaines. Une force invincible le poussait à se perfectionner dans les sciences occultes, et il voulut faire des doctrines secrètes une étude sérieuse. En quittant l'Égypte, il s'était rendu en Syrie, où il avait obtenu d'être instruit de la religion des Druses. Il y avait retrouvé ses propres tendances, et il écrivait triomphant : « On ne dit pas d'un Druse qu'il est mort ; on dit qu'il s'est transmigré. » Il communiquait avec les esprits défunts, et il leur disait avec ravissement :

---

[1] TH. GAUTIER, *Histoire du romantisme.*

« Cela est donc vrai ! Nous sommes immortels, et nous conservons ici les images du monde que nous avons habité. Quel bonheur de songer que ce que nous avons aimé existera toujours autour de nous ! » La transmigration des âmes est donc une préoccupation perpétuelle de son mysticisme, et il est curieux d'observer comment cette idée bizarre imprègne chez lui le sentiment de l'amour.

Gérard écolier était en vacances chez son oncle et dansait sur l'herbe, avec les jeunes gens du village, quand on enferma dans la ronde une belle jeune fille venue du château voisin : elle s'appelait Adrienne. Adrienne repartit le lendemain pour le couvent où l'on faisait son éducation. Gérard ne la revit jamais. Il la chercha néanmoins toute sa vie, prétendant l'avoir connue dans une autre existence, ce qui établissait entre eux un lien mystique et indestructible. On eut beau lui dire, aux vacances suivantes, qu'elle avait pris le voile, il persistait à la découvrir sous des noms et des costumes différents dans celles que le hasard plaçait sur sa route. Chaque fois c'était elle, c'était son âme transmigrée dans un corps nouveau. Aussi ne fut-il pas autrement surpris de reconnaître un soir Adrienne dans Jenny Colon, une actrice fort mal adaptée au surnaturel. Il assistait à toutes ses représentations, mais ne la touchait que de ses « sympathies occultes », sans réclamer un lien plus sensible et plus positif. « Je me sentais vivre en elle, et elle vivait pour moi seul. Son sourire me remplissait d'une béatitude infinie ; la vibration de sa voix si douce et cependant fortement timbrée me faisait tressaillir de

joie et d'amour. Elle avait pour moi toutes les per-
fections, elle répondait à tous mes enthousiasmes,
à tous mes caprices. » C'est que la transmigration
s'était opérée. « Cet amour vague et sans espoir,
conçu pour une femme de théâtre, qui tous les
soirs me prenait à l'heure du spectacle pour ne me
quitter qu'à l'heure du sommeil, avait son germe
dans le souvenir d'Adrienne... La ressemblance
d'une figure oubliée depuis des années se dessinait
désormais avec une netteté singulière... Aimer une
religieuse sous la forme d'une actrice !... Et si
c'était la même ! » Malheureusement le poète
s'était mal adressé. L'actrice n'avait rien d'une
Béatrice, et dans sa *Vita nuova* il arriva que le
poète finit par embrouiller le rêve avec la réalité.
Mais il courut de déceptions en rebuffades. Il
s'avoue lui-même cruellement « désillusionné »
dans une des lettres qu'on publia plus tard. Jenny
Colon fit souffrir son adorateur, sans méchanceté
d'ailleurs, et simplement parce qu'ayant un corps
de chair, elle aspirait à être autre chose que l'ombre
d'une âme. Gérard n'abandonne pas son obsession
pour autant. Ayant ébauché une pièce où l'actrice
devait jouer le rôle de la reine de Saba, il finit par
confondre le modèle avec la copie. L'Adrienne de
son enfance n'était plus désormais une actrice far-
dée ; c'était une princesse radieuse « comme au jour
où Salomon l'admira dans les splendeurs pourprées
du matin ». Et la princesse lui devint présente à
ce point que, passant un jour près du grand bassin des Tuileries, il vit les poissons rouges sortir
leur tête de l'eau pour l'engager à les suivre : « La

reine de Saba t'attend, » disaient-ils. Gérard de
Nerval ne se jeta pas dans le bassin, mais il fut
confirmé dans la pensée que l' « uniquement aimée »
se retrouverait sur sa route ; et il la reverra, bien
que Jenny Colon, lasse d'un amour trop surnaturel,
l'eût quitté déjà pour suivre un flûtiste. Mais il va
la rencontrer dans des personnalités différentes qui
se succèdent sans interruption.

Gérard fit connaissance d'une jeune Druse. « Elle
avaitdes cheveux d'or, disait-il, des traits où la blancheur européenne s'alliait au dessin pur de ce type
aquilin qui, en Asie comme chez nous, a quelque
chose de royal. Un air de fierté, tempéré par la grâce,
répandait sur son visage quelque chose d'intelligent,
et son sérieux habituel donnait du prix au sourire
qu'elle m'adressa lorsque je l'eus saluée. » C'était
bien elle, « l'uniquement aimée » telle qu'il l'avait
vue sur la grande place du village, le soir où il
l'avait couronnée de laurier et où elle s'appelait
Adrienne. Le poète se mit en devoir de demander
sa main ; mais les augures lui envoyèrent des avertissements qui l'en détournèrent.

La dernière fois qu'il crut reconnaître l'objet de
son amour sous une forme nouvelle, Gérard dînait
avec un ami : « Une femme vint chanter près de
notre table, et je ne sais quoi, dans sa voix usée,
mais sympathique, me rappela celle d'Adrienne. Je
la regardai : ses traits mêmes n'étaient pas sans
ressemblance avec ceux que j'avais aimés. On la ren-
voya, et je n'osai la retenir ; mais je me disais :
Qui sait si son esprit n'est pas dans cette femme ? »

Gérard de Nerval avait passé déjà des bizarreries

de la pensée à celle des actes, et sa conduite de voyant était devenue difficile à faire accepter du public. Un jour, on le trouve au Palais-Royal, traînant un homard vivant au bout d'un ruban bleu. On voulut le faire soigner, mais il se fàcha : « En quoi cet animal est-il plus ridicule qu'un chien, qu'un chat, qu'une gazelle, qu'un lion ou que toute autre bête dont on se fait suivre? J'ai le goût des homards, qui sont tranquilles, sérieux, savent les secrets de la mer, n'aboient pas et n'avalent pas la monade des gens comme les chiens, si antipathiques à Gœthe, lequel pourtant n'était pas fou. » Ses amis le conduisirent dans la maison du docteur Blanche. Il y entra le 21 mars 1841, et n'en sortit qu'au bout de huit mois, le 21 novembre de la même année.

Une lettre adressée à l'épouse d'Alexandre Dumas nous indique, après cette période de crise, ce qu'il pense des jugements du monde et de la science sur son propre état : « J'ai rencontré hier Dumas... Il vous dira que j'ai recouvré ce que l'on est convenu d'appeler raison ; mais n'en croyez rien. Je suis toujours et j'ai toujours été le même, et je m'étonne seulement que l'on m'ait trouvé changé pendant quelques jours du printemps dernier. L'illusion, le paradoxe, la présomption, sont toutes choses ennemies du bon sens dont je n'ai jamais manqué. Au fond, j'ai fait un rêve très amusant, et je le regrette ; je suis même à me demander s'il n'était pas plus vrai que ce qui me semble seul explicable et naturel aujourd'hui ; mais comme il y a ici des médecins et des commissaires qui veillent à ce qu'on n'étende pas le champ de la poésie aux dépens de la voie publique, on ne m'a laissé sortir et vaquer définitivement parmi les gens raisonnables que lorsque j'ai convenu bien formellement d'avoir été malade, ce qui coûtait beaucoup à mon amour-propre, et même à ma véracité. « Avoue ! avoue ! » me criait-on, comme on faisait jadis aux sorciers et aux hérétiques ; et pour en finir, j'ai convenu de me laisser classer dans une affection définie par les docteurs, et appelée indifféremment théomanie ou démonomanie, dans le dictionnaire médical. A l'aide des définitions incluses dans ces deux articles, la science a le droit d'escamoter ou réduire au silence tous les prophètes et voyants prédits par l'Apocalypse, dont je me flattais d'être l'un. Mais je me résigne à mon sort, et si je manque à ma prédestination, j'accuserai le docteur Blanche d'avoir subtilisé l'esprit divin... Je me trouve tout désorienté et tout confus en retombant du ciel où je marchais de plain-pied, il y a quelques mois. Quel malheur qu'à défaut de gloire, la société actuelle ne veuille pas toutefois vous permettre l'illusion d'un rêve continuel ! »

Quoi qu'il en soit, le poète comprenait qu'il fallait se dire guéri et le faire accroire au public. Il ne lui était plus possible d'empêcher le « frère mystique » de faire des siennes, dit Arvède Barine, car il n'en était plus maître ; mais le moi normal fut aux aguets pour expliquer les extravagances du moi malade par toutes sortes de raisons ingénieuses. Malgré cela, le malheureux Gérard laissait échapper des extravagances. Il avait découvert, dans la salle à manger de Maxime du Camp, un meuble aimé des Esprits. Il pratiquait devant ce bahut des exorcismes

cabalistiques « en exécutant la danse des Babylo-
niens », et il entrait en rapport tour à tour avec
Adam, Moïse et Josué. Chacun de ces personnages
s'empressait à sa voix et lui répondait avec complaisance. Une divinité, découverte sur les boule-
vards extérieurs, était aussi l'objet de ses attentions
les plus soutenues. C'était tout bonnement une
canne, dont la partie volumineuse représentait une
figure fantastique aux traits grimaçants. Comme
elle était exposée à la devanture d'un petit cabaret,
Gérard y faisait des stations en buvant des mixtures
nocives, et rendait son culte au fétiche avec une
fidélité religieuse. Dans l'intervalle, il vivait une
partie de ses jours et de ses nuits aux halles, dormant sur des détritus de légumes, ou bien il errait
« comme un chien perdu », se faisant réclamer par
ses amis s'il avait quelque affaire avec la police.
« Parfois, rapporte Maxime du Camp[1], sur le divan
de l'atelier de Théophile Gautier, j'ai vu un petit
homme pelotonné et dormant : c'était Gérard de
Nerval, qui venait se reposer de ses pérégrinations
nocturnes... J'aimais à causer avec lui lorsque je
parvenais à le réveiller, ce qui n'était pas toujours
facile. » Puis tout à coup, le « bon Gérard » dispa-
raissait. Pendant quelques mois, ses amis en per-
daient la trace ; mais personne n'en était en peine :
c'est qu'il était parti pour quelque contrée, dont il
reviendrait le gousset vide, mais avec des cadeaux
pour tous.

Pourtant les signes avant-coureurs d'une nouvelle

---

[1] MAXIME DU CAMP, Souvenirs littéraires.

crise se manifestaient. Gérard avait été ramassé
déjà par une patrouille, la nuit, dans une rue de
Paris, au moment où, les bras tendus, il attendait
que son âme montât dans une étoile. Pour se préparer à cette ascension, il avait quitté « ses habits
terrestres » et stationnait sur la chaussée dans une
mise trop légère pour être décente. Le printemps
de 1853 fut marqué par une phase assez douloureuse.
Aux visions ailées et souriantes avaient succédé
« de lourds cauchemars, qui lui rendaient le travail
impossible ». Un dimanche soir, place de la Con-
corde, il résolut d'en finir. A plusieurs reprises il
se dirigea vers la Seine, mais quelque chose l'arrêta
dans l'exécution de son dessein. Les étoiles bril-
laient dans le firmament. Tout à coup il lui sembla
qu'elles venaient de s'éteindre à la fois. Il pensa
que « les temps étaient accomplis », et qu'on touchait à la fin du monde. Alors « un globe rouge de
sang » lui apparut au-dessus des Tuileries. Il se dit
en lui-même : « La nuit éternelle commence... Que
va-t-il arriver lorsque les hommes s'apercevront
qu'il n'y a plus de soleil ? » Il alla prendre la rue
Saint-Honoré. Mais, au voisinage du Louvre, un
spectacle étrange l'attendait. A travers des nuages
rapidement chassés par le vent, il vit plusieurs
lunes filant avec une rapidité extrême. Il pensa que
la terre était sortie de son orbite et qu' « elle errait
dans le firmament comme un vaisseau démâté, se
rapprochant ou s'éloignant des étoiles, qui grandis-
saient ou diminuaient tour à tour ». Le lendemain
Gérard de Nerval se rendit chez Heine. Il lui tint
des discours fort incohérents. Henri Heine, ne pou-

vant le calmer, ne vit d'autre issue que de le faire
conduire à la maison Dubois.

Au bout d'un mois, le « bon Gérard » sortait ras-
suré sur la destinée des désordres planétaires, et
reprenait sa vie. Il eut juste le temps d'écrire une
nouvelle, la meilleure de toutes peut-être. En effet,
la *Revue des Deux-Mondes* publiait *Sylvie* le
15 août 1853. Or, le 26, Gérard se livra dans la
rue à de telles excentricités, que la foule s'attroupa
et faillit l'étouffer. On le conduisit à l'hôpital de la
Charité, où il fallut lui mettre la camisole de force.
Le lendemain il était plus calme. Il se promena
dans les salles. L'idée qu'il était devenu semblable
à un dieu, et qu'il avait le pouvoir de guérir, lui fit
imposer les mains à quelques malades, et, s'appro-
chant d'une statue de la Vierge, il enleva la couronne de fleurs qui la surmontait, comme pour indiquer la supériorité divine dont il était investi. Il
marchait à grands pas, parlant avec animation de
l'ignorance des hommes et de la faillite de la
science. Puis, voyant sur une table un flacon d'éther,
il l'avala d'une gorgée. Un interne voulut l'arrêter;
mais il se dégagea par la force et fut pris d'une
violente colère, prétendant que sa mission était
méconnue. On le transporta de nouveau dans l'établissement du docteur Blanche, où la crise continua.
Il attribuait un sens mystique à toutes les conver-
sations de l'entourage. Les objets sans vie se prêtaient eux-mêmes aux calculs de son esprit. De la
combinaison de cailloux et de la découpure des
feuilles, surgissaient pour lui des harmonies inconnues. Puis des scènes douloureuses se mêlaient aux

visions mystiques. Il voyait la femme qu'il avait
aimée épousant son « double », et il demandait avec
angoisse si ce double était son bon ou son mauvais
« moi ».

Cet état n'excluait pas une certaine conscience, et
le poète estimait que ses contemporains étaient trop
pressés de faire son oraison funèbre. Il écrivait en
effet sa préface pour les *Filles du Feu*, et s'adressant à Dumas : « Mon cher maître, disait-il, je vous
dédie ce livre comme j'ai dédié *Lorely* à Jules
Janin. J'avais à le remercier au même titre que
vous. Il y a quelques années, on m'avait cru mort,
et il avait écrit ma biographie. Il y a quelques jours,
on m'a cru fou, et vous avez consacré quelques-
unes de vos lignes les plus charmantes à l'épitaphe
de mon esprit. Voilà bien de la gloire qui m'est
échue en avancement d'hoirie. »

Le 27 mai 1854, il parut en état de quitter la
maison de santé. Quelques jours plus tard, il était
en Allemagne. Ce voyage lui fut salutaire, si l'on
en juge par une lettre qu'il écrit le 27 juin à
Georges Bell : « Je viens de passer un mois à visiter
l'Allemagne du midi. Je me suis clarifié l'esprit, et
j'ai repris la forte santé de mes jeunes années... Je
vous ai écrit de Strasbourg, où les réceptions et les
invitations m'avaient un peu agité. Pour éviter ces
occasions, j'ai vu fort peu de monde depuis, et j'ai
pris de la force dans la réflexion et la solitude. J'ai
beaucoup travaillé, et j'ai même de la copie que je
ne veux pas envoyer légèrement. Le principal, c'est
que je suis fort content et plein de ressources pour
l'avenir. Du résultat de ce mois seul, il y a de quoi

travailler un an. Je me suis découvert des dispositions nouvelles; et vous savez que l'inquiétude sur
mes facultés créatrices était mon plus grand sujet
d'abattement [1]. »

Dans le mois de juillet, le poète revint à Paris.
Mais au premier effort cérébral la folie éclata de
nouveau. Le 8 août, il fallut le reconduire à Passy,
« où il arriva irrité, mauvais, sûr d'être dans son
bon sens et accusant le ciel et la terre de le persé-
cuter. » Il parla d' « internement arbitraire », d' « in-
carcération », et en désespoir de cause il supplia
une société littéraire de lui faire rendre la liberté.
On eut l'imprudence d'écouter ses réclamations. Le
19 octobre, il fut congédié.

Quelque temps après, du Camp et Gautier causaient dans le bureau de la *Revue*. La Seine char-
riait des glaçons. « Gérard entra, raconte du Camp;
il portait un habit noir, si chétif que j'eus le frisson
en le voyant. Je lui dis : « Vous êtes bien peu vêtu
« pour affronter un froid pareil. » Il me répondit : « Mais
« non, j'ai deux chemises; rien n'est plus chaud. »
Gautier insistait pour lui prêter un paletot. Il refusa,
assurant que le froid était tonique, commença à
divaguer, puis tira de sa poche un cordon de tablier
de cuisine et le leur fit admirer : « C'est, disait-il,
« la ceinture que portait Mᵐᵉ de Maintenon quand
« elle faisait jouer *Esther* à Saint-Cyr. » Ce cordon
de tablier ne devait plus le quitter; mais à la longue
il changea tout à la fois d'étiquette et de provenance : il devint « la jarretière de la reine de Saba ».

[1] Cité par ARVÈDE BARINE.

Cependant le malheureux poète se sentait déchoir, et la folie allait étouffer définitivement un talent qui, jusqu'ici, avait déserté seulement aux époques de crise. Gérard travaillait à sa confession dernière. *Le Rêve et la Vie* se fixait le plus souvent sur des feuilles volantes, dans un cabaret des Halles, et l'auteur se plaignait que son manuscrit ne serait jamais achevé : « Je suis désolé, disait-il, me voilà enterré dans une idée où je me perds; je passe des heures entières à me retrouver... Croyez-vous que c'est à peine si je peux écrire vingt lignes par jour, tant les ténèbres m'envahissent ! » En vérité, il était bien près de glisser dans le gouffre, en abandonnant à jamais ce monde des réalités dans lequel il avait vécu comme un somnambule.

Arvède Barine nous décrit ainsi sa fin malheureuse : « Le 25 au soir, il gelait à dix-huit degrés. Après une journée à piétiner dans la neige et à traîner dans les mauvais lieux, Gérard de Nerval vint s'échouer entre deux et trois heures du matin dans un cloaque immonde, enfoncé en terre de la hauteur d'un étage, et situé entre les quais et la rue de Rivoli, proche la place du Châtelet. On l'appelait rue de la Vieille-Lanterne. Il n'y a pas de mot pour peindre l'horreur de ce lieu infect, où un auvent mettait la nuit en plein jour. On y descendait par un escalier oblique et raide, sur lequel un corbeau apprivoisé répétait du matin au soir : « J'ai soif ! » En bas, sous l'auvent, une large bouche d'égout, fermée par une grille, suçait un ruisseau d'immondices à quelques pas d'un cabaret qui était en même temps un garni à deux sous la nuit. Il fallait avoir perdu

toute raison ou tout respect de la mort et de soi-
même, pour penser à mourir dans la rue de la Vieille-
Lanterne, et c'est pourtant là qu'on trouva, le
26 janvier 1855, à l'aube, le cadavre de l'un des
êtres les plus étrangers à toute action vilaine qui
aient jamais foulé cette terre. Gérard de Nerval
s'était pendu avec le cordon de tablier au barreau
d'une fenêtre située sous l'auvent. Le corbeau vole-
tait autour de lui. Les gens du garni déclarèrent
qu'on avait frappé à leur porte vers trois heures du
matin, et qu'ils ne s'étaient point levés pour ouvrir,
à cause du froid. L'enquête établit qu'il y avait
bien eu suicide, et non assassinat, comme quelques-
uns en avaient exprimé le soupçon.

« Une foule en larmes suivit le convoi. Ce fut
un spectacle, pour les badauds parisiens, que celui
de tous ces hommes connus ou célèbres qui pleuraient
comme des enfants et refusaient d'être consolés,
parce qu'ils n'avaient pas pu sauver leur bon
Gérard, leur doux ami, auprès duquel ils se sentaient
meilleurs. On raconta que le pauvre poète s'était
tué de misère, et ce reproche détourné aiguisa leur
douleur. Aucun d'eux ne l'avait mérité. Gérard de
Nerval avait toujours gagné le nécessaire et puisé
le reste dans des bourses qui n'étaient jamais fermées
pour lui. D'autres affirmèrent qu'il n'avait pas voulu
survivre à la perte de ses facultés. Paul de Saint-
Victor suggéra une explication mystique : « Il
est mort, on peut le dire, de la nostalgie de l'invisible : ouvrez-vous, portes éternelles! et laissez
entrer celui qui a passé son temps terrestre à languir
et à se consumer d'attente sur votre seuil. » Gérard

de Nerval devait aspirer, en effet, avec sa grande
foi à cet au delà, que des visions répétées lui avaient
rendu familier, à s'échapper de la prison de chair
que les ténèbres envahissaient. Mais la meilleure
raison à donner de son suicide, c'est qu'il était
fou[1]... »

Chose étrange : parmi les œuvres de Gérard de
Nerval, celles qui méritent de survivre avaient été
écrites, à peu d'exceptions près, à la fin de sa
carrière littéraire, entre les accès de folie. Les *Vers
dorés*, qui forment une suite de « sonnets mysta-
goniques », ont été écrits vers 1845, à la suite du
premier accès. Le *Voyage en Orient*, les *Petits
châteaux de Bohême, Lorely*, les *Illuminés*, virent
le jour de 1850 à 1853, c'est-à-dire à la veille du
second. C'est en 1854, entre le deuxième et le
troisième internement, que parurent la *Bohême
galante* et les *Filles du Feu*.

En 1855, Gérard de Nerval écrivait encore, et
tandis que son « moi » malade perdait pied de plus
en plus, son « moi » normal, bien que réduit le
plus souvent au silence et à l'impuissance, observait
l'autre avec minutie, notait ses extravagances et
amassait les matériaux de cette véritable autobio-
graphie morbide qu'est *le Rêve et la Vie*. Jamais
observation médicale ne fut si complète : « Je vais
essayer, disait-il à la première page, de transcrire
les impressions d'une longue maladie, qui s'est
passée tout entière dans le mystère de mon esprit ;
— et je ne sais pourquoi je me sers de ce terme de

---

[1] ARVÈDE BARINE, *loc. cit.*

maladie, car jamais, quant à ce qui est de moi-
même, je ne me suis senti mieux portant. Parfois
je croyais ma force et mon activité doublées; il me
semblait tout savoir, tout comprendre; l'imagination m'apportait des délices infinies. En recouvrant
ce que les hommes appellent la raison, faudra-t-il
regretter de les avoir perdues? » Puis il suivait la
marche et la filiation de ses conceptions délirantes
avec une netteté et une puissance d'analyse qu'on
ne retrouve nulle part, si ce n'est peut-être dans
les *Confessions d'un mangeur d'opium* de Thomas
de Quincey.

Le poète n'avait jamais été plus abondant ni
aussi goûté du public qu'aux époques de sa maladie.
C'est que la maladie l'avait transformé en voyant.
Ses visions d'ailleurs étaient si heureuses, et il
trouvait tant d'éloquence pour les décrire, que ses
amis se demandaient, en l'écoutant dérouler ses
merveilleuses apocalypses, s'ils devaient le plaindre
ou l'envier, dit Gautier, « et si l'état que les
hommes appellent folie ne serait point, peut-être,
un état où l'âme, plus exaltée et plus subtile, perçoit des rapports invisibles, des coïncidences non
remarquées, et jouit de spectacles échappant aux
yeux matériels. »

Aussi Mme Arvède Barine ne craint pas de conclure : « Je ne voudrais pas qu'on m'accusât d'identifier le génie avec la folie; mais les faits sont les
faits, et les chiffres sont les chiffres. Les séjours
de Gérard de Nerval dans des maisons de santé
obligent à reconnaître, quelque répugnance qu'on
y ait, qu'il était presque complètement fou quand

il a écrit ses meilleurs vers, et qu'il n'a possédé le don de l'expression poétique que dans ces seuls moments. » On comprend après cela pourquoi le poète se demanda toute sa vie si ce n'était point la pire des calamités que de voir son « moi » insensé supplanté par le raisonnable. Et le biographe d'ajouter : « C'était ce second moi, déséquilibré, mais d'essence supérieure, qui avait une vision délicate du monde, qui percevait le sens symbolique de la réalité, et qui, d'autre part, avait fait de Gérard de Nerval un chemineau de lettres, payant des verjus aux vieilles chiffonnières et traversant l'Allemagne à pied, sans argent, ni bagages, ni chapeau, ni rien du tout... C'est lui qui l'a précipité dans la folie et le suicide, par le vertige du mystère et de l'inconnu ; mais sans lui Gérard de Nerval n'aurait pas senti, deux ou trois fois dans sa vie, passer sur sa tête le véritable souffle poétique... Tant pis pour celui qui n'a pas eu son « frère mystique » au moins par hasard et en passant : il a de grandes chances de ne pas appartenir à l'humanité supérieure [1]. »

Le malheur est que ce « frère mystique », qui servait le poète par certains côtés, avait fini par prendre la direction, en faisant du pauvre Gérard son esclave d'abord et bientôt sa victime.

Chez les trois poètes dont nous venons de résumer la triste odyssée, on a pu voir les dons littéraires les plus brillants s'allier aux altérations les plus profondes de l'intelligence. Mais la répercussion

---

[1] ARVÈDE BARINE, loc. cit.

réciproque des deux éléments l'un sur l'autre paraît s'effectuer d'une façon différente chez les trois sujets.

Chez le Tasse, l'aliénation semble annihiler le génie ; celui-ci s'atrophie à mesure que celle-là prend plus d'extension, et l'on peut affirmer que l'auteur n'a pas fourni ce qu'il aurait pu donner si sa vitalité n'avait été amoindrie par la maladie.

Chez Lenau, le génie poétique lance encore quelques lueurs tardives, alors que la frénésie a fait largement son œuvre ; mais on ne peut pas dire pour cela que le facteur morbide soit ici l'origine ni le principe d'une activité supérieure.

Gérard de Nerval, au contraire, paraît jusqu'à un certain point devoir à son malheur les parties originales de son talent, « le petit coin de génie qu'on ne saurait lui refuser. » On a pu dire, sans trop d'exagération, qu'il n'a été véritablement poète que dans les heures où il n'était pas tout à fait sain d'esprit ; et c'est pour cela qu'avec lui se soulève, plus déconcertante et plus irritante qu'avec aucun autre, la question si souvent posée des rapports du génie avec la folie.

*
* *

Si nous avions entrepris d'écrire une histoire de la poésie au point de vue spécial des tares ou des maladies qui ont pu se glisser chez ses représentants, la liste serait loin, certes, d'être épuisée. Et d'ailleurs, où et pourquoi s'épuiserait-elle ? Car savons-nous en deçà de quelles limites s'arrête le pathologique dans l'esprit humain et dans ses produits? Pour satisfaire les amateurs de génies morbides, et répondre aux pleines exigences de la psychiatrie, en nous fondant seulement sur les faits admis et plus ou moins consignés partout, il faudrait écrire, au lieu d'un volume, une façon d'encyclopédie. L'Angleterre à elle seule nous désignerait comme originaux, bizarres ou intoxiqués, les Thomas Otway, les Swift, les Robert Burns, les James Beattie, les Dryden, les Savage, les Cherchill, les Bloomfield, les Lamb, les Southey, les Coleridge, et nous en passons. L'Italie se recommanderait encore de Léopardi; la Russie, de Gogol; l'Amérique, de Whitman: la France, de Brifaut, de Lachambeaudie et de bien d'autres. Mais à quoi bon faire une collection de misères qui sera toujours incomplète, malgré tout? Ce qui nous importe, c'est la synthèse. Dans quelles proportions, et sous quelles formes surtout, l'infiltration de la maladie ou de l'anomalie peut-elle influer sur la production géniale? telle est la question qui se présente tout naturellement.

Cette question, certains auteurs l'éliminent d'emblée, par un procédé facile. « Quand on a perdu un organe qui, chez tous les hommes, est nécessaire à la vie, on meurt, dit M. Joly. Ou a-t-on jamais vu une maladie qui ajoutât à la vigueur d'une personne et conspirât avec les fonctions de ses organes sains pour leur donner quelque vertu extraordinaire, utile et bienfaisante? Une folie qui respecte non seulement le génie d'un homme, mais qui le favorise, qui opère complaisamment dans le sens de ses besoins et de ses aptitudes, c'est là une

formule inintelligible. Un délire qui coopère avec
les facultés créatrices et qui les seconde cesse
d'être un délire. Autrement les mots n'ont plus de
sens[1]. »

Nous ne partageons pas cette manière de voir.
Elle procède de la théorie des deux blocs, qui place
d'un côté les fous et de l'autre les hommes sensés.
Cette théorie, — nous l'avons déjà dit, — n'est guère
soutenable de nos jours. Nous ne prétendons nullement que « la santé et la maladie sortent et procèdent l'une de l'autre »; mais nous n'admettons
pas davantage qu'il existe « deux évolutions, l'une
ascendante et l'autre descendante », incapables de
se rencontrer, et à plus forte raison de s'allier.
Sans doute, il est difficile de se prononcer d'une
façon catégorique sur la nature du génie; mais on
peut dire avec certitude qu'il est parfois l'apanage
d'individus anormaux, et qu'il reçoit des particularités propres à ceux-ci un reflet plus ou moins
caractéristique. C'est que le génie en général, et le
génie poétique en particulier, n'est nullement réduc-
tible à un simple phénomène intellectuel; il résulte
encore d'éléments émotionnels, volitifs et nerveux,
influencés eux-mêmes par toutes les conditions biologiques régulières ou accidentelles.

Sans parler du Syracusain que mentionne Aristote[2] et qui composait ses plus beaux poèmes
dum mente alienaretur, il est certain que chez
J.-J. Rousseau[3], par exemple, et chez beaucoup

---

[1] HENRY JOLY, *Psychologie des grands hommes*, p. 100, 101.
[2] *Problematum*, sectio XXX.
[3] BRUNETIÈRE, *Revue des Deux-Mondes*, 15 janvier 1890.

d'autres encore, le génie et le délire se pénètrent au point d'être solidaires l'un de l'autre. Ce sont là des constatations que les poètes eux-mêmes se sont plus à nous révéler. Mathurin Régnier dit positivement : « Pour être bon poète, il faut tenir des fous. » Puis c'est Lamb devenant aliéné et écrivant à Coleridge, après six semaines de maison de santé : « Ne croyez pas avoir goûté toute la grandeur et tout l'emportement de l'imagination avant d'avoir perdu la raison. » C'est Gérard de Nerval regrettant son rêve, affirmant que son activité en était « doublée », et que son imagination lui apportait alors « des délices infinies ». C'est Edgar Poë, consacrant à la frénésie un éloge pompeux : « Les hommes m'ont appelé fou ; mais la science n'a pas encore décidé si la folie est ou n'est pas le sublime de l'intelligence ; si presque tout ce qui est la gloire, si tout ce qui est la profondeur ne résulte pas d'une maladie de la pensée, d'un mode de l'esprit exalté aux dépens de l'ensemble[1]. »

Pour dégager de certaines propositions excessives la part de vérité qui s'y trouve contenue, il convient de se souvenir que la création artistique réclame une aptitude émotive, à la fois *forte* et *indépendante*.

L'influence de la vie effective est, pour ainsi dire, sans limite ; elle pénètre le champ de l'invention tout entier et sans rectriction aucune. Toutes les formes de l'imagination créatrice impliquent des éléments affectifs, et toutes les dispositions affec-

---

[1] *Éléonore,* I, 203 (cité par LAUVRIÈRE).

tives, quelles qu'elles soient, peuvent influer sur
l'imagination créatrice. Aussi voit-on communé-
ment des hommes emprunter à l'état de passion
une éloquence qui ne leur est pas habituelle. Or,
s'il est vrai que parfois « la folie est une longue
passion », les modifications affectives qui en
résultent ne sont-elles pas, elles aussi, une puissance dynamogénique pour la création? Ces transports effrénés, ces enthousiasmes sans mesure, ces
mélancolies sans cause, ces attendrissements, ces
désespérances qui sont dans l'âme du poète, n'ont-
elles pas ici leur source vive et toujours jaillissante?

Mais l'émotion de l'artiste n'est pas seulement
une émotion forte, elle est toujours à quelque degré
une émotion neuve et indépendante. Cet attribut
est indispensable aux qualités d'originalité qu'il
faut à toute œuvre imaginative, et il implique forcément, au sens général du mot, une activité irrégulière, une activité différente de l'activité commune.
Tout ce qui favorise cette activité favorise du même
coup l'inspiration d'art. Or la folie, en déplaçant le
cours de nos processus normaux, crée toujours par
quelque côté cette activité de nouveauté. Si son
désordre est total et si toute puissance directrice a
sombré dans le naufrage, elle se dépensera en incohérences. Mais si son désordre est partiel, et si
l'esprit possède d'autre part des qualités de force,
elle trouvera dans sa misère même des richesses
exploitables. Ce qu'il y a de vigoureux dans un
esprit fou peut puiser au hasard, parmi les divagations de la partie malade, pour en faire des créations
d'art.

En vérité, l'équilibre correct de nos facultés n'aboutit la plupart du temps qu'à une médiocrité heureuse. C'est sans doute pour cela que le médecin romancier Tchekhow fait dire au *Moine noir* [1] : « Écoute, mon ami : les hommes ordinaires sont les seuls qui jouissent d'une santé normale. » Et le héros de l'aventure aime tant sa névrose, qu'ayant été pour un temps guéri, il reproche avec amertume son intervention au médecin bien intentionné qui l'a replongé malencontreusement dans le « troupeau » des gens bien portants. Cependant il faudrait bien se garder de pénétrer trop loin dans une pareille voie.

La création artistique d'une façon générale, et la création poétique en particulier, réclament une aptitude à l'émotion *forte*, disions-nous il y a un instant. C'est parfaitement vrai; mais la poésie ne réside pas tout entière dans l'exaltation de la passion. Si l'aptitude à être vivement ému est pour le poète une qualité quasi primordiale, cette qualité ne se suffit pas elle-même : si la transmission de ses émotions est l'essentielle préoccupation de son art, elle n'en est point l'unique fin. L'émotion, en effet, n'a pas en soi-même et par son essence une vertu de poésie. Pour qu'elle devienne matière d'esthétique, il faut que le poète l'*idéifie* en quelque sorte et la traduise sous une forme expressive ; il faut qu'il élabore en un mot toutes ses sensations en notions dont il donne la formule intelligible, tant il est vrai que tout se réduit à la connais-

---

[1] TCHEKHOW, *le Moine noir* (*Revue de Paris*, août 1897, n° 15, t. IV, p. 449).

sance, même dans la vie du cœur. « L'enthousiasme raisonnable est le partage des grands poètes, » disait Voltaire. Si le jugement s'efface devant l'enthousiasme, il n'a donc pas perdu ses prérogatives. Il est présent aux premiers élans, et l'on peut affirmer que dès le début, s'il ne commande pas, il préside. Nous dirons même que cette présidence de l'être intellectuel est une condition formelle de l'enthousiasme esthétique. Il ne suffit pas en effet que la sensibilité exaltée atteigne le plus haut degré de l'émotion; il faut que l'intelligence, entraînée dans son essor, monte avec elle pour ainsi dire à la hauteur de l'enthousiasme, et c'est dans cet exhaussement de l'âme tout entière jusqu'à l'infini, où elle communie avec le grand Tout, que réside le moment essentiel de l'inspiration. Nous ne saurions donc souscrire à l'idée qu'une inspiration poétique peut surgir dans l'intégrité de tous ses attributs, quand l'intellect est privé de ses droits.

Ce n'est point tout. La création poétique, comme toute création d'art, ne veut pas seulement une émotion forte ; elle veut que cette émotion soit à quelque degré *indépendante*, avons-nous dit, ou encore personnelle et originale, neuve sinon dans son essence même, du moins dans sa facture, dans son expression. C'est que l'originalité est, en effet, une condition essentielle du génie. Mais elle n'est pas tout le génie. Il faut encore que cette originalité soit contrôlée par la logique; car, quel que soit le caractère d'une œuvre de génie, on ne peut la concevoir autrement que comme une systématisa-

tion, et il n'y a pas de systématisation sans
logique. Pour traduire en phrases mélodiques ses
affections les plus sincères, il faut que le poète
domine sa passion au point de se jouer d'elle ; il
faut qu'il utilise sa sagesse à discuter ses plus
vives impressions, à les comparer et à les juger.
Évidemment, l'enthousiasme est le phénomène primitif, celui qu'on subit et qu'on ne provoque pas
à sa guise ; mais c'est justement à surveiller cet
enthousiasme et à le guider dans la juste voie que
s'emploie la raison. Elle en prend possession, elle
le maîtrise, l'éperonne ou le retient. Puis elle exa-
mine son travail avec une juste sévérité ; elle
ajoute ou retranche selon qu'il est nécessaire, pour
aboutir à la perfection qu'implique l'œuvre d'art.
Ceci est affaire de critique, et le pouvoir de l'auto-
critique est pour le poète comme pour tout artiste
une harmonie des états affectifs, un juste équilibre
entre les mouvements de la passion et les données
de l'observation, et — disons le mot — c'est la
santé des organes; car en tout ce qui concerne la
biologie, harmonie et santé ne font qu'un. Avoir
conservé le pouvoir de l'autocritique pour un
artiste, et pour un poète en particulier, c'est, après
s'être abstrait de toutes les lois communes, se
replonger en définitive dans la commune loi. L'imagination individuelle appréciée par le sens commun : voilà toute la raison d'être de la critique
d'art, dans le sens objectif aussi bien que dans le
sens subjectif du mot, si l'on veut bien ajouter
toutefois qu'en matière d'esthétique le *sens commun* devient plus exactement le *bon goût*. La cri-

tique objective, c'est en effet le tribunal des gens ordinaires jugeant au travers de leurs saines facultés moyennes l'activité d'exception. Or l'activité d'exception peut être une activité supérieure planant bien au-dessus de la raison commune ; mais quelque élevé que soit son vol, elle n'a pas le droit d'être une activité dissidente et de constituer un *système à part*, détaché complètement et résolument du banal esprit de tous les hommes. L'homme de génie est original et innovateur sans rien détruire ni rien bouleverser. Quand il brave les règles connues, c'est qu'il en observe de moins factices ; quand il fait fi de la logique couramment admise, c'est qu'il vient de trouver dans sa clairvoyance des raisons plus profondes et plus essentielles ; quand il brise les cadres vieillots et les moules usés, il dresse du même geste des formes nouvelles.

Or le travail de composition poétique ne se manifeste dans aucune condition exceptionnelle, soit physique soit morale, qui permette de le distinguer, sous ce rapport, des autres créations d'art. Ce travail suppose la pleine possession de soi-même : il est fondé non seulement sur une grande sensibilité et une grande hardiesse d'imagination, mais sur le bon sens. Il y a, chez l'artiste, à la fois un fou inspiré et un sage critique ; c'est le fou qui propose et c'est le sage qui dispose. Leur collaboration est nécessaire à une œuvre viable. C'est une vérité que nous trouvons énoncée chez bien des auteurs modernes. Charles Richet la généralise d'une façon remarquable : « Il y a, dit-il, chez tout homme adonné aux œuvres de l'esprit, deux forces psychologiques différentes : d'une part la force créatrice, qui consiste essentiellement en des associations d'idées audacieuses et imprévues ; d'autre part la force critique, qui tempère et corrige ces associations étranges par d'autres associations contraires... » Et l'auteur ajoute que pour mettre au jour une œuvre géniale, « il faut à la fois l'âme de don Quichotte et l'âme de Sancho Pança : l'âme de don Quichotte pour aller en avant, sortir des voies battues, faire autrement et mieux que le commun des hommes ; l'âme de Sancho Pança, parce que cette originalité profonde ne mène à rien si elle n'est éclairée par le bon sens, un jugement droit et la notion du réel. C'est pour n'avoir pas eu l'audace et la fantaisie de don Quichotte que tant d'hommes érudits et distingués ont passé à côté de grandes découvertes ou de grandes œuvres sans les faire. C'est pour n'avoir pas eu le bon sens de Sancho Pança que tant de pauvres fous ont usé leurs rêves à des chimères, sans profit pour eux et pour l'humanité[1]. »

Ceci paraît en contradiction avec certains faits que nous avons énoncés et interprétés au cours du chapitre que nous terminons. Mais cette contradiction est plus apparente que réelle.

On a beaucoup parlé des extravagances et des entraînements d'Alfred de Musset. Mais on ne peut nier le ferme et lucide bon sens qui soutenait ses œuvres les plus fantaisistes, et Nisard dit avec raison que cet enfant du XIXe siècle le plus troublé,

---

[1] Préface de l'*Homme de génie*.

était, sur les points essentiels de la poésie, de l'école de Boileau. On connaît les trop morbides et dangereuses chimères d'Edgar Poë. Mais c'est parce que le poète a soumis ses frayeurs et ses impulsions au jugement de sa raison qu'il a pu les coordonner, les assujettir à des règles d'art et tirer de leur chaos une œuvre esthétique ; c'est parce qu'il fut capable encore bien longtemps d'affronter en face son intime ennemi, qu'il a pu s'en faire comme un auxiliaire. On sait les folles équipées de Gérard de Nerval dans un monde hallucinatoire. Mais le rêve s'évanouit, et le rêveur s'éveille. Alors il se défie de ses entraînements, de sa fièvre et de ses nerfs ; il s'applique à calmer son pouls. Il réfléchit, il raisonne, il combine, il calcule, il compose en un mot. Il veut que son œuvre forme un ensemble dont les parties soient bien distribuées, dont les lignes soient bien agencées, et d'une incohérente vésanie il fait une chose harmonieuse. Ces exemples ne sont pas en opposition formelle avec les remarques énoncées plus haut. Ils en sont au contraire la confirmation, et ne peuvent apporter qu'une contribution utile à nos conclusions.

Ces conclusions relatives à l'influence des états pathologiques sur la production géniale, nous les résumerons dans une série de trois propositions dont les deux dernières concernent tout spécialement les créations d'ordre poétique.

Dans une *première proposition,* nous affirmerons que la question concernant la création géniale dans ses rapports avec les anomalies et les maladies de l'esprit *ne peut pas et ne doit pas être jugée en bloc.* Et en particulier, il est admissible qu'un état morbide soit une force dynamogénique et comme une source d'énergie plus intense et surtout plus originale dans les *productions imaginatives d'ordre affectif,* alors qu'il est au contraire toujours une entrave pour les *modalités purement intellectuelles* du génie.

Dans une *deuxième proposition,* nous avancerons que dans l'ordre des génies affectifs en général et du génie poétique en particulier, l'élément morbide ne devient nuisible à la valeur esthétique du produit qu'en tant qu'il altère la *sphère intellectuelle* du commettant, parce qu'il entraîne alors la perte de l'autocritique et surtout de l'harmonie, en dehors de quoi il n'est point d'œuvre d'art.

Dans une *troisième proposition,* nous dirons que, toute altération de la sphère intellectuelle étant mise à part, une *modification de la sphère affective par excès ou par déviation* ne tarit pas l'élément de *beauté.* Elle entraîne seulement une beauté d'un caractère plus *individuel.*

Mais ce caractère *individuel* n'est-il pas en soi le signe d'une vitalité d'exception, irrégulière, monstrueuse ? Et admettre qu'une monstruosité peut être esthétique, n'est-ce pas affirmer bonnement qu'une laideur peut être une beauté ?

Nous entrons ici dans un domaine de relativités, où toute opinion absolue doit être entachée d'erreur. A la question de savoir si une émotion d'ordre pathologique peut devenir matière d'art, on peut répondre d'une façon affirmative, en principe, si l'on veut bien reconnaître que le pathologique n'est pas d'une autre essence que le normal dont il représente par quelque côté l'exagération ou l'hypertrophie. N'y a-t-il pas dans chacun de nous, et à quelque degré, l'embryon d'un phobique, d'un fétichiste ou d'un sadique par exemple ? Mais, dans la pratique, tout est question de mesure et d'application. (Le pathologique ne peut servir aux besoins esthétiques *à partir du moment où il affecte un caractère tellement individuel, que ce caractère est exclusif de toute communion même partielle;* car une émotion dans laquelle les hommes ne peuvent *communier* est, au point de vue esthétique, frappée de stérilité. Cette émotion ne saurait enfermer en soi la sympathie générale et l'universelle solidarité qui doit unir l'humanité tout entière vibrante d'un rythme commun, et ceci revient à dire qu'elle est nulle pour l'art.)

Sans doute, en adoptant cette conclusion dernière, nous reculons le problème plutôt que nous ne le résolvons. Mais avant de déclarer qu'une émotion est normale ou pathologique, il faudrait établir déjà la barrière immuable en deçà de laquelle il convient de se tenir pour ne point s'écarter de la norme. Or est-il besoin de dire que cette barrière est purement fictive? L'indiquer au nom d'une science amoureuse des cadres précis, c'est une prétention difficile à légitimer ; mais la fixer au nom de l'art, c'est plus téméraire encore. Si vous parlez des anomalies autrement qu'avec une prudente réserve, vous verrez venir à vous les amateurs de sensations rares, et ils vous diront : C'est anormal, peut-être. Mais anormal par rapport à qui ? Par rapport à vous sans doute, qui avez la bonne fortune de ressembler à tout le monde et le mérite de n'être personne.

(En présence des notes trop aiguës ou trop graves que votre oreille ne peut percevoir, en présence des teintes trop éclatantes qui vous éblouissent d'une façon brutale ou des teintes trop obscures dans lesquelles vos yeux se perdent sans résultat, si vous demeurez interdits ou péniblement froissés, concluez donc très modestement que la faute en est peut-être à vous autant qu'à l'artiste. Admettez simplement qu'il est aux confins d'une humanité bizarre des régions que vous ne soupçonniez pas, ô vous qui suiviez les sentiers battus derrière la foule abondante et moyenne !)

Mais si cet art vous émeut, par contre, au point de vous donner le vertige, méfiez-vous. C'est avec le diable que vous communiez. Et le diable est toujours dangereux.

VI

LA CRITIQUE SCIENTIFIQUE : LA POÉSIE D'HIER
ET LA POÉSIE DE DEMAIN

Max Nordau[1], dans un ouvrage paru en 1894,
nous fait le procès de la littérature moderne en un
style alerte et piquant. Sa thèse se résume dans
cette simple proposition, à savoir que les productions littéraires de la fin du XIXe siècle sont marquées au sceau du déséquilibre, si ce n'est de la
folie. L'auteur étudie les nouvelles écoles et déclare
qu'il y souffle un vent dévastateur de démence.
Il passe en revue les maîtres contemporains et il
place sur chacun l'étiquette de « dégénéré ». Symbolistes ou Parnassiens, idéalistes ou naturalistes,
disciples de Zola, de Tolstoï, d'Ibsen ou de
Wagner, il fait tout entrer dans l'impitoyable
cadre morbide des *mystiques* ou des *égotistes;* puis
il conclut que cet art n'est qu'un amas de monstruosités, et que notre époque, après des siècles
de gloire, donne le triste spectacle d'une misérable
agonie.

[1] MAX NORDAU, *Dégénérescence*. Paris, Alcan, 1894.

Émile Laurent[1] s'attaque d'une façon plus particulière à la poésie moderne, car il y trouve des
signes non équivoques de décrépitude. Il rappelle,
en vue d'une comparaison, les poètes de la décadence latine, Sidoine Apollinaire, Adrien, Catulle,
et ceux de la littérature grecque transposée
d'Athènes à Alexandrie et prise d'anémie sous
l'influence du mauvais goût asiatique. Il estime
que les poètes français du XIXe siècle sont comparables aux petits poètes de la cour des Ptolé-
mées, « vrais musiciens de sérail, dont les vers
semblent faits pour être chantés par des voix d'eu-
nuques; » mais il trouve surtout dans ces vers des
symptômes de débilité ou d'aliénation.

La même thèse est encore soutenue dans divers
travaux émanant, comme les précédents, du monde
médical. Avant d'en vérifier les données, il n'est
pas inutile d'en discuter soigneusement les bases,
et il nous semble tout indiqué d'établir d'abord les
limites de la critique scientifique, en pareille
matière, pour en juger ensuite plus à l'aise les
tentatives et les résultats.

I. LA CRITIQUE SCIENTIFIQUE

Une œuvre d'art est essentiellement personnelle
et subjective, à l'inverse d'une œuvre de science
qui est toujours par quelque côté objective et impersonnelle. Dans un travail scientifique, la per-

---

[1] ÉMILE LAURENT, la Poésie décadente devant la science psychiatrique. Paris, Maloine, 1897.

sonnalité disparaît ; elle éclate, au contraire, dans un travail artistique et en particulier dans la poésie. Nous y trouvons inscrit le tempérament de l'écrivain ; nous y découvrons sa manière de penser et de sentir ; nous pouvons en déduire les passions qui le dominent, les représentations qui remplissent le plus couramment sa conscience. Aussi a-t-on pu dire avec une apparence de raison que toute poésie était une confession de son auteur.

S'il en est réellement ainsi, la lecture d'un poème renfermant des idées baroques ou des passions singulières donnera des indications précieuses sur l'état mental de son commettant. Les initiés pourront y trouver les éléments d'un diagnostic et se prononcer d'une façon certaine au point de vue spécial de la psychiatrie. C'est ce qu'on a fait couramment à l'égard de toutes les littératures dites *pathologiques*.

Il y a là cependant un sérieux abus, et cette méthode est à la merci de certaines causes d'erreur dont on ne tient pas toujours compte d'une façon suffisante. Il n'est pas exact de porter un jugement sur l'homme d'après l'écrivain ; il n'est pas juste de vouloir à tout prix que l'auteur ait transporté dans sa vie les passions de son œuvre ou qu'inversement ce soit ces passions elles-mêmes qui aient guidé sa plume. En se laissant aller à de pareilles tendances, et en prenant à la lettre les vers de beaucoup de poètes, on ne manquera pas de découvrir chez les plus robustes une tare ou une maladie de l'esprit.

Sans doute, il n'est point de lyrisme sans expression de sentiments intimes, et l'on peut avancer qu'en tous lieux et à toutes les époques de l'histoire le *lyrisme* est fait en partie d'*individualisme*. De l'*Iliade* ou de l'*Odyssée,* on ne peut guère tirer une psychologie d'Homère; d'*Othello* ou de *Macbeth,* on ne peut guère tirer des informations sur les goûts de Shakespeare, sur ses amours, sur ses jouissances ou ses peines, sur les circonstances particulières de sa vie en un mot. Mais il n'en est pas de même des Byron, des Gœthe ou des Lamartine. Leur poésie, ainsi qu'on l'a dit, n'est pas seulement « personnelle » en ce qu'elle porte, comme l'épopée d'Homère ou le drame de Shakespeare, l'empreinte d'un génie spécial; elle est « personnelle », parce qu'étant lyrique, elle est révélatrice de ce qu'il y a de plus profond en eux. Combien de fois n'a-t-on pas reproché aux romantiques d'avoir étalé leur « moi » avec une persistance et une monotonie fatigantes! Tout cela est parfaitement vrai. Que Gœthe ait aimé des Charlotte ou des Frédérique, que Byron transparaisse sous les déguisements multipliés de don Juan, nous n'en doutons pas. Mais, à quelques exceptions près, on peut affirmer que leur poésie, tout en étant « individuelle », ne cesse pas d'être « générale ». Elle est la résonance d'une âme qui souffre ou qui jouit; mais, dans cette voix plaintive ou joyeuse qui crie sa peine ou son bonheur, passe le cri éternel de l'humanité. Tout ce qu'il y a dans la création, le poète l'éprouve dans son éphémère personne, et il en déborde. Ses sentiments les plus personnels sont toujours largement humains, et si sa personne s'étale avec ses grandeurs et ses fai-

blesses, ses subtiles souffrances et ses joies délicieuses, nous retrouvons en elle quelque chose de
nous. Chaque fois que le poète parle en son nom
propre, il faut donc ne pas oublier que son moi est
« universel », et que c'est une âme « collective »
qui s'épanche dans sa poésie. Ceci déjà doit nous
mettre en garde et nous tenir à l'abri de déductions
trop hâtives.

Mais il y a mieux. En admettant même que les
passions exprimées par un auteur soient d'un ordre
très personnel, il faut encore établir la *sincérité*
dont elles se recommandent. Comprenons-nous
bien. Cette sincérité, il ne s'agit point de la nier,
car autant vaudrait priver l'art d'un organe vital ;
mais nous voudrions essayer de montrer que la
sincérité dans l'art ne répond pas très exactement
à la sincérité comme nous l'entendons dans le langage courant. Il faut indiquer ici une nuance qu'on
ne peut négliger, et dont l'importance est grande
au point de vue spécial qui nous intéresse.

Il y a, dans tout homme, deux hommes qui se
tiennent en échec ; il y a, dans toute vie humaine,
une vie affective cherchant des issues, et une autre
qui la refrène, la modère, la comprime, l'abandonne
ou la retient à point. Chez la plupart, les deux
vies marchent côte à côte, la première s'employant
à contenir la seconde. Le cœur ne chante et ne
pleure qu'en sourdine, parce que l'esprit veille ; ses
élans s'épuisent en frissons, et ses cris s'éteignent
en soupirs. Dans une atmosphère d'universelle réti-
cence, nous cachons à chaque instant de la durée
notre être affectif sous l'impénétrable manteau du

respect humain. Et il est tout au fond de nous-même un endroit retiré où nul ne pénètre : nous y tenons nos valeurs secrètes, et la porte en est close. Disons autrement que nous sommes d'éternels dupeurs, et qu'il ne peut y avoir de sincérité au sens absolu du mot, puisqu'à chacune de nos émotions nous sommes empêchés de réagir d'une manière exclusive, par l'influence modératrice que nous subissons de la part du milieu social. Mais s'il n'appartient pas à l'homme d'aujourd'hui de se livrer sans réserve en temps ordinaire, il n'en est pas de même lorsqu'il est en proie à une grande passion. Alors les phénomènes émotifs accaparent tout le domaine psychique aux dépens du travail logique de la réflexion ; les réactions extérieures traduisent sans intermédiaire et d'une façon immédiate l'état violent de la sensibilité intérieure. Lorsqu'un homme est « fou de joie », quand il est « fou de colère », ne dit-on pas qu' « il ne se connaît plus » ? Il ne se connaît plus, c'est-à-dire que l'émotion a tout pris, que l'intelligence ne mesure plus rien, que la volonté n'arrête plus aucun mode de débordement, que la conscience même est obnubilée, et que tout qui s'exprime sur le visage et dans les gestes de cet homme traduit son âme sans retenue, sans entrave, sans intervention de ces innombrables interférences et de ces mille empêchements d'agir qui nous viennent de l'éducation.

Le poète est assimilable à cet homme sans réserve, à cet insensé qui se donne tout entier, à ce fou de passion qui livre ses « dessous » ; mais, par un côté du moins, il en diffère fondamentalement.

Tous deux sont sincères, car tous deux ont une émotion ; mais cette émotion, l'un la subit et l'autre la crée. Chez l'un, c'est la volonté qui reste impuissante devant la passion ; chez l'autre, au contraire, c'est la passion elle-même qui, en pleine possession de ses forces, va s'affranchir du froc des pudeurs humaines pour se montrer dans une sublime nudité. Cette passion n'est nullement l'impulsion brutale d'une nature instinctive qui ne sait point mentir ; elle est le jouet d'une nature savante qui en fait son profit en toute connaissance de cause. N'allons donc pas nous tromper sur la valeur réelle des émotions que nous traduit le poète. Ces émotions, il les éprouve bien ; mais pour les éprouver il ne les reçoit pas, il se les donne : elles sont *sincères* par leur *contenu,* mais *artificielles* par leur *origine.*

On peut dire, avec M. Joly[1], « que toute passion enveloppe deux éléments, l'élément effectif et l'élément représentatif, toujours unis et toujours réagissant l'un sur l'autre, mais dans des proportions qui varient beaucoup. » C'est l'élément représentatif qui domine chez l'artiste comme chez le poète ; car, s'il en était autrement, le sujet, n'étant plus maître de sa passion, serait physiologiquement incapable d'en gouverner le rythme et d'en faire une œuvre coordonnée. Ce point de psychologie subtile a été serré de près par M. Renouvier. L'auteur se demande si le poète peut être considéré véritablement comme « un souffrant », ou si sa passion est feinte. L'adage :

---

[1] HENRI JOLY, *Psychologie des grands hommes,* p. 227.

Si vis me lugere, lugendum est primum ipsi tibi,
donnerait évidemment raison à la première hypothèse ; mais ne devons-nous pas nous en tenir plutôt au « paradoxe du comédien » de Diderot, en
transportant son explication à toute personnalité
d'artiste ou de poète ? Question délicate que Renouvier a solutionnée de main de maître, en montrant
que les deux opinions contraires ne sont pas en
opposition réelle, et qu'en définitive l'émotion de
l'artiste, et du poète en particulier, est une émotion
sui generis. « Le poète est l'homme le plus homme...
Seulement, il n'est le plus homme qu'à titre de
représentation de l'homme et non comme homme
lui-même. En ce sens, il est bien l'homme en général, tout homme, les hommes particuliers dans
leurs joies et dans leurs douleurs, mais il ne fait
qu'imiter leurs émotions, les reproduire ; et les
siennes propres peuvent lui devenir, grâce à la force
de ce caractère de poète, presque aussi objectives
que lui sont les émotions d'autrui, et s'atténuer par
là même, en paraissant davantage extérieurement...
Il y a, chez l'artiste, un degré spécial et plus ou
moins accusé de ressemblance entre l'émotion qui
part de son propre fonds et des choses de sa vie,
et celle qu'il se rend propre dans les sentiments et
les pensées qui lui viennent du spectacle du monde.
L'une, qui est d'abord intime, prend un caractère
théâtral ; l'autre, qui vient pour ainsi dire de la
scène, comme tout ce qui procède de l'observation
externe, devient intime, et toutes deux se rencontrent dans un état commun de la sensibilité où
elles se concilient avec le désintéressement, cette

condition première de l'art. Il suit clairement de cette analyse qu'on ne doit dire ni que le poète éprouve comme le commun des hommes l'émotion qu'il exprime, ni que cette émotion, chez lui, n'est pas sincère et ne répond pas à des sentiments réels. » Et Renouvier d'ajouter encore : « Ce caractère de l'émotion artistique, en quelque sorte objectivée et généralisée afin de bannir à la fois l'acuité improductive et l'égoïsme intransmissible des intérêts et des passions d'une personne, est une condition nécessaire de la conservation de soi du poète; car il ne se pourrait pas, sans danger pour sa raison, qu'il éprouvât, purement et simplement, ce qu'il nous représente de sentiments humains et d'événements, et que les images dont se compose le cours de sa pensée fussent pour lui de réelles visions[1]. »

Ainsi n'oublions pas que la sensibilité du poète est une sensibilité qui, dans ses émotions les plus sincères, a quelque chose de voulu et d'artificiel si l'on peut dire; n'oublions pas que les passions que le poète exprime sous le jour le plus personnel, il les voit d'une façon désintéressée et comme *du dehors;* n'oublions pas que ces passions même les plus vives ne sont plus des passions, puisqu'au nom de l'harmonie, et pour les besoins de la beauté, elles se transforment pour lui en des états de conscience tranquilles dont il reste maître. Cela est si vrai, que les grandes joies et les grandes douleurs de la vie n'inspirent point le poète tant qu'elles sont senties

---

[1] Ch. RENOUVIER, *Victor Hugo le poète.* p. 342-349.

véritablement. C'est en passant à distance qu'elles
deviennent source d'inspiration. Retrouver en soi le
souvenir d'un amour qui s'est envolé, découvrir
tout près de soi un amour qui soupire : et la lyre
plaintive chante la douce élégie, et nos sanglots
ont des parfums d'ambre. Mais le chagrin nous
mord d'une morsure présente, notre cœur saigne
d'une blessure ouverte. Et voici que la lyre se brise,
et nous pleurons des larmes terrestres. Oh! alors,
nous sommes bien rivés au sol de réalité. L'homme
demeure, et le poète s'enfuit :

> O Muse! spectre insatiable,
> Ne m'en demande pas si long.
> L'homme n'écrit rien sur le sable
> A l'heure où passe l'aquilon.

Certes, une douleur réelle a pu précéder souvent
le travail de composition, et donner à l'âme la première secousse; mais il faut du moins que les vrais
pleurs aient fini de couler pour qu'apparaissent les
autres larmes : celles qui sont des « perles montées », suivant le propre aveu de Musset. La vraie
douleur évite de paraître ou ne rend que des sons
informes; celle qui s'épanche en notes harmonieuses,
et que l'on dit en vers, se tient toujours à quelque
distance, car pour la bien chanter il faut s'en
affranchir d'abord. Et il en est ainsi de toutes les
passions de l'âme.

Concluons donc : l'émotion du poète a un caractère de *contemplation*, d'*objectivité* et en quelque
façon de *désintéressement*. Quand il nous parle de
ses passions, il n'est pas « le comédien de Dide-

rot » ; mais il n'est pas davantage « l'homme qui souffre comme tous les hommes ». Au point de vue de la psychologie, nous ne dirons pas qu'il nous ment ; mais nous ne dirons pas non plus qu'il nous livre le secret de son âme. Nous dirons, si vous le voulez bien, que sa passion est un pieux mensonge, une *sincère mystification* au service de l'art.

Nous nous sommes étendus longuement sur une question d'ordre général qui semble étrangère au but que nous poursuivons. Elle conduit pourtant à ce but par un chemin couvert, car de tout ce qui précède il résulte que le psychologue n'est pas toujours bien fondé quand, prenant à la lettre un texte de littérature, il estime découvrir dans l'œuvre une image adéquate de l'homme. L'auteur ne nous livre rien qui ne sorte de lui-même, puisqu'il met ses représentations et ses tendances personnelles au profit de ses vers ; mais laissons à l'artifice la part qui lui revient, et n'allons pas lire un poème, quelque étrange soit-il, comme nous lirions une observation de malade. La clinique a ses droits partout ; mais si nous tenons à les lui garder, n'en usons qu'avec modestie. Les instruments de précision réclament dans leur maniement une prudente réserve ; et ils exposent, faute de cela, à de bien grands écarts. La critique scientifique ne s'est pas toujours tenue d'une manière suffisante à l'abri de ce danger. Nous avons voulu nous en pénétrer, pour ne pas y tomber nous-mêmes, et pour aborder sans prétentions injustes et sans idées préconçues l'étude qui va suivre.

II. LA POÉSIE D'HIER

Si des savants ont élevé la voix pour signaler l'existence d'une poésie malade et dégénérée, c'est qu'ils ont cru découvrir dans cette poésie d'une époque récente des preuves patentes de déséquilibre ou de débilité. Ces preuves, ils les ont trouvées tout à la fois dans la substance et dans la forme des productions. D'incontestables tendances au *mysticisme* et à *l'égotisme* étaient une révélation bien faite pour rappeler la littérature des dégénérés dont nous connaissons les traits principaux ; d'autre part, l'incohérence nettement apparente des élucubrations *symboliques* ne pouvait manquer de fortifier dans le même sens l'opinion des médecins et des psychologues.

Le dernier quart du XIXe siècle a-t-il donc fourni véritablement, dans sa poésie, le sujet d'une observation psychiatrique aussi complète que variée dans ses éléments? Ce jugement, plusieurs fois porté, nous semble un peu trop hâtif, et l'intransigeance exclusive de certains ouvrages qui généralisent à outrance l'étiquette morbide n'est pas au total beaucoup plus fondée que l'admiration obtuse des badauds ou l'enthousiasme sur commande des snobs en quête de bon goût.

Apporter dans les choses de l'art un esprit dogmatique et imbu du positivisme le plus absolu n'est guère moins dangereux que d'aborder la science avec les seules vertus de l'imagination et de la fantaisie. La vérité n'est pas une et indivise; elle est toute de complexité. Il faut bien faire quelques concessions, si l'on veut la toucher du doigt.

A). LES TENDANCES : LE MYSTICISME ET L'ÉGOTISME

M. Max Nordau, dans l'ouvrage que nous aurons maintes fois l'occasion de citer, indique comme premier symptôme d'état maladif une exagération caractérisée du tempérament *mystique*. L'épithète de « dégénéré mystique émotif » revient constamment, comme le mot de pitié dont il faut couvrir chaque représentant d'une génération de poètes. Ces poètes, il n'hésite pas à les désigner de leurs noms, et c'est une franchise qui fait honneur à sa conviction. De plus, il trouve chez certains critiques des expressions malheureuses : « l'impuissance de la méthode empirique », « la banqueroute de la science » et d'autres encore; et comme ces mots pris littéralement couvrent une hérésie, il éclate en indignation et range les théoriciens dans le même cadre que les pratiquants : poètes et critiques sont de « pareille farine », et tout cela est de la maladie.

A vrai dire, l'auteur est surtout soucieux de protester contre une tendance générale qui ferait perdre aux faits et à la raison leur suprématie, et l'on ne peut que l'en louer en tant qu'homme de science. Mais la science vraiment n'a pas besoin de lutter contre une agression qui n'existe pas. Nul esprit sensé ne peut songer à nier la valeur de la connaissance positive, puisqu'en elle seule réside notre bien acquis; et si l'on a parlé quelquefois de son incomplétude, c'est seulement dans le sens d'une *satisfaction affective* qu'il ne lui appartient pas de combler. Il y a là une méprise qu'il faut dissiper, si l'on veut juger avec sincérité des droits et des devoirs de l'art par rapport à cette entité complexe qu'est le *mysticisme*.

L'auteur de *Dégénérescence* donne du mysticisme une définition générale qu'on peut accepter : « Ce mot, dit-il, désigne un état d'âme dans lequel on croit percevoir ou pressentir des rapports inconnus et inexplicables entre les phénomènes, où l'on reconnaît dans les choses des indications de mystère, et où on les considère comme des symboles par lesquels quelque puissance obscure cherche à révéler, ou du moins à faire soupçonner, toutes sortes de choses merveilleuses que l'on s'efforce de deviner, le plus souvent en vain[1]. » Mais on trouve quelques pages plus loin une interprétation de cet état d'âme dont nous venons de lire les traits essentiels, et l'auteur tend à le rattacher d'une manière bien trop exclusive à une « faiblesse de la volonté congénitale ou acquise », ou plus exactement à un « trouble de l'attention ». Il fait observer que dans toutes nos opérations psychiques, une quantité de « représentations-frontières » viennent se grouper autour des images centrales, comme la pénombre entoure la clarté ou comme des harmoniques se surajoutent au son fondamental capable de les engendrer. Ces aperceptions plus ou moins

---

[1] NORDAU, *loc. cit.*, t. I, p. 84.

lointaines ou obscures que la conscience ne perçoit qu'indistinctement ne sont plus évincées par l'esprit mystique. Chez lui, l'attention fait défaut, qui devrait leur projeter ses rayons et les exposer en pleine lumière, ou bien les expulser et les refouler définitivement dans les ténèbres de l'Inconscient. Il en résulte que ces aperceptions très vagues ou très pâles élargissent jusqu'à l'infini les limites du champ de la conscience, et tendent à noyer le tableau principal dans un estompage fait d'une nuée d'embryons, de spectres ou de fantômes d'idées. Ainsi, « la profondeur apparente du mystique est toute obscurité. Elle fait paraître les choses profondes par les mêmes moyens que la nuit, en rendant non perceptibles leurs contours. Le mystique dissout le dessin arrêté des phénomènes, il étend sur eux des voiles et les enveloppe d'une vapeur bleue. Il trouble ce qui est clair et rend opaque ce qui est transparent, comme la seiche trouble les eaux de l'Océan[1]. » Et l'on comprend du même coup comment le mode d'expression mystique peut agir sur ceux qui se laissent ahurir. « Il leur donne à penser, c'est-à-dire qu'il leur permet de s'abandonner à toutes les rêveries possibles, ce qui est beaucoup plus commode, et par conséquent plus agréable, que de suivre péniblement des aperceptions et idées à contours fermement dessinés, ne permettant ni digressions ni échappées. Il transporte leur esprit dans l'état d'activité intellectuelle déterminé par la seule association d'idées sans frein,

[1] NORDAU, loc. cit., t. I, p. 107, 108.

propre ou mystique ; il éveille aussi en eux ces représentations frontières ambiguës et inexprimables,
et il leur donne le pressentiment des rapports les
plus impossibles des choses entre elles[1]. »

On retrouve dans cette façon d'interpréter les
tendances mystiques de certains poètes une conception que nous avons appliquée nous-mêmes aux
dégénérés, quand nous avons ramené chez eux ces
mêmes tendances à un état « crépusculaire » de la
pensée. Nous n'irons donc pas nier que la poésie
des dégénérés soit entachée bien souvent de ce
mysticisme morbide ; mais nous ne croyons pas non
plus, comme paraît l'exprimer Nordau, que dans
toute poésie mystique il faille voir un produit de
dégénérescence.

« L'obscurité qui prête un caractère mystérieux
à certaines œuvres d'art peut tenir à deux causes
bien différentes, dit Guyau : tantôt au vague de la
pensée, et tantôt à sa profondeur... Dans le premier
cas, le vague est un défaut, un signe de faiblesse,
et ne constitue nullement la grande œuvre d'art ;
dans le second cas, la profondeur, malgré l'obscurité du premier coup d'œil, offre une perspective
plus ou moins lointaine sur des clartés que la
science découvrira un jour[2]. » Ceci déjà est incontestable, et il n'est pas défendu de s'avancer plus
loin. S'il est vrai que le fond de l'imagination mystique consiste en une tendance à découvrir une idée
cachée dans tout phénomène ou événement matériel,
et à supposer dans les choses un principe surnaturel

---

[1] NORDAU, *loc. cit.*, t. I, p. 106.
[2] GUYAU, *les Problèmes de l'esthétique contemporaine*, p. 129.

qui se révèle à qui sait le pénétrer; si elle consiste à incarner l'idéal dans le sensible, en un mot, il n'y a pas de poésie qui ne soit en quelque façon mystique, et hors des tendances mystiques il n'y a pas de poésie. En effet, nous avons développé longuement la nature panthéistique de l'émotion d'ordre poétique en général. Nous avons dit que sous l'influence de cette émotion, et sous la forme de *l'aspiration,* le poète s'échappe des frontières du moi pour se répandre et communier avec toutes choses dans l'Infini. Son âme va au delà d'elle-même; elle se surpasse jusqu'à pénétrer le grand Tout, non point à la façon dont nous l'entendons lorsque nous parlons de la connaissance scientifique, mais par un acte d'appétition ayant pour résultat une satisfaction affective de compréhension, en vertu de laquelle le poète, pour un instant très court, a l'impression troublante de vivre à la fois en lui-même et dans l'Univers.

Si quelqu'un faisait état de pareilles théories quant à la recherche des certitudes que se propose la science, il faudrait lui faire prodiguer les soins d'un médecin : cette façon de théosophie ne serait rien moins qu'une aliénation. Mais nous ne sommes pas ici dans le domaine de la connaissance rationnelle non plus qu'empirique; nous sommes sur le terrain de l'affectivité, et il n'est point question d'aller au delà de ses limites, mais seulement de les envisager dans toute leur ampleur. Eh bien! cette universelle solidarité, qui est implicitement comprise dans l'émotion poétique et en vertu de laquelle la profonde sensibilité du poète perçoit

dans son unité l'expression intégrale du Monde,
cette universelle solidarité n'est pas une chimère ;
et si la connaissance scientifique forcément mor-
celante, divisante et analysante, n'en tient aucun
compte pour les opérations qu'elle poursuit, ses
données n'en détruisent ni même n'en infirment en
aucune façon l'existence réelle, encore que dissimulée. M. Nordau lui-même nous le fait savoir en
termes très explicites : « En dernière analyse, dit-il,
la conscience du moi et notamment l'opposition du
moi et du non-moi est une illusion des sens et une
faute de pensée. Chaque organisme se rattache à
l'espèce, et, au delà d'elle, à l'univers... Toutes les
lignes de force de la nature se prolongent dans son
intérieur... La conscience perçoit seulement les
parties étroitement rassemblées de son substratum
somatique, non celles plus distantes. Ainsi elle
arrive à se faire l'illusion que les parties rapprochées sont seules à elle, que les plus distantes lui
sont étrangères, et à se considérer comme un individu qui se place en face du monde en qualité de
monde particulier, de microcosme. Elle ne remarque
pas que le moi si raidement affirmé n'a pas de
limites fixes, mais se continue et s'étend au-dessous
du seuil de la conscience, avec une netteté de séparation de plus en plus diminuée, jusqu'aux profondeurs extrêmes de la nature, pour s'y mêler à
toutes les autres parties constitutives de l'univers[1]. » Il y a mieux. Nous ne constatons pas
seulement la continuité ou la pénétration réciproque

---

[1] Nordau, *loc. cit.*, p. 19-20, t. II.

460 LA CRITIQUE SCIENTIFIQUE

de toutes choses au point de vue spacial, si l'on peut ainsi s'exprimer. Cette pénétration, nous la retrouvons dans l'ordre moral. Il existe une correspondance mystérieuse entre les vibrations de nos nerfs et celles du monde extérieur, si bien que les bruits de la nature nous semblent exprimer les mouvements d'une âme semblable à la nôtre. Quand un paysage nous charme, est-il un état de notre âme ou bien notre âme n'est-elle au contraire qu'un reflet de ce tableau lui-même? Avons-nous de la tristesse au cœur parce qu'un nuage gris vient de voiler l'azur, ou bien ce nuage n'a-t-il d'autre mélancolie que celle que nous lui prêtons? Entrons-nous vraiment dans l'esprit existant des choses, ou notre moi se projette-t-il simplement dans tout ce qu'il observe? Quelle que soit l'interprétation, il est bien certain qu'il n'y a rien d'isolé dans le monde. Les êtres vivants et les choses inanimées sont réunis par les mille fils d'une trame invisible, et c'est au poète qu'il appartient de saisir, par delà l'extériorité, les relations latentes. Découvrir à nos yeux du cœur l'intime solidarité des êtres et des choses, et nous faire entrevoir ainsi, en une échappée rapide, l'unité substantielle du Monde, c'est là toute la poésie. Sans doute on pourra faire observer que, tout comme la beauté et la poésie des vers, la science et la philosophie ont pour but de nous faire saisir cette parenté universelle des phénomènes et cette unité fondamentale des choses. Mais, suivant la remarque judicieuse de Braunschwig, il faut établir cette différence fondamentale, à savoir que « la science et la philosophie tendent simplement, sans

peut-être pouvoir y parvenir jamais, à nous hausser
jusqu'à la conception intellectuelle de la solidarité
et de l'unité », au lieu que « la beauté et la poésie
des vers arrivent sans peine à nous en donner le
sentiment immédiat[1] ».

Si toute émotion d'ordre poétique se traduit en
dernière analyse par l'incarnation de l'idéal dans le
sensible et la représentation de l'infini dans le fini,
et s'il est vrai que de telles émotions ont un caractère mystique par définition, cela n'implique pas
que les tendances mystiques puissent être agréées
rationnellement ni empiriquement comme base de
la connaissance. Les poètes, il est vrai, ont maintes
fois confondu leurs appétitions avec les données de
la réalité : c'est un travers inhérent à leur caractère. Seulement il n'est pas aisé de définir toujours
d'une manière précise où s'efface la fiction et où
commence la doctrine dans une œuvre de pure imagination : il serait donc bon de réserver l'étiquette
morbide de « dégénéré mystique » et de ne point
la répandre trop, sous peine de la voir flétrir de
fort généreux esprits.

Le mysticisme littéraire, dans l'acception très
large où nous l'avons envisagé jusqu'ici, ne semble
pas avoir fait défaut, nulle part ni jamais. Il a ses
représentants à toutes les époques et dans tous les
lieux. Déjà l'antique Manilius chantait la puissance
d'un esprit caché et d'un Dieu répandu partout :

> ... Tacita naturam mente potentem
> Infusumque deum cœlo terraque marique.

---

[1] BRAUNSCHWIG, *loc. cit.*, p. 231.

Mais c'est la poésie moderne des pays germaniques et anglo-saxons qui s'est tenue le plus souvent dans la note mystique pour en tirer des motifs d'une réelle beauté. On connaît le culte passionné de Wordsworth pour la nature divinisée, le panthéisme humanitaire de Shelley, et l'universel amour de Coleridge. A ce dernier, l'idée de la métempsycose était tellement chère, qu'en toute circonstance de sa vie il croyait découvrir les vestiges d'une vie antérieure. Il se demandait si son âme n'avait pas habité jadis quelque corps étranger au sien. C'est pourquoi, dit un écrivain, « il respectait et aimait très sincèrement tous les êtres de la création. Avec une simplicité touchante, il adressait une pièce de vers à une feuille de myrthe, à une fleur, à un jeune ânon... Il prenait en si grande pitié les ours de foire, les cochons de lait et même les araignées, que son ami Charles Lamb lui proposait en riant d'entrer en correspondance régulière avec les animaux et insectes déshérités[1]. »

Toutefois le type le plus extraordinaire de mystique caractérisé se révèle dans Christian Wagner, le poète paysan de la Souabe. Sa « foi nouvelle » est une prédication de la parenté de tous les êtres, et du même coup une proclamation de paix et de bonté, d'amour et de renoncement. Dans tout ce qui lui est sympathique, il perçoit quelque survivance de lui-même ou des siens. C'est ainsi qu'*Oswald*, au souvenir de sa chère *Clara*, tient ce langage un peu singulier :

---

[1] Joseph Texte, *le Mysticisme littéraire : Samuel Taylor Coleridge* (*Revue des Deux-Mondes*, 1890, p. 943).

Tandis que je cultive le froment nécessaire à ma subsistance dans ce même champ, que, moissonneuse active, sous les rayons brûlants de midi, elle arrosa souvent de la sueur amère coulant en ruisseaux de son front. je songe que ces gouttelettes de jadis ont passé dans le grain récent. Et, de la sorte, lorsque je romps mon pain grossier, je communie au corps divin de Clara, pour une union nouvelle et bienheureuse, et je la reconquiers ainsi au matin, à midi et le soir[1].

Un jour qu'il la cherche par les prairies, un étranger mystérieux lui donne cette indication :

« Hélas! combien l'humanité est peu clairvoyante, malgré le pouvoir de ses yeux! N'as-tu pas reconnu, pauvre aveugle, qu'elle a marché devant toi sans cesse, dans la flore de ces champs, sous une robe de verdure. et que, là-bas, sur la haie où la rose églantine s'entr'ouvre, ta bien-aimée t'a salué, le regard brillant[2] ? »

Christian Wagner n'hésite pas davantage à affirmer la transmigration d'une âme animale dans le corps d'un homme, à la façon indoue; et l'on peut lire dans la *Reddition des comptes* ces lignes surprenantes :

« Qu'arrivera-t-il de toi, si tu appartiens à l'engeance des meurtriers et des usuriers ?... La souris qui, jadis, sera morte de faim dans ton piège, présentera peut-être quelque jour une aumône à tes petits-fils, sous une autre forme naturellement, car elle se verra plus riche qu'eux à ce moment[3]. »

[1] Cité par ERNEST SEILLIÈRE.
[2] *Ibid.*
[3] *Ibid.*

Qui sait combien de fois déjà notre existence terrestre s'est répétée? Aussi trouve-t-on dans une pièce des *Présents votifs* cette conversation :

« Dis-moi, arbuste au doux parfum lacté, qu'étais-tu donc jadis, alors que le Romain régnait sur les cantons de la Germanie? — J'étais servante chevrière et fabricante de fromages exquis, dont j'offrais les meilleurs en hommage au dieu Pan. Il se souvint de moi avec quelque faveur, et me changea en arbuste odorant... Mais toi-même, ô mon ami, en vérité je te reconnais. Tu marchas dans les rangs de l'armée d'Emilius envoyé contre les Cattes. Te souvient-il de ce jour orageux, et de la jeune femme qui te versa ce lait délicieux de fraîcheur? Joyeux guerrier de jadis, as-tu donc oublié Clélia[1] ? »

Tout cela ne laisse pas que d'étonner le lecteur, et, comme le dit M. Seillière[2], « c'est véritablement un spectacle étrange que la renaissance des mythes païens au sein de la culture scientifique du temps présent et du positivisme de la civilisation moderne. On se croirait quelque peu « transporté dans l'Inde et dans l'atmosphère panthéiste et semi-bouddhique d'un temple de Benarès ». Mais le poète ne se contente pas de proclamer d'une manière par trop doctrinale l'identité de notre âme individuelle avec l'universelle; il vient à parler de la rédemption des animaux; il croit aux démons vengeurs, à l'influence de la bénédiction et de la malédiction des hommes, à l'importance des chiffres fatidiques, à la télépathie,

[1] Cité par Ernest Seillière.
[2] Ernest Seillière, *Christian Wagner et sa foi nouvelle. Les excès du Néo-Bouddhisme* (*Revue des Deux-Mondes*, 15 nov. 1901, p. 295, et 15 déc. 1901, p. 791).

aux pressentiments. Cela frise de près la superstition, qui est toujours un écueil pour le mysticisme, et l'on ne peut moins faire que d'y voir un abus dangereux, si l'on ne cherche pas à y découvrir une marque de folie.

Amoureux de précision et de clarté, l'esprit français n'a cédé que rarement à de pareilles tendances, et parmi nos poètes il n'y eut qu'un mystique vraiment digne de ce nom au point de vue morbide : nous le connaissons d'ailleurs. Gérard de Nerval tirait positivement les impressions les plus étonnantes des phénomènes les plus indifférents. « Tout dans la nature prenait des aspects nouveaux, dit-il, et des voix secrètes sortaient de la plante, de l'arbre, des animaux, des plus humbles insectes, pour m'avertir et m'encourager. Le langage de mes compagnons avait des tours mystérieux dont je comprenais le sens; les objets sans forme et sans vie se prêtaient eux-mêmes aux calculs de mon esprit[1]. » Nous retrouvons ici cette compréhension du mystérieux qui est une fantaisie de certains aliénés, et cette révélation nous laisse à penser qu'il faudrait prendre à la lettre les *Vers dorés* dont l'idée, en tant que fiction, n'a pourtant rien d'insensé :

Homme, libre penseur ! te crois-tu seul pensant
Dans ce monde où la vie éclate en toute chose?
Des forces que tu tiens ta liberté dispose.
Mais de tous tes conseils l'univers est absent.

---

1 GÉRARD DE NERVAL, *le Rêve et la vie*. Paris, 1868, p. 50.

Respecte dans la bête un esprit agissant;
Chaque fleur est une âme à la nature éclose.
Un mystère d'amour dans le métal repose.
« Tout est sensible ! » Et tout sur ton être est puissant.

Crains, dans le mur aveugle, un regard qui t'épie :
A la matière même un verbe est attaché...
Ne la fais pas servir à quelque usage impie !

Souvent dans l'être obscur habite un Dieu caché;
Et comme un œil naissant couvert par ses paupières,
Un pur esprit s'accroît sous l'écorce des pierres !

Si les actes et les croyances du bon Gérard
n'étaient point si conformes à ses prédictions en vers,
nous ne lui saurions pas mauvais gré de ce joli
sonnet, dont le mysticisme panthéistique se renou-
velle sous une forme un peu plus bourgeoise chez
un de nos contemporains. M. Jules Romains nous
dit, en effet, dans une poésie récente :

La rue est plus intime à cause de la brume;
Autour des becs de gaz l'air tout entier s'allume;
Chaque chose a sa part de rayons, et je vois
Toute la longue rue exister à la fois.
Les êtres ont fondu leurs formes et leurs vies,
Et les âmes se sont doucement asservies.
Je n'ai jamais été moins libre que ce soir
Ni moins seul. Le passant, là-bas, sur le trottoir,
Ce n'est point hors de moi qu'il s'agite et qu'il passe.
Je crois que lui m'entend si je parle à voix basse,
Moi qui l'entends penser; car il n'est pas ailleurs
Qu'en moi. Ses mouvements me sont intérieurs.
Et moi je suis en lui. Le même élan nous pousse;
Chaque geste qu'il fait me donne une secousse :
Mon corps est le frémissement de la cité.

Le mystère nouveau cherche à nous ligotter.
Ce passant tient à moi par des milliers de cordes ;
Dans ma chair des crochets s'enfoncent, et la mordent.
Lui, parmi le brouillard lève le bras. Soudain,
Quelque chose de très puissant et d'incertain
Vient soulever mon bras qui se défend à peine.

Je suis l'esclave heureux des hommes dont l'haleine
Flotte ici. Leur vouloir s'écoule dans mes nerfs.
Ce qui est moi commence à fondre. Je me perds.
Ma pensée, à travers mon crâne, goutte à goutte,
Filtre, et, s'évaporant à mesure, s'ajoute
Aux émanations des cerveaux fraternels
Que l'heure épanouit dans les chambres d'hôtels,
Sur la chaussée, au fond des arrière-boutiques.

Et le mélange de nos âmes identiques
Forme un fleuve divin où se mire la nuit.
Je suis un peu d'unanime qui s'attendrit ;
Je ne sens rien, sinon que la rue est réelle
Et que je suis très sûr d'être pensé par elle [1].

Si M. Nordau eût écrit son livre douze ans plus
tard, il n'eût pas manqué de découvrir dans un
pareil texte une observation bien cataloguée de
dégénérescence et un document psychiatrique des
plus évidents. Nous ne l'aurions pas suivi dans
cette voie, sous peine de nous accuser nous-même
d'un peu de dégénérescence mentale ; car les impressions que M. Jules Romains confie à ses vers, nous
les avons éprouvées maintes fois. Nous ne pouvons
donc souscrire davantage aux appréciations portées

---

[1] JULES ROMAINS, *Mysticisme* (*Revue des Poètes,* 18 août 1906,
t. IX, n° 99).

sur divers poètes qui ont cherché à nous faire
sentir l'intime communion des êtres et des choses.
Que ces poètes se nomment Mæterlinck, Jules
Laforgue, Adolphe Retté ou Viellé-Grifin, nous
avons le droit de n'en point faire nos grands favo-
ris si nos goûts s'y opposent; mais, dans l'intérêt
même de la science que nous défendons, n'allons pas
plus loin. L'un d'eux s'est écrié par la bouche de
Pan :

O Syrinx! Voyez et comprenez la terre et la merveille de
                [cette matinée et la circulation de la vie.
Oh, vous là! et moi ici! Oh, vous! Oh, moi! Tout est
                                    [dans tout!

Sachons ce que ces mots veulent dire, et laissons
aux critiques le soin de juger comment ils sont dits.
Mais n'ouvrons pas sur ce document un chapitre de
psychiatrie.

Le mysticisme poétique de la fin du XIXe siècle
a été critiqué surtout dans sa forme extérieure la
plus évidente, nous voulons dire dans son expression
religieuse. « Être mystique, dit Vigié-Lecocq, c'est
vivre familièrement avec Dieu, c'est mêler Dieu à
sa vie la plus intime, soit que l'on élève assez cette
vie pour en rendre les détails dignes de Dieu, soit
que, par une ingénuité puérile ou une aberration
perverse, on fasse descendre Dieu sur les turpitudes
journalières, les défaillances de la conscience, des
sens ou de l'esprit[1]. » Dans cette acception restreinte, et sous les deux aspects qu'on vient de

_____
[1] E. VIGIÉ-LECOCQ, *la Poésie contemporaine*, p. 106.

désigner, les tendances mystiques de certains poètes ne pouvaient moins faire que de frapper les contemporains. L'auteur de *Sagesse* avait quelque peu surpris par ses contritions, ses repentirs et ses agenouillements. D'autres pourtant l'avaient imité; et bien qu'aux prières et aux dévotions il se fût adjoint du libertinage, on cria au retour des croyances, et chacun pensa selon ses opinions. Les uns furent émerveillés et chantèrent la gloire de la foi renaissante; les autres parlèrent de recul et de décrépitude, publiant leur mépris des réactionnaires ou disant leur pitié pour les âmes débiles.

M. Paulhan[1], dans son enquête sur les causes du néo-mysticisme, arrive à cette conclusion que la science exacte est incapable de répondre aux intimes besoins de notre humanité. « Nous nous sentons, dit-il, environnés d'un inconnu immense où nous demandons au moins qu'on nous réserve un accès. » M. Édouard Rod[2] dit encore d'une façon bien plus explicite que « le siècle a marché sans tenir ses promesses », et M. Paul Desjardins[3] s'insurge également contre « les empiristes et les mécanistes absorbés dans leur unique attention aux forces physiques ». M. Charles Morice[4] découvre nettement dans les tendances nouvelles « le résultat de tout un siècle d'investigations psychologiques, qui fut une bonne éducation de la raison, mais dont les résultats objectifs et immédiats ne pouvaient être

[1] PAULHAN, *le Nouveau mysticisme*. Paris, Alcan, 1891.
[2] ÉDOUARD ROD, *les Idées morales du temps présent*. Paris, 1892.
[3] PAUL DESJARDINS, *le Devoir présent*. Paris, 1892.
[4] CH. MORICE, *loc. cit.*

que la fatigue, le dégoût même et le désespoir de raisonner ». Le mysticisme, dit-il, a repris à la science « non seulement tout ce qu'elle lui avait dérobé, mais peut-être bien aussi quelque chose de sa propre part ». Ainsi la réaction contre les néga- tions désolantes de la littérature scientifique s'est opérée « par une imprévue restauration poétique du catholicisme ».

M. Nordau proteste avec énergie contre une telle genèse du mouvement mystique. « Prétendre que le monde se détourne de la science parce que la méthode empirique, c'est-à-dire la méthode scienti- fique de l'observation et de l'enregistrement des faits, a subi un naufrage, s'écrie-t-il, c'est du men- songe conscient ou de l'irresponsabilité intellec- tuelle. » Et pour montrer qu'un esprit loyal doit avoir honte de prouver cette proposition, il fait le bilan détaillé des conquêtes scientifiques modernes. Puis, au bout de cette nomenclature, il se demande comment « en face de si magnifiques, de si gran- dioses résultats, dont l'énumération pourrait s'étendre au double et au triple, on ose parler d'un naufrage de la science et de l'impuissance de la méthode empirique[1] ».

Éternel malentendu entre des esprits d'ailleurs distingués, qui cherchent un terrain de rencontre et qui se tournent le dos ! Assurément, on peut sous- crire à l'opinion du Dr Nordau lorsqu'il nous affirme qu' « un homme avide de connaissance réelle n'aura jamais l'idée de demander cette connaissance à la métaphysique ou à la théologie » ; mais c'est ici

[1] NORDAU, loc. cit., t. I, p. 192.

justement que la question dévie. Il ne s'agit pas
de « connaissance réelle », puisqu'il s'agit d'art, et
que l'art se nourrit de fiction. Et puis, en admettant que la science positive doive se dégager une
bonne fois de toute métaphysique, — ce dont on
ne peut douter raisonnablement, — il n'en découle
pas que l'objet de cette métaphysique soit tout au
plus digne de préoccuper un « cerveau d'enfant »,
ni que sa valeur soit assimilable à celle d'un
« conte de nourrice ». Le cœur peut s'intéresser
profondément aux choses dont l'esprit n'a que faire,
et telle question que la science repousse hors de
son domaine peut rester matière de haute poésie.
Nous ne pensons donc pas que M. Rod, pas plus
que M. Desjardins ou M. Paulhan, aient voulu contester les acquisitions de la science : ils leur ont
opposé seulement les aspirations du cœur. Or, à cet
égard, la science n'a jamais rien promis; elle n'a
donc rien à tenir. Aussi devons-nous concéder que
ceux-là s'expriment incorrectement qui l'accusent
de ne point se conformer à ses engagements. La
raison et les sens ont fait leur devoir; la certitude
scientifique s'est avancée, toujours plus glorieuse,
d'étapes en étapes. Si le cœur a le travers de trop
présumer des forces de l'esprit, c'est tant pis pour
le cœur; si les prétentions de l'homme dépassent
les ressources de sa science, c'est tant pis pour
l'homme. Mais l'homme aspire éternellement. Or
notre appétition inassouvie de l'Absolu est ressentie
d'une manière d'autant plus aiguë, que l'accumulation des connaissances positives nous donne l'impression plus nette du chemin parcouru. Dans un

siècle de progrès où nous gagnons un terrain
rapide et où la science nous fournit justement
l'indéniable preuve d'un formidable accroissement
de nos forces, nous sommes les thésauriseurs plus
blasés que jamais et nous reprochons aux richesses
gagnées de n'être point le bonheur ; nous sommes
les chemineaux sur la route sans fin, et nous venons
à maudire les espaces dévorés, car du voyage le
terme est toujours distant, toujours inconnu... A
quoi servent les pas si grands, si nombreux, laissés
derrière nous ? Voilà ce que veulent dire les théoriciens quand ils parlent d'une réaction mystique
contre l'empirisme.

Quoi qu'il en soit, il semble bien qu'une poussée de
néo-mysticisme ait eu lieu vers la fin du xixᵉ siècle,
et nous ajouterons que la science n'a pas à s'en émouvoir, car son prestige et sa dignité n'en sont point
touchés. Seulement nous croyons qu'on fait un honneur bien grand à la poésie *sensuellement* religieuse
de Verlaine et de ses successeurs, en lui découvrant
une genèse dans le dégoût du positivisme. Cette
genèse, il est vrai, n'est pas sans valeur, et nous
y reviendrons assez volontiers quand nous chercherons à nous édifier sur les origines du mouvement
symbolique ; mais pour l'instant il faut en rabattre
un peu. La religiosité des poètes d'hier fut surtout
une recherche d'émotions neuves et de sentiments
inédits ; en un mot, une *modalité de jouissance*.

En principe, il n'est rien de plus naturel que de
voir les poètes exploiter l'émotion religieuse dans
un siècle où la foi se dissout. Les siècles de piété
sincère, les époques de foi convaincue et d'adoration

recueillie n'ont pas à dire leur croyance en vers.
Cette croyance est de tout repos, et la poésie qui
est faite de passions n'en a que faire. Par contre,
on doit voir l'angoisse de l'au delà s'infiltrer dans
le lyrisme, en présence de l'irréligion qui ne veut
rien recevoir des idées toutes faites et n'accepte pas
la tranquillité des aspirations que pouvait conférer
la croyance aveugle et illimitée. Ce qui ferait fermement échec aux tendances religieuses de la poésie,
ce serait non l'irréligion, qui est un doute, parce que
douter est une façon de croire, mais bien l'indifférence, qui est l'absence de toute préoccupation et
détruit dans leurs bases les sources de passion.
L'inquiétude de l'irréligion, alimente l'émotion religieuse bien autrement que la religion elle-même.
C'est elle qui avait fait surgir les blasphèmes et les
imprécations de Mme Ackermann. Ne pas croire
simplement était trop fade et sans intérêt; pour ne
pas être impassible, il fallait prendre à partie ce
Dieu de l'Évangile qui est coupable de ne point
paraître; il fallait l'insulter à l'aise et s'en donner
à cœur joie de le nier et de le renier en face. Et
l'on vit, singulier contraste, le poète se répandre
en haine contre une force qu'il n'admet pas et qu'il
accuse pourtant de tous nos maux. C'est encore cette
même inquiétude qui avait inspiré à Leconte de
Lisle ce défi orgueilleux :

> Dieu triste, Dieu jaloux qui dérobes ta face,
> Dieu qui mentais disant que ton œuvre était bon,
> Mon souffle, ô pétrisseur de l'antique limon!
> Un jour redressera ta victime vivace.
> Tu lui diras : Adore; elle répondra : Non.

Et c'est encore elle qui avait donné à Sully-Prudhomme l'accent le plus poignant qu'ait jamais éveillé le doute métaphysique :

... Ne pourrais-je allonger cette corde flottante,
Ni remonter au jour dont la gaîté me tente?
Et dois-je dans l'horreur me balancer sans fin?

Ainsi l'angoisse du divin avait pu devenir une matière lyrique dans ses doutes et ses négations. Elle va se présenter maintenant sous une autre face; et, après nous avoir conté les élans farouches de la révolte et de l'affranchissement ou les sombres tortures de la curiosité spéculative inassouvie, les poètes nous diront les jouissances factices des acceptations consolantes, plus instinctives que raisonnées, plus sentimentales que rationnelles, plus symboliques qu'effectives, mais en harmonie avec les forces de l'aspiration, et en cela pleines de poésie.

C'est donc par une faute d'interprétation qu'on a vu dans la poésie mystique des dernières années une façon de renaissance chrétienne. Il y a eu exacerbation non de l'*idée*, mais de la *sensation* religieuse. La nuance est à observer, et on la trouve indiquée déjà par Vigié-Lecocq et par Paul Bourget. L'*idée religieuse* implique la croyance ferme, calme et sereine, en des fondements qu'on s'emploie à définir, à fixer et à développer; par *sensation religieuse*, on veut indiquer seulement un concomitant d'affectivité qui est originairement tributaire de l'idée, mais qui peut lui survivre et conserver, si l'on peut dire, son ancienne saveur émotionnelle dans l'isolement. Le mystique d'un siècle sans foi ne s'assimile pas en croyant la question religieuse : il en respire sensuellement les émanations, il en distille les parfums, et il compose avec cela un philtre énervant, tantôt chaste et tantôt pervers. Suivant la recette qu'il exploite, il penche vers le *diabolisme* ou vers son antinomie de surface qu'on a décoré du terme de *catholicisme*.

La foi de l'enfance eût-elle disparu chez nous, son impression reste encore vivace sous une forme latente et dissimulée. Pour beaucoup, l'idée s'en est allée depuis de longues années. Mais le concomitant d'affectivité ne s'est pas épuisé jusqu'à extinction. Son souvenir survit au naufrage : c'est quelque chose de très doux, comme une senteur discrète de candeur naïve, vestige évanescent des prières passées, fantôme d'âme très simple et très pure,... d'âme d'enfant complètement heureuse. Aux instants de détresse, quand toutes choses apparaissent à l'homme vaines et déconcertantes, cette âme d'enfant qui trouvait jadis son bonheur dans Dieu se cherche parmi les épaves, au travers des tempêtes. Alors l'homme se fait une simplicité factice ; son âme, se rajeunissant, évoque un monde de mystère sur les décombres d'illusions mortes. Frustré par les sens et voyant s'enfuir la félicité que sa raison a cherchée en vain, il se donne le plaisir factice de tourner un espoir voulu vers un critérium de pur sentiment. Renonçant au bonheur dans les vérités reconnues par l'intelligence, il instaure de toutes pièces une vérité suprême jugée par le cœur seulement. Incapable de croire avec sa

raison, et voulant éviter pourtant l'abîme du scep--
tique, il se compose une attitude qui n'explique
pas la vie, mais qui la modifie dans ses aspects et
la rénove dans ses sensations. Or cette attitude
doit être au plus haut degré sujet de poésie, puisqu'elle est elle-même toute une poésie, rien qu'une
poésie.

Mais voici bien une autre vertu du breuvage
mystique. Des croyances du jeune âge, l'homme
a gardé aussi des souvenirs troublants. Il a fixé
l'horreur du péché et les terreurs de la punition.
Comme il est désormais sans foi, les interdictions
du dogme lui importent peu ; mais il veut se donner
l'illusion d'être encore croyant pour éprouver l'immense volupté du mal, pour goûter l'ineffable bonheur du péché de malice, pour ressentir âprement
l'aiguillon de cette anxiété si particulièrement
savoureuse qui donne au fruit défendu son formidable piment. La notion vague de la chose malsaine le hante en sourdine, et les plaisirs prohibés
lui paraissent exquis. C'est une façon de se montrer
mystique, et, toute satanique qu'elle est, cette façon
ne diffère guère de la précédente : elle a profondément son substratum dans une attitude croyante,
et elle confine en définitive à la recherche de sensations neuves. *Diaboliques* et *catholiques* puisent
à la même source et poursuivent un objet commun.
Mais, ne l'oublions pas : cette renaissance de la
sensation religieuse n'est pas un retour de l'*idée
chrétienne ;* cette *saveur de croyance* n'est pas un
Credo.

Ainsi, le mouvement mystique des poètes d'hier

s'inspire d'une fausse dévotion et n'a rien de commun avec la piété sincère. Ces fervents idéalistes sont en réalité des sensualistes ardents : ils espèrent tirer des extases divines, aussi bien que du libertinage, de nouvelles jouissances. Cela explique du même coup qu'ils puissent se montrer tantôt candides et tantôt pervers. L'alliance de tendances érotiques aux inclinations mystiques est assez fréquente chez eux, et point n'est utile de voir dans cet assemblage un signe de déséquilibre, au sens médical du mot.

L'auteur de *Parallèlement* chante le sentiment religieux et se plonge dans une dévotion étroite ; puis, un peu plus loin, il célèbre l'amour morbide et les embarquements pour Sodome ou Lesbos ; il fête la gloire de Sapho et des femmes damnées. M. Émile Laurent [1] conclut de cette remarque à une « excessivité morbide des contrastes ». Le poëte, dit-il, se dédouble ou se métamorphose, et il semble qu'il vive d'une autre vie, avec des impressions et des sentiments différents. Puis, rappelant la fréquence de tels phénomènes dans certaines maladies mentales, il fait observer que « lorsqu'un individu se manifeste un jour tout de bonté, l'autre jour tout de méchanceté, une fois d'un érotisme sans borne, l'autre d'une chasteté mystique, il faut craindre qu'il ne soit tout au moins neurasthénique ». En principe, l'auteur n'a pas tort. Seulement l'excessivité des contrastes est ici une pure apparence. A coup sûr, l'association mystico-éro-

---

[1] ÉMILE LAURENT. *loc. cit.*

tique n'est pas l'indice d'une santé morale parfaitement saine et robuste, car elle implique la recherche d'émotions rares, et cette dernière, sous quelque forme qu'elle se présente, est la marque habituelle d'une sensibilité blasée, laquelle répond à de l'usure physiologiquement. Mais le fondement que nous avons donné à la fausse renaissance chrétienne de Verlaine et de ses successeurs rend l'intervention de l'élément érotique dans leur poésie non plus bizarre et contradictoire, mais rationnelle et presque logique.

Les observations journalières de la psychiatrie prouvent bien surabondamment qu'un délire érotique est généralement teinté d'une nuance religieuse, et qu'un délire mystique évolue rarement sans s'accompagner de quelques préoccupations génitales ; mais la possibilité d'une association réunissant dans un même concert les deux entités trouve son origine dans des considérations d'ordre plus élevé. Entre les représentations tout idéales d'un esprit religieux et les manifestations les plus basses de l'amour profane, il semble, en vérité, qu'il y ait un abîme. Les unes et les autres ne sont pourtant que des modalités expressives qu'un lien psychologique rattache au même mécanisme et rend solidaires d'un même principe. Les unes et les autres sont issues d'une même souche : elles témoignent d'une inclination fatale de l'individu devant cette religion naturelle qu'est l'instinct d'amour ; elles disent un élan de tout son être vers le culte éternel et grandiose de la perpétration de la vie. Nos tendances affectives cherchent impétueusement une issue vers la finalité qui leur est

imposée. Si elles s'écartent souvent de cette finalité, leur déviation n'est qu'apparente, et l'inéluctable but est toujours présent, quoique dissimulé.
L'amour s'élance pour un voyage sans fin et s'égare
au travers d'un rêve dans la contemplation vapo-
reuse d'un idéal sans bornes, ou bien il avance
d'un pas robuste, et, dans une conscience moins
imprécise de son véritable objet, il va droit aux
choses positives. Mais il reste toujours lui-même,
dans les modalités si variées de son expansion :
sous ses manifestations les plus détournées se
cache encore profondément le rôle fondamental qui
lui est dévolu. L'immense clavier sur lequel se
joue le concert éternel d'amour peut rendre la
candeur béate d'une extase ou la fougue impé-
tueuse d'une passion déchaînée, et, de l'égarement
mystique à la fureur des sens, une gamme de plusieurs octaves figure des intermédiaires sans
nombre. Entre les vagues transports de la vierge
en prière, les contemplations platoniques de Dante
et les caresses goulues d'une grande amoureuse,
il n'y a de différence que le degré d'objectivité,
et, dans cette musique pourtant si disparate de
l'imagination et des sens, on ne trouve après
tout que des variations multiples sur un thème
unique. On y trouve une même chose qu'exprime
un même mot. La passion religieuse procède donc,
au point de vue psychologique, des éléments fondamentaux dont procèdent les amours profanes, et il
y a là une communauté de genèse qui se révèle
très ouvertement chez les primitifs. Le culte des
pouvoirs générateurs tient une place considérable

dans les religions de l'ancien monde, et la pompe religieuse des cérémonies hindoues s'accompagne encore des débordements les plus extravagants du plaisir charnel dans les fêtes de Sakty-Poudja. Sous une forme plus vague et d'une façon plus indirecte, la religion moderne des peuples civilisés a su drainer au profit de sa cause la formidable puissance de l'instinct sexuel, en se révélant elle-même comme un culte d'amour. L'éveil cenesthé-sique de la puberté n'est-il pas, dans son imprécision troublante, l'origine éloignée de bien des voca-tions religieuses ? Cet attrait invincible qui porte la jeune fille vers un « au delà » prometteur du bon-heur suprême, n'est-ce pas une aspiration discrète vers le mystérieux amour qui la guette et la veut prendre tout entière ? Ce remuement de tout son être à la pensée qu'elle sera l'épouse de son Dieu, ce trouble indéfinissable à l'idée d'être la chose de ce Dieu qu'on lui figure sous les traits d'un jeune homme dont les qualités physiques et morales l'en-veloppent d'une caresse presque voluptueuse, ce frisson très ému, si vague et d'autant plus puissant qu'il est sans analyse, n'a-t-il rien qui le rattache à l'amour profane, — disons le mot, — à l'amour sexuel ? Et puis, les dévotions de la vieille fille ne sont-elles pas encore l'émonctoire naturel d'une sen-timentalité comprimée ? Ne sont-elles pas la rosée d'automne, rosée de consolation dont les gouttes tardives et peu fécondantes déposent une dernière fraîcheur sur la tige languissante de celles qui tra-versent la vie sans une aumône de l'amour ? Ainsi, l'opposition si grande pour le moraliste entre l'amour mystique et le dévergondage des sens vient à s'aplanir pour le psychologue : érotisme et mysticisme ont une souche commune, et ces deux tendances, en tant que formes de *sensualité*, valent qu'on groupe dans un cadre unique *diaboliques* et *néo-chrétiens*.

Dans cet art d'agenouillements et de perversités, il n'y a pas de délire, et le déséquilibre est plus apparent que réel. Mais il faut convenir qu'on y trouve un désir d'émotions factices, et par conséquent des stigmates de fatigue, de découragement et d'usure. Ces stigmates préludent tout bonnement à une ère de restauration et de reviviscence qui entraînera les poètes actuels vers le culte réconfortant de l'action moralisante et consolatrice.

*

Au mysticisme on a opposé une autre entité, dont le sens est encore plus vague, plus compréhensif du moins : la tendance *égotiste*, à laquelle se rattachent certains caractères des dégénérés, serait encore pour M. Nordau un trait dominant des poètes d'hier.

On sait la valeur du mot. L'*égotiste* est par-dessus tout un dissident, un emprisonné dans la connaissance exclusive du moi, un ignorant de la valeur et des intérêts de l'ambiance. En vertu d'une exagération maladive de sa personnalité, il ne peut s'adapter à la vie courante ni prendre position vis-à-vis du monde ; antisocial par excellence, il est incapable de juger des droits et des devoirs, et d'une façon plus générale des affinités qui le rat-

tachent à son entourage. Il s'exclut donc d'une
manière plus ou moins complète dans des vues
purement subjectives. Les vérités telles qu'il les
conçoit, les sensations telles qu'il les perçoit sont
les seules existantes pour lui. Il en résulte qu'indifférent aux beautés admises, il se fait une beauté
à lui, et cette beauté généralement très artificielle
est souvent, pour autrui, tout près de la laideur.
L'original et l'extravagant sont la marque habituelle de ses productions.

Il semblerait qu'entre le mystique et l'égotiste il
faille voir une opposition. L'un s'élargit, se diffuse
et se confond ; l'autre se rétrécit, se concentre et
s'isole. Mais, en vérité, ils ont un principe commun : l'incapacité de percevoir nettement les limites
du moi par rapport au non-moi. Et M. Nordau
revient ainsi à sa théorie première : l'égotiste,
autant que le mystique, est un vrai malade de la
volonté. La faillite des facultés attentives, le
trouble de l'association, le vague des aperceptions,
la fuite des idées, voilà le fond toujours évident de
pareils états d'âme, et ces états d'âme il faut les
rattacher invariablement au principe commun de
dégénérescence.

Quoi qu'il en soit, l'auteur met en évidence ce
caractère essentiel de l'égotiste, à savoir que « pour
exciter à l'activité ses centres obtus et paresseux »,
il recherche dans son art les « impressions fortes ».
Or très souvent ses impressions ont un caractère
morbide, et dans tous les cas elles apparaissent à
quelque degré douloureuses ou répugnantes pour
l'homme sain. Ce trait serait la marque de nom-

breux poètes qui ont puisé dans les *Fleurs du mal*
le genre dont ils font une spécialité nocive. C'est
ainsi que, fidèle à Baudelaire, Maurice Rollinat
donne à ses *Névroses* un cachet de bizarrerie nettement maladive. Nous y voyons la sensualité la
plus débridée et jusqu'aux aberrations de la psy-
chopathie sexuelle ; puis ailleurs, dans le *Maniaque,*
dans la *Peur,* c'est l'effrayante hallucination : ailleurs
encore, dans la *Voix,* dans le *Fantôme du crime,*
c'est l'implacable obsession. Et l'on sort du pathologique pour entrer dans les descriptions de la
Morte embaumée, de *Mademoiselle Squelette,* de
l'*Amante macabre* ou de l'*Enterré vif,* parmi lesquelles nous errons entre la « putréfaction », les
« osseuses nudités » et les « beautés de poitri-
naire ». On perçoit dans tout cela comme les rica-
nements douloureux d'une nature vibrante à
l'excès, et cette littérature n'est pas sans soulever
de nombreux et intéressants problèmes d'esthétique.

En admettant que les dégénérés aient une propension spéciale aux étrangetés de mauvais aloi, il
resterait à savoir si les étrangetés en elles-mêmes
représentent invariablement un stigmate morbide,
et s'il est impossible de les justifier en tant que
matière d'art. La question est à notre avis beaucoup trop complexe pour figurer de façon intégrale
sous une seule rubrique. Avant de faire de l'égotisme un chapitre de pathologie, il faudrait discuter
trois points : les *limites du pathologique* lui-même,
la *valeur du mal comme source esthétique,* et les
droits de l'individualisme dans l'art.

Normal ou pathologique : ces mots ont-ils réellement un sens, une portée en littérature et en poésie ? C'est un sujet que nous avons effleuré déjà, mais il convient d'y revenir ici avec plus de détails.

M. Paul Bourget[1] se prononce pour la négative. Le mot « malsain » n'a pas de sens au point de vue de la littérature, si l'on entend par là opposer un état naturel et régulier de l'âme, qui serait la santé, à un état corrompu et artificiel, qui serait la maladie. En matière d'œuvres littéraires, il n'y a ni santé ni maladie ; il n'y a que des états psychologiques, car on ne peut voir dans nos vertus et dans nos vices, dans nos volitions et dans nos renoncements, que des combinaisons changeantes, mais fatales, et partant normales, soumises aux lois connues de l'association des idées.

M. Ferdinand Brunetière[2] est de l'avis contraire. Après avoir montré que la maladie s'oppose véritablement à l'état de santé, dans les choses de l'esprit comme dans celles du corps, il va plus loin, et sous le nom de maladie ou de malformation il ne craint pas d'envelopper « l'excès même de la singularité ». Il y a, dit-il, des singularités qui ne sont, de leur vrai nom, que des « infirmités » ou des « monstruosités ». Ces singularités ne sont donc point naturelles ou normales, pas plus que « d'avoir six doigts à chaque main ou un poumon de moins ». Mais il s'agirait justement de savoir à partir de quelles limites la singularité devient

---

[1] F. BOURGET, *Essais de psychologie contemporaine.*

[2] P. BRUNETIÈRE, *l'Évolution de la poésie lyrique en France au XIXᵉ siècle.*

« infirmité », et à cet égard l'auteur demeure hésitant. C'est donc à chacun d'en penser ce qu'il veut. Or les jugements individuels sont toujours suspects, car il n'est pas donné à tout homme d'être un raffiné ni d'avoir éprouvé des passions profondes, et l'on est volontiers porté à découvrir des anomalies pour expliquer chez les autres l'existence d'un tempérament dont on est dépourvu soi-même.

Sans distinction de normal et de pathologique, nous dirons simplement qu'une œuvre peut rester belle dans son étrangeté, tant que cette étrangeté nous est *sympathique*, et cette étrangeté nous est sympathique tant qu'elle renferme, en dépit de sa singularité même, des *éléments de tendances générales et universelles*. En pareil cas, en effet, nous reconnaîtrons que la constitution dont cette œuvre émane est exceptionnelle, monstrueuse même, si l'on veut ; mais l'épithète que nous emploierons ne préjugera de rien quant à l'opinion qu'il convient de se faire sur la résultante esthétique qu'on en peut attendre. C'est un cœur monstrueusement noir qui s'écrie dans Baudelaire :

> L'irréparable ronge avec sa dent maudite
> Notre âme, piteux monument,
> Et souvent il attaque, ainsi que le termite,
> Par la base le bâtiment.
> L'irréparable ronge avec sa dent maudite.

Mais cette noirceur étrange a des profondeurs d'une beauté troublante. C'est un esprit de révolte insensé qui crie dans Arthur Raimbaud :

Christ, ô Christ, éternel voleur des énergies,
Dieu qui, pour deux mille ans, vouas à la pâleur,
Cloués au sol, de honte et de céphalalgie,
Ou renversés, les fronts des femmes de douleur.

Mais la révolte est sublime de cette chair effrénée
s'insurgeant contre un Dieu de misère. C'est une
âme d'une douloureuse et morbide sensibilité qui
s'exhale, dans Albert Samain, en un bercement de
langueurs enivrantes :

Je rêve de vers doux et d'intimes ramages,
De vers à frôler l'âme ainsi que des plumages,

. . . .

Et qui, au long des nerfs baignés d'ondes câlines,
Meurent à l'infini en pâmoisons félines,
Comme un parfum dissous parmi des tiédeurs closes.

. . . .

Je rêve de vers doux mourant comme des roses.

Mais cette musique fugitive a des vibrations
étrangement sensuelles, et nous éprouvons agréa-
blement l'harmonie veloutée de ses mièvres accords.

Sans doute, les créations d'un poète s'éloigneront
d'autant plus de la norme, que le tempérament de
l'auteur est plus éloigné du tempérament commun.
Mais ce n'est pas *a priori* que leur étrangeté devra
les faire déchoir dans l'ordre esthétique : elles auront
simplement plus de chance de déchoir, parce
qu'elles seront exposées d'une façon toute particulière à ne point satisfaire cette « raison dans le
beau » qu'on nomme le bon goût.

Si nous acceptons que la poésie émane d'organisa-
tions sensuelles à outrance ou affligées de quelque
perversion, ne va-t-on pas objecter qu'elle y perd

de sa dignité morale? L'art, en général, n'a-t-il pas
pour mission de façonner les cœurs et de les
exhausser par le beau dans l'amour du bien? Si ces
tendances sont malsaines, si sa leçon est dange-
reuse, n'est-il pas un art méprisable et n'a-t-on pas
raison de le proscrire? Nous touchons ici à une
autre partie de la question : celle qui concerne la
valeur du mal en tant que source esthétique. Il ne
s'agit plus de juger si l'opposition du sain et du
malsain est acceptable en principe; il s'agit de se
demander si le malsain réalisé peut donner une
émotion d'art.

M. Paulhan[1] résout très nettement la proposition par l'affirmative, en s'appuyant sur le principe
de la « volupté de souffrir » et de l' « instinct
naturel du mal ». Déjà Musset[2] avait dit : « Comment se fait-il qu'il y ait en nous je ne sais quoi
qui aime le malheur? » Dans un autre sens, Barbey
d'Aurevilly avait ouvert la voie dans ses *Diaboliques*, et Joséphin Péladan avait donné dans son
Vice suprême une étude puissante et d'ailleurs idéa-
lisée de cet instinct pervers, qui est au fond de
notre humanité. Paulhan donne des preuves nombreuses de l'amour du mal sous ses formes les plus
banales et les plus variées : « La vue de la souffrance physique n'est pas toujours désagréable; bon
nombre de personnes la recherchent. Les exécutions
de criminels sont un spectacle fréquenté... Et que
dire des amateurs des combats de coqs et des
auditeurs assidus de cours d'assises? » Après l'ins-

---

1 PAULHAN, *le Nouveau mysticisme,* p. 57-99.
2 A. DE MUSSET, *OEuvres complètes.* Charpentier, p. 488.

tinct de cruauté, celui de la luxure prêterait encore
à de plus amples développements. Tout cela d'ailleurs n'implique nullement que l'homme soit mauvais d'une manière foncière, mais seulement qu' « il
y a en lui quelque chose de mauvais, un certain
élément de perversion qui peut varier de la perversité complète à l'innocence presque absolue ». A
ces remarques, on peut ajouter encore les « mélancolies savoureuses », le « bonheur d'être triste » et
bien d'autres constatations qui viennent confirmer
la thèse de l'amour du mal, dans la plus large
acception de ce mot.

La volupté de souffrir, la jouissance du mauvais
dans son sens purement affectif, a trouvé son explication dans la nécessité d'une activité légèrement
contrariée, pour produire sur nous un effet de bonheur. Sans doute, quand notre activité est trop
contrariée, il se produit une émotion pénible; mais
quand elle n'est pas contrariée du tout, l'indifférence survient, et la conscience même disparaît : le
fonctionnement devient automatique.

L'instinct du mauvais, dans son sens moral,
s'explique autrement, mais avec les mêmes apparences de raison. « Les désirs les plus comprimés,
s'ils sont restés puissants, sont ceux qui se manifestent avec le plus de force lorsque l'obstacle est
levé, qui s'opposait à leur satisfaction. On éprouve
le besoin d'agir autrement qu'on n'a été longtemps
obligé de le faire, au moins de rêver à des actions
différentes de celles que l'on accomplit journellement. Les affamés rêvent de bons dîners, et les gens
trop sages perdent en dormant leur réserve habi-

tuelle. Ainsi la pratique ordinaire de la vertu doit.
chez l'homme imparfait, déterminer un penchant de
l'imagination vers la perversité. » En somme, nous
éprouvons du plaisir à retourner gratuitement, et
comme dans un jeu, à l'état primitif dont la contrainte sociale nous a fait sortir. C'est une des mille
formes du « repliement sur soi » qui caractérise une
étape avancée de civilisation.

M. Nordau[1] n'admet pas cette manière de voir.
Pour lui, l'amour du mal n'est pas quelque chose
d'universellement humain; il est une « aberration »
ou une « perversion », c'est-à-dire une anomalie.
Entre l'état d'esprit qui inspire leur œuvre à certains poètes, et celui « qui fait de l'imbécile un
cruel tortionnaire d'animaux », toute la différence
consiste dans le « degré de l'impulsion ». Est-elle
assez forte, elle a pour conséquence des actes cruels
et des crimes. Est-elle élaborée par les centres
malades avec une force insuffisante. elle peut être
satisfaite par la seule imagination, par des manifestations poétiques ou artistiques en un mot. Dans la
prédilection de beaucoup d'artistes pour la laideur
et l'immoralité. il s'agit donc « d'une aberration
organique et de rien d'autre ».

Il y a certainement une part d'exagération dans
cette affirmation exclusive du Dr Nordau, et bien
que l'auteur estime que « l'observation et la marche
entière du développement historique de l'humanité »
doivent contredire ou rendre arbitraires les idées
émises par M. Paulhan[2]. ces idées nous semblent à

---

[1] NORDAU. loc. cit., t. II. p. 66-71.
[2] PAULHAN. loc. cit.

l'abri de toute contestation. Seulement ce n'est
point, à notre avis, dans « le bonheur du mal »
qu'il faut chercher la preuve ni l'explication du
plaisir esthétique que le mal peut nous procurer.
Le bonheur du mal dont parle Paulhan ne peut pas
être en soi une source d'émotion d'art, car il est
dépourvu de toute élévation désintéressée. Mais
n'oublions pas que le mal est évocateur du bien,
que le laid est évocateur du beau, et qu'enfin telle
contemplation d'un objet malsain peut élever l'âme
jusqu'à l'idéal le plus pur, dans certaines conditions
qu'on doit définir.

L'émotion de plaisir ainsi procurée n'est pas aussi
simple dans sa genèse que celle qui nous vient de
la contemplation directe du beau et du bien ; des
associations souvent fort complexes et très détournées doivent être éveillées pour nous conduire jusqu'à
elle. Mais, pour être tortueux ou inattendu, le
chemin n'en est pas moins sûr. La représentation
la plus laide ou la plus basse peut agir sur nous
d'une façon moralement belle ou élevée, si une
intention justement morale s'en dégage, et si, dans
sa trame de laideur ou de bassesse, nous découvrons
en définitive que l'auteur a vibré d'une émotion
noble. En effet, ce qui nous frappe dans une création, consciemment ou inconsciemment, c'est surtout l'émotion dont elle est sortie. D'après le degré
de sympathie ou d'antipathie que nous avons pour
cette émotion, nous jugeons de l'auteur et appré-
cions l'œuvre. C'est l'*intention* et non point *la
matière* qui fait vivre l'art. Quand Valdès Léal,
dans son célèbre tableau de l'hôpital de la Charité,

à Séville, nous montre un cercueil ouvert avec le cadavre grouillant de vers d'un archevêque en chape et en mitre, cet aspect en soi est incontestablement répugnant, dit le Dr Nordau. Mais, de l'aveu même de cet auteur, on y reconnaît bien vite l'émotion que le peintre a voulu traduire : le sentiment du néant de tous les biens et de tous les honneurs terrestres, le sentiment de la misère humaine devant les forces toutes-puissantes de la nature. Alors notre esprit se détache de la chose immonde, et nous ne voyons plus que l'idée : l'idée qui oppose à l'insignifiance de la vie individuelle la grandeur éternelle de la vie totale. Et c'est dans cette idée que réside l'élément de sublime. C'est encore cette spiritualité finale qui, dans les romans de Tolstoï, se dégage des scènes les plus réalistes et les plus terre à terre. Baudelaire lui-même n'a pas toujours traité le mal pour le mal. Sa *Charogne,* qui a soulevé tant de protestations, n'est peut-être pas aussi dépourvue d'élévation poétique qu'on a voulu le dire. Ce « chien mort liquéfié », ces « cloportes avides », ces « charançons noirs et bleus », ces mouches à charbon qui « pompent à deux les boyaux mous », tout ce monde ignoble qui « va, vient, passe et repasse, multicolore et varié », nous donne la nausée et nous laisse sous une impression de dégoût. Mais « c'est partout l'amour : aimons-nous »! Voilà une chute qui nous fait oublier la matière odieuse pour nous faire penser; et nous ne songeons plus qu'au contraste amer et déconcertant de la mort et de la vie, de la vie se repaissant de la mort; et cette vie que l'auteur a soin de nous

représenter dans son expression la plus intense qui
est l'amour, nous la voyons si proche du néant,
que notre esprit s'envole sur les ailes d'un désir
infini d'amour qui ne soit pas un amour terrestre.
Ainsi l'âme rêveuse s'élèvera de ce naturalisme
abject, et d'association en association se laissera
glisser, suivant ses tendances, dans le plus pur des
idéalismes. D'une façon plus générale, on peut dire
que la nature, primitivement inesthétique, du sujet,
n'empêche pas la valeur esthétique de l'œuvre, à
condition que cette œuvre suscite en nous finalement des désirs d'élévation et d'ennoblissement.
Peindre la misère pour éveiller la pitié, analyser le
mal physique pour faire naître la charité, exposer
un ulcère moral pour entraîner la vénération d'une
vertu cachée qu'on tient discrètement dans l'ombre,
laisser voir dans leur nu les plus tristes réalités,
pour que le philtre qui s'en dégage nous prépare
aux grandes vérités d'ordre universel ou aux nobles
aspirations de l'esprit, tout cela n'est nullement
contraire à l'émotion d'art. Mais si, au travers de
l'œuvre, nous croyons reconnaître avec précision
l'indifférence de l'auteur à l'égard du laid qu'il
représente ou du mal qu'il expose, alors nous nous
indignons. L'œuvre ne s'élève pas ; elle demeure à
terre, et le dégoût que nous en éprouvons se double
encore de celui que nous inspire le tempérament
de l'auteur. C'est ainsi, croyons-nous, qu'il convient
de résoudre en dernière analyse la question de la
valeur du mal comme source esthétique. Cela
revient à dire que, dans cette question comme dans
celle qui concerne les limites du pathologique,

toute affirmation exclusive doit demeurer suspecte,
et qu'en définitive il est dangereux de généraliser.

Si l'égotisme, tel que l'a compris le Dr Nordau,
ne constitue pas d'une manière obligatoire un stigmate morbide, et si, d'autre part, les œuvres qui
s'en inspirent peuvent rester belles en dépit de
leurs étrangetés ou de leurs apparences malsaines
dans certains cas, il n'en résulte pas que son principe soit un gage de force et de santé morale, et
qu'on doive chercher à le favoriser systématiquement. Ce qu'il y a en lui de plus irréductible, c'est
un air d'individualisme, et sur les droits de l'individualisme il convient d'être réservé, sous peine de
voir ce dernier confiner jusqu'à l'anarchie.

M. Paul Bourget, dans ses *Essais de psychologie
contemporaine*, fait justement tenir aux poètes d'hier
ce langage significatif : « Nous nous délectons dans
ce que vous appelez nos corruptions de style, et nous
délectons avec nous les raffinés de notre race et de
notre heure. Il reste à savoir si notre exception n'est
pas une aristocratie, et si, dans l'ordre de l'esthétique, la pluralité des suffrages représente autre chose
que la pluralité des ignorances... C'est une duperie de
ne pas avoir le courage de son plaisir intellectuel.
Complaisons-nous donc dans nos singularités, quitte
à nous y emprisonner dans une solitude sans
visiteurs. » Eh bien ! non. Cette manière de voir
est contraire au rôle collectif de l'art, et elle est,
par surcroît, le témoignage fréquent de capacités
affaiblies ou médiocres. L'originalité qui s'impose
d'une façon systématique n'est le plus souvent,

comme dit Fromentin[1], que « l'expédient laborieux
d'un esprit en peine » ; et sous ses apparences
prétentieuses, elle cache tout bonnement « d'incu-
rables malaises ». Ainsi, sans vouloir souscrire à
une thèse généralisatrice qui donne au pathologique
un domaine trop large et trop exclusif, nous pensons
que les poètes d'hier ont oublié bien souvent qu'il
n'y a de poétique que de l'universel.

A l'*égotisme* on devait rattacher tout naturellement le *pessimisme* contemporain. M. Nordau en
fait le corollaire et la conséquence logique de l'état
de sensibilité blasée et toujours insatisfaite qui est
l'apanage des *dégénérés égotistes*, et la douleur de
vivre exprimée si souvent dans tant de prose et
tant de poésie récentes lui apparaît comme la preuve
irréfutable et la confirmation dernière de ses théories.

La mélancolie du xixe siècle a été jugée, et il
faut se résoudre à l'enregistrer comme une vérité
banale. A quelques exceptions près, les poètes
d'hier se complaisent dans une tristesse vague, dans
une langueur quelque peu morbide ; ils semblent
pour la plupart frappés d'une désespérance précoce,
d'un désenchantement de la vie qui laisse au lecteur une impression douloureuse de lassitude et de
découragement.

Dans ce pessimisme littéraire, a-t-on dit, on peut
découvrir des signes non équivoques de neurasthénie.
Le neurasthénique hypocondriaque se regarde sentir,

---

[1] E. FROMENTIN, *les Maîtres d'autrefois,* p. 290.

penser, agir ; il analyse jusqu'aux plus intimes replis de son être, il note les moindres détails de sa personnalité. Le plus souvent aussi il se fixe dans sa douleur et professe un sérieux mépris à l'endroit des gens bien portants, dont la gaieté lui paraît grossière et qui ont l'impudence de prendre la vie par le bon côté. Or ne retrouve-t-on pas justement, chez la plupart des poètes d'hier, cette même inquiétude, ce même besoin d'analyse, ce même mécontentement de soi, des autres et du monde entier ? Le parallèle ne manque pas d'un certain fondement ; mais, ici encore, la question est des plus complexes, et c'est instituer une psychologie bien rudimentaire que de se contenter de déclarer morbide toute littérature qui ne chante pas le bonheur. Pour porter un jugement solide, il convient d'établir d'abord les rapports normaux et fondamentaux de la mélancolie et de la poésie. Cette base étant bien connue, on pourra chercher à déterminer dans quel sens ces rapports se sont modifiés au cours du XIXe siècle et plus spécialement aux époques récentes.

Il est certain que si la poésie a pour destinée de nous présenter les choses sous leurs aspects les plus agréables, un poète ne demeure pas fidèle à sa tâche quand il chante la tristesse de vivre. Mais une telle assertion n'est rien moins que puérile, et les arguments abondent pour prouver au contraire le fondement de la mélancolie comme source esthétique. Il ne s'agit pas, bien entendu, de chercher si la somme des peines dépasse ici-bas la somme des plaisirs, car nous ne traitons pas du pessimisme en tant que doctrine de philosophie, mais en tant

qu'attitude mentale capable de produire une émotion d'art. En se plaçant à ce dernier point de vue,
James Sully[1], dans un article déjà ancien, cherche
à légitimer par une origine profonde et en quelque
sorte biologique la prédilection naturelle du cœur
humain pour l'émotion triste. S'adressant d'abord
à l'évolution de l'instinct, il fait observer que si la
plupart des animaux expriment leur souffrance par
des signes vocaux, ceux-là sont bien moins nombreux qui savent faire entendre des sons de joie ou
de satisfaction. Il rappelle en outre que les pleurs
précèdent de beaucoup les rires chez l'individu : les
enfants nouveau-nés saluent le monde par un cri
de douleur. D'autre part, l'expression du plaisir
n'est pas, comme celle de la souffrance, d'une importance vitale pour les animaux parvenus à l'état de
société, car le plaisir indique que les fonctions
s'accomplissent régulièrement et sans obstacle, au
lieu que la souffrance implique un dommage causé
à quelque partie de l'organisme. Or cette force de
l'instinct primitif subsiste de nos jours. Il semble,
en effet, que nous ne soyons pas poussés avec
autant d'énergie à manifester nos sentiments quotidiens de bonheur qu'à traduire nos peines. Quand
rien ne gêne notre liberté d'action, nous sommes
certainement plus disposés à parler de nos misères
que de nos joies. Il est bien plus dur et plus difficile de refréner un sentiment de tristesse que de
cacher une satisfaction. Au point de vue du commerce de nos émotions, l'expression de la douleur

---

[1] JAMES SULLY, le Pessimisme et la poésie (Revue philosophique, 1878, t. I, 387).

dépasse donc de beaucoup en intensité et en ancien-
neté celle du plaisir et de la joie, ce qui permet de
conclure avec l'auteur que nous citions tout à
l'heure : « Il y a dans la nature humaine une impulsion spéciale à l'expression de la douleur, et, si
la satisfaction de cette impulsion est accompagnée
d'un sentiment particulier de soulagement, nous
devons nous attendre à ce que le poète montre
franchement cette propension, sous la forme d'une
puissante tendance vers la plainte. »

Mais des arguments d'un caractère plus spécial
peuvent encore prévaloir. Nous savons, en effet, que
le poète se distingue du commun des hommes par
son exquise sensibilité et son système nerveux plus
impressionnable. Or ce degré de réceptivité lui fera
savoir des charmes subtils et lui réservera sans
doute des joies supérieures que le vulgaire ignore.
Mais d'innombrables douleurs l'assiégeront aussi,
dont le commun des hommes n'est guère inquiété,
et les tristes imperfections de la vie lui feront des
blessures cuisantes. Le cœur impuissant, toujours
désirant et inassouvi ; les espérances démenties, les
confiances trahies, les illusions écroulées, le bonheur
lui-même douloureux dans son éphémère destin dont
se jouent la marche du temps et la fuite incessante
des choses ; et puis les mensonges sociaux, les bassesses et les vilenies de la lutte, et l'agitation stérile de tout ce qui s'anime dans le recommencement
éternel et stupide de la vie : comment tout cela ne
fournirait-il pas pour les yeux sensibles un spectacle
mélancolique ? Or certains philosophes ont soutenu
nettement que l'aptitude à sentir la douleur morale

peut s'accroître sans qu'il y ait pour cela une augmentation de l'aptitude à sentir la joie. Nous partageons cette opinion assez volontiers, et nous croyons qu'elle s'applique particulièrement aux esprits de poètes, pour des raisons que leur psychologie doit laisser prévoir. N'oublions pas, en effet, que l'aspiration vers un idéal est le geste constant de leur âme. Or cette aspiration est stimulée d'une façon spéciale par le sentiment de l'insuffisance et de l'incomplétude des réalités. Une désillusion éclose au frottement de la vie excite l'esprit à prendre son vol vers d'autres régions, et nous sommes d'autant plus poussés à élever des demeures idéales à nos sentiments, que ces derniers sont souvent frustrés par les choses d'en bas. Inversement, les formes rêvées sont vite reconnues pour ne pas avoir leur correspondance dans un monde actuel. Dans leur envolée, elles s'élèvent si haut, elles s'éloignent si bien de la réalité, qu'elles font cette réalité plus petite et plus imparfaite, laissant le cœur plus déçu et plus altéré. De la marche vers l'Ineffable, une jouissance infinie doit naître ; mais le sentiment de l'inaccessible, qui en est la rançon, vient nuancer cette jouissance d'une teinte de mélancolie. L'âme ressent un plaisir immense à s'élever jusqu'à l'infinie beauté, mais elle éprouve douloureusement son impuissance à l'atteindre ici-bas pleinement, et à posséder en une fois et à jamais les joies extatiques qu'elle soupçonne et dont elle reste toujours distante ; elle s'ouvre à la possession de quelque objet indéfinissable, et en même temps elle se sent enchaînée à la condition

terrestre qui lui rend cet objet purement chimérique ; elle subit un essor dont la tentative l'en-
chante, mais dont l'insuffisance en même temps
l'attriste ; elle sent tout à la fois l'infinité de son
ambition et les bornes de son pouvoir. Ainsi le
pessimisme n'est-il pas lié tout naturellement à la
possibilité de concevoir un monde meilleur, jointe
à l'incapacité formelle de le réaliser, ce qui est justement le propre de l'aspiration et de la poésie ?
Inversement, l'optimisme nous apparaît comme une
conception banale et point poétique d'ailleurs, parce
qu'il est le résultat d'une satisfaction facile chez
une âme replète à bon compte, qui épanouit son
inaltérable quiétude dans un monde bien fait à sa
taille.

D'une façon générale, on peut donc dire que les
conditions *subjectives* de la poésie sont foncièrement
favorables au ton pessimiste. Il reste à chercher si
ses conditions *objectives* s'en accommodent bien.
En d'autres termes, la poésie devant aller au cœur
de tous les humains, on doit se demander si l'accent
de la mélancolie est à même d'éveiller chez eux
l'écho sympathique qu'on recherche dans l'art.

Ici encore, la réponse est affirmative. Si le poète
se plaint en son nom, et si ces douleurs sont les
siennes et les siennes seulement, il pourra déjà
nous émouvoir en nous procurant un réel bonheur :
celui que nous éprouvons chaque fois que nous
sommes pitoyables, car la pitié a sa volupté. Mais
le plus souvent, hâtons-nous de le dire, le poète
qui chante sa douleur chante en vérité les peines
de l'humanité entière. Il chante au nom de tous :

ses souffrances sont les nôtres, ses larmes sont celles de nos yeux, et les paroles qui sortent de sa bouche résonnent dans nos cœurs comme celles d'un ami compagnon de misère. Le plaisir qui découle pour nous d'une telle impression est celui que nous éprouvons généralement à la pensée que d'autres partagent nos maux.

De tout ce qui précède, il semble bien résulter que l'élément douleur réponde aux conditions subjectives de toute poésie d'une part, et que d'autre part il puisse servir d'une manière objective aux fins esthétiques que poursuit le poète. Mais il convient de définir d'une façon bien nette les attributs mêmes de cet élément, car ceux qui veulent voir dans l'art une source à venir d'énergie motrice pourraient exiger du poète qu'il évite la douleur morale, dont les propriétés déprimantes sont bien connues de tous les psychologues. Fournir dans une forme idéale préliminaire les forces émotionnelles nécessaires à l'effort individuel et surtout à l'effort social, n'est-ce pas en effet la mission la plus noble qu'on puisse souhaiter à la poésie? Or cette mission n'est-elle pas sérieusement atteinte si l'on met à son service des agents qui peuvent opérer dans le sens de l'inhibition, du découragement?

Pour répondre à cette objection, il faut bien observer que la douleur morale qui met dans l'aspiration une nuance de mélancolie est d'une qualité tout à fait spéciale. L'aspiration, avons-nous dit, contient la souffrance de l'inaccessible; mais cette souffrance est pleine de sérénité, car on ne désire avec une douleur cuisante que ce qui est possible

et prochain. C'est justement cette nuance de sérénité désintéressée que veut exprimer le mot « mélancolie », quand on l'applique à la poésie. La
mélancolie poétique, si profonde soit-elle, et à
quelque objet qu'elle emprunte sa forme, a toujours une saveur exquise. Elle est douce et enno-
blissante, parce que la douleur, qui devient une
beauté, n'est plus une douleur, mais une élévation
glorieuse et un soulagement. La grandeur de souffrir est dite par Vigny, qui aime « la majesté des
souffrances humaines ». Elle est dite par Musset :
« Rien ne nous rend si grands qu'une grande douleur ; » elle inspire au poète cette consolation
suprême : « Le seul bien qui me reste au monde
est d'avoir quelquefois pleuré. » Elle est dite par
Shelley : « Nos vers les plus doux sont ceux qui
chantent les plus douloureuses pensées. » Elle est
dite par Heine : « Si mon chant n'est pas gai, il
m'a cependant délivré de mon angoisse. » Elle est
dite par Baudelaire lui-même, qui symbolise la
beauté consolatrice devant la douleur dans cette
apostrophe fameuse : « Tu m'as donné ta boue, et
j'en ai fait de l'or. » Elle est dite enfin par Guyau,
un poète en prose : « Pleurer, n'est-ce pas sentir
sa misère et s'élever au-dessus d'elle ? » Ainsi,
souffrir c'est savoir, et savoir c'est grandir, car
c'est prendre et c'est posséder, c'est affirmer, c'est
croire ; c'est vouloir et c'est espérer. N'allons donc
pas chercher au milieu des douleurs vulgaires les
tristesses du poète, pour les juger en physiologistes
et les comparer aux tristesses vécues. Le poète qui
chante *en mineur* sert les besoins de son âme, pour

qui la tristesse est douce. Il regarde pleurer sa
Muse, comme un amant coquet voit pleurer la
femme qu'il adore : émotion profonde, mais émotion provoquée en vue d'un concomitant de jouissance. Au delà de ses souffrances, le poète *veut*
croire ; il *veut* espérer, car cela même est dans son
essence. Quand il crie dans ses vers la désespérance
et la négation, on entend au travers comme des
échos lointains de la croyance et de l'espoir ; et
parmi ses accents de détresse il faut voir s'affirmer
toute sa foi, toutes ses illusions. Un cœur qui aspire
n'est point d'un sceptique, et quand au fond de notre
calice il reste un désir, le pessimisme que nous y
buvons n'est qu'un jeu plaisant. Au sens rigoureux
des mots, il n'est donc point de poésie, si triste
soit-elle, qui exprime une désespérance complète ;
car l'aspiration est dans toute poésie ce qu'il y a
de plus irréductible, et toute poésie renferme de ce
fait, en puissance du moins, une force expansive.

Concluons : la poésie la plus pessimiste recèle,
malgré nous, malgré elle, malgré tout, sa part
d'optimisme fondamental encore que latent et dissimulé. L'optimisme est au cœur des poètes très
naturellement, très foncièrement, comme il est au
cœur des enfants. Au fond du poète comme au fond
de l'enfant veille une flamme immobile et pure,
flamme candide de parfums qu'on brûle, de parfums
très doux comme ceux d'une humanité naissante.
Mais l'enfant demeure au stade primitif de cette
humanité, à ce stade de croyance toute simple et
a priori, où la froide analyse n'a pas encore semé
dans la vie des hommes les grands doutes et les

innombrables découragements dont ils payent leur
marche en avant vers la vérité. Le poète, au contraire, franchit justement d'un bond cette étape douloureuse d'une évolution qui n'est pas achevée pour
s'oublier dans un idéal qui n'est, après tout, qu'une
émanation anticipée de l'optimisme futur.

Connaissant les rapports généraux de la mélancolie et de la poésie, il est plus facile d'en mesurer
les applications au point de vue spécial qui nous
intéresse.

Or déjà, d'après ce qui précède, il n'est pas permis
de croire que les plaintes aient été créées par la
poésie française des dernières années. Les plaintes
sont bien de tous les temps, et la mélancolie des
poètes modernes nous apparaît simplement comme
une forme plus réfléchie d'une tendance dont on
retrouve facilement les traces dans la poésie
antique. Elles sont aussi de tous les lieux, et les
poètes étrangers du xixᵉ siècle ont eu des accents
non moins désolés que les nôtres. En Allemagne,
c'est Lenau anxieux et découragé ; c'est l'ironique
Henri Heine, dont le rire est d'un malheureux et
dont la moquerie cache un cri de douleur. En
Angleterre, c'est Shelley tout idéaliste et se plon-
geant néanmoins avec amertume dans une théorie
très désespérée des choses d'ici-bas ; c'est Byron
bien plus sombre encore, Byron glorifiant le néant.
En Italie enfin, c'est Léopardi, chez qui le désespoir de vivre atteint son apogée.

Les poètes français des dernières années ont
exprimé la douleur morale sous tous ses aspects ;
mais il semble qu'avec le temps leur pessimisme

ait changé de formule. Nous croyons pouvoir définir qu'après avoir eu la *tristesse* comme contenu chez les romantiques et les parnassiens, elle a eu l'*ennui* comme représentation dominante parmi les symbolistes et les décadents. La distinction est grosse d'importance pour le psychologue. La *tristesse*, en effet, implique une activité interne ; elle est précise, raisonnée dans son origine et franchement définie dans son objet. L'*ennui* est essentiellement passif ; il est vague et irraisonné, sans objet bien déterminé, sans origine nettement affirmée ; il est moins une douleur qu'un malaise. Or, si la douleur est parfois très riche d'éléments dynamogéniques, le malaise est le témoignage assez habituel d'un défaut de réaction ou d'un épuisement.

M. Canat[1], dans un remarquable travail, s'est appliqué à montrer que la douleur morale des romantiques et des parnassiens est en grande partie faite de « solitude ». L'isolement du « moi » sous toutes ses formes est un sentiment pénible, dont ils ont fait pour la plupart le centre de leurs plaintes et la base de leur pessimisme.

La solitude de l'intelligence humaine en face du problème métaphysique, voilà une première souffrance. Ce n'est point certes misère d'exception ; c'est la peine de toute âme qui veut réfléchir. Nous ne savons d'où nous venons ni où nous allons. Cette énigme de notre origine et de nos destinées entretient chez Vigny une angoisse poignante. Le *Mont des Oliviers* nous dit l'isolement religieux

---

[1] CANAT, *le Sentiment de la solitude morale chez les romantiques et les parnassiens*.

d'une âme dont les plaintes à Dieu restent sans écho. Du désastre de nos illusions, du néant des choses d'ici-bas, nulle certitude ne se dégage qui nous soutienne dans l'espoir d'un avenir meilleur. Les cieux sont vides, et à celui même qui se disait son fils Dieu n'a pas répondu.

Cette solitude religieuse de l'âme, Leconte de Lisle l'a redite en termes non moins fameux. Pour bercer leur rêve enfantin, les hommes d'autrefois inventèrent des dieux ; mais voici que le dernier d'entre eux va passer. A la prière des cœurs tourmentés rien ne peut répondre du haut du ciel, car

> ... pour user un Dieu deux mille ans ont suffi,
> Et rien n'a palpité dans sa cendre inféconde.

Si l'homme est sans Dieu, il n'est pas mieux écouté de la nature elle-même. La nature est indifférente à toutes nos misères ; elle est lointaine, elle est étrangère, bien que nous entourant et nous enserrant de toutes parts. Elle n'a pas besoin de notre humanité : notre humanité se fondra, et la nature poursuivra sans elle, toujours aussi calme et sereine, son éternelle destinée. Dans la *Maison du berger,* Vigny s'exaspère de la durée insolente du décor par rapport à celle de la « passagère et sublime marionnette ». Et c'est encore à cette même solitude devant la nature que nous ramène la *Fontaine aux lianes* de Leconte de Lisle :

> ... Les bois sous leur ombre odorante,
> Épanchant un concert que rien ne peut tarir,
> Sans m'écouter, berçaient leur gloire indifférente,
> Ignorant que l'on souffre, et qu'on puisse en mourir.

Non seulement les âmes n'ont trouvé dans Dieu et dans la Nature ni confident ni consolateur, mais elles restent isolées entre elles et ne communiquent point. On se rappelle comment Sully-Prudhomme a symbolisé cette philosophie dans la *Voie lactée*. Musset, dans *la Coupe et les lèvres*, avait exprimé déjà cette séparation des âmes :

L'âme, rayon du ciel, prisonnière invisible,
Souffre dans son cachot de sanglantes douleurs...

Le poète reconnaît, hélas ! que la personnalité de chacun de nous garde jalousement son secret. Quelque volonté que nous en ayons, nous ne pouvons jamais nous livrer d'une manière totale, car tout ce qui est signe est mensonge : la parole trompe l'idée, la gaieté des yeux fausse la joie du cœur, les larmes que nous versons ne montrent de nos chagrins que la surface, et nous n'échangeons après tout que des banalités.

Ainsi, dans cette société humaine il y a des hommes et des femmes qui ont l'air de se mêler et qui ne se mêlent pas. Et, au milieu de toutes ces solitudes, l'âme supérieure est encore plus exilée que toutes les autres. Le *Moïse* de Vigny nous dit les misères de l'homme de génie que sa grandeur isole du reste de l'humanité :

J'ai marché devant tous, triste et seul dans ma gloire...

Puis, après Vigny, c'est Leconte de Lisle souffrant de vivre sur la terre d'exil, au milieu d'hommes « tueurs de dieux » qui ne connaissent plus la grâce ni la poésie. Et Sully-Prudhomme nous ramène encore à des préoccupations analogues dans la *Mer* et le *Peuple s'amuse*.

Mais le poète ne souffre pas seulement de sa solitude comme homme supérieur. Il souffre en tant qu'homme d'être seul dans sa passion, seul dans son amour. C'est l'éternel mensonge amoureux que symbolise Vigny dans sa *Colère de Samson*. L'amour n'est qu'un leurre, une occasion de souffrances, dont les courtes joies sont payées de tortures, et la femme n'est pas plus indulgente que la nature même, car

... plus ou moins, la femme est toujours Dalila.

Faut-il rappeler aussi comment Musset met en évidence la solitude des âmes dans l'union amoureuse des corps? On trouve, dans sa *Confession d'un enfant du siècle*, cette phrase explicite : « Pendant que tes lèvres touchaient les siennes.... vous étiez plus loin l'un de l'autre que deux exilés aux deux bouts de la terre, séparés par le monde entier. »

Mais c'est bien Sully-Prudhomme qui est par excellence le poète de l'amour aux nobles souffrances, que les *Vaines tendresses* révélaient déjà et que les *Solitudes* vont nous confirmer. Il y a chez lui comme une notation scrupuleuse de tous les genres d'isolement au point de vue que nous envisageons maintenant. Ici, dans un *Sonnet*, c'est un cœur qui s'attache à qui ne l'aime pas et qui, par dégoût ou par lassitude, ne s'attache pas à qui peut l'aimer ; là, dans les *Stalactites*, c'est un cœur dépossédé qui pleure son ancien deuil toujours gisant au fond de lui-même, malgré l'apaisement du temps ; ailleurs, dans *Un exil*, c'est ce même cœur cherchant en vain pendant toute sa vie la femme qu'il aimerait ; puis c'est encore ce cœur aboutissant par résignation à une métaphysique de l'amour, d'après laquelle toute éternité n'étant qu'illusion, la passion doit être vue *de Loin* :

> J'accepte le tourment de vivre éloigné d'elle...
> Je l'aime sans désir, comme on aime une étoile,
> Avec le sentiment qu'elle est à l'infini.

Mais cependant, ne se pourrait-il pas que les âmes fussent unies par l'union des corps ? Non : l'union des corps est une duperie, et leurs étreintes ne sont qu'une chimère. *Corps et âmes* ne jouissent pas des mêmes avantages ; les lèvres de chair peuvent se répondre, mais les âmes restent éternellement distantes :

> Elles se sentent bien parentes,
> Mais ne peuvent pas se mêler.

La mère embrasse son enfant, mais elle sent bien que dès sa naissance cet enfant s'est éloigné d'elle :

> O femme, vainement tu serres dans tes bras
> Tes enfants, vrais lambeaux de ta plus pure essence.
> Ils ne sont plus toi-même, ils sont eux les ingrats.
> Et jamais, plus jamais tu ne les reprendras...
> On ne peut mettre, hélas ! tout le cœur dans la main,
> Ni dans le fond des yeux l'infini des pensées.

Les amants s'enlacent; ils meurent de plaisir, et ils sont encore dans la solitude :

> Et vous, plus malheureux en vos tendres langueurs
> Par de plus grands désirs et des formes plus belles,
> Amants que le baiser force à crier : « Je meurs ! »
> Vos bras sont las avant d'avoir mêlé vos cœurs,
> Et vos lèvres n'ont pu que se brûler entre elles...

Ainsi, l'humanité nous apparaît comme exilée dans le « petit cachot de l'univers ». Rien au-dessus ni autour d'elle. Dieu est muet, la nature est vide, et les âmes prisonnières d'elles-mêmes s'interrogent en vain. Quoi de plus triste comme conclusion? Et cette tristesse ne pouvait moins faire que d'appeler les désespérances d'un Musset, d'un Lamartine ou d'un Théophile Gautier.

Toutefois cette douleur morale des romantiques et des parnassiens est une douleur chercheuse et préoccupée; et un tel état d'âme n'est pas détourné de l'action. Sans doute, le dégoût de la vie est assez ancré chez Musset et chez Gautier. Mais le premier est neurasthénique : la fragilité de sa machine et la révolte indomptable de ses nerfs apportent à sa lassitude une raison nettement personnelle; le second est un dilettante qui parle de la mort avec détachement, mais il faut voir dans son désespoir moins une conviction, peut-être, qu'une attitude. Lamartine est désespéré parfois; et pourtant son âme a des éclaircies, car la résignation chrétienne semble au poète un remède suffisant aux peines de la vie. Leconte de Lisle est stoïque : repoussant la consolation religieuse, il se fait une consolation à

lui dans le courage orgueilleux et la fermeté silencieuse d'une âme qui se montre plus forte que la
douleur même et qui la méprise. Au milieu des
tristesses humaines, il se compose un visage tranquille, une face impassible; il triomphe de l'agitation
de son cœur :

> Tais-toi. Le ciel est sourd, la terre te dédaigne.
> A quoi bon tant de pleurs, si tu ne peux guérir?
> Sois comme un loup blessé qui se tait pour mourir
> Et qui mord le couteau de sa gueule qui saigne.

Le poète arrive à l'apaisement par la philosophie
de l'éternelle vanité. A quoi bon maudire? Mieux
vaut admirer. Puisque Dieu nous dérobe sa face,
ne nous attardons pas à gémir sur le « pétrisseur
de l'antique limon »; si la Nature est indifférente,
acceptons son dédain comme une loi.

Déjà, dans cette attitude dédaigneuse et forte, on
voit le culte de la volonté. Mais ce culte a quelque
chose d'un peu renfermé; sa rigidité hautaine n'a
rien qui l'anime et qui le vivifie. C'est dans Alfred
de Vigny et c'est aussi dans Sully-Prudhomme
qu'il faut voir la tristesse de vivre aboutir à la
noble philosophie de l'effort et du sacrifice comme
source de bonheur.

Vigny croit la vie mauvaise, mais il n'abdique
pas. Au Dieu indifférent et à l'insouciante nature,
il répond d'abord, lui aussi, par le calme de la
résignation stoïque. Mais il fait mieux. Il songe à
l'action. Si Dieu nous abandonne, nous nous pas-
serons de lui; si la nature nous écrase, nous avons
du moins la satisfaction de le savoir, et, savoir étant

le commencement d'agir, un jour viendra peut-être
où nous triompherons. La *Bouteille à la mer* n'est
pas d'un découragé :

> Qu'importe oubli, morsure, injustice insensée,
> Glaces et tourbillons de notre traversée !
> Sur la pierre des morts croît l'arbre de grandeur.

Et, de la simple résignation, le poète s'élève tout
naturellement jusqu'au sentiment de solidarité qui
doit unir tous les hommes entre eux, du fait même
de leur infortune. « Il m'est arrivé, écrit-il dans
son *Journal,* de passer des jours et des nuits à me
tourmenter de ce que devaient souffrir les personnes
qui ne m'étaient nullement intimes et que je n'aimais pas particulièrement... Un instinct involontaire me forçait à leur faire du bien sans me
laisser connaître. C'était l'enthousiasme de la pitié,
la passion de la bonté que je sentais en mon cœur. »
Du sentiment de la commune misère des hommes
se dégage la notion d'une égalité dans la souffrance,
et du sentiment de cette égalité naissent à leur
tour ceux de la justice et de la charité. La souffrance
participe de l'humaine nature : pour l'atténuer en
nous-mêmes, cherchons à en soulager les autres.
Voilà bien un appel secret à l'effort désintéressé
comme principe de renaissance et de bonheur à
venir.

Sully-Prudhomme a des défaillances, des doutes,
des hésitations qu'explique le conflit d'un esprit
d'analyse subtile et d'un cœur d'une rare sensibilité.
Il laisse même échapper, dans sa pièce du *Vœu,* un
des cris les plus pessimistes qui puisse sortir d'une

poitrine humaine. Dans les *Ailes* et dans la *Sieste*, dans la *Vie de loin*, on peut entrevoir tantôt un accent de pitié mêlée parfois d'une certaine horreur, tantôt un dégoût de l'action et même du désir. Mais tout cela n'est que du provisoire : c'est la longue étape d'une moralité tourmentée par le scrupule, ce sont les méandres d'une inquiétude qui se poursuit sans trêve entre l'aspiration la plus ardente vers un idéal sans bornes et la notion la plus scientifique et la plus précise d'une réalité très profondément scrutée. Quand le poète cherche les *Destins*, quand il pose pour l'humanité le problème du *Bonheur*, c'est dans l'action résignée et dans le sacrifice de soi qu'il découvre en définitive la raison finale d'exister. Une possession assurée supprime le désir, et dans le désir seul réside la jouissance :

> Ni la toute-puissance même,
> Ni même l'absolu savoir,
> Ne confèrent le bien suprême...

L'homme se contentera donc d'une vie où la fragilité des choses est un élément de leur charme, et où la douleur est la condition de la joie. De l'accomplissement du devoir dépend le bonheur; car l'absence de tout effort à faire, de tout événement à souhaiter, ne produirait que l'ennui. C'est ce désenchantement de l'inaction et de la possession complète qui attend *Faustus* et *Stella* dans les sphères extra-planétaires où ils vont s'élever. Les amants abandonnent la terre, et là-haut tout est fait pour combler leurs vœux. Mais voici que cette satisfaction suprême leur devient odieuse. L'amour

même entre deux êtres que l'éternité unit, parce
qu'il est sans mystère, sans trouble et sans crainte,
est aussi sans bonheur et sans enthousiasme. *Stella*
interroge *Faustus* sur la cause de son anxiété, et
Faustus lui avoue qu'il voudrait retourner sur la
terre pour reprendre la lutte de la vie et pour se
sentir, par l'effort désintéressé, digne d'une félicité
qui n'existe pas en dehors de lui. Ainsi, à quelques
exceptions près, le pessimisme des romantiques et
des parnassiens n'implique pas une inhibition,
parce qu'il est fait d'une *douleur active,* d'une douleur qui se connait et qui se définit. De leur tristesse il sort très souvent, au contraire, une moralité
d'action. Si la vie était bonne, nous n'aurions guère
lieu de nous secourir. C'est parce que nous la
jugeons mauvaise que, pour la supporter, nous nous
serrons les uns contre les autres et nous nous
aidons mutuellement. Si la vie était bonne, nous
n'aurions qu'à la prendre ainsi, sans réforme et
sans correction. C'est parce que nous la jugeons
mauvaise que nos efforts convergent à l'améliorer
sans cesse, à diminuer la somme de ses maux et le
bilan de ses iniquités. Si la vie était bonne enfin,
elle serait à elle-même son objet et son but final;
l'idéal en serait à jamais banni, et nos fonctions
seraient réduites à deux : la conservation de l'individu et la propagation de l'espèce. C'est parce que
nous la jugeons mauvaise, que nous essayons de la
tromper. Alors, comme le dit Brunetière : « De là,
voyez-vous ce qui sort? C'est l'art, c'est la philosophie, ce sont les religions; c'est tout ce qui, dans
le cours de sa longue histoire, a distingué l'homme

de l'animal; c'est enfin dans le présent et dans l'avenir, comme dans le passé, tout ce qui communique à la vie une valeur et un prix qu'elle n'a pas d'elle-même[1]. » Le pessimisme n'est donc dangereux que pour ceux qui ne savent point ses qualités profondes comme source d'action.

Or, chez la plupart des poètes d'hier, ce n'est plus cette tristesse féconde que nous découvrons. Les symbolistes et les décadents disent à chaque instant leur souffrance morale; mais cette souffrance est moins une recherche anxieuse qu'une fatigue un peu désœuvrée. Ils exhalent leur malaise en des poses languides, et leur lassitude s'épuise en bâillements.

Nous ne prétendons pas que l'ennui soit l'apanage exclusif de la poésie des dernières années. Toutefois la « solitude morale » des romantiques et des parnassiens était plutôt le prélude de l'ennui que l'ennui nettement caractérisé. Les romantiques et les parnassiens ont trop discuté sur les causes de leur solitude pour avoir le temps de s'abandonner à elle complètement et de la savourer d'une façon passive, si l'on peut ainsi s'exprimer; ils ont été trop préoccupés de mettre en évidence le néant de ce qui nous entoure pour avoir éprouvé cette suspension de l'activité qui est le propre de l'ennui, et à laquelle aboutissent souvent les constatations décevantes. Mais cet ennui, ils l'ont préparé justement pour leurs successeurs. La génération suivante, en effet, a pu considérer comme jugée définitivement

---

[1] BRUNETIÈRE, *loc. cit.*

et irrémédiablement la vanité des choses d'ici-bas ;
elle en a donc éprouvé toute la lassitude. Et comme
ses facultés d'analyse se sont remarquablement développées dans le sens de l'introspection, elle est
restée comme hypnotisée dans la perpétuelle contemplation de ses malaises ; elle s'est regardée
savourer son spleen. Au lieu d'accumuler en les
discutant les raisons du *tædium vitæ*, ce *tædium
vitæ* elle l'a éprouvé en bloc, elle l'a ressenti en
tant qu'état affectif, et elle demeure face à face
avec lui, indéfiniment. Chez les romantiques et
les parnassiens, l'âme était dans la solitude en présence du Monde ; chez les symbolistes et les décadents, elle est dans la solitude en présence d'elle-
même. Les premiers ont dit les désillusions qui
leur viennent du milieu de la vie ; les seconds s'en-
ferment en eux-mêmes, et ils y trouvent de nouveaux
déboires. Plutôt que de voir au dehors, ils regardent
en dedans ; ils observent scrupuleusement le défilé
de leurs pensées, de leurs émotions et de leurs
rêves ; mais voici encore que toutes ces pensées,
toutes ces émotions et tous ces rêves passent comme
quelque chose d'aussi indifférent, d'aussi étranger
à leur moi que les objets du monde. Et leur âme
demeure isolée en face de ce qui la compose : elle
se regarde, elle se mire, et dans son image elle ne
découvre encore que le néant. Voilà bien le véritable ennui.

Déjà chez Sully-Prudhomme, qui est le plus
acharné et le plus subtil dissecteur de soi parmi
les poètes modernes, l'ennui, l'ennui vrai s'exprime
dans la *Pluie*, dans la *Fin du Rêve*. Mais c'est à

la génération qui procède directement de Baudelaire et de Verlaine qu'il faut maintenant laisser la parole.

Les poètes d'hier ont symbolisé l'*ennui* sous les formes les plus variées.

Georges Rodenbach nous le place assez justement parmi les grisailles des pays brumeux :

Le gris des ciels du Nord dans mon âme est resté...

Ou bien encore, il l'inonde de pluie :

Pluie étrange. Est-ce un filet où l'âme se mouille
Et se débat?. . . . .
. . . . Attraction des pleurs !
La pluie apporte en nous les tristesses de l'heure.

Et il pleut encore chez Ivanhoé Rambosson :

... Baisers d'eau de la nuit : c'est la douceur
Très compatissante d'une sœur
Et que j'aime.

Et aussi chez Maurice Rollinat :

La pluie infiltre en moi des rêves obsédants
Qui me font patauger lentement dans les boues...
Je suis tout à la pluie! A son charme assassin,
Les vers dans mon cerveau ruissellent comme une onde :
Car pour moi, le sondeur du triste et du malsain,
C'est de la poésie atroce qui m'inonde.

Avec Émile Verhaeren, la pluie fait place à la neige :

La neige tombe indiscontinûment
Comme une lente et longue et pauvre laine,

Parmi la morne et longue et pauvre plaine,
Froide d'amour, chaude de haine.

Verlaine avait dit déjà :

Il pleure dans mon cœur
Comme il pleut sur la ville. .

Et ailleurs :

Dans l'interminable
Ennui de la plaine,
La neige incertaine
Luit comme du sable.

Verhaeren nous offre, par contre, un symbole
nouveau lorsqu'il fait surgir son crapaud lugubre :

Le vieux crapaud de la nuit glauque
Vers la lune de fiel et d'or,
C'est lui, là-bas, dans les roseaux,
La morne bouche à fleur des eaux,
Qui rauque.

. . . .

Monotones, à fleur des eaux,
Monotones, comme des gonds,
Monotones, s'en vont les sons
Monotones, par les automnes,

. . . .

Les lamentables lamentos
Du vieux crapaud de mes sanglots.

Et voici venir à leur tour les paons de Mæterlinck :

Les paons nonchalants, les paons blancs ont fui,
Les paons blancs ont fui l'ennui du réveil;
Je vois les paons blancs, les paons d'aujourd'hui,

Les paons en allés pendant mon sommeil,
Les paons nonchalants, les paons d'aujourd'hui,
Atteindre indolents l'étang sans soleil;
J'entends les paons blancs, les paons de l'ennui,
Atteindre indolents les temps sans soleil.

L'ennui est une douleur vague, indéterminée, une douleur sans cause. Il a souvent sa source lointaine dans tout un amas complexe et mal défini de peines quelquefois minimes mais accumulées, stagnantes et comme croupissant dans la subconscience. Mais l'âme qui s'ennuie est incapable d'objectiver nettement son mode de souffrance, de situer cette souffrance dans quelque représentation, de lui donner en un mot une forme et une consistance :

... Il pleure sans raison
Dans ce cœur qui s'écœure.
Quoi ! nulle trahison ?
Ce deuil est sans raison.

C'est bien la pire peine
De ne savoir pourquoi,
Sans amour et sans haine,
Mon cœur a tant de peine.

Après Verlaine, bien d'autres ont exprimé sous différentes formes ce trait important de la psychologie de l'ennui.

Mallarmé nous le fait pressentir aussi :

Mordant la terre chaude où poussent les lilas,
J'attends, en m'abîmant, que mon ennui s'élève.

Et Rodenbach :

O soir, quel est donc le poison
Que parmi tes crêpes tu blutes,

Pour que j'aie encore ces rechutes?...
Mal du soir qui si mal m'atteint,
Que c'est comme une maladie,
Et rien d'humain n'y remédie.

Puis Ephraim Mikhael :

L'ennui descend sur moi comme un brouillard d'au-
Que le soir épaissit de moment en moment,   [tomne
Un ennui lourd, accrû mystérieusement,
Qui m'opprime de nuit épaisse et monotone.

Pourtant nul glorieux amour ne m'a blessé...

Et André Rivoire :

Je suis triste ; je n'ai rien fait de ma pensée ;
Pourtant j'ai l'âme vide et le front douloureux.
Je sens trop qu'en mon cœur ma tendresse est lassée,
Et pourtant je n'ai rien que n'être pas heureux.

Une âme qui s'ennuie trouve la vie terriblement
« quotidienne », pour rappeler l'expression de
M. Jules Laforgue. C'est que pour elle une immense
monotonie s'élève de toute chose :

... On n'a qu'à contempler, on s'ennuie,
On ne tient à rien, tout est déjà fait.
Et puis quand tout semble s'être défait,
On a l'âme pleine de pluie.

(CAMILLE MAUCLAIR, *Sonatines d'automne.*)

Par-devant l'ennui, tout ce qui s'anime ici-bas
s'épuise pour revivre encore en un recommencement
stupide et décourageant :

Voici d'anciens désirs qui passent,
Encor des songes de lassés,

Encore des rêves qui lassent;
Voilà les jours d'espoir passés !

(MAURICE MÆTERLINCK, *Serres chaudes.*)

Et de tout cela il s'échappe une sensation de vide :

Rien n'a distrait mes yeux immobiles sans trêve;
Rien n'a rempli mon cœur toujours vide, qui rêve
Sur l'incommensurable mer de mon ennui;

Et le Néant m'a fait une âme comme lui.

(ALBERT SAMAIN, *Au jardin de l'Infante.*)

Pour l'âme qui s'ennuie, il n'est point de désir. Nulle chose n'est intéressante, nul but ne vaut d'être poursuivi, car le sentiment du néant interrompt l'effort. Désirer, aspirer, vouloir : à quoi bon ?

Enténébrant l'azur, le soleil et les roses,
Tuant tout, poésie, aromes et couleurs,
L'ennui cache à mes yeux la vision des choses
Et me rend insensible à mes propres malheurs...

(ROLLINAT, *les Névroses.*)

Plus souvent encore, il flotte dans cette âme mille désirs larvaires, informes, évanescents, dont aucun n'arrive à se constituer stable et définitif. L'ennui se fatigue d'être où il est, et voudrait être où il n'est pas :

Au-dessus de la terre acharnée et falote,
La Vie est comme un grand violon qui sanglote...
O mon cœur, laisse-moi m'envelopper d'ailleurs.

(ALBERT SAMAIN, *Au jardin de l'Infante.*)

Mais l'âme s'évertue en vain. Elle veut se fuir et elle se poursuit. Elle se fait escorte à elle-même, comme un compagnon odieux qu'elle retrouve partout :

> Où vivre ? Dans quelle ombre
> Étouffer mon ennui ?
> Ma tristesse est plus sombre
> Que la nuit.

> (JEAN RICHEPIN, *Nivôse*.)

S'il est un sentiment dont l'intensité doive, en apparence, échapper aux atteintes de l'ennui, c'est l'amour ; car l'amour comporte une activité, un appel de vie, un épanouissement de notre être affectif. Pure illusion ! Quand l'amour est défunt, ne reste-t-il pas, sur les lieux de l'idylle, la triste moisson des songes douloureux ? Le jardin devient un cimetière, et sous les fleurs penchées se creusent des tombeaux :

> Le Silence entre nous marche... Cœurs de mensonges,
> Chacun, las du voyage et mûr pour d'autres songes,
> Rêve égoïstement de retourner au port.
> Mais les bois ont, ce soir, tant de mélancolie,
> Que notre cœur s'émeut à son tour et s'oublie
> A parler du passé, sous le ciel qui s'endort,
>
> Doucement, à mi-voix, comme d'un enfant mort...

> (ALBERT SAMAIN, *Au jardin de l'Infante*.)

Au sein même de la volupté, il y a place pour la lassitude :

> L'amour est lourd. Mon âme est lasse...
> Quelle est donc, chère, sur nous deux
> Cette aile en silence qui passe ?

> (ALBERT SAMAIN, *Au jardin de l'Infante*.)

L ennui jette une note de tristesse languide jusque
dans la joie et l'épanouissement. Il teinte de gri-
saille les tableaux les plus frais et les plus sou-
riants. Aussi bien nos poètes expriment-ils parfois
en termes navrés les circonstances les plus réjouis-
santes. On se rappelle les vers bien connus de
Verlaine :

> Le ciel était trop bleu, trop tendre,
> La mer trop verte et l'air trop doux.
>
> . . . .
>
> Du houx à la feuille vernie
> Et du luisant buis je suis las.

Chez Mallarmé, on peut lire aussi :

> Le printemps maladif a chassé tristement
> L'hiver. . . . .

Voilà qui est fort singulier : accueillir par des
gémissements le renouveau de la gaieté, de la force
et de la vie. Mais cette étrangeté est bien défendable. Il est naturel sans doute de vibrer aux joies
du printemps. Mais ces joies n'ont-elles pas leur
mélancolie ? L'optimisme est superficiel aux cœurs
profonds. La nature en fête évoque par contraste
un sentiment douloureux qui pénètre dans la
gaieté, la trouble et la corrompt jusqu'à la souffrance. Cette nature qui resplendit de couleurs
éclatantes, n'a-t-elle pas en elle son germe de
mort ? Les rayons du jour n'auront-ils pas leur fin
dans la nuit ? Et le bonheur qui commence ne naît-
il pas au sein de la douleur, puisqu'il naît dans
la fuite des choses qui est l'éternelle misère de la
vie ?

Albert Samain, plus que tout autre, a su déposer du fiel au fond de la coupe enchantée où il est abreuvé de délicieuses langueurs :

> Le parc est sombre comme un gouffre,
> Et c'est dans mon cœur orageux
> Comme un mal de douceur qui souffre.

L'ennui confine bien souvent au désir d'anéantissement. Il s'en dégage une note de découragement final. Chez Baudelaire, c'est une lassitude de vivre incroyable. L' « insupportable vie » lui apparaît comme une corvée de forçat : « Sue donc, esclave ! Vis donc, damné ! » dit-il dans les *Petits poèmes en prose*. Et dans ses *Fleurs du mal*, c'est à toutes les lignes le bâillement d'une âme qui s'écœure, l'intonation râlante d'un cerveau qui s'épuise et réclame l'achèvement de soi-même. C'est le *Spleen*, c'est la *Cloche fêlée*, c'est le *Gouffre*, c'est le *Recueillement*, c'est la *Fin de la journée*, c'est le *Goût du néant*, c'est *Une mort joyeuse*,... c'est tout le recueil qu'il faudrait citer. Chez Verlaine, c'est encore cette éternelle lassitude, cet irréductible découragement qu'expriment la *Chanson d'automne*... et combien d'autres pièces encore dans l'œuvre complète !

Samain symbolise aussi l'inéluctable découragement qui nous vient de l'usure :

> Je n'ai plus le grand cœur des époques nubiles,
> Où mon sang eût jailli, superbe, en maints combats.
> Le sang coule si rare en l'Empire si las !...

. . . .

> Craintive et repliée au centre de sa vie,
> Notre âme est sans amour, sans haine, sans envie;
> Et l'Ennui dans nos cœurs neige, silencieux...

Et, pour rompre l'ennui, il appelle, comme une ivresse inconnue, la volupté de mourir :

> Sur les tapis
> Assoupis,
> Une rose blessée et penchante agonise;
> Et le désir
> De mourir
> Comme une extase en nous monte et se divinise.

Verhaeren exprime son dégoût de soi-même en termes plus rudes. Son verbe puissant clame les lassitudes que chuchotent à mi-voix les mots pâles et fuyants de Samain, les subtilités de Rodenbach ou les câlineries de Verlaine :

> Aigu d'orgueil, crispé d'effort,
> Je râcle en vain mon cerveau mort...

Puis c'est encore Rollinat traînant sa désespérance et demandant grâce :

> Inspire-moi l'effort qui fait qu'on se relève.
> Enseigne le courage à mon corps éploré,
> Sauve-moi de l'ennui qui me rend effaré
> Et fourbis mon espoir, rouillé comme un vieux glaive.

Ainsi, tandis que la douleur prend un caractère assez souvent dynamogénique chez les romantiques et les parnassiens qui sont avant tout des anxieux ou des révoltés, elle est nettement inhibi-

trice chez les symbolistes et les décadents qui
sont, à quelques exceptions près, des blasés se mor-
fondant de dégoût ou des fatigués se mourant
d'épuisement.

C'est que l'ennui est bien par lui-même un arrêt,
une inhibition. Il est la fin de notre volonté,
puisqu'il tue nos désirs et que sans eux il n'y a
pas de vouloir, et il est aussi même la fin de notre
vie ; car dans le vouloir, seul réside le devenir, qui
est pour le présent l'unique raison d'être. Or cet
ennui dont les bases, peut-être, sont moins psychologiques que physiologiques, cet ennui qui procède
d'un ralentissement de toute activité vitale, cet
ennui où s'épuisent toutes les énergies, est le
résultat rationnel d'une vie de surmenage et de raffi-
nement à outrance. C'est dire qu'il est l'apanage des
civilisations avancées, et le fruit d'une intelligence
et d'une sensibilité mûrement préparées. Le sentiment du néant de la vie est un mal qui ne s'adresse
qu'aux esprits assez « avancés », au sens biologique
du mot, pour subir la résultante affective des notions
emmagasinées sur la fatalité, la banalité, la répétition éternelle et l'essentielle pauvreté des actes
humains. L'ennui est donc le produit et comme la
« séquelle » d'une opération intellectuelle prolongée. Mais l'intelligence, à son tour, peut avoir sur
lui un certain pouvoir. Après l'avoir subi, il lui
appartiendra de le dominer et de s'en rendre maîtresse par un retour à l'activité.

Concluons donc. La douleur morale est bien la
note dominante des poètes d'hier. A la nostalgie de
l'irréalisable éprouvée par leurs maîtres, ils ont

ajouté le dégoût du réalisé. Leur *ennui* est la conséquence naturelle d'une étape antérieure de *tristesse active* dont il procède logiquement. Il n'implique pas forcément une tare chez ses représentants ; mais il traduit un état d'âme provisoire, et
qui attend une issue. Cette issue, quelques-uns
l'ont vainement cherchée dans le tourment des
émotions rares et le prurit des extravagances. Mais
l'échec même de leur entreprise désigne aux poètes
futurs la voie de délivrance : il appelle le retour à
l'effort, le culte de la volonté et la foi dans la
beauté de vivre.

B. LA TECHNIQUE : LE SYMBOLISME

Vers 1880, un groupe de jeunes gens se réunis-
saient chaque soir dans un café du quai Saint-
Michel, pour y dire des vers. Ils se nommaient les
« hydropathes ». Quelques années plus tard, la
société quitta son établissement pour dresser sa
tente au « François-Ier ». Elle abandonna également
son nom. L'épithète de « décadents » fut attachée
à ses habitués par quelques critiques, sans doute
dans une intention de raillerie ; mais l'expression
ne leur déplut pas : ils s'en emparèrent. Le terme
avait pourtant quelque chose d'hirsute et de mal
famé : « symbolistes » parut une appellation plus
noble et d'ailleurs révélatrice d'une tendance à peu
près commune.

En vérité, et sans rien préjuger des intentions
louables auxquelles nous ferons allusion tout à

l'heure, cette tendance à peu près commune avait pour résultat immédiat de mettre au jour des vers écrits dans une langue baroque qui devait dérouter le bourgeois profondément ahuri et tout à fait incapable d'y rien comprendre.

Deux hommes non dénués de valeur, et au demeurant fort dissemblables et complètement étrangers l'un à l'autre par leur milieu et leur genre de vie, semblaient orienter la jeunesse d'alors. L'un, Mallarmé, mondain et austère à la fois, réunissait dans son domicile un cénacle d'intellectuels très épris de sa parole charmeuse et de ses manières courtoises : il esthétisait rue de Rome, grave, sentencieux, aristocratique. L'autre, Verlaine, plébéien répandu par les ruelles du quartier latin, promenait son bâton de cornouiller devant les étalages et distribuait de comptoir en comptoir ses amitiés et ses bons conseils, s'attardant là toute la nuit durant et jusqu'au matin.

Stéphane Mallarmé avait opéré des bouleversements syntaxiques terriblement osés : il déconcertait par les tropes imprévus, les syllepses déroutantes, les incidentes qui n'en finissent plus, et bien d'autres choses encore. Il composait des sonnets dans le genre du suivant :

Sans trop d'ardeur à la fois enflammant
La rose qui, cruelle ou déchirée, et lasse
Même du blanc habit de pourpre, le délace
Pour ouïr dans sa chair pleurer le diamant.

Oui, sans ces crises de rosée et gentiment
Ne brise quoique, avec, le ciel orageux passe

Jalouse d'apporter je ne sais quel espace
Au simple jour le jour très vrai du sentiment

Ne te semble-t-il pas, disons, que chaque année
Dont sur ton front renaît la grâce spontanée
Suffise selon quelque apparence et pour moi

Comme un éventail frais dans la chambre s'étonne
A raviver du peu qu'il faut ici d'émoi
Toute notre native amitié monotone.

Paul Verlaine s'écartait sensiblement moins de
la compréhension commune, mais il avait par
endroits des façons qui pouvaient surprendre. On
lisait par exemple :

Que soient suivis des pas d'un but à la dérive
Hier encor, vos pas eux-mêmes tristes, ô
Si tristes, mais que si bien tristes ! Et qui vive
Encore, alors ! Mais par vous pour Dieu ce roseau,
Cet oiseau, ce roseau sous cet oiseau, ce blême
Oiseau sur ce pâle roseau fleuri jadis,
Et pâle et sombre, spectre et spectre noir : moi-même
Surrexit hodie, non plus *De profundis...*
Avez-vous comme su, moi je l'ai, qu'il fallait
Peut-être bien, sans doute, et quoique et puisqu'en
                                                    [somme
Éprouvant tant d'estime et combien de pitié
Laisser monter en nous, fleur suprême de l'homme,
Franchement, simplement, largement, l'amitié.

Ce langage amphigourique n'était peut-être pas
une si grande surprise pour les érudits. On retrouve
en effet dans les *Litanies romantiques* de Balzac,
parodie publiée dans la *Caricature* du 9 décembre 1830, quelque chose de très analogue. C'est

une lecture faite par un poète dans un cénacle. Le poète lit : « Voici des pensées d'homme. — Orphelin... — des livres, des études ! — Apprendre : — Le passé, le présent, la loi, la religion, le bien, le mal. — Un homme a trente-deux vertèbres. — Un lis est un liliacé. — Il y a un déluge. — Y a-t-il un enfer ? — Une femme apparaît belle comme un désir, — jeune comme une fleur fraîche éclose. — Un petit pied. — La grande tempête du cœur s'élève. — Il y a là un vieillard. — Tuez-le ! — Il est mort. — Son cadavre sert d'oreiller aux deux amants. — La vie passe entre eux comme un fer chaud. — Ils se comprenaient pour le crime, ils ne se comprennent plus pour le bien... — Le vice unit, mais il sépare. — Un grand fantôme pâle se lève : — l'Incrédulité. » Et cela se continue ainsi.

En remontant bien plus loin, il y avait, paraît-il, à Lyon, au temps de la Renaissance, une école dont les vers n'étaient guère moins alambiqués que ceux de nos décadents. Dans un poème de Maurice Sève, on rencontrait des passages comme celui-ci :

Et l'influence, et l'aspect de tes yeux
Durent toujours sans révolution
Plus fixement que les Pôles des Cieux.
Car eux tendant à dissolution
Ne veulent voir que ma confusion,
Afin qu'en moi mon bien tu n'accomplisses,
Mais que par mort, malheur, et leurs complices
Je suive enfin, à mon extrême mal,
Ce roi d'Ecosse avec ses trois Eclipses
Spirans encor cet An embolismal.

Cette littérature nous ferait croire volontiers que

les rimeurs « fin de siècle » ont eu quelques représentants à toutes les époques. Toujours est-il qu'à la suite de Mallarmé et de Verlaine une génération de poètes prêcha la révolution, parmi lesquels plusieurs valent d'être connus, et dont les plus distingués d'ailleurs se sont « assagis ». Pendant une quinzaine d'années on put lire des poèmes dans le genre de cette symphonie florale :

> Orchis ineffeuillé, hyacinthe purulente,
> Gamme jaune sur le vert, d'orange diézé
> Squelette de fakir par Djaggernauth baisé,
> Ophis perlant dans l'ombre une trille hululante,
> Cyclamen querelleur nimbé d'un rêve clair,
> Recueillement poudré du pic et de l'éclair,
> Ciel morent aigretté d'une estompe de mauve,
> Remembrances d'un cœur qui sait l'idéal jaune[1] !

Et l'on composa des sonnets comme celui-ci :

> Rouler de l'angoisse expectante !
> Nous les trémières fers broyés,
> Et par l'armoise ankylosés
> Dévalons de l'encre latente.
>
> Ceints de l'idéal qui nous tente,
> Subodorons les alizés,
> Aux glas engluants, aux baisers
> Argyraspides sous la tente.
>
> Soûls d'espace et d'aberratif,
> En proie, anges souvent rétifs,
> Immobilise les pensées.
>
> Nutrition finie ! Enfants
> Issus des immortelles gynécées
> Par des entonnoirs d'oliphants[2] !

---

[1] Cité par ÉMILE LAURENT.
[2] *Ibid.*

La critique officielle ne fut guère clémente à
l'endroit de la nouvelle recrue, et les symbolistes
des premiers jours furent traités assez couramment
de mystificateurs. « Voici comment nous nous
représentons le parfait décadent, dit M. Paul
Bourde[1] : Le trait caractéristique de sa physionomie morale est une aversion déclarée pour la
foule, considérée comme souverainement stupide et
plate. Le poète s'isole pour chercher le précieux, le
rare, l'exquis. Sitôt qu'un sentiment est à la veille
d'être partagé par un certain nombre de ses semblables, il s'empresse de s'en défaire, à la façon
des jolies femmes qui abandonnent une toilette dès
qu'on la copie. La santé étant essentiellement vulgaire et bonne pour les rustres, il doit être au
moins névropathe. Si la nature aveugle s'obstine à
faire circuler dans ses veines un sang banalement
vigoureux, il a recours à la seringue de Pravas pour
obtenir l'état morbide qui lui convient. Alors les
splendeurs des songes transcendants s'ouvrent
devant lui, il s'arrange extatiquement une existence factice à son gré... Si une forêt entre dans
ses vers, qu'elle ne soit pas verte! Bleu, voilà une
couleur décadente pour une forêt. Une fleur n'y
saurait figurer qu'à la condition d'avoir un nom
neuf, singulier et sonore : le cyclamen, le cory-
lopsis. Les lotus, bien que déjà fort anciennement
employés, lui sont cependant encore permis, parce
qu'il faut faire le voyage des Indes pour en avoir.
Il va de soi que si une fleur suinte les poisons, elle

---

[1] PAUL BOURDE, *les Poètes décadents* (*le Temps*, 6 août 1885).

a droit à une place de faveur. Les oiseaux aussi
doivent être exotiques ; une exception est faite
pour le corbeau, en raison de son plumage lugubre.
Quant aux femmes, seul un philistin peut trouver
quelques charmes à des joues fraîches, à une saine
carnation. Il ne s'agit pas de s'amuser en ce monde ;
la joie et le rire sont, comme la santé, méprisés du
décadent... » Puis, passant à la question du langage, l'auteur déclare que cette poésie où « les mots
ont été tirés au hasard dans un chapeau » est un
art très artificiel qui « fleure la fumisterie ». « J'ai
lu leurs vers, écrit M. Jules Lemaître[1], et je n'ai
même pas vu ce que voyait le dindon de la fable
enfantine, lequel, s'il ne distinguait pas très bien,
voyait du moins quelque chose. Je n'ai pu prendre
mon parti de ces séries de vocables qui, étant
enchaînés selon les lois d'une syntaxe, semblent
avoir un sens, et qui n'en ont point, et qui vous
retiennent malicieusement l'esprit tendu dans le
vide, comme un rébus fallacieux ou comme une
charade dont le mot n'existerait pas... Dans quelle
mesure les jeunes symboliques tiennent encore
compte du sens des mots, c'est ce qu'il est difficile
de démêler. Mais cette mesure est petite ; et, pour
moi, je ne distingue pas bien les endroits où ils
sont obscurs de ceux où ils ne sont qu'inintelligibles. » Et l'auteur conclut : « Ce sont des
fumistes, avec un peu de sincérité, je l'accorde,
mais des fumistes. » M. Joséphin Péladan traite les
symbolistes de « curieux artificiers qui se groupent

---

[1] JULES LEMAITRE, *Revue politique et littéraire*, 1888, n° 1.

pour arriver et se nomment bizarrement pour être
connus ». M. Jules Bois compare leur poésie à une
« cacophonie de sauvages qui auraient feuilleté une
grammaire anglaise et un lexique de vieux mots
déchus » ; il les accuse de « mystifier en une syntaxe abracadabrante et puérile ». M. Gabriel Vicaire
ramène leur proclamation à « de pures fumisteries
de collégiens ». M. Joseph Caraguel considère le
symbolisme comme « une littérature de vagissement
et de balbutiement,... une littérature d'avant les
griots soudaniens ». Edmond Haraucourt déclare
très nettement : « Il y a un parti de mécontents et
de gens pressés. C'est du boulangisme littéraire !
Il faut vivre. On veut tenir une place, être notoire,
ou notable. On bat la caisse... Voilà leur vrai symbole : colis pressé. Tout le monde prend le rapide.
Destination : la gloire. » Et Ferdinand Brunetière[1],
dans un article de critique, se range à cette opinion : « S'il y en a dans la bande entière cinq ou
six de vraiment sincères, dit-il, je n'ignore pas,
hélas ! qu'en général ils sont moins curieux d'art
qu'affamés de réclame et de notoriété... Je crains
en vérité que le symbolisme ne soit qu'un moyen
de parvenir ; et c'est ce que suffirait à prouver au
besoin la façon colérique et haineuse dont ces jeunes
gens parlent dans leurs Revues de tous ceux qui
les ont précédés. » Si donc nous nous en tenons à
certains échos de critique littéraire, nous devons
croire tout bonnement que le symbolisme fut repré-

---

1 F. Brunetière, le Symbolisme contemporain (Revue des
Deux-Mondes, 1891, p. 681).

senté par un groupe de flibustiers qui, derrière son
caquetage obscur, ne poursuit qu'un but : celui de
faire du bruit dans le monde, d'attirer l'attention
sur soi, et de parvenir à la satisfaction de toutes
les vanités.

Mais voici bien autre chose. La critique scientifique apporta sa note, et tandis que les uns parlaient
de mystification, les autres agitèrent des questions de
folie. Le Dr Lombroso[1] découvre que les décadents
répondent avec précision au type des « mattoïdes »
dont il est le parrain. Le Dr Laurent[2] affirme que
les élucubrations symboliques sont « de véritables
manifestations délirantes, aussi confuses et aussi
étranges que celles des aliénés les plus caractérisés »; il y retrouve « même enchevêtrement et
même bouleversement des phrases, mêmes hyper-
boles incompréhensibles ». Le Dr Nordau[3] déclare
que les symbolistes « réunissent à la fois tous les
signes caractéristiques des dégénérés et des faibles
d'esprit : la vanité sans bornes et l'opinion exagérée
de leur propre mérite, la forte émotivité, la pensée
confuse et incohérente, le caquetage, l'inaptitude
complète au travail sérieux et soutenu ». Il ajoute
en parlant de leur technique : « Ces successions de
mots idiots sont intéressantes au point de vue
psychologique, car elles laissent reconnaître avec
une clarté instructive ce qui se passe dans un cerveau détraqué. La conscience n'élabore plus une

[1] Lombroso, loc. cit.

[2] C. Laurent, la Poésie décadente devant la science psychiatrique, p. 45, 47.

[3] M. Nordau, Dégénérescence, t. I, p. 180, 211, 213, 404, 405.

idée fondamentale ou centrale. Les représentations surgissent telles que l'association d'idées purement mécanique les évoque. Nulle attention ne cherche à mettre de l'ordre dans le tumulte des images qui vont et qui viennent, à séparer celles qui n'ont pas de rapports raisonnables entre elles, à supprimer celles qui se contredisent, et à unir logiquement en une série unitaire celles qui sont apparentées. » Chez un symboliste, l'incohérence doit s'expliquer par la prépondérance de l'automatisme verbal sur l'activité idéationnelle : « Si l'association des mots s'accomplit en lui par une sorte d'attraction spontanée des sons en dépit du sens, c'est qu'en son esprit malade la faculté du langage l'emporte sur les forces d'inhibition de la volonté et de la raison, et c'est là un commencement de désagrégation mentale qui donne à ces manifestations verbales un intérêt bien moins poétique que pathologique. » L'auteur semble rattacher de pareilles productions à la psychologie du mysticisme morbide telle qu'il la comprend : « Les symbolistes, dit-il, ne peuvent employer de mots précis à signification claire, car ils ne trouvent pas dans leur propre conscience d'aperceptions nettement dessinées et univoques qui puissent être comprises dans de tels mots. Ils choisissent en conséquence des mots vagues interprétables à plaisir, parce qu'ils répondent le mieux à leurs aperceptions qui sont de même nature... L'homme sain peut raconter ce qu'il pense, et son récit a un commencement et une fin. L'imbécile mystique, au contraire, ne peut que désigner l'émotion qui domine momentanément sa

conscience. Sa pensée est emplie d'aperceptions
nuageuses fuyantes et flottantes qui reçoivent leur
coloris de l'émotion régnante, de même que la
fumée, au-dessus d'un cratère, revêt la rutilance
de la flamme qui bouillonne au fond de l'abîme
volcanique. S'il compose des poésies, il ne dérou-
lera donc jamais une suite logique d'idées, mais
cherchera à représenter, par des mots obscurs d'un
coloris émotionnel déterminé, une émotion, une
disposition d'esprit. » Ainsi, le mystique, parce
qu'il pense d'une façon nébuleuse, doit s'exprimer
de manière indécise. Aucune langue ne peut évoquer vraiment ces représentations spectrales sans
contours, sans formes reconnaissables, qu'on croit
voir et qu'on ne fait que soupçonner. Les mots
abstraits eux-mêmes ne sauraient les traduire, car
les mots abstraits sont décomposables en expressions de vérités concrètes et bien définies. Pour
révéler des aperceptions diffuses, pour animer des
formes fuyantes et fantomatiques dont les contours finissent dans un possible éternellement vague,
le mystique doit donner aux mots habituels un sens
qu'ils n'ont pas ; ou bien il doit se créer un vocable
à part en forgeant des néologismes. Ces procédés
ont un avantage : ils sont d'un effet puissant sur
ceux qui se laissent ahurir par l'obscurité. Comme
il est coutume de parler pour dire quelque chose,
quand les mots sont dépourvus de sens on leur
crée un sens mystérieux, et leur vacuité leur donne
un prestige de plus. Les sots ne manquent pas de
les trouver « profonds »... Et en fait ils le sont si
bien, qu'on ne peut les sonder. Les esprits amou-

reux de clarté ne sauraient y trouver que juxtapositions bizarres, réunions de termes incohérents, contradictoires ou dépourvus de sens.

En résumé, thèse de mystification, thèse de maladie : voilà ce qu'on peut dégager surtout des appréciations critiques,... de celles du moins qui ne furent pas admiratrices éperdument.

Il semble tout d'abord qu'on n'ait pas toujours distingué suffisamment les hommes d'une valeur éprouvée d'avec d'autres dont l'existence est à peine connue. C'est déjà bien assez de réunir sous une étiquette des poètes nettement différents, sans aller porter un jugement commun sur les « écrivailleurs » prétentieux et les écrivains de talent.

Cette remarque faite, nous pensons que les médecins ont singulièrement exagéré l'importance du pathologique. Les dégénérés ou les aliénés créant leurs œuvres d'après leur vie psychique morbide, et trouvant eux-mêmes la formule artistique de leur maladie, tiennent, on peut l'affirmer, une place bien restreinte dans le mouvement symbolique. Il est parfaitement possible que, pris individuellement, tel suiveur, ou tel promoteur même, n'ait pas joui d'une santé parfaite intellectuellement; mais ceci n'a rien à voir avec le grief d'incompréhension que la critique courante paraît attacher au groupe qui nous intéresse. Que l'incompréhension puisse altérer l'œuvre, il est permis de n'en pas douter; mais il n'en résulte pas que l'auteur soit fou invariablement. Cette incompréhension peut résulter de bouleversements syntaxiques voulus; elle peut être due à l'emploi raisonné de mots nouveaux ou pris dans une acception nouvelle. Avant de prononcer un jugement, il faudrait s'informer : un bon diagnostic réclame une enquête solide.

On peut donner une plus large part à l'idée de mystification. La foule est immense de ceux qui exercent les arts non par vocation, mais par vanité. Pauvres d'émotions et d'idées, ceux-là pourtant revendiquent une place dans la hiérarchie esthétique et sont à l'affût des succès faciles. Alors toutes les étrangetés sont bonnes. Qu'importe si l'excitation déterminée est agréable ou désagréable ! Il faut à tout prix produire de l'effet. Incapables d'activité et avides de gloire, nos flibustiers étalent avec impudence un mépris profond des beautés admises, et ils trouvent ainsi des admirateurs parmi les éternels représentants du snobisme.

Au reste, il arrive fréquemment que lorsque plusieurs unités coopèrent à une œuvre, les vrais agents d'activité, les entraîneurs si l'on veut, ne figurent que pour un petit nombre dans le contingent. Autour d'eux s'agite, escorte aveugle et servile, une foule sans initiative qu'emporte le courant. Mais cette escorte a le mérite du nombre : elle est le tissu d'emballage qui donne au tout sa force et grossit l'ensemble. Aussi bien les dupeurs sont-ils entourés de tout temps par une société entièrement recrutée dans le monde du déséquilibre ou de la simple débilité de l'esprit. Il existe en effet des individus qu'on ne peut taxer d'aliénation et qui pourtant ne jouissent pas de la plénitude de leurs facultés, que leur conduite journalière ne rend nul-

lement assimilables à des fous et qui ont pourtant
tout ce qu'il faut pour se différencier des gens sains
d'esprit. Ces sujets sont pour la plupart à la merci
du monde extérieur, et leur organisation mal pon-
dérée répercute toute chose avec une note défor-
mante. On les voit pris d'un engouement irraisonné
pour toutes les idées qu'ils comprennent mal, pour
toutes les œuvres qu'ils n'interprètent qu'à demi,
pour toutes les spéculations qu'ils n'assimilent qu'à
moitié, parce qu'ils concluent tout naturellement
de l'incompréhensible à l'original et de l'original
au sublime en vertu d'une déduction syllogistique
qui leur est familière, et dans laquelle se résume
toute la psychologie du snobisme. Ils cherchent à
s'imprégner des choses les plus extravagantes, et
s'efforcent de se modeler sur les exemples les plus
baroques. A côté de ces derniers, qui surprennent
par leur bizarrerie et qu'on traite couramment de
« toqués », il en est d'autres dont l'instinct n'a
subi aucune déviation, dont les facultés ne présentent aucune disproportion de développement, qui
sont simplement par rapport à la majorité des
humains dans un état d'infériorité très uniforme, et
qui vivent au point de vue mental dans une médiocrité toute pleine d'une douce harmonie. Incapables
d'élaborer par eux-mêmes un doute ou une certitude, ils prennent chez les autres des idées toutes
faites, adoptent sans contrôle les opinions qu'ils
rencontrent, et suivent sans discussion ni méfiance
les conseils qu'on leur offre. Privés de toute initiative, ils cherchent instinctivement l'appui d'un
exemple ou d'un commandement : dépourvus de

toute personnalité, ils s'adaptent à toute circonstance, obéissent à toute sollicitation, et sont l'éternel reflet de ce qui les entoure. Le déséquilibré est
imitateur, mais il met de la personnalité dans le
choix de son imitation ; il imite dans tel cas et non
dans tel autre, il imite ce qui le frappe ou l'étonne ;
en vertu d'une tendance élective, il copie l'étrangeté
et rien que l'étrangeté. Le simple, lui, copie tout ;
il copie aussi bien le banal que l'étrange ; il copie
au hasard et sans préférence, d'une façon passive,
comme un miroir renvoie les images ; à défaut de
personnalité, il imite quelqu'un pour être quelqu'un,
et rien de plus. Quoi qu'il en soit, le double groupe
des déséquilibrés et des débiles de l'esprit a son
rôle dans toutes les entreprises de l'humanité ; il
n'est donc pas extraordinaire qu'il puisse favoriser
la formation de certaines esthétiques.

Ajoutons que le public adhère volontiers à tout
ce qui est étrange, sinon par estime, du moins par
curiosité. Et tout d'abord la compréhension poétique
de la masse est plus restreinte qu'elle ne veut le
paraître. Bien des personnes n'ont jamais senti le
frisson de volupté du beau et sont inaptes à l'atten-
drissement par l'art. Mais il est dur de s'avouer à
soi-même qu'on est pétri dans la pâte rustique ; il
est mieux porté et plus courant surtout de s'abuser
à la faveur d'opinions toutes faites. Les badauds en
quête de bon goût n'attendent que des meneurs et
suivent à merveille les lois de convention. Qu'importe
le plus ou le moins dans l'obscur ? Ils y voient
trouble à la grande lumière : à plus forte raison
les ténèbres ne sont-elles point faites pour les

effrayer. Au reste, à défaut d'attitude sincère, il
faut s'en créer de factice, et rien n'est d'aussi bon
ton que d'être à la dernière mode, surtout quand
elle pose son homme en original supérieurement
doué pour pénétrer dans l'impénétrable. L'enthousiasme de commande fait le succès de toutes les
nouveautés, et le succès est d'autant plus grand
que les nouveautés sont plus étranges et plus indi-
gestes, car l'imprécision du mystère est un piment
de premier choix. On comprend dès lors que le
dupeur finisse par se prendre au sérieux lui-même,
et l'heure n'est pas éloignée où il sera quasiment
de bonne foi.

Pour ces raisons d'ordre général, ce serait sans
doute une grande faute de ne point parler de mystification quand on cherche à établir la genèse d'un
mouvement quelque peu baroque. Mais encore faut-
il faire ici les plus grandes réserves.

Nous pensons que, le cas échéant, le facteur de
supercherie, si tant est qu'il existe, doit s'appliquer
aux éléments parasites plutôt qu'aux principes
vivaces : il concerne moins les acteurs que les
figurants. Que des fats ou des imbéciles aient suivi
le mouvement symbolique les yeux bandés, parce
qu'il est de bon goût de partager celui du petit
nombre et de traiter avec des airs de profond mépris
la tradition admise par tout le monde, nous n'en
doutons pas. Mais il faut autre chose que cela pour
expliquer un art qui a fait des admirateurs parmi
des hommes fort autorisés, et dont l'influence a pu
persister pendant près de vingt ans. Cet art eut ses
représentants de mérite et ses défenseurs convain-

cus. Pour le combattre, il convient d'abord de le prendre au sérieux.

En abordant un pareil sujet, nous sommes menacés de nous voir entraînés fort loin. Mais puisque nous avons déclaré que le point de vue pathologique nous semblait puéril et que la thèse de mystification n'avait qu'une portée restreinte et secondaire, il faut bien appuyer nos dires, en essayant de reconnaître quelles influences ont dirigé nos poètes d'hier dans leurs tentatives symboliques, et en examinant si l'obscurité de leur phraséologie ne couvrirait pas quelque idée féconde.

* *

Il n'y eut pas d'école symboliste au vrai sens du mot, et ce vocable ne saurait désigner autre chose qu'une génération, une époque. Il n'existait pas en 1886 deux écrivains qui poursuivissent le même idéal. Camille Mauclair l'exprime très nettement : « Que ce mouvement se soit étiqueté symbolisme, je ne le conteste pas, dit-il; mais je renonce tout à fait à savoir quels liens il y avait entre le symbolisme et les symbolistes, pour la raison qu'il n'y en eut pas. Un groupe d'écrivains mettant en œuvre leurs idées personnelles, et au-dessus d'eux une déité ténébreuse, dont aucun n'a de notion exacte, voilà tout ce que j'ai pu apercevoir[1]. » André Beaunier[2] a fait observer aussi que les sym-

[1] CAMILLE MAUCLAIR, Souvenirs sur le mouvement symboliste en France (Nouvelle Revue, sept.-oct. 1897, p. 671).
[2] ANDRÉ BEAUNIER, la Poésie nouvelle (Société du Mercure de France, 1902).

bolistes n'avaient réellement de commun que leur désir d'individualisme. A côté de cela, et pour cela justement, ils se séparent dans la façon de concevoir et la manière d'extérioriser. La personnalité de tout chacun éclôt dans l'indépendance; elle se révèle exclusive et intransigeante.

Quoi qu'il en soit, certains caractères de cette poésie très hétérogène frappent le lecteur non prévenu. Rappelons-les tout d'abord sans plus de commentaire : nous tenterons plus tard d'y revenir, sinon pour les justifier, du moins pour les expliquer.

A n'envisager que le *fond*, il semble que la poésie symbolique nous laisse marcher à tâtons dans un dédale d'impressions mal définies, faites d'associations diffuses, en apparence décousues, cahotées, sans liens logiques et surgissant plutôt au hasard de l'automatisme. C'est ce que nous éprouverons si, au lieu de lire cette poésie de M. Maurice Mæterlinck comme un état d'âme qu'il faut absorber d'un trait, nous nous arrêtons à la déchiffrer par le menu détail :

> O serre au milieu des forêts!
> Et vos portes à jamais closes!
> Et tout ce qu'il y a sous votre coupole!
> Et sous mon âme en vos analogies!
> Les pensées d'une princesse qui a faim,
> L'ennui d'un matelot dans le désert,
> Une musique de cuivre aux fenêtres des incurables.
>
> Allez aux angles les plus tièdes!
> On dirait une femme évanouie un jour de moisson,
> Il y a des postillons dans la cour de l'hospice;
> Au loin, passe un chasseur d'élans devenu infirmier.

Examinez au clair de lune!
(Oh! rien n'y est à sa place!)
On dirait une folle devant les juges,
Un navire de guerre à pleines voiles sur un canal,
Des oiseaux de nuits sur des lys,
Un glas vers midi,
(Là-bas sous ces cloches!)
Une étape de malades dans la prairie,
Une odeur d'éther un jour de soleil.

Mon Dieu! mon Dieu! quand aurons-nous la pluie,
Et la neige et le vent dans la serre!

Le plus souvent on doit encore reconnaître que les alliances d'images sont bizarres, les comparaisons hardies, les rapprochements singuliers, les accouplements étranges. M. Laurent Tailhade parle de la « mémoration des corolles fanées »; M. Stuart-Merril, des « roses trop rouges de son désir » et d'une « passante aux yeux pleins de passé »; M. Viélé-Griffin dit de l'aube qu'elle est « pâle comme une qui n'ose », et M. Jean Moréas décrit une mer éternelle qui « tord sa queue en les rochers concaves ». On pourrait relever de la sorte une inépuisable liste de figures un peu surprenantes, mais dont beaucoup, — hâtons-nous de le dire, — sont fort bien situées, en dépit de leur intensité quelquefois outrée.

Mais si, dans la poésie symbolique, le fond nous laisse parfois interdit, la forme n'est pas moins faite pour nous surprendre. La *langue* en effet s'y trouve bouleversée, tout à la fois au point de vue de la syntaxe et au point de vue du mot.

Les altérations syntaxiques, celles qui dépendent

de l'arrangement des propositions et de la disposition réciproque des différentes parties du discours,
sont des plus variées. Mais on y remarque surtout
deux traits principaux : l'introduction de la répétition ou du leitmotiv, et la recherche voulue de la
dislocation des phrases.

Le leitmotiv, qui consiste dans le retour incessant des mêmes mots ou de la même construction,
est particulièrement cher à Verlaine, dont les imi-
tateurs furent d'ailleurs nombreux. Dans *Sérénade,*
les deux premières strophes reviennent comme qua-
trième et huitième textuellement. De même dans
Ariettes oubliées. Dans le *Crépuscule du soir mystique,* reparaît deux fois ce vers : « Le souvenir
avec le crépuscule, » et celui-ci : « Dahlia, lys,
tulipe et renoncule. » Dans la *Nuit du Valpurgis
classique* il est question d' « un rythmique sabbat,
rythmique, extrêmement rythmique ». On lit dans
Pierrot gamin :

> Ce n'est pas Pierrot en herbe
> Non plus que Pierrot en gerbe,
> C'est Pierrot, Pierrot, Pierrot;
> Pierrot gamin, Pierrot gosse,
> Le cerveau hors de la cosse,
> C'est Pierrot, Pierrot, Pierrot.

Et dans *Chevaux de bois :*

> Tournez, tournez, bons chevaux de bois,
> Tournez cent tours, tournez mille tours,
> Tournez souvent et tournez toujours,
> Tournez, tournez au son des hautbois.

Les mêmes tendances se révèlent encore, d'une

façon plus discrète d'ailleurs, dans une pièce de
Sagesse :

> Le ciel est, par-dessus le toit,
>   Si bleu, si calme !
> Un arbre par-dessus le toit
>   Berce sa palme !
>
> La cloche, dans le ciel qu'on voit,
>   Doucement tinte.
> Un oiseau, sur l'arbre qu'on voit,
>   Chante sa plainte.

En vérité, ces répétitions ne sont pas une pure
nouveauté. En France même nous les avions déjà
trouvées sous la plume de Baudelaire, dans *Réver-
sibilité* et dans l'*Irréparable*, où le vers initial des
strophes est repris à la fin de chacune d'elles; dans
Harmonie du soir, où nous trouvons les mêmes vers
revenant comme une obsession. Maurice Rollinat
fait usage du même procédé que son maître direct.
Tantôt il reprend à la fin de chaque strophe le vers
initial, tantôt il fait alterner d'une strophe à l'autre
les vers répétés. D'autres fois encore, il innove une
façon de rondel rajeuni en répétant les deux premiers
vers d'un poème à la fin de la deuxième strophe et
le premier d'entre eux à la fin de la dernière. La
Voix, le *Fantôme du crime*, *Conscience*, *Silence*,
Nocturne et les *Larmes du monde*, empruntent à
de tels procédés leurs effets, tantôt gracieux, tantôt d'une extrême vigueur. Mais c'est surtout à
l'étranger qu'on avait fait usage des répétitions
voulues. Edgar Poë utilise le *repetend* d'une façon

constante dans le *Corbeau*, dans la *Vallée sans repos*, dans la *Cité de la Mort*, dans *Lenore* et dans *Eulalie* : c'est chez lui, dans ses derniers poèmes surtout, comme un fredonnement lugubre et monotone, obsédante musique de son âme dolente. Le *repetend* n'est pas moins cher à Rosetti et à toute l'école préraphaélite : on en trouve des exemples presque abusifs dans *Troy Town*, dans *Éden Bower*, dans *Sister Helen*. Le *Lycidas* de Milton, l'*Adonaïs* de Shelley, l'*Ave atque vale* de Swinburne, l'*In memoriam* de Tennyson, le *Vieux Marin* de Coleridge, empruntent leur musique à des effets du même genre. Gœthe et Bürger se servent également de la répétition qui, chez eux, est d'ordinaire intégrale et semble avoir pour principal but de mettre en relief un détail pittoresque ou une idée maîtresse, au lieu que chez nos symbolistes, comme chez la plupart des poètes précédents, le leitmotiv exprime plutôt la rumination d'un cœur triste sans cesse ramené dans l'ornière fatale de sa douleur, le piétinement sur place d'un esprit qui s'enlise d'une façon graduelle dans un vague ennui, dans une morne mélancolie. De toutes façons, c'est un procédé ancien, et dont on retrouve les traces jusque dans la Bible : il apporte avec lui une certaine impression de naïveté; mais il risque parfois d'être artificiel à force d'être naïf, et c'est là un écueil que quelques-uns de nos poètes n'ont pas évité.

Le leitmotiv n'est pas une source d'obscurité; mais il n'en est pas de même des dislocations de la phrase provenant soit de l'accumulation des propositions incidentes et des mots intercalés, soit de

l'usage abusif des syllepses et des inversions. Dans
ses vers, M. Jean Moréas use de parenthèses fréquentes. Il dira par exemple :

> Les courlis dans les roseaux !
> (Faut-il que je vous en parle,
> Des courlis dans les roseaux ?)
> O vous joli' Fée des eaux.
>
> Le porcher et les pourceaux !
> (Faut-il que je vous en parle,
> Du porcher et des pourceaux ?)
> O vous joli' Fée des eaux.
>
> Mon cœur pris en vos réseaux !
> (Faut-il que je vous en parle,
> De mon cœur en vos réseaux ?)
> O vous joli' Fée des eaux.

Ou bien encore :

> Il y avait des arcs où passaient des escortes
> Avec des bannières de deuil et de fer
> Lacé, des potentats de toutes sortes
> — Il y avait — dans la cité au bord de la mer.
>
> . . . .
>
> C'était, — tu dois bien t'en souvenir, — c'était aux
>   plus |beaux jours de ton adolescence.

Dans cette poésie de M. Max Elskamp, c'est
surtout l'entrecroisement des termes intervertis qui
frappe le lecteur :

> Mais geai qui paon se rêve aux plumes,
> Haut, ces tours sont-ce mes juchoirs ?
> D'étés de Pâques aux fleurs noires
> Il me souvient en loins posthumes,
> Je suis un pauvre oiseau des îles.

Si l'arrangement des mots est assez souvent modifié chez les symbolistes, les mots envisagés en eux-mêmes sont également faits pour surprendre. Ici on affectera l'emploi systématique de néologismes, de mots nouveaux, parce que les mots courants ne suffisent pas à la suggestion de certaines impressions; là, au contraire, on ira à la recherche des archaïsmes, des mots anciens, parce qu'à l'inverse des mots usuels qui conservent malgré tout quelque chose de leur sens traditionnel, les mots tombés dans l'oubli échappent à cette servitude, de telle sorte qu'on peut les comparer à une « monnaie sans titre fixe » qui redevient tout naturellement une monnaie nouvelle pour celui qui l'exhume. M. Laurent Tailhade parlera d' « orgue éployant le vol clair des antiphonaires »; M. Stuart-Merril décrira les « bleus halos » du tonnerre ou les « doigts coruscants de rubis » d'une idole. Les noms propres, qui n'ont aucune signification, mériteront aussi les plus grands égards. M. Jean Moréas ne craint pas d'en peupler des strophes entières :

Pour consoler mon cœur des trahisons
Je veux chanter, en de nobles chansons,
Les doctes filles de Nérée :
Glaucé, Cymothoé, Toé,
Protomédie et Panopée,
Teurice aux bras de rose, Eulimène, Hippothoé,
Et l'aimable Iolie, et Amphitrite, à la nage prompte,
Proto, Doto, parfaite à charmer,
Et Cymatolège qui dompte
    La sombre mer.

Les modifications de la *métrique* viennent se joindre enfin aux modifications de la langue. Le vers de beaucoup de symbolistes est la négation de toutes les règles admises. Avec eux, la versification se dépouille de son formalisme. La règle de l'hiatus, l'alternance des rimes, la place de la césure et des hémistiches, tout cela disparaît. Plus de rime; ou du moins le rime fait place à la simple assonance. Plus de rythme. non plus; ou du moins le rythme fixe fait place à des rythmes instables et mobiles, le rythme mathématique cède le pas à un rythme spécial basé sur une loi mystérieuse, en vertu de laquelle le vers peut comprendre un nombre indéterminé de syllabes, comme dans cette pièce de M. Saint-Pol-Roux :

Deviens aigle, lion, chêne, abeille, colombe,
Et davantage, et mieux encore,
Pour ce hautain
Triomphe
D'éblouir, moyennant le diamant de ton corps,
La sombre gueule
De la gueuse :
La mort
Assise, toujours maigre, au marbre du festin.

Ainsi les réformateurs substituent à l'alexandrin classique des lignes indécomposables en groupes réguliers, et l'on dirait vraiment que la distinction individuelle de leurs vers s'est abolie dans la continuité fluide du poème, où les poses et les arrêts sont situés hors de toutes les places connues et régulièrement admises.

Ajoutons à tout cela la présence assez surprenante de mots en italiques et de mots débutant par une majuscule au milieu d'une phrase, et nous aurons épuisé la liste des curiosités que peut présenter, aux yeux d'un lecteur profane, une poésie inspirée par le symbolisme.

Mais quel but se sont proposé les symbolistes en innovant ces singularités apparentes? Par quelle doctrine ont-ils été dirigés? Sur quelle théorie se sont-ils appuyés? C'est là surtout ce qui nous intéresse. Il convient d'ajouter que le côté purement littéraire de cette question a été maintes fois traité par les symbolistes eux-mêmes et vulgarisé d'ailleurs par d'intéressants travaux, parmi lesquels il convient de citer les ouvrages de Jules Huret[1], de Charles Morice[2], de Vigié-Lecoq[3] et de Beaunier[4]. Ce n'est point notre affaire d'y revenir. Mais la poésie symbolique se rattache très directement à certains problèmes de philosophie de l'art, et par ce côté du moins nous avons à l'envisager sans sortir du terrain que nous nous sommes fixé : celui de la psychologie.

*
* *

La plupart des esthéticiens s'accordent à dire que la poésie consiste, avant tout, dans une suggestion. « L'élément poétique des choses, dit Schérer[5], est la propriété qu'elles ont de mettre l'imagination en

---

[1] JULES HURET, *Enquête sur l'évolution littéraire* (Charpentier, 1892).

[2] CHARLES MORICE, *loc. cit.*

[3] VIGIÉ-LECOQ, *loc. cit.*

[4] BEAUNIER, *loc. cit.*

[5] SCHÉRER, *Étude sur la littérature contemporaine*, t. VIII, p. 8.

mouvement, de la stimuler, de lui suggérer beaucoup plus que ce qui est aperçu et exprimé ».
Guyau[1] définit la poésie par son caractère suggestif :
« En général, dit-il, le poétique n'est pas la même
chose que le beau : la beauté réside surtout dans la
forme, dans ses proportions et dans son harmonie ;
le poétique réside surtout dans ce que la forme
exprime ou suggère plutôt qu'elle ne montre. »
M. Paul Bourget[2] observe également : « La beauté
poétique pure ne réside-t-elle pas dans la suggestion plus encore que dans l'expression ? » Pour
M. Braunschwig[3], « le sentiment poétique consiste
dans l'impression que nous laissent des séries d'associations qui, s'éveillant dans notre esprit délivré de
toute inquiétude pratique, y demeurent pour ainsi
dire ouvertes. » Il en résulte que « le sentiment
poétique le plus parfait est celui qui naîtrait à la
lecture ou à l'audition de vers dont les éléments
constitutifs serviraient de point de départ à des
associations multiples et prolongées, et dans une
âme qui aurait une conscience très nette de la tendance de ces associations à se développer sans fin ».
Ainsi l'on peut affirmer que l'émotion directement
exprimée n'a pas en soi de valeur poétique. Le
sentiment le plus profond ou le plus délicat n'est
poétique que par l'ébranlement de l'imagination ; et
c'est en favorisant l'éclosion d'images se répercu-

---

[1] GUYAU, l'Art au point de vue sociologique. Paris, Alcan, 1884,
p. 297.
[2] PAUL BOURGET, Œuvres complètes, t. II. p. 65-66. Paris,
Plon, 1900.
[3] BRAUNSCHWIG, loc. cit., p. 207.

tant jusqu'à l'infini, que le poète fait œuvre de poésie.

Cette notion trouve d'ailleurs son application dans toutes les branches du monde artistique. Paul Souriau[1] l'a bien définie dans les arts plastiques. Il nous met en présence d'un tableau représentant les abords d'un étang au déclin du jour, et il nous montre comment ce tableau ne fait qu' « amorcer » une foule d'impressions que nous puisons en nous par pure suggestion. Pour que la scène exprimée fût rendue dans toute sa réalité, il faudrait un complexus de sensations que la peinture ne peut provoquer d'une façon directe : il faudrait le dernier appel des oiseaux de rivage, la brise du soir qui s'élève, agitant la surface de l'onde de frissons moirés; il faudrait la senteur de l'eau stagnante, la fraîcheur humide qui nous pénètre à la longue, et la descente de la nuit qui se fait sur tout cela. Ces sensations nous manquent, dit l'auteur, et nous voulons les retrouver. Le désir que nous avons de compléter nos représentations évoque nos souvenirs qui s'élèvent des profondeurs de notre mémoire, nous rendant en un même instant jusqu'aux plus confuses réminiscences du passé. L'imagination, fonctionnant de la sorte et se complaisant dans cette activité spontanée, fait surgir des représentations multiples. Instinctivement, nous nous abandonnons à la pente de la rêverie. Nos pensées vont prendre une teinte grise; nous nous enfonçons à plaisir dans cette tristesse; nous évoquons tout

1 PAUL SOURIAU, *loc. cit.*, p. 62, 63.

naturellement des images lugubres, qui nous entretiennent dans cette disposition mentale, et nous
nous perdons dans leur contemplation mélancoliquement rêveuse. Le tableau est oublié. Nous ne le
regardons plus qu'avec des yeux vagues. Nos
pensées s'en éloignent, distraites par les images que
lui-même nous a suggérées. Notre esprit est ailleurs : il s'abandonne au hasard des associations,
et dans cet état quasiment passif nous avons fini
par perdre conscience du réel. C'est pour cette
raison que certains peintres placent les objets dans
un clair-obscur et nous les font voir à travers la
brume, plutôt que de les exposer sous un jour cru
qui accentue leur réalité. C'est pour cela aussi que
nombre de sculpteurs rappellent la nature par de
simples indications sommaires, de telle façon que
nous soyons obligés de compléter ce qui manque
par un véritable effort de création personnelle. Ces
sous-entendus donnent toujours à l'œuvre un surcroît de valeur expressive. Une exécution minutieuse
serait moins suggestive. L'artiste donne l'impulsion
première, en accentuant les traits expressifs, qui
entraîneront la pensée dans un sens donné, et celle-
ci va de son propre élan, dès qu'elle est lancée.
Dans toute œuvre d'art qualifiée de « poétique », on
peut trouver des suggestions de même ordre.
L'œuvre prosaïque est celle qui nous dit immédiatement et complètement tout ce qu'elle peut nous
dire. Aussi nous la regardons avec un détachement
parfait ; nous constatons qu'elle existe, et nous
passons. Au contraire, le caractère poétique de
l'œuvre sera d'autant mieux accusé que l'état de

conscience auquel elle nous convie se rapprochera davantage de la pure rêverie.

La poésie proprement dite doit tenir compte de ces données générales. Une expression absolument adéquate à l'idée qu'elle renferme est par essence prosaïque. Une phrase qui dit avec une netteté parfaite ce qu'elle veut dire, et rien d'autre, est une phrase privée de poésie; car ici la pensée se trouvant circonscrite, la rêverie n'a plus où s'alimenter.

Les symbolistes en éveil contre cet écueil vont chercher à évoquer de subtils rapprochements, à suggérer de mystérieux rapports, pour nous orienter seulement dans le pays des songes; par contre, ils vont s'éloigner des tableaux achevés, des idées précises, craignant de rompre l'essor du rêve en nous enfermant une fois de plus dans les limites bornées de la réalité. Ils tiendront moins à transmettre leur pensée de manière intégrale qu'à frapper l'imagination de ceux auxquels ils s'adressent. Que la conception qu'ils nous suggèrent soit différente de la leur par certains côtés, cela ne leur importe guère, pourvu qu'elle soit équivalente poétiquement. Ils éveilleront donc plus d'images qu'ils n'en représenteront formellement, et ils laisseront indécise et inexprimée une partie de la pensée, pour abandonner le lecteur à sa fantaisie.

Stéphane Mallarmé déclare que « nommer un objet, c'est supprimer les trois quarts de la jouissance du poème qui est faite du bonheur de deviner peu à peu : le suggérer, voilà le rêve... Évoquer petit à petit un objet pour montrer un état d'âme, ou inversement choisir un objet et en dégager un

état d'âme par une série de déchiffrements ». Paul
Verlaine dit aussi :

> Rien de plus cher que la chanson grise
> Où l'indécis au précis se joint,
> Car nous voulons la nuance encor,
> Pas la couleur, rien que la nuance !
> Oh ! la nuance seule fiance
> Le rêve au rêve, et la flûte au cor...

Et Georges Rodenbach :

> C'est tout mystère et tout secret et toutes portes
> S'ouvrant un peu sur un commencement de soir ;
> La goutte de soleil dans un diamant noir,
> Et l'éclair vif qu'ont les bijoux des reines mortes.
>
> Une forêt de mâts disant la mer ; des hampes
> Attestant des drapeaux qui n'auront pas été ;
> Rien qu'une rose pour suggérer des roses-thé ;
> Et des jets d'eau soudain baissés, comme des lampes !
>
> Poème ! une relique est dans le reliquaire,
> Invisible et pourtant sensible sous le verre
> Où les yeux des croyants se sont unis en elle.
>
> Poème ! une clarté qui, de soi-même avare,
> Scintille, intermittente afin d'être éternelle ;
> Et c'est, dans la nuit, les feux tournants d'un phare !

Si ces principes sont poussés jusqu'en leur
extrême limite, l'art de la poésie consistera à ne
rien dire, mais à laisser entrevoir seulement, à ne
définir ni sentiment ni pensée, mais à évoquer des
états d'esprit. Les sensations que l'auteur exprimera
seront toujours fuyantes et aux contours indécis ;
mais elles se présenteront comme autant d' « aperceptions crépusculaires à interprétations diverses »,

comme l'esquisse à peine indiquée de tableaux à
transformations multiples, comme la trame d'im-
palpables broderies sur quoi chacun peut guider ses
rêves. Ainsi le vœu des symbolistes sera réalisé :

> Que le vers soit la chose envolée
> Qu'on sent qui fuit d'une âme en allée
> Vers d'autres cieux à d'autres amours...

Voilà donc un postulatum : la poésie ne devra
rien montrer ni rien expliquer ; elle devra suggérer
uniquement. Mais encore quels seront les termes
de cette suggestion ? Le point de départ sera forcément dans le monde *sensoriel* et le point d'arrivée
dans le *sentimental*. La *perception sensorielle*, existant seule comme donnée initiale, et mettant en
branle une élaboration personnelle d'où naît secon-
dairement pour l'élément percepteur un état *sentimental :* tel est le résultat qu'il faut obtenir. Or la
donnée initiale utile à la suggestion devient par sa
fonction même un *symbole*. Réaliser cette donnée
initiale, c'est faire du symbolisme.

En vérité, l'inscription de nos sentiments dans
nos sensations a été formulée de longue date
comme un principe essentiel de l'art, et point n'est
besoin d'entrer dans les secrets d'une école ou les
mystères d'un cénacle pour lire des pages fort bien
rédigées sur cette question d'esthétique. M. Dugas
déclare très explicitement, dans son ouvrage sur
l'*Imagination*, que « l'art véritable, quelle qu'en
soit la matière, est la fusion intime de l'image sensorielle et du sentiment », et qu'en conséquence
« l'imagination esthétique, au sens précis du terme,

est toujours une synthèse d'imagination sensorielle et d'imagination sentimentale[1] ». M. Sully-
Prudhomme, dans plusieurs poésies de la *Vie inté-*
rieure, dans l'*Ame* et dans l'*Art* en particulier,
nous laisse entrevoir ces mêmes vérités. Mais c'est
surtout dans son livre sur l'*Expression dans les*
Beaux-Arts que le philosophe étudie longuement
cette pénétration réciproque des états moraux et
des perceptions sensibles. Il expose les caractères
communs qui relient les secondes aux premiers,
et il montre d'ailleurs ce que ces caractères communs ont d'indéfini et de vaguement suggestif.

Les bases d'un symbolisme ainsi compris ont été
admises de tout temps, et l'on peut ajouter que
toute poésie est par nature symbolique, puisqu'elle
cherche à harmoniser le monde sensible et le monde
intérieur, en s'efforçant de traduire la pensée par
la forme, l'idée par l'image. Seulement ces mystérieuses concordances avaient été exprimées surtout
par comparaisons, par métaphores ou allégories,
plutôt que par symboles. La comparaison se contentait de mettre en présence les deux termes, en
les énonçant intégralement et en les joignant par
une locution d'usage. La métaphore, plus hardie,
donnait à l'un de ces deux termes les noms et attributs de l'autre ; en se prolongeant dans l'allégorie,
elle permettait d'habiller une idée abstraite préalablement conçue en la revêtant artificiellement d'une
forme sensible. Ici les deux termes existent comme
dans la comparaison, mais ils se pénètrent intime-

---

[1] DUGAS, *l'Imagination* (Doin, édit., 1903).

ment, l'un revêtant l'autre. Dans le symbole, au contraire, l'un des deux termes existe seul ; l'autre est masqué derrière lui, tout en se laissant deviner. Ce n'est plus une idée abstraite qui se matérialise; c'est la matière qui distille et dégage d'elle-même toute une richesse mystérieuse d'abstractions. En d'autres termes, le symbole tend à synthétiser en bloc la forme plastique qu'il rend évidente et la pensée pure qu'il sous-entend : il fait parler l'âme des choses pour nous révéler à nous-mêmes notre âme.

En s'efforçant de n'utiliser que des sensations brutes et de ne point traduire ces sensations en idées, en craignant par-dessus tout de formuler ou d'abstraire, le symbolisme nous reporte aux époques naïves de l'humanité naissante. Or les premiers hommes eussent éprouvé sans doute, avec leurs âmes vierges, d'infinies jouissances dans la contemplation des choses d'ici-bas, si leur mentalité justement trop rudimentaire ne les eût empêchés de goûter leur bonheur. Faites pour un instant cette supposition bizarre qu'un esprit hautement raffiné double ces âmes vraiment vierges, et vous aurez imaginé le cerveau le mieux organisé pour la complète réalisation de la volupté poétique. Eh bien! le symbolisme s'est efforcé de se représenter toute chose avec cette âme primitive où la notion de généralité abstraite n'a pas encore pris naissance, avec cette âme primitive dont la pensée mal élaborée est encore au stade de la sensation confuse, et il essaie par là de nous rendre cette saveur fraîche et veloutée que l'habitude et l'utilité ont dérobée aux choses d'ici-bas. Telles sont les tendances générales de la poésie symbolique. Elles ne sont point folles ; mais il reste à voir si, le principe étant acceptable, la doctrine est aussi fondée dans les applications qu'elle veut en tirer, et ceci nous amène à étudier maintenant les symbolistes dans la réalisation de leur art.

Dans la pratique, tout l'art symboliste réside dans l'usage de mots dont on aspire à dépasser le sens. Et ceci encore n'est pas en contradiction avec les données couramment admises; car il est bien entendu que la poésie, si elle veut rester de la poésie, doit partir d'une source plus profonde que le langage réfléchi. Elle doit, suivant l'expression de Tennyson, « exprimer par les mots un charme que les mots ne peuvent rendre. » Musset ne dit pas autre chose d'ailleurs quand il affirme que « dans tout vers remarquable d'un vrai poète, il y a deux ou trois fois plus qu'il n'est dit », de telle sorte que « c'est au lecteur de suppléer le reste selon ses idées, sa force et ses goûts ». Or, aux yeux des innovateurs, le vers classique a justement le tort de ne rien suggérer au delà de ce qu'il dit. Ce qu'il veut exprimer, il l'exprime complètement ; et par suite il n'exprime que ce qui peut s'exprimer d'une façon complète, sans jamais laisser entrevoir les parties cachées de notre subconscience. Les symbolistes ont donc décrété que dans l'imprécision qui engendre le mystère réside le charme de la poésie. Et Verlaine a bien spécifié :

Il faut aussi que tu n'ailles point
Choisir tes mots sans quelque méprise.

Mais il y a mieux. Jusqu'ici, le mot se bornait à traduire l'idée des choses et non point les choses en elles-mêmes. C'est cet intermédiaire de l'idée que nos écrivains tendront à supprimer pour rendre les impressions d'une manière extemporanée et en quelque sorte immédiate. En d'autres termes, les lois qui présidaient aux relations des mots avaient eu pour fin l'*intelligible* : les nouveaux venus prétendront qu'elles aient pour fin le *sensible*. Grouper les mots, non plus suivant la *logique* pour réaliser un sens perceptible à tous, mais selon la seule *impression,* d'ailleurs toute individuelle, tel est le but qu'il s'agit de poursuivre. Mais pour faire ainsi du mot un instrument de pure suggestion, il est de toute nécessité qu'il perde sa fonction courante et qu'il subisse une adaptation nouvelle. C'est cette adaptation qu'il faut essayer de définir. Voyons donc l'usage que les symbolistes ont prétendu faire du mot : 1º comme *représentation ;* 2º comme *son.*

1º Le mot en tant que *représentation* a certainement des pouvoirs plus étendus que ne le comportent les exigences du langage courant, et il peut emprunter ses propriétés suggestives à un double mécanisme : le jeu des *associations subconscientes* et l'existence des *équivalents émotionnels.*

La notion des *associations subconscientes* explique une foule de substitutions ou de transpositions verbales dont la raison nous échappe d'abord, mais dont il est facile de reconstituer la genèse avec un peu d'attention. Il s'établit, en effet, entre les sensations qui se sont souvent rencontrées dans la conscience une affinité persistante, de telle sorte que, si l'une vient à se présenter réellement, l'image des autres tend à surgir. C'est ainsi que la couleur d'une fleur nous fait songer à son parfum, et si nous retrouvons dans une autre fleur, ou même dans un objet quelconque, une coloration identique, nous serons tentés d'attribuer à cette fleur ou à cet objet un parfum analogue. Il y a mieux, et comme l'a bien fait observer Souriau[1], lorsque deux sensations ont été fortement associées dans notre imagination, non seulement l'une nous fait penser à l'autre, mais nous avons une tendance à les fondre, à les unifier ; leur association devient une sorte de combinaison. « Quand j'approche un bouquet de violettes de mes narines, dit cet auteur, les deux sensations que j'éprouve à la fois se marient si bien que je ne songe pas à les distinguer : je les retrouve l'une dans l'autre, la couleur dans le parfum, le parfum dans la couleur ; j'ai comme la sensation résultante d'un parfum bleu foncé. De même je serai disposé à trouver que les fleurs de la série blanche ont quelque chose de blanc dans leur odeur, et à sentir comme du jaune dans le parfum des fleurs de la série jaune. » On pourrait expliquer de la même façon comment il existe pour chacun de nous des couleurs savoureuses et des couleurs nauséabondes, par un rappel inconscient de telle ou telle substance qui stimule l'appétit ou qui provoque le dégoût ; comment en particulier certains

[1] Paul Souriau, *l'Imagination de l'artiste.*

rouges groseille nous agacent les dents, et comment certains verts nous paraissent acides. Peut-être les couleurs chaudes et les couleurs froides nous paraissent-elles dotées de pareils attributs, parce qu'elles nous font penser à des objets chauds ou à des objets froids auxquels nous les avons vues directement associées : le rouge et le jaune évoquent la flamme, le soleil ; le gris évoque une figure transie ou un ciel d'hiver. De même, les couleurs claires se présentent à nous accompagnées de tout un cortège d'images gracieuses et souriantes, parce qu'elles évoquent le souvenir des fleurs, des parures de fêtes, et des journées resplendissantes de lumière ; les couleurs foncées nous semblent maussades ou mélancoliques, parce que nous leur associons les parures de deuil et l'obscurité de la nuit. Suivant un mécanisme absolument analogue, Georges Rodenbach nous fait savoir avec une justesse parfaite comment le dimanche se colore pour lui :

Il se remontre à moi tel qu'il s'étiolait
Naguère, où, jour pensif qui pour mes yeux d'enfance
Apparaissait sous la forme d'une nuance,
Je le voyais d'un pâle et triste violet,
Le violet du demi-deuil et des évêques,
Le violet des chasubles du temps pascal.
Dimanches d'autrefois! Ennui dominical!

Ainsi, telle qualité sensible étant associée dans la connaissance à d'autres qualités d'ordre différent, l'habitude tend à évoquer une ou plusieurs des secondes dès qu'on nomme un objet revêtu de la première ; et la qualité réelle s'effaçant pour faire place à l'une des qualités évoquées, il en résulte une substitution, où, si l'on veut, une transposition. Le rôle des associations fixées dans la subconscience est donc d'une grande importance pour expliquer le choix de telle ou telle expression verbale, en apparence bizarre ou injustifiée. Mais un autre élément peut entrer en jeu pour expliquer ces phénomènes de substitution ou de transposition : nous voulons parler de l'existence des *équivalents émotionnels*.

La notion des *équivalents émotionnels* est, à notre avis, complètement distincte de la précédente. Quand nous parlons d'*associations subconscientes*, nous invoquons un mécanisme qu'il faut rattacher à la vie intellectuelle proprement dite. Avec l'étude des *équivalents émotionnels*, au contraire, nous chercherons à pénétrer certaines propriétés de la vie affective.

C'est un fait bien connu que les choses entre lesquelles nous ne saisissons aucun rapport, lorsque nous les envisageons en elles-mêmes, peuvent néanmoins s'associer dans notre esprit parce qu'elles l'affectent de la même manière. Entre deux sensations d'ordre tout à fait différent, nous découvrons fréquemment une certaine ressemblance, une sorte de parenté. Si étrangères que soient les deux sensations que nous comparons, et alors qu'il n'existe entre elles aucune des associations de contiguïté sur lesquelles nous venons de nous étendre, ces sensations peuvent sympathiser

pourtant en ce qu'elles nous donnent une impression identique, agréable ou désagréable, vive ou
légère, ou bien en ce qu'elles sont toutes deux
expressives d'un même sentiment. En d'autres
termes, on peut découvrir dans ces sensations un
élément commun qui, perçu d'une manière plus ou
moins consciente, nous fera pressentir entre elles une
sorte d'affinité. Par exemple, certaines couleurs sont
excitantes, d'autres déprimantes ; il en est de
même de certains rythmes. Une sensation auditive
et une sensation visuelle pourront donc présenter
au point de vue de leur résultante affective une
analogie marquée, parce que toutes deux aug-
mentent, diminuent ou modifient dans le même
sens la tonicité morale. Ainsi les couleurs claires
ne sont pas seulement associées dans notre esprit
à des images joyeuses pour les raisons que nous
indiquions il y a un instant ; elles correspondent
véritablement, par la manière dont elles stimulent
notre activité nerveuse, à l'excitation que produisent de pareilles images. Les couleurs sombres
correspondent de la même façon à nos sentiments
de tristesse, et les teintes effacées à nos vagues
ennuis, aux chagrins sans cause d'un jour de spleen
ou de mélancolie. Tout cela revient à dire que non
seulement nos sensations brutes et nos sentiments
moraux, mais encore nos sensations entre elles,
peuvent se rencontrer en certains carrefours où
l'impression tend à s'unifier de telle sorte que
deux sensations d'ordre différent peuvent aboutir
en définitive à un état d'âme commun. Il en résulte
positivement que nos sens demeurent en rapports

constants les uns avec les autres, et qu'il se fait
entre eux de perpétuels échanges. Les données
visuelles se transforment en impressions de l'ouïe ;
certains sons combinés nous mettent sous les yeux
de l'esprit certaines formes, certaines couleurs, au
point d'évoquer en nous des scènes ou des paysages. Ces correspondances mystérieuses qui
tiennent nos sens dans un enchaînement mutuel,
Baudelaire les a dites en termes précis :

> Comme de longs échos qui de loin se confondent
> Dans une ténébreuse et profonde unité,
> Vaste comme la nuit et comme la clarté,
> Les parfums, les couleurs et les sons se répondent.

Aussi peut-on rencontrer, dans le vocabulaire de
la critique d'art, des transpositions curieuses. Pour
décrire un tableau, on empruntera les termes du
vocabulaire musical ; on nous entretiendra par
exemple d' « harmonies et de dissonances chromatiques », on nous parlera d'un « rouge ronflant »,
d'un « vert criard », d'un « bleu qui chante »,
d'une « note jaune qui fait tapage ». Et inversement, pour donner idée d'une symphonie, on
écrira une phrase comme celle-ci : « En passant
par des sonorités diverses, la ligne mélodique se
colore de teintes diverses, comme le rayon de
soleil qui traverse obliquement un vitrail... Les
trois couleurs sonores des instruments à vent de
la région aiguë se superposent harmonieusement
dans le sextuor : tout en haut l'azur lumineux des
flûtes, au milieu le rouge vif des hautbois, en bas

les teintes brunâtres et chaudes de la clarinette, l'élément cohésif de l'ensemble polychrome [1]. » Le langage courant est d'ailleurs rempli de ces transpositions. Nous parlons de la « tonalité des couleurs » et du « coloris des sons », en confondant ainsi les propriétés acoustiques et optiques des phénomènes : nous parlons d'un « ton dur » et d'une « voix chaude », et nous opérons encore de cette façon des transpositions d'un sens dans un autre. D'autres fois ce sont des qualités physiques que nous empruntons aux organes des sens pour en habiller des états moraux. Nous disons : une « mine grise », un « rire jaune » ; nous disons aussi une « âme noire », des « idées roses », des « rêves bleus » ; et l'on pourrait encore multiplier les exemples en montrant que les sens de l'odorat, du tact et du goût, plus encore que celui de la vue, favorisent ces transpositions, sans doute en raison du caractère plus vague, plus équivoque, moins bien défini de leurs données.

Les considérations précédentes trouvent une explication scientifique dans la physiologie de nos facultés affectives. Toute modification produite par le monde extérieur sur nos organes sensoriels est enregistrée sous forme de *sensation*. La sensation portée jusqu'à la conscience devient une *perception*, et cette perception, se répercutant sur la sphère affective, peut à son tour l'influencer en donnant lieu à une *émotion*. Mais, en se traduisant par un phénomène de sensibilité consciente, la sensation

---

[1] Cité par COMBARIEU.

tend à perdre ses qualités spéciales, ses attributs
de différenciation, pour prendre des caractères d'un
ordre plus général, en vertu desquels elle nous
impressionne dans tel ou tel sens. En comparant
la *sensation* déterminante et l'*impression* résultante, on peut avancer que la *sensation* est de
nature plus précise, plus analytique, plus diver-
sifiée que l'*impression*, et qu'inversement l'*impression* est de nature plus vague, plus synthétique,
plus unifiée que la *sensation*, ce qui revient à dire
simplement que des sensations différentes peuvent
produire une même impression, ou qu'une même
impression peut résulter de sensations différentes.
Ainsi, le rythme vif, la couleur rouge, le son des
cuivres et les voyelles ou les diphtongues sonores,
déterminent autant de sensations différentes et qui
pourtant ont ceci de commun qu'elles sont toutes
également stimulantes et joyeuses. Il résulte de ce
qui précède que les sensations différentes qui produisent une même impression devront s'associer
entre elles tout naturellement : c'est ainsi que le
son des cuivres évoquera la couleur rouge et sera
évoqué par elle. Une même épithète servira d'ailleurs à qualifier la couleur et le son : on dira du
son qu'il est « éclatant », et l'on dira aussi de la
couleur qu'elle est « éclatante ». En d'autres
termes, toute *sensation primaire*, directement produite par une excitation extérieure, appelle par une
sorte de sympathie et à la façon d'un écho toutes
les autres sensations ayant même détermination
dans le stade ultime de la sensibilité consciente.

Il faut bien observer toutefois que les *sensations*

secondaires sont simplement *évoquées* et non pas *perçues*. Il ne serait pas exact d'avancer qu'à l'occasion d'un son nous *voyons* une couleur, qu'à l'occasion d'une couleur nous *entendons* un son. Par ricochet, la sensation d'un sens évoque *psychiquement* et non *sensoriellement* la sensation d'un autre sens, voilà tout. Cette sympathie des sensations entre elles par équivalences émotionnelles se produit surtout à la faveur de l'automatisme, lorsque les opérations de la subconscience, plus diffuses, moins analytiques que celles de la conscience pleine, prennent une large part à la vie mentale, dans les moments de rêverie par conséquent, alors que le « moi » fluide et flottant se perd dans la brume de ses impressions. C'est d'ailleurs cette indécision, cette incertitude des sensations évoquées, qui fait leur charme esthétique et leur incontestable valeur en tant que source de poésie.

Il convient d'ajouter que l'unification des *sensations conscientes* dans l'*impression subconsciente* n'est pas une loi arbitraire : elle a sa genèse nettement établie dans l'évolution des êtres vivants. En principe, les rapports qui unissent le monde extérieur à l'être vivant sont fort simples. Les mouvements du monde extérieur se ramènent à des ondes vibratoires, et les modifications imprimées par ces dernières à l'être vivant se réduisent à des transformations biologiques du protoplasma. Les animaux inférieurs, ainsi que le fait très justement observer M. Nordau, n'apprennent rien du monde extérieur, sinon qu'un changement s'opère en lui, et peut-être aussi que ce changement est fort ou faible, brusque ou lent. Ils reçoivent des impressions différentes quantitativement, mais non qualitativement. Nous savons, par exemple, que le siphon de la pholade, qui à chaque excitation se contracte plus ou moins énergiquement ou rapidement, est sensible à toutes les impressions extérieures, à la lumière, au bruit, au contact, aux odeurs ; pour ce mollusque, un même appareil représente donc à lui seul tous les sens réunis. Mais voici qu'à mesure qu'on s'élève dans l'échelle des êtres, le protoplasma se différencie, et les sens désormais distincts traduisent l'unité du phénomène à travers une diversité plus ou moins complexe de sensations. Il n'en est pas moins vrai que le cerveau le plus hautement différencié conserve encore d'une manière obscure, comme par atavisme, la notion instinctive de l'unité de principe qui préside à l'excitation des différents sens ; il a le souvenir organique de la confusion dans laquelle se perdent originairement toutes les perceptions. Aussi, dans les assises les plus profondes de sa subsconcience, l'esprit peut faire abstraction d'un perfectionnement obtenu très tard au cours de l'évolution ; il peut négliger la distinction des données sensorielles, et traiter toutes les impressions comme des matériaux non différenciés pour la connaissance du monde extérieur. Il ne faut pas en conclure pour cela que l'activité cérébrale, qui tend ainsi à « rétrograder aux débuts du développement organique », est une activité « maladive et affaiblie ». Il ne faut pas en conclure qu' « élever au rang d'un principe d'art l'attachement réciproque, la transposition, la confusion des perceptions de l'ouïe et de la vue, et prétendre voir de l'avenir en ce principe, c'est proclamer comme un progrès le retour de la conscience humaine à celle de l'huître [1] ». En réalité, lorsque la conscience renonce volontairement aux avantages des perceptions nettes pour confondre les rapports des différents sens, elle oublie la cogitation pour l'émotion, l'utilité pour la poésie, et rien de plus. Goûter le rappel des parfums par les couleurs, les sons ou les lignes, par exemple, c'est dégager une synthèse profondément vraie, c'est révéler une unité d'impression dernière que la division périphérique des appareils récepteurs et la dissociation des centres de perception nous fait oublier, mais qui n'en est pas moins patente pour le psychologue.

Nous trouvons ici la clef principale de toutes les explications qu'on pourra fournir sur les mots « écrits en profondeur » par nos symbolistes, sur ces mots détournés de leur acception ordinaire ou associés de telle façon qu'ils perdent leur sens précis. Et si quelque poète vient à s'écrier que son âme est « verte, verte, combien verte », nous pourrons sourire de cette bizarrerie, mais nous serons en mesure de la comprendre.

2o Le mot en tant que *son*, et abstraction faite du contenu idéatif, peut fournir une nouvelle richesse d'images suggérées.

En effet, si l'on cherche à décomposer l'impression poétique en ses éléments constitutifs, ainsi

---

[1] NORDAU, *loc. cit.*, t. I, p. 252.

que le fait M. Rossigneux [1], on s'aperçoit qu'elle
est à la fois formée d'idées et de sentiments auxquels viennent se joindre les sensations primaires
du son et du rythme et les sensations secondaires
évoquées par les précédentes, le tout concourant
en définitive à des réactions organiques. C'est le
complexus inextricable, c'est la synthèse confuse
de ces divers éléments associés qui constitue en
définitive l'impression poétique. Par exemple, des
vers tendant à exprimer la joie d'une façon parfaite traduisent des idées et des sentiments gais,
mais les traduisent de plus par des sons et des
rythmes joyeux. Les sons et les rythmes joyeux
sont, indépendamment du sens de la poésie,
capables de déterminer pour leur propre compte un
effet stimulant ; et en participant ainsi à la réaction
organique définitive, ils concourent à produire une
impression de joie. Mais il y a mieux. S'il est vrai
qu'une impression de joie est faite tout à la fois
d'idées, de sentiments, de sensations et d'éléments
organiques, on doit ajouter qu'à l'état d'idée et même
de sentiment elle est seulement imaginée. Pour
qu'elle soit perçue réellement, il faut qu'il s'y mêle
des sensations et des éléments organiques. Si l'on
vient à lire avec un esprit de logique le plus beau
passage d'un poème en renversant le rythme, en
supprimant la rime, et en remplaçant les mots vagues
par des mots précis, le grand inconvénient qui
pourra résulter de cette opération ce sera de faire

---

[1] Ch. Rossigneux, *Essai sur l'audition colorée et sa valeur
esthétique (Journal de psychologie normale et pathologique,* 1905,
p. 193).

perdre à ce poème toute saveur. Le plus souvent
même il se transformera en une divagation stupide. Et pourtant ce même passage tel qu'il est
écrit nous donne une impression vraie ; il donne la
note juste, plus juste que toutes les descriptions
analytiques détaillées. C'est que les mots contribuent par eux-mêmes, pour leur propre compte,
à l'impression définitive. Par leurs motifs qui s'enchaînent ou se contrarient, par leurs modulations
imprévues, par leurs répétitions attendues, les
mots en tant que sons expriment les mouvements
tantôt faibles, tantôt violents, tantôt rapides, tantôt lents, tantôt saccadés et tantôt unis de nos
passions ; par leurs arrêts et leurs reprises, ils traduisent ces passions dans leurs conflits, leurs vic-
toires, leurs défaites, leurs retours, leurs incons-
tances, leur obstination. Aussi peut-on dire que les
effets poétiques sont inexplicables par la seule
expression analytique des idées : les impressions
évoquées par le son des mots répondent à tout un
monde subconscient qui est une condition essentielle de la poésie.

Cette vérité n'est pas neuve, et l'importance de
la suggestion des sons dans le discours fut connue
dès l'antiquité. Les rhéteurs grecs déclaraient déjà,
par la voix de Longin, que « l'harmonie du langage est en rapport non seulement avec l'oreille,
mais avec l'âme elle-même » ; car « elle fait passer
les sentiments de celui qui parle dans le cœur de
ses auditeurs, établit entre eux et lui une communication constante et coordonne de grands effets au
moyen de la disposition des vocables ». Les philo-

sophes de toutes les époques ont confirmé cette idée. Diderot signale « une certaine distinction de syllabes longues ou brèves, dures ou douces, sourdes ou aigres, légères ou pesantes, lentes ou rapides, plaintives ou gaies » ; il parle d' « un enchaînement de petites onomatopées analogues aux idées qu'on a et dont on est fortement occupé, aux sensations qu'on ressent et qu'on veut exciter, aux phénomènes dont on cherche à rendre les accidents, aux passions qu'on éprouve,... etc. », car « c'est l'image même de l'âme rendue par les inflexions de la voix, les nuances successives d'un discours accéléré, ralenti, éclatant, étouffé, tempéré en cent manières » ; et l'auteur ajoute même qu'en dehors de cela, « un poète ne vaut pas la peine d'être lu. » Condillac fait une remarque analogue : « La qualité des sons contribue à l'expression des sentiments. Les sons ouverts et soutenus sont propres à l'admiration, les sons aigus et rapides à la gaieté, les syllabes muettes à la crainte, les syllabes traînantes et peu sonores à l'irrésolution. Les mots durs expriment la colère ; plus faciles à prononcer, ils expriment le plaisir ou la tendresse, etc. » La même idée se retrouve dans La Harpe et dans Marmontel.

Ces données générales ont d'ailleurs été développées de longue date par le menu détail. Platon voit dans chaque consonne l'indication d'une action précise. On lit dans le *Cratyle :* « Il peut sembler ridicule de dire que les lettres et les syllabes révèlent les choses en les imitant. C'est cependant une nécessité qu'il en soit ainsi... D'abord la lettre

ρ me semble être l'instrument propre à exprimer
toute sorte de mouvements... L'auteur des noms
avait vu, je pense, que la langue, dans la prononciation de cette lettre, loin de demeurer en repos,
s'agite très fort... Sans doute aussi il aura jugé
que, par la pression qu'ils font éprouver à la langue,
le δ et le τ sont parfaitement propres à imiter
l'action d'enchaîner (δεσμος) et de se reposer (στασις)...
Ayant remarqué que la langue glisse en prononçant
les λ, il s'en est servi pour former à la ressemblance de leurs objets les mots λειον, λιπαρον et tous
ceux de cette sorte... Ayant compris que le ν
retient la voix dans l'intérieur de la bouche, il a
fait les mots ενδον, εντος,... etc.[1]. » J.-E. Blondel, dans
son livre curieux sur la *Phonologie esthétique de la
langue française,* donne à chaque consonne, à chaque
voyelle, à chaque diphtongue, son caractère spécial
d'émotion. Il déclare, par exemple, que « le *r* est
fauve; le *l* cristallin, transparent, limpide; le *n*
corné, sombre, simplement translucide; le *m* d'une
blancheur d'ivoire; le *j* résonne gravement; le *g*,
bruyamment; le *d*, avec une sonorité dure et sèche.
Le *b* est argentin, éclatant; le *v* incisif, le *z*
acéré; le *h* est boueux; le *g* gélatineux, presque
gluant; le *t*, aride; le *p* sec aussi, mais avec plus
de douceur; le *f*, poudreux; le *s*, glacial et désagréable[2]. »

M. Braunschwig[3], dans l'intéressant ouvrage que

---

[1] PLATON, *le Cratyle* (trad. Charpentier, 1861, t. III, p. 292).
[2] J.-E. BLONDEL, *Phonologie esthétique de la langue française*
(Paris, Guillaumin et Cie, 1858, p. 20).
[3] M. BRAUNSCHWIG, *loc. cit.*

nous avons eu l'occasion de citer à plusieurs reprises, explique parfaitement que « des voyelles aiguës, comme l'*i* et l'*u*, puissent rendre l'impression de l'acuité des objets (piquant, épine, aigu, pointu), ou bien donner l'idée d'un esprit tranchant, d'une sensibilité pour ainsi dire aiguisée, d'un caractère souple et délié (ironie, envie, jalousie, ruse, astuce). De même des voyelles éclatantes, comme l'*a* et l'*o*, seront capables de peindre l'éclat de la lumière ou la grandeur des objets (flamme, colosse, molosse), d'exprimer des sentiments majestueux ou violents (gloire, rage), et d'évoquer l'image de l'élévation ou de l'étendue des choses (haut, large); des voyelles claires et douces, comme l'*è*, l'*é*, l'*e*, donneront l'impression de la légèreté et de la délicatesse (léger, frêle); des voyelles graves et sourdes, comme dans la diphtongue *ou*, rendront bien la sensation de la pesanteur physique et de la petitesse ramassée (tour, lourd, court), ou excelleront à peindre la force concentrée des sentiments, le désordre profond de l'âme et l'oppression du corps (amour, courroux, trouble, étouffer). Les consonnes également contribuent à donner aux mots expressifs leur pouvoir d'imitation. Celles qui sont dures à prononcer, comme le *b*, le *c*, le *k*, le *q*, peuvent donner l'impression de l'effort, du heurt, de la violence, de la difficulté, de la lourdeur (broyer, écraser, activer, tracasser); celles qui sont d'une prononciation facile, comme l'*f*, l'*l*, l'*m*, l'*n*, l'*r*, l's, le *v*, le *z*, sont propres à exprimer l'aisance, la douceur, la fluidité, le calme, la légèreté (facile, aisé, lisse, zéphir, fluide, effluve).

Ch. Rossigneux[1], dans l'article que nous signalions plus haut, montre que les *consonnes* en général s'associent aux impressions de l'ordre spatial : la grandeur et la forme avec le mouvement. Les *dentales* donnent une double impression d'immobilité et de netteté :

... Ils surgissaient du sud ou du septentrion.

(HUGO.)

... Caïn ne dormait pas, songeant au pied des monts.

(HUGO.)

Les *labiales*, s'opposant aux précédentes, sont pleines de vague et de fluidité :

... Le vengeur dit cela. Puis l'immensité sombre,
Bond par bond, prolongea, des plaines aux parois
Des montagnes, l'écho violent de la voix,
Qui s'enfonça longtemps dans l'abîme de l'ombre.

(LECONTE DE LISLE.)

... Ainsi, pleins de courage et de lenteur. ils passent,
Comme une ligne noire, au sable illimité.
Et le désert reprend son immobilité,
Quand les lourds voyageurs à l'horizon s'effacent.

(LECONTE DE LISLE.)

Les *gutturales* expriment la violence, l'ardeur, la force et l'éclat :

... Accourut franchissant le roc et le vallon.

(LECONTE DE LISLE.)

... Comme un chœur de clairons éclatant à l'aurore.

(LECONTE DE LISLE.)

---

1 CH. ROSSIGNEUX, *loc. cit.*

La *liquide* M apporte la majesté; elle est faite de grandeur et de noblesse :

> ... et nemorum increbescere murmur.
>
> (VIRGILE.)

> ... magno cum murmure montis.
>
> (VIRGILE.)

De même que M exprime la puissance qui demeure, R représente la force qui se meut. N est la faiblesse immobile, L la douceur en mouvement. Les *sifflantes* disent le vague et le mystère... et ainsi de suite.

Les *voyelles* ne seraient pas moins éloquentes, mais elles évoqueraient surtout des couleurs. A évoquerait la blancheur, et en même temps la série du calme et de la majesté :

> Angantyr, dans sa fosse étendu, pâle et grave,
> Se dresse, et lentement ouvre ses bras blafards,
> Et le héros aux dents blanches dit : Prends et pars.
>
> (LECONTE DE LISLE.)

E répondrait au bleu ou au vert; il évoquerait douceur, pureté, légèreté, fraîcheur :

> Ils l'entourent tous d'un essaim léger,
> Qui dans l'air muet semble voltiger.
>
> (LECONTE DE LISLE.)

Les sons en O, en OR, en OUR, en AN, évoqueraient la sensation de rouge et toute la série des impressions de même effet : les sons éclatants, les mouvements rapides, la force et la joie :

> ... Vers le couchant rayé d'écarlate, un œil louche
> Et rouge s'enfonçait dans les écumes d'or,

. Tandis qu'à l'orient l'âpre Gelboë-Hor,
De la racine au faîte éclatant et farouche,
Flambait, bûcher funèbre où le sang coule encor.

(LECONTE DE LISLE.)

Les sons en ON appartiendraient aux impressions de la série opposée : c'est le *noir* et avec lui le silence, l'immobilité, la morne tristesse et le vague du mystère :

... Et se dilatant par bonds lourds,
Muette, sinistre, profonde,
La nuit traîne son noir velours
Sur la solitude du monde.

LECONTE DE LISLE.)

Toutes ces remarques, dont quelques-unes, il faut bien l'avouer, sont un peu subtiles, trouvent pour la plupart leur explication dans la formation même du langage. Herder, au xviiie siècle, a particulièrement bien développé cette théorie de la formation des mots par l'imitation des sons naturels. Plus tard, Heyse[1] et Steinthal[2] rattachent également l'origine des mots aux cris inarticulés de l'homme ému. Il est bien certain en effet que dans le principe les mots n'ont pas jailli au hasard de la bouche des hommes. Tous les mots, à l'origine, devaient avoir une valeur imitative. Comme l'a dit Taine[3], « au premier jet ils sont sortis du contact des objets ; ils les ont imités par la grimace de la bouche

[1] HEYSE, *Système de la science du langage* (1856).
[2] STEINTHAL, *Histoire de la science du langage* (1863).
[3] TAINE, *La Fontaine et ses fables* (Paris, Hachette, p. 288, 289).

et du nez qui accompagnait leur son, par l'âpreté, par la douceur, la longueur ou la brièveté de ce son, par le râle ou le sifflement du gosier, par le gonflement ou la contraction de la poitrine. »

Au reste, il faut distinguer deux catégories parmi les *mots* dont le pouvoir d'imitation est en quelque sorte constitutif : les *onomatopées*, qui se bornent à reproduire d'une façon plus ou moins approximative les différents bruits de la nature, et les *mots expressifs* proprement dits, qui par leur sonorité rendent certaines propriétés des corps autres que le son et peuvent même traduire d'une manière plus ou moins vague certains états de l'âme. Dans l'onomatopée, l'imitation peut être absolue (ronron, glouglou) ou approximative (cliquetis, bourdonnement); mais c'est toujours une imitation. Dans le mot expressif, au contraire, il s'agit beaucoup plus souvent d'une de ces transpositions de sensations dont nous avons parlé antérieurement, ou s'il s'agit d'imitation, c'est par un procédé indirect. C'est ainsi que certains mots, exprimant une sensation, imitent par leur sonorité le bruit dont cette sensation s'accompagne (puant, fétide, effroi, frisson); d'autres, indiquant telle ou telle action, exigent pour être prononcés les mêmes mouvements des lèvres ou la même grimace du visage que ces actions pour être accomplies (baiser, moue, bouder, pouffer).

A côté des mots dont les vertus expressives sont originelles, il en est d'autres dans lesquels la relation entre la pensée et le son ne peut être qu'une relation dérivée. C'est le cas des noms propres qui n'ont par eux-mêmes aucune signification. Ne semble-t-il pas que certaines personnes « portent bien leur nom »? D'où vient qu'on aime à *priori* un prénom, et que tel autre paraît odieux? N'est-il pas vrai que certains noms propres ont un caractère trivial? Il y a des noms de vaudeville, des noms de comédie, des noms de roman et des noms de poésie. Il y a des roturiers et des nobles parmi les noms, et les littérateurs ne les choisissent pas au hasard. On a dit avec une apparence de raison qu'*Eusèbe* devait évoquer l'idée d'un être insignifiant et *Christine* celle d'une créature irritante, à cause des sonorités étouffées ou criardes de ces deux mots. Hélène et Susanne font surgir l'image de personnes gracieuses, Catherine et Adélaïde l'image de personnes désagréables ou inélégantes, par suite d'une série d'articulations facile dans un cas et pénible dans l'autre. L'instinct de l'enfant, celui du peuple aussi, découvrent souvent des mots expressifs. Les termes populaires s'appliquant à des objets concrets sont des trouvailles symboliques, et l'on peut dire qu'ici le son est presque toujours adéquat à l'idée. Toute la série des mots en *ouille* pour exprimer ce qui est bas, vil, sale, trivial ou laid, en fournit la preuve. On sait aussi que toutes les langues ne sont pas également propres à exprimer les mêmes sentiments. L'anglais se prête aux demi-teintes, aux notes mystérieuses des poètes lakistes; les langues du Midi, plus sonores, sont celles du gros enthousiasme.

Tous ces exemples suffisent à montrer qu'en vertu de ses seules propriétés physiques et physiologiques le son des mots est capable de nous suggérer certains sentiments généraux et d'évoquer en nous certains commencements d'associations un peu obscures, certaines visions un peu vagues. Au reste, c'est justement parce qu'elles sont flottantes et indéfinies, que les impressions faites sur notre âme par l'allure et la sonorité des mots représentent par elles-mêmes une source de poésie.

Ce pouvoir suggestif du son, les poètes l'ont exploité de tous temps consciemment ou non. L'idée d'attribuer aux sons du langage poétique une valeur directement imitative ou symbolique est même très ancienne, et au dire de M. Combarieu les symbolistes modernes pourraient se réclamer des Hindous. « Les Hindous avaient trois sortes de poésie : la supérieure, la moyenne et l'inférieure. La poésie inférieure était celle qui avait un sens précis. La poésie supérieure avait pour objet essentiel de suggérer certaines idées par un choix de sons. Le mot qui la désignait, *dhvani,* signifie son, répercussion, le sens suggéré étant considéré comme le prolongement sonore, l'écho du sens exprimé. Quand ces subtils poètes voulaient dire que « la lune sert de diadème aux nuits d'automne », ou qu'ils parlaient du « visage de lotus » d'une belle, ils répétaient certains sons qui, en dehors de toute signification logique, leur semblaient appropriés à ces images[1]. » Il semble donc que la recherche de cette correspondance des sons avec les idées ait été poussée par les poètes de l'Inde jusqu'à la puérilité. On la

---

[1] COMBARIEU, *loc. cit.*

retrouve chez Homère, dont la poésie fait de l'oreille un complice fréquent de l'esprit, puis chez les poètes alexandrins, subtils arrangeurs de mots, chez Callimaque en particulier. Chez Théocrite également, les répétitions et les oppositions de mots, la recherche des noms propres en vue de certains effets d'harmonie, sont des procédés courants. La musique du langage n'était pas moins chère aux poètes latins, si l'on en croit Cicéron. Au moyen âge elle était fort en honneur chez les troubadours, qui trouvaient pour la satisfaire des combinaisons souvent difficiles et des assemblages bizarres. Les poètes du xive et du xve siècle n'étaient souvent que des virtuoses cherchant le plaisir de la poésie dans des « entrelacs de paroles », suivant l'expression de Pasquier. La Pléiade s'est fort occupée d'approprier comme il convient la sonorité des mots à la nature des sentiments et des pensées. La recherche de la suggestion directe par le mot n'est pas rare chez Rémi Belleau et même chez Ronsard. Le xviie siècle, en dépit de son culte de l'idée, ne laisse pas que d'utiliser fréquemment les effets musicaux de l'allitération et de l'assonance. On cite souvent l'impression de langueur douloureuse que laisse, en raison des assonances en I, ce vers de Racine :

Tout m'afflige et me nuit et conspire à me nuire.

On cite en revanche l'impression de joie conquérante qui se dégage, à cause des assonances en A, de ce vers de La Fontaine :

Comme il sonne la charge il sonne la victoire.

Quand Racine écrit :

> Ariane, ma sœur, de quel amour blessée,
> Vous mourûtes aux bords où vous fûtes laissée,...

on perçoit sans difficulté le rôle que joue dans ces vers l'allitération en *s* et l'assonance en *ûtes* : il s'y attache une impression de plainte mélancolique et de douceur infinie. Quand La Fontaine veut nous décrire la difficulté qu'éprouve le coche à gravir une côte escarpée, il n'est pas moins ingénieux :

> Dans un chemin montant, sablonneux, malaisé,
> Et de tous les côtés au soleil exposé,
> Six forts chevaux tiraient un coche...

Les analystes font observer que le premier vers, qui est de la plus longue mesure, a sa marche ralentie par trois épithètes détachées, et que le dernier, quoique très court, paraît encore plus long à prononcer. Il y a là comme un effort de la voix imitant les efforts nécessaires pour faire mouvoir la lourde voiture.

Au XVIIIe siècle, l'école de Delille ne se contente pas de laisser naître spontanément les effets phonétiques de l'allitération et de l'assonance; elle les recherche positivement par une étude systématique et laborieuse. Delille l'exprime dans le morceau suivant :

> Quels qu'ils soient, aux objets conformez votre ton;
> Ainsi que par les mots exprimez par le son.
> Peignez en vers légers l'amant léger de Flore; [core.
> Qu'un doux ruisseau murmure en vers plus doux en-

Entend-on d'un torrent les ondes bouillonner,
Le vers tumultueux en roulant doit tonner.
Que d'un pas lent et lourd le bœuf fende la plaine,
Chaque syllabe pèse et chaque mot se traîne ;
Mais si le daim léger bondit, vole et fend l'air,
Le vers vole et le suit aussi prompt que l'éclair.
Ainsi de votre chant la marche cadencée
Imite l'action et note la pensée.

Le romantisme n'est pas moins amoureux de la musique des mots. On trouve indiqué dans tous les traités la valeur de l'allitération en F dans ces vers de Victor Hugo :

Un frais parfum sortait des touffes d'asphodèle ;
Les souffles de la nuit flottaient sur Galgala.

En définissant la poésie « ce que la nature a de plus mélodieux dans les sons », et en voyant en elle la langue complète « saisissant l'homme à la fois par l'âme et par les sens », Lamartine faisait une véritable profession de foi au point de vue spécial qui nous intéresse, et, cette profession de foi, un autre romantique, d'ailleurs plus peintre que musicien, l'a bien développée : « Pour le poète, dit Théophile Gautier, les mots ont en eux-mêmes, et en dehors du sens qu'ils expriment, une beauté et une valeur propres, comme des pierres qui ne sont pas encore taillées et montées en bracelets, en colliers ou en bagues ; ils charment le connaisseur qui les regarde et les trie du doigt dans la petite coupe où ils sont mis en réserve comme ferait un orfèvre méditant un bijou. Il y a des mots diamant, saphir, rubis, émeraude ; d'autres qui luisent comme du phosphore quand on les frotte, et ce n'est pas un mince travail de les choisir[1]. » Pourtant, malgré sa prédilection pour les « mots aux triomphantes syllabes, sonnant comme des fanfares de clairons », Théophile Gautier n'a jamais franchi les limites de ses devanciers. Il en est de même de Banville, qui proclamait néanmoins que la poésie est une « musique », et qui s'extasiait devant le vers bien connu :

La fille de Minos et de Pasiphaé...

C'est qu'alors un reste d'esprit classique triomphait encore de tout paradoxe outré. Mais du formalisme exclusif au formalisme dédaigneux de l'idée, il n'y avait qu'un pas; de l'affirmation des vertus musicales du style à la confusion complète et définitive du style avec la musique, l'espace devait être franchi d'un bond. Et voici justement que nos symbolistes vont mettre à profit l'opinion de Flaubert, à savoir qu' « un beau vers qui ne signifie rien est supérieur à un vers moins beau qui signifie quelque chose ». De la part du grand écrivain, cette idée témoignait d'un mépris superbe de la pensée; mais ce mépris, hâtons-nous de le dire, était plus apparent que réel. Or, du paradoxe les symbolistes ne feront rien moins qu'une vérité réalisable, et ils passeront au domaine de l'application.

Le symbolisme, poussant jusqu'à ses extrêmes conséquences la valeur suggestive du mot en tant

---

[1] *Notice sur Baudelaire*, p. 46.

que son, doit consommer l'identification de l'art des mots avec l'art des sons. Il revient ainsi au *dhvani* des poètes hindous, et l'élément musical du langage est si bien cultivé par ses représentants, qu'il finit par absorber l'élément idéationnel et par être, à lui seul, toute la poésie.

« De la musique avant toute chose,... de la musique encore et toujours ! » s'écrie Verlaine. Et les titres mêmes des poésies symbolistes confirment une tendance qu'on retrouve chez tous les disciples. Verlaine lui-même écrit des *Romances sans paroles;* M. Stuart-Merril publie *les Gammes*, M. Jean Moréas *les Cantilènes*, M. Adolphe Retté *les Cloches dans la nuit*, etc. De leurs théories appliquées d'une façon logique, il résulte que le vers doit provoquer par sa seule sonorité, et indépendamment de tout sens, une émotion cherchée. Le mot ne doit pas agir par l'idée qu'il renferme, mais en qualité de son, et en vertu de propriétés exclusivement et directement émotionnelles. Il y a mieux. Pour que le mot puisse jouir de ces propriétés sans entraves, il est de toute nécessité qu'il perde ses attributs en tant que signe, car en tant que signe le mot forcément terne et incolore s'efface devant l'idée qu'il représente ; il n'a d'intérêt pour l'esprit que par la fonction qu'il remplit ; il ne dit rien par lui-même, et c'est pourquoi il dit ce qu'il doit dire, rien à côté ni rien de plus. Les symbolistes s'appliquent donc à ôter aux mots toute valeur représentative, toute signification réelle, pour ne leur laisser qu'une valeur affective, que la « propriété d'émouvoir ». Ils devront donc détourner les termes de leur sens usuel, toujours plus ou moins précis ; ils les prendront en un sens nouveau, contraire à la tradition, et laisseront ainsi libre cours à l'interprétation personnelle en leur conférant des qualités subjectives, mystérieuses et profondes. Il est vrai que l'esprit étant habitué à chercher dans les mots un contenu idéationnel, les mots auront toujours l'inconvénient de susciter des idées qui détourneront plus ou moins l'attention à leur profit. On fera donc en sorte qu'ils n'évoquent du moins que des idées très vagues et indéfinies. Si ces alignements de mots nous surprennent, n'essayons pas de les comprendre, et surtout de les analyser. Ils ne s'adressent pas à la raison, et nos tentatives seraient vaines. Ce langage est simplement fait pour nous suggérer des sentiments qui échappent, par leur indécision même, aux précisions habituelles du langage courant. OEuvre de rêve, il n'a de sens que pour les rêveurs. Si vous suivez les phrases le scalpel en main, vous n'y trouverez que le chaos. Mais relisez, relisez d'un trait, vous diront les symbolistes : l'impression qui se dégage est bien la bonne, la réelle, que nul beau style n'eût rendue si bien, si complète, si vivante surtout. Alors avouez : ce galimatias a plus de vérité que la rhétorique la mieux ajustée.

Pour parler en physiologistes, nous dirons qu'en identifiant la poésie à la musique, en empruntant à cette dernière ses procédés d'imitation directe et son pouvoir suggestif, les symbolistes, en vue de rehausser leur art, l'ont campé en plein territoire de la subconscience, là où tout seul jusqu'ici l'art

musical exerçait sa subtile et mystérieuse magie.
La musique en effet n'exprime que des dispositions,
des tendances, des aspirations, des désirs, des sentiments et des émotions sans images ; elle n'éveille
que des états d'âme sans représentation, et ses
produits sont des « cartes muettes » où nous ne
lisons rien, mais sur quoi nous inscrivons à loisir
tout ce qu'il y a en nous. Son rôle est de laisser
pressentir tout ce qui existe de plus vague, de
plus profond, de plus insaisissable en l'humaine
nature. Taine l'a merveilleusement exprimé : dans
les impressions que nous donne la musique, dit-il,
« toute la population ordinaire d'idées a été balayée ;
il ne reste que le fonds humain, la puissance infinie
de jouir et de souffrir, les soulèvements et les apai-
sements de la créature nerveuse et sentante, les
variations et les harmonies innombrables de son
agitation et de son calme. » L'insondable parole
de cet art nous mène au bord de l'infini et nous y
laisse plonger le regard par instants. Pénétrer avec
lui et comme lui dans ce monde insaisissable
et vaguement soupçonné, où se fond notre subconscience, pour y goûter le vertige de l'immensité, voilà toute l'ambition des théories symbolistes.

Nous avons tenté la besogne quelque peu ingrate
d'en démonter les différents rouages d'une façon
systématique. Notre essai n'a eu d'autre but que
de prouver l'inutilité des explications morbides
invoquées par quelques médecins. Cela n'implique
pas que les symbolistes soient réellement fondés
dans leurs prétentions, et il resterait à examiner

si ces prétentions sont bien justifiées psychologiquement.

*
* *

Nous ne découvrons pas, d'une façon générale du
moins, dans l'œuvre des symbolistes, un produit de
maladie ou de débilité mentale; mais par contre
nous y voyons, avec un grain de mystification parfois, l'exagération malheureuse de principes excel-
lents, l'application outrancière de vérités respec-
tables aboutissant au paradoxe et à l'utopie.

Pour appuyer cette opinion, nous chercherons si
l'émotion que peut déterminer la poésie symbolique
répond aux conditions essentielles de l'émotion
d'art. Ces conditions, croyons-nous, doivent être
ramenées à deux : 1o *L'émotion d'art est une création;* 2o *Elle est une communion.*

1o *L'émotion d'art est une création,* et il faut
entendre par là qu'elle implique une découverte de
la partie prenante, une dépense d'activité du moi
récepteur en vertu de laquelle celui-ci fait œuvre
de création personnelle au même titre que le producteur.

L'œuvre d'art n'est pas une copie de la réalité;
elle est une réalité digérée au travers d'un tempérament et rendue à autrui sous une forme *idéale,*
c'est-à-dire sous la forme des formes, sous une
forme qui n'existe pas et qui résume en elle-même
toutes les formes existantes. Il y a donc dans toute
œuvre d'art un élément individuel qui procède de

l'élaboration de la réalité objective au travers d'un tempérament, et un élément universel qui se ramène à un effort de généralisation et d'abstraction : l'élément individuel traduit les tendances personnelles du compositeur ; l'élément universel exprime une aspiration générale vers un idéal qui n'est pas autre chose que le sentiment de l'infini dans le fini. L'œuvre d'art devient idéale, au sens littéral du mot, puisqu'elle tend vers un summum d'abstraction ou de généralisation, en débarrassant la vérité essentielle de la gangue des détails, en substituant le schéma puissant de l'impression dernière à la complexité gênante des sensations, qui est une source d'obscurité. Sa supériorité sur la nature, pourrait-on dire, c'est de se dégager des sensations brutes pour aller droit à l'impression. Elle devient ainsi une vérité de fiction distincte de la réalité, mais contenant en puissance toutes les vérités réalisées ; elle s'évade du réel pour devenir de la *quintessence de réalité*.

Ces notions sont implicitement comprises dans la formule de Lamennais, qui considère le beau comme « le resplendissement de la forme infinie contenant dans son unité toutes les formes individuelles finies », et dans celle de Hegel, qui le définit autrement « la présence de l'idée en phénomène limité ». Elles ont été remarquablement développées par M. Cherbuliez qui, à la faveur d'un pareil fondement, démontre en termes fort imagés combien l'ouvrage de l'artiste est différent d'une reproduction et comment il consiste à éliminer parmi les données objectives toutes celles qui ne participent

pas à la qualité de l'impression finale, en ne conservant et ne mettant en relief que le trait spécifique
destiné à fixer cette impression dans toute sa netteté. Après avoir défini la beauté une « perfection
sensible », l'auteur s'empresse d'ajouter que la
perfection est un concept de notre esprit, et qu'elle
ne tombe jamais sous nos sens : « Un être parfait
serait un individu adéquat à son espèce, dont il
représenterait l'idée dans toute sa plénitude ; mais
les espèces se réalisent dans des millions d'individus, tous différents les uns des autres. Parmi
toutes les roses qui fleurissent dans le monde,
aucune n'est la rose ; parmi toutes les femmes qui
plaisent, aucune n'est la femme. » C'est parce que
la perfection ne tombe pas sous nos sens qu'il
serait vain de la rechercher dans une simple reproduction, car ce serait alors le cas de s'écrier :
« Quelle vanité que la peinture, qui attire l'admiration par la ressemblance des choses dont on n'admire
pas les originaux ! » Et l'on pourrait se demander,
avec le paysan de Théodore Rousseau, à quoi sert
d'aller peindre un chêne quand on peut le voir dans
la forêt très naturellement. Ainsi l'artiste fait autre
chose que de la reproduction ; il fait une abstraction
de qualités essentielles, et avec de pures apparences
il nous permet de voir la réalité d'une façon beaucoup plus profonde que nous ne la voyons, quand
nous sommes livrés aux simples révélations de la
nature sensible. En effet, « pour que nos images
nous plaisent, elles doivent s'offrir à nous comme
un ensemble nettement délimité, auquel rien
d'étranger ne se mêle, pur de tout alliage, et se

détachant en pleine lumière de son fond. Or, dans le monde réel, rien ne commence, rien ne finit; le point succède au point, l'instant à l'instant, sans qu'il y ait entre eux aucun arrêt ni aucun repos. L'objet que nous contemplons, nous voudrions l'isoler de tout ce qui l'entoure et que tout s'entendît pour faire le vide autour de lui, afin de le voir lui tout seul; mais souvent nous le voyons se perdre comme un détail dans un autre ensemble. » Cette nature trop touffue, l'artiste l'épure pour nous la faire voir dans sa vérité la plus essentielle. « Tel objet particulier a fait sur son âme une impression; entre mille détails il en choisit souvent un seul, celui qu'il juge le plus propre à nous communiquer son sentiment... Il s'en tient à l'essentiel, il retranche les accessoires inutiles, il émonde, il élague; il a l'esprit de choix, il a l'esprit de sacrifice[1]. »

Voilà donc bien le rôle de l'artiste, sous quelque forme qu'on l'envisage. Pour faire passer la vie dans son ouvrage, plus ramassée, plus intense qu'elle n'est dans le réel, il fait choix de certains phénomènes et leur donne une importance qu'ils n'ont pas dans l'uniformité du mouvement universel. La vie des objets se traduit en quelque sorte par une image abstraite dans son cerveau; l'harmonie des formes extérieures lui suggère des représentations idéales qui viennent s'incorporer à son être et s'augmenter de toutes les vibrations organiques de l'individu, pour jaillir ensuite maté-

---

[1] V. CHERBULIEZ, l'Art et la Nature.

rialisées et vivantes. Mais ces représentations idéales n'expriment les objets que par l'ensemble des qualités essentielles par lesquelles ces objets doivent faire sur nous une impression particulière. Inconsciemment l'artiste néglige l'accidentel qui, dans la nature, distrait et désoriente l'observateur moins bien doué ; il met au contraire en relief le fondamental, qui prend d'emblée toute son attention, de telle sorte qu'il est perçu et rendu par lui d'une façon très nette. En un mot, il voit l'idée derrière la figuration, il sent dans la forme sa raison intime et ses rapports secrets dérobés aux sens, et il élève tout ce qui nous frappe à la hauteur d'image épurée. L'œuvre d'art réalisée procède donc bien de l'abstraction, ainsi que nous l'avancions tout à l'heure, et dans le sens où l'entend Ribot quand il parle des « abstraits émotionnels » et de leur rôle dans la vie de l'esprit. Mais à quel titre cette abstraction deviendra-t-elle pour la partie prenante une source de jouissance ? Si l'idéal de l'artiste n'est pas autre chose après tout que la *forme* devenant *idée*, nous devons chercher par quel mécanisme cet idéal une fois traduit fait vibrer les admirateurs et confine à l'émotion d'art.

Des fragments épars du réel, un tempérament d'artiste a fait surgir une synthèse où se condensent toutes les forces impressionnantes qui dans le monde sensible demeurent latentes. Mais ce n'est pas assez pour que l'art ait atteint son but. Il faut encore qu'au travers d'un autre tempérament, l'idée redevienne matière ; il faut que dans l'esprit de la partie prenante la reconstitution des réalités possibles vienne se former autour du schéma de généralisation qui est comme une synthèse épurée de toutes ces réalités. Il faut que cette reconstitution s'effectue et se *dépasse* elle-même, par une opération imaginative, si l'on peut ainsi s'exprimer. Dans la contemplation de l'œuvre d'art, nous parcourons en sens inverse le chemin de l'artiste. Nous refaisons son travail à rebours, en lui donnant toute l'amplification comportée par l'état de rêverie ; et le plaisir de l'émotion esthétique réside tout entier dans cette activité de reconstitution et de libre extension. Dans la quintessence de réalité, notre cerveau trouve de quoi pétrir à sa guise toutes les réalités qu'il conçoit ; sur le schéma de l'impression il se brode à lui-même toutes les sensations qu'il devine, et à son tour il devient créateur, puisque de l'art il fait du réel tout comme l'artiste a pris du réel la substance vivante pour en faire de l'art. Toute manifestation d'art se présente à nous comme un produit de généralisation abstraite transposable en réalités concrètes, et pour effectuer cette transposition nous donnons quelque peu de nous-mêmes. Dans toute œuvre artistique il y a pour la partie prenante l'occasion d'un *effort personnel*, d'une *création propre*. Or cette création est un bonheur sans mélange, puisqu'elle implique de l'activité et que cette activité désintéressée et libre est forcément en harmonie naturelle avec le tempérament qui l'engendre. Ainsi pourrait-on définir toute œuvre artistique la *transmission d'une émotion, d'un tempérament à un autre tempéra-*

ment, à travers le schéma de la réalité. Ce *schéma
de la réalité*, qui est comme un pont tendu entre
l'artiste et l'admirateur de son œuvre, entre la
partie donnante et la partie prenante en un mot,
n'est autre que l'*idéal*, et la reconstitution de cet
idéal en réalités sensibles ouvertes sur l'infini, c'est
tout le secret de notre émotion d'art.

Quoi qu'il en soit, ce qu'il nous importe de
mettre en évidence, c'est la valeur de l'*élément
moteur*, c'est le rôle de l'activité personnelle
comme substratum de toutes nos émotions d'ordre
esthétique et de nos émotions poétiques en particulier. L'esprit qui goûte un poème n'est nullement
passif ; il n'est pas un simple miroir reflétant ce
qu'il reçoit, il est une force en activité qui se
donne libre cours. On doit dire, avec Combarieu [1],
que le moment qui précède la lecture d'un poème
peut faire comparer nos facultés à ces coursiers
dont parle Virgile et qui, contenus par l'attente de
la lutte, s'élancent au premier signal. Dès qu'une
image leur est offerte, elles s'abandonnent à leur
essor et prennent possession du monde. Admirer,
c'est en quelque façon créer, et l'émotion esthétique puise le meilleur d'elle-même dans un acte
intérieur de participation. Aussi n'est-il pas exagéré d'avancer, avec Guyau [2], qu'un lecteur doit
avoir une jouissance d'autant plus marquée que
« l'œuvre admirée est pour lui un sujet plus riche
de pensées propres et comme un germe d'actions
possibles » ; ce qui revient à dire plus simplement

[1] COMBARIEU. *loc. cit.*
[2] GUYAU, *les Problèmes de l'esthétique contemporaine*, p. 12.

encore que « la vivacité du plaisir esthétique est proportionnée à l'activité de celui qui l'éprouve ».

S'il en est ainsi, on ne peut reprocher aux symbolistes de ne s'être point conformés à la première proposition que nous avons énoncée. Quand ils affirment que « le plus grand plaisir qu'éprouve le lecteur d'un poème consiste à y chercher une impression plutôt qu'à l'y découvrir », ils ne font rien autre chose que mettre en relief l'*activité* de la partie prenante. Par ce côté leur conception est bien en accord avec les conditions fondamentales de toute œuvre d'art. Mais malheureusement les symbolistes oublient trop souvent que si l'émotion d'art est une création, elle est encore quelque chose de plus.

2º *L'émotion d'art est une communion*, et nous comprenons ainsi qu'elle implique un courant de sympathie entre la partie donnante et la partie prenante d'une part, et entre toutes les parties prenantes d'autre part. Devant une œuvre d'art, nous sentons avec l'artiste et avec tous ceux qui sentent en même temps et pour les mêmes raisons que nous, de telle sorte qu'il se produit en nous comme une concentration de l'universelle vie.

En matière d'art, subjectivité n'est donc pas synonyme d'individualisme. Comme tous les arts, la poésie doit demeurer un moyen de communication et un agent de solidarité dans les sentiments et dans les idées. Si le poète utilise son art comme source d'associations individuelles et non comme moyen d'entente, ces révélations ne seront comprises que de lui-même, et il demeurera éternellement distant de son public. Le coffret dont il nous fait don renferme sans doute de précieux joyaux, mais il nous manque la clef pour l'ouvrir. Toutes les beautés qu'il a rêvées sont coupées de leurs communications et comme isolées de la vie : son art est en marge de l'humanité.

La poésie est toujours symbolique par nature, puisqu'elle exprime des idées abstraites par des images ; mais un symbole n'existe comme tel qu'à condition d'être bien compris, et l'on peut dire avec Brunetière que sa beauté même se mesure à deux choses : d'une part la grandeur de l'idée qu'il exprime, et d'autre part la clarté des moyens dont il fait usage. « Pas de symbole, pas de profondeur,... mais pas de clarté, pas de symbole ; et en poésie comme en tout, ce qui est clair, c'est ce qui est universel [1]. » La poésie, parce qu'elle est faite d'associations inachevées et pour ainsi dire ouvertes, implique forcément quelque chose de vague, et l'on ne saurait exiger d'un symbole poétique qu'il ait des attributions limitées au point d'enrayer tout essor d'imagination ; mais ce qui est vague et indéfini, c'est moins l'objet qui sert de substratum au symbole que le rayonnement qu'il projette sur nos facultés imaginatives. Si l'émotion poétique se nourrit véritablement d'associations indéterminées, il faut du moins, pour qu'elle puisse prendre naissance, que le point de départ de ces associations soit aussi bien défini que

[1] FERDINAND BRUNETIÈRE, *l'Évolution de la poésie lyrique en France au XIXᵉ siècle*, p. 277.

possible. Faute de cela, ces associations ne prendront pas leur essor, car elles manqueront de point d'appui, ou du moins elles seront conduites à chercher dans le vide un point d'appui purement illusoire, ce qui aura pour effet de rompre leur élan.

Quand Alfred de Vigny nous parle de la *Bouteille à la mer*, nous comprenons qu'il veut nous montrer l'idée du penseur qui, jetée, elle aussi, dans l'océan des multitudes, y poursuit sa marche silencieusement, jusqu'au terme fatal de sa destinée. Nous savons aussi que dans *Moïse* l'auteur nous représente tous ceux que leur génie sépare des humains et condamne à la solitude. Si, derrière les images offertes à nos yeux, nous percevons ici les objets généraux que ces images recouvrent, c'est à la faveur de certaines indications que le poète a soin de nous donner. Ces indications, d'ailleurs fort discrètes, représentent, suivant l'expression de Braunschwig, « comme une toile de fond, qui subitement s'abaisse par derrière l'objet mis en scène et tout à coup nous fait entrevoir des arrière-plans indéfinis. » Il n'en est pas de même dans l'œuvre des symbolistes intransigeants. Alors il arrive trop souvent que celui qui crée un symbole peut seul en percer le mystère. Ce symbole est une fleur qui perd son parfum dès qu'une main étrangère l'isole de sa tige. L'image et l'idée qui formaient dans l'âme de son créateur une synthèse lucide risquent de s'altérer en passant dans une âme voisine, au point de n'y faire éclore que des résonances à peine perceptibles, ou d'y évoquer un contenu différent du sien. Voilà bien l'écueil.

Si le symbole émeut, dira-t-on, qu'importe le sens dans lequel il plaît au public de l'interpréter? Nous risquerons tout simplement de ne pas trouver dans l'œuvre les sentiments et les idées que l'artiste a voulu y mettre ; mais au moins nous en retrouverons l'équivalent. Ceci déjà est fort contestable, étant donné que l'émotion d'art en tant que communion réclame entre les parties une identité de mobile. On ne voit pas bien un procédé d'art qui ferait surgir l'idée d'un cimetière quand l'auteur a rêvé d'une promenade en mer. Mais encore faut-il que le symbole émeuve de quelque façon, et pour cela ses qualités sont à surveiller de très près. Du mystère ! Du mystère toujours ! Car rien n'est si poétique. Mais pas de rébus, pas d'énigmes ! Car l'énigme appelle un travail odieux qui stérilise toute émotion d'art. Si le poète nous présente des symboles obscurs ou sans intérêt, nous ne devinons qu'à grand'peine ce qu'il veut exprimer, et quand nous y sommes parvenus, ce qui n'est pas toujours le cas, il arrive que le fruit de cette peine ne la valait pas. Avec de tels procédés on en vient donc à ce résultat déplorable, à savoir que le symbole qui devrait rapprocher l'écrivain de la foule ne fait, au contraire, qu'accentuer la séparation des intelligences. Le symbolisme d'autrefois s'alimentait à un fonds commun de traditions, et il possédait par là même une vertu de solidarité. Celui des poètes modernes est foncièrement individualiste ; il met en jeu des fictions tantôt obscures, tantôt arbitraires, et partant il ne permet plus au créateur de se sentir en constante communion de pensée avec son public.

En lisant certaines pièces de vers, on a pu se demander si l'artiste avait sa lucidité au moment de les concevoir. En vérité, il était de sang-froid. Ses emblèmes avaient un sens raisonnable pour lui; mais, faute d'indications, ils sont vides pour nous. Prise au sens littéral, l'œuvre est incohérente; nous nous rejetons sur l'interprétation figurée, mais elle nous échappe; alors nous restons cois, et au bout d'un instant nous allons ailleurs. Nos poètes ont malheureusement oublié que le symbole exige, pour être vrai, le consentement commun, ce qui revient à dire qu'il n'y a de symbole que du général ou même de l'universel. Pour s'en convaincre, il suffit de rappeler à quels excès ils ont été conduits par leur façon d'utiliser le mot en tant que *représentation* et en tant que *son*.

En tant que *représentations*, les mots se dépouillent à chaque instant de leur acception courante pour prendre une signification inattendue; et nous avons montré que ces métamorphoses étaient souvent légitimées par des transpositions sensorielles. Mais ces dernières ne peuvent dépasser une certaine limite sans devenir un procédé artificiel ou un jeu maladif.

Les *pseudesthésies*, qui ne sont après tout qu'une modalité tout à fait personnelle et arbitraire de transposition sensorielle, paraissent fréquentes chez les symbolistes, et il n'y a pas lieu de nous en étonner, car il convient d'ajouter que tous les intermédiaires peuvent se rencontrer entre la trans-

position sensorielle la plus couramment admise et
la pseudesthésie qui se présente en tant qu'exception et anomalie.

L'*audition colorée* est la forme la plus fréquente du
phénomène que nous désignons, et c'est elle qui
semble avoir inspiré le sonnet bien connu de Rimbaud :

A noir, E blanc, I rouge, U vert, O bleu, voyelles
Je dirai quelque jour vos naissances latentes.
A, noir corset velu des mouches éclatantes
Qui bombillent autour des puanteurs cruelles,

Golfe d'ombre ; E, candeur des vapeurs et des tentes,
Lance des glaciers fiers, rois blancs, frissons d'om-
[belles :]
I, pourpres, sang craché, rire des lèvres belles
Dans la colère ou les ivresses pénitentes ;

U, cycles, vibrements divins des mers virides,
Paix des pâtis semés d'animaux, paix des rides
Que l'alchimie imprime aux grands fronts studieux ;

O, suprême Clairon, plein de strideurs étranges,
Silences traversés des Mondes et des Anges :
O l'Oméga, rayon violet de Ses Yeux !

En vérité, le sonnet des *Voyelles* n'était pour son
auteur qu'une fantaisie entre beaucoup d'autres.
Lui-même en plaisante quand il écrit plus tard :
« Histoire d'une de mes folies... j'ai inventé la
couleur des voyelles ! » Verlaine convient que cette
pièce est « un peu fumiste », et Gustave Kahn la
traite d' « amusement ». C'est donc bien à tort
qu'on a fait tant de bruit autour d'elle, sous des
prétextes d'ailleurs variés. Au reste, le fameux

sonnet ne fut pas sans écho. Vigié-Lecoq nous en cite un autre :

Pour nos sens maladifs voluptueusement
Les sons et les couleurs s'échangent. Les voyelles,
En leurs divins accords, aux mystiques prunelles
Donnent la vision qui caresse et qui ment.

A claironne vainqueur en rouge flamboiement.
E, soupir de la lyre, a la blancheur des ailes
Séraphiques. Et l'I, fifre léger, dentelles,
Dentelles de sons clairs, est bleu célestement.

Mais l'archet pleure en O sa jaune mélodie,
Les sanglots étouffés de l'automne pâlie
Veuve du bel été, tandis que le soleil

De ses baisers saignants rougit encor les feuilles.
U, viole d'amour, à l'avril est pareil :
Vert, comme le rameau de myrte que tu cueilles.

A l'examen de ces deux sonnets, on peut observer que les lettres changent de couleur avec les individus. Cela n'empêche pas un groupe de poètes d'asseoir sur ce fonds mouvant une esthétique pour le moins baroque. René Ghil s'écrie dans son *Traité du verbe :*

« Que surgissent maintenant les couleurs des voyelles, sonnant le mystère primordial. Colorées ainsi se prouvent à mon regard exempt d'antérieur aveuglement les cinq : A noir, E blanc, I bleu, O rouge, U jaune, dans la très calme beauté des cinq durables lieux s'épanouissant le monde au soleil; mais l'A, étrange qui s'étouffe des quatre autres la propre gloire, pour ce qu'étant le désert, il implique toutes les présences... *Ié, ie* et *ieu* seront pour les Violons angoissés; *ou, iou, ui* et *oui,* pour les Flûtes aprilines; *aé, oé* et *in* pour les Harpes rasséranant les cieux; *oi, io* et *on* pour les Cuivres glorieux; *ia, éa, oa, ua, oua, an* et *ouan* pour les Orgues hiératiques. Mais plus, autour de ces sons, se groupent : pour les Harpes, les *t* et *d* stériles, et l'aspirée *h*, et les *g* durs et mats; pour les Violons, les *s* et les *z* loin aiguisés, et les *ll* mouillées *et dolentes et les v priants*; pour les Cuivres, les âpres *r ;* pour les Flûtes, les graciles *l* simples, et les enfantins *j*, et l'*f* soupirante ; pour les Orgues, les *m* et *n* prolongeant un mouvement muable lourdement ; plus s'entendra par le matin poétique l'aubade de mon désir !... »

Puis l'auteur donne sans sourciller les valeurs chromatiques des instruments musicaux :

« Constatant les souverainetés, les harpes sont blanches; et bleus sont les violons mollis souvent d'une phosphorescence pour surmener les paroxysmes. En la plénitude des ovations, les cuivres sont rouges; les flûtes jaunes, qui modulent l'ingénu, s'étonnent de la lueur des lèvres; et sourdeur de la terre et des chairs, synthèse simplement des seuls instruments simples, les orgues toutes noires plangorent... »

Il se fit autour de cela une école dite « instrumentiste », ayant prétention de créer une forme nouvelle de prosodie orchestrée, ce qui ne pouvait manquer d'aboutir à des vers inintelligibles. Voici d'ailleurs un *Impromptu de cuivres et basses* qui en dit plus long que toutes les critiques :

Vivant ! le vent qui passe aux houx des plus grands
[deuils]
Sinistrement silla les hauts sommets d'orgueils.

Et de nos soirs épars il n'est plus qu'un sang d'homme
Avivé d'une plaie insonore et qui n'a

Tel espoir de ne plus se rêver en la somme
Torrentielle des nuits veuves d'hosanna.

Mais promets qu'un regret ne s'ouvrira dans l'heure
Éplorée à longtemps d'un vol d'oiseau qui meure :

Triste pour nos doux yeux en mariage ouverts
Tandis que les midis de nulles plumes pleuvent !

Puisque l'an des roseaux qui du rire s'émeuvent
Tant désespérément s'ensépulture d'hier
Mouvant de souvenirs qui deviennent quel air
Agité de sanglots muets en les mémoires :
Puisque l'eau le miroir non désert où nos gloires
Vaguantes en azurs avéraient l'univers
Tumultueuse mêle un haussement d'hivers.
Puisqu'aussi bien que nous songeâmes parmi l'heure.

Vivant ! le vent qui passe aux houx des plus grands
                                              [deuils
Traîne en orage épars le sang de mes orgueils.

L'*audition colorée* est un phénomène connu
depuis longtemps, et, si les théories sont récentes,
les faits sont anciens. Léonard Hoffmann donne
des couleurs aux sons des instruments dans un
ouvrage publié en 1786. D'après lui, le son du vio-
loncelle est bleu indigo, celui du violon bleu d'ou-
tremer, celui de la clarinette jaune, celui de la
trompette rouge vif, celui de la flûte rouge
kermès, etc... Joachim Raff, qui vivait au milieu
du siècle dernier, déclara un jour à un musicien de
ses amis que les sons des instruments lui donnaient
des images colorées de différentes façons. Le son
de la flûte lui paraissait bleu d'azur intense, celui
du hautbois jaune, celui du cornet vert, celui de

la trompette écarlate, etc... Les sons graves lui donnaient des images sombres; les notes élevées des nuances claires. On peut également citer pour mémoire le feuilleton de la *Presse*, où Théophile Gautier analysait les sensations qu'il avait éprouvées à la suite d'une absorption de haschich : « Mon ouïe, dit-il, s'était prodigieusement développée. Des sons verts, rouges, bleus, jaunes, m'arrivaient par ondes parfaitement distinctes... J'entendais le *bruit des couleurs.* »

Ainsi que nous l'avons dit, l'audition colorée n'est qu'une forme isolée d'un phénomène beaucoup plus général; car à côté de fausses sensations visuelles d'origine *acoustique* il y a de fausses sensations visuelles d'origine *gustative, olfactive* ou *tactile,* et à côté des cas où la fausse sensation secondaire intéresse la *vue,* il en est d'autres où elle intéresse l'*ouïe,* le *goût,* l'*odorat* ou le *toucher.* Chez l'un, l'odeur de l'ammoniaque se traduira par une teinte blanchâtre, et celle du nitrite d'anyle par une teinte rouge; chez un autre, le palper du velours donnera un son grave, et celui de la soie un son aigu. On pourrait à loisir multiplier les exemples.

Avec Suarez de Mendoza, nous croyons que les personnes douées d'une imagination vive, et en particulier celles qui cultivent les beaux-arts, sont disposées à de telles bizarreries, mais que ces bizarreries ne sauraient être considérées comme *pathologiques,* presque tous les sujets observés ayant été notés comme parfaitement constitués, sains de corps et d'esprit, et doués, pour la plupart, d'une

éducation et d'une culture intellectuelle au-dessus
de la moyenne. Point n'est besoin de faire intervenir davantage des explications *embryologiques*
tendant à invoquer une différenciation incomplète
entre le sens de la vue et celui de l'audition par
exemple, ou des explications *anatomiques* suppo-
sant des anastomoses entre les centres cérébraux
des sensations visuelles et auditives, ou encore des
explications *physiologiques* cherchant à se recommander d'une irradiation nerveuse. La psychologie,
à notre avis, explique tous les cas, à condition de
bien vouloir observer que, dans l'audition colorée
en particulier, « ce ne sont pas les images pensées
qui sont colorées, mais la conscience qui les pense, »
suivant la très juste expression de Flournoy[1]. On
doit admettre que les phénomènes de *pseudesthésie*
dépendent tantôt d'*associations affectives* emmagasinées dans la subconscience, tantôt d'un travail
psychique dont la nature intime nous échappe et
qui se traduit par la production de ces *équivalents
émotionnels* dont nous avons eu l'occasion de parler
antérieurement.

Il résulte de cette conception que les phénomènes
de *pseudesthésie* ont même origine et même mécanisme que les *transpositions sensorielles* courantes,
auxquelles nous sommes tous plus ou moins portés.
Seulement les *transpositions sensorielles* courantes
ont un caractère de compréhension générale qui
les rend très utilisables en tant que matière d'art,
au lieu que les *pseudesthésies* ont un caractère

---

[1] FLOURNOY, *Des phénomènes de synopsie* (Alcan, 1893).

arbitraire qui leur laisse une valeur purement subjective et les rend stériles comme moyen d'expression et de transmission de la pensée. Dans les deux
cas, il s'agit d'une activité *subconsciente*, et l'on
conçoit que cette activité ait un caractère très individuel, comme tout ce qui touche à la personnalité
affective dans ce qu'elle a de plus profond. La raison est une monnaie sociale qui est connue de tout
le monde et qui a libre cours partout; quand nous
en sortons pour parler de nos sensations, de nos
sentiments et surtout de nos *impressions*, nous ren-
trons en nous-mêmes, car nous mettons en ligne de
compte le tempérament avec ses tendances. Ceci
n'est point défendu, à condition qu'il reste au fond
de notre subconscience comme un vague reflet de
ce qui existe dans celle des autres, à condition que
nos impressions ne soient point si exceptionnelles
qu'elles paraissent tout à fait en marge des impressions d'autrui, à condition que notre subjectivité en
un mot, sans cesser d'être personnelle, ait un caractère d'apparente généralité. Or la nature des pseudesthésies ne répond pas à ces exigences. Les *pseudesthésies* sont des transpositions sensorielles qui
ne se manifestent pas chez tous les individus et
qui varient avec chacun d'eux : voilà pourquoi elles
sont incompatibles avec le caractère de communion
qu'implique toute émotion d'art.

Nous avons dit que dans la rêverie esthétique,
comme dans tous les états de rêverie, les associations se diffusent, s'éparpillent. Les images même
lointaines ont une telle affinité, qu'elles s'attirent en
foule. Dès que l'une a donné sa note, cent autres

répondent. Ce sont autant d' « harmoniques » que le « son fondamental » vient d'appeler. Ceci rend très légitimes les transpositions sensorielles qu'on trouve dans les meilleurs vers de nos bons poètes. Mais poursuivons la comparaison. Supposons que chaque note fournie par un instrument de musique ait des « harmoniques » si nombreuses, que les facultés auditives du commun des hommes ne puissent percevoir la majorité d'entre elles, et imaginons que de très rares sensibilités d'une acuité toute particulière soient impressionnées, au contraire, par les dernières de ces harmoniques. Ces hommes, d'une sensibilité anormale pourrait-on dire, dégageront des impressions musicales qui demeurent inaperçues de la plupart des gens. Sans doute, le symboliste est de ceux-là, et comme il cause en « harmoniques » sans nous donner bien souvent le « son fondamental », nous cherchons en vain des rapports dont la valeur nous échappe; nous demeurons interdits, et comme tous les sourds nous joignons à notre surprise une nuance de méfiance.

Il y a mieux. Nous avons vu que les symbolistes n'ont pas seulement déplacé les mots en tant que représentations; ils ont prétendu leur attribuer en tant que *sons* une tâche qui n'appartient positivement qu'à la note musicale. Cette tentative ne pouvait qu'accentuer l'incompréhension; car malgré tout notre bon vouloir nous ne pouvons nous détacher de l'habitude de rechercher dans le mot un contenu idéationnel, pour l'envisager comme une simple note de musique. Les éléments du langage sont des étiquettes qu'on ne peut pas transporter impunément d'un objet à un autre, et auxquelles l'usage a donné malgré tout une valeur intrinsèque à peu près constante. Au contraire, les notes de musique n'ont pas par elles-mêmes cette signification nécessaire et en quelque sorte préétablie. Le poète subit sa langue ; le musicien crée la sienne : voilà pourquoi le premier ne peut tenter d'emprunter au second ses manières et ses procédés.

Un essai de confusion entre la musique et la poésie méconnaît d'ailleurs l'essentielle différence qui sépare d'une manière irrémédiable ces deux expressions de la passion humaine. Jules Combarieu[1] nous fait assister pourtant à leur divergence dans l'évolution, au sortir d'une souche qu'il suppose commune : « Le langage primitif et instinctif de l'homme, forme première et instrument unique de toute poésie comme de toute musique, contenait deux éléments dont sont sortis deux arts distincts. Il exprimait à la fois une émotion et une pensée. L'élément qui exprimait l'émotion, c'est-à-dire le cri, s'est isolé, fortifié, étendu chaque jour par voie d'analogie, favorisé par les progrès de l'industrie humaine; il s'est élevé et maintenu au rang de langage artistique : il a formé la musique. L'élément qui exprimait la pensée, c'est-à-dire le son articulé, s'est isolé aussi; il a été de plus en plus idéalisé, affranchi du cri animal et du bruit matériel : il a formé la poésie. » Quoi qu'il en soit, ces deux arts répondent aujourd'hui à des conditions

[1] J. COMBARIEU, les Rapports de la musique et de la poésie.

parfaitement distinctes. « Le pouvoir propre de la musique, dit Victor Cousin, c'est d'ouvrir à l'imagination une carrière sans limites, de se prêter avec une souplesse étonnante à toutes les dispositions de chacun, d'irriter ou de bercer, aux sons de la plus simple mélodie, nos sentiments accoutumés, nos affections favorites... Elle éveille plus que tout autre art le sentiment de l'infini, parce qu'elle est vague, obscure, indéterminée dans ses effets. » Mais la musique paye la rançon de ce pouvoir immense, et ce qui fait sa force est en même temps sa faiblesse. « Son pouvoir est plus profond qu'étendu, et si elle exprime certains sentiments avec une force incomparable, elle n'en exprime qu'un très petit nombre. Par voie d'association elle peut les réveiller tous, mais directement elle n'en produit guère que deux, les plus simples, les plus élémentaires : la tristesse et la joie avec leurs mille nuances. Demandez à la musique d'exprimer l'héroïsme, la résolution vertueuse, la résignation, et bien d'autres sentiments où interviennent assez peu la tristesse et la joie, elle en est aussi incapable que de peindre un lac ou une montagne. Elle s'y prend comme elle peut ; elle emploie le large, le rapide, le fort, le doux, etc., mais c'est à l'imagination à faire le reste, et l'imagination ne fait que ce qui lui plaît. Sous la même mesure celui-ci met une montagne, et celui-là l'océan ; le guerrier y puise des inspirations héroïques, le solitaire des inspirations religieuses. » La poésie n'a au même degré ni les mêmes vertus ni les mêmes défauts. « Elle donne à la parole le charme de la mesure, poursuit le même auteur ;

elle en fait quelque chose d'intermédiaire entre la voix ordinaire et la musique, quelque chose à la fois de matériel et d'immatériel, de fini, de clair et de précis comme les contours et les formes les plus arrêtées, de vivant et d'animé comme la couleur, de pathétique et d'infini comme le son... La poésie réfléchit toutes les images du monde sensible, comme la sculpture et la peinture; elle réfléchit le sentiment, comme la musique, avec toutes ses variétés que la musique n'atteint pas, et dans leur succession rapide que ne peut suivre la peinture, à jamais arrêtée et immobile comme la sculpture: et elle n'exprime pas seulement tout cela, elle exprime ce qui est inaccessible à tout autre art, je veux dire la pensée, entièrement séparée des sens et même du sentiment, la pensée qui n'a pas de formes, la pensée qui n'a pas de couleur, la pensée qui ne laisse échapper aucun son, la pensée dans son vol le plus sublime, dans son abstraction la plus raffinée. » Il semblerait donc d'après cela que la poésie soit l'art par excellence, celui qui comprend tous les autres, et vers qui tous les autres tendent : « Quelle poésie! s'écrie-t-on à la vue d'un beau tableau, d'une noble mélodie, d'une statue vivante et expressive. Ce n'est pas là une comparaison arbitraire, c'est un jugement naturel qui fait de la poésie le type de la perfection de tous les arts. »

Victor Cousin va peut-être un peu loin en hiérarchisant, mais ses distinctions mettent en évidence dans la poésie certains avantages d'un ordre spécial : elles indiquent qu'au charme du son elle peut joindre l'éloquence de la pensée, ce qui lui assigne un rang à part, sinon une place privilégiée, dans l'ordre artistique. On retrouve des considérations analogues dans une étude de Sully-Prudhomme[1]. L'auteur nous montre que la poésie est à la fois peinture et musique. Elle participe de la musique par son rythme et sa rime; elle participe de la peinture par son droit à nous représenter des images précises. Elle est pourtant une musique imparfaitement riche, car elle ne possède pas, tant s'en faut, toutes les ressources de la mélodie, le mot n'ayant que des qualités musicales restreintes; elle est une peinture imparfaitement riche aussi, car une description, quelque détaillée soit-elle, ne pourra jamais fournir l'image adéquate d'un objet, les mots n'exprimant que des espèces, des genres ou des variétés. Mais son infériorité relativement à la peinture est amplement rachetée; car si l'évocation poétique perd de sa netteté en raison du sens collectif des mots, elle jouit d'un pouvoir de généralisation et d'abstraction dont la peinture est bien dépourvue. De même son infériorité par rapport à la musique présente une compensation qu'on ne peut négliger. La musique est vouée à l'expression purement passionnelle et sentimentale; elle demeure impuissante à révéler les causes des émotions qu'elle traduit. Le langage seul le peut, parce qu'il n'appartient qu'à lui d'expliquer.

Il faut donc laisser à la poésie son caractère propre et ne lui rien enlever de ses défauts ni de

---

[1] SULLY-PRUDHOMME, *Qu'est-ce que la poésie?* (*Revue des Deux-Mondes,* 10 oct. 1897, p. 597.)

ses qualités. Il ne faut pas surtout la détourner de
son objet et lui demander ce qu'elle ne saurait
donner. En voulant l'identifier à la musique, bien
loin de rehausser son prestige, on la prive de ses
avantages et de ses droits acquis. La poésie,
réduite à l'état de musique, perd sa propriété supérieure ; et il ne lui reste, pour entrer en concur-
rence avec la musique elle-même, qu'une qualité au
point de vue de laquelle son infériorité est nettement flagrante. On lui conserve au contraire ses
plus hautes vertus, si l'on admet simplement que
« le vers a pour objet de faire bénéficier les paroles
de l'expression musicale dans toute la mesure compatible avec la claire intelligence du sens, et réci-
proquement, de faire bénéficier l'expression musicale
de la précision que lui communique le langage en
spécifiant par leurs causes les émotions et les sentiments qu'il lui confie ». Et ceci revient à dire
qu'une définition de la poésie, quelle qu'elle soit,
devra toujours être « en fonction de la pensée »,
suivant le mot de Brunetière.

*
* *

Si la poésie d'hier nous apparaît comme un paradoxe déconcertant, faut-il l'exclure de l'évolution
et la situer dans le temps comme un accident
bizarre, un caprice sans genèse, qu'on ne peut rattacher par aucun lien aux choses d'avant et à celles
d'après? Non, certes. Le symbolisme, aujourd'hui
déchu, est venu à son heure, et son apparition est

suffisamment expliquée par un ensemble de causes qu'on peut définir.

M. Nordau a pu dire avec raison que le romantisme allemand avait été, dans son principe, une réaction contre l'esprit des encyclopédistes français du xviiie siècle. Les encyclopédistes avaient interprété le monde phénoménal avec une connaissance insuffisante des réalités. L'état de la science ne pouvait les autoriser à mettre utilement en activité leur appareil logique, et ils avaient construit néanmoins un système qu'ils donnaient avec satisfaction pour la fidèle image de l'univers. On découvrit naturellement des faits qu'ils avaient laissé inaperçus, et d'autres qui contredisaient leurs explications hâtives. Il y eut une réaction : les esprits assoiffés de savoir s'écrièrent que la critique rationnelle était une mauvaise méthode, et que la pensée logique ne conduisait à rien. Et cette réaction se fit sentir dans la poésie. Celle-ci se vengea de la raison en ne laissant place qu'à l'instinct, et les frères Schlegel annoncèrent que le commencement de toute poésie était « de suspendre de nouveau la marche et les lois de la raison pensant rationnellement, et de nous replonger dans le bel égarement de la fantaisie, dans le chaos primitif de la nature humaine ». C'est une genèse assez analogue qui devait présider à l'instauration de notre symbolisme.

Durant le dernier quart du xixe siècle, l'activité intellectuelle, dans tous les modes de spéculation, eut à subir l'influence des théories positivistes. La littérature elle-même dut s'en imprégner : elle com-

prima pour un temps ses qualités imaginatives et
ne tendit plus qu'à la représentation scrupuleuse et
documentée de la réalité. On observa, on nota avec
minutie les moindres détails; on les rendit avec
une exacte sobriété. On s'efforça surtout d'être
impersonnel par crainte de corrompre la vérité au
travers d'une vision trop originale ou trop fantaisiste. Cependant que le roman tendait à devenir
une étude clinique ou une expérience de laboratoire, la poésie, qui ne pouvait le suivre en pareil
chemin, manifestait pourtant une égale tendance à
l'exactitude et la précision. Chaque détail était en
lumière; les contours étaient nets, les limites
soigneusement marquées. Ainsi l'effort positiviste
avait-il comme une succursale dans le réalisme et
le naturalisme. La connaissance rationnelle profita
sans doute d'une telle impulsion; mais le cœur
humain voulut s'y soustraire, et la Muse, fuyant
avec lui les déserts arides, devait se réfugier dans
une réaction qui fût à la fois une façon de mysticisme et d'idéalisme.

Ayant pour la science une vénération profonde,
nous serions mal venus de parler de sa « banqueroute », et nous ne pouvons admettre que des
hommes d'esprit aient souscrit à de pareilles
erreurs. Mais ce qu'on peut concéder seulement,
c'est que, le terme de la science reculant à mesure
qu'elle avance, les promesses qu'elle nous fait,
— dût-elle les réaliser dans leur plénitude, —
demeurent en deçà de nos aspirations. Si, capi-
tulant devant la certitude, le mystère se retranchait
dans des confins toujours plus lointains, l'incon-

naissable aurait chance de se combler un jour.
Mais le mystère n'est pas au delà du réel; il le
pénètre et l'imprègne. Il est partout, et au sein
même des réalités. Sa brume insinuante et irréductible dépose dans l'esprit des hommes une angoisse
que la science ne peut apaiser. Aussi bien peut-on
dire que si les spéculations d'ordre métaphysique
ont été quelque peu bannies des programmes d'étude
comme un jeu de fantaisie vieillotte, leur souci
énervant s'est plutôt accrû dans l'âme affinée des
contemporains. L'âme moderne a trouvé dans le
réel le plus certain et le mieux expliqué quelque
chose d'incompréhensible et d'inexploré; elle a senti
derrière l'évidence un fond décorcertant d'incon-
naissance décisive et irrémédiable; elle a trouvé
des ténèbres dans la clarté. Et dans l'abîme de ses
songes, elle a heurté sans cesse de son front le
lien troublant et indissoluble du naturel au surnaturel. Sa douleur inquiète et découragée a fait une
escorte dissimulée à sa confiance robuste et sereine.
Cette douleur est restée discrète, superbement pudi-
bonde ou généreuse noblement, sous la mer de
science; mais, ainsi que des lames de fond soule-
vant l'onde majestueuse, elle a fait monter de tous
les cœurs déçus le sanglot maintes fois étouffé des
infinis qu'on regrette, des absolus qu'on appelle.
L'infiltration d'une métaphysique qui cherche à
intégrer l'indéfinissable au sein de la chose définie,
à incorporer l'inconnaissable au fond de la connaissance même : voilà toute la genèse profonde et
lointaine du mouvement symbolique. En effet, si
l'analyse complète des réalités sensibles est encore

une incomplétude, s'il y a dans toute chose autre
chose que des qualités immédiates et décomposables en une série de représentations sensorielles
définies, l'expression adéquate de tout ce qui est
tangible est insuffisante. Si le connaissable n'est
pas toute la vérité, s'il n'a pas en soi-même son
explication dernière, si l'inconnaissable se mêle à
lui comme l'inconscient se mêle au conscient,
l'expression dans les arts ne devra plus tendre
seulement à l'incarnation complète du tangible ;
elle devra le dépasser comme la vérité le dépasse.
Le phénomène n'étant qu'un masque illusoire, une
façon imparfaite ou une apparence de réalité, décrire
perd toute sa valeur : évoquer, tel est l'unique but
auquel il faut s'attacher. Or une poétique adaptée
à ces conceptions nouvelles sera pleine d'horizons
indéterminés, de correspondances imprévues, d'échos
mystérieux, d'harmonies lointaines. « Sous les
obscurités de certains poètes, dit Paulhan, sous les
divagations de quelques autres, un sentiment sérieux
se manifeste : c'est le besoin que tout ne soit pas
trop clair... L'évolutionisme, le matérialisme, le
positivisme scientifique avaient fait un monde trop
simple, trop intelligible et en même temps trop
peu satisfaisant. Si les choses sont réellement
comme on nous les a montrées, ce monde paraît
un peu plat à l'intelligence, un peu sec au sentiment... De là le désir de lui trouver un dessous,
de réserver un vaste inconnaissable, dont on ne peut
rien dire, mais qui nous laisse croire que nous
découvrirons en lui de quoi satisfaire ce que la
science ne satisfait pas en nous. » Une poésie basée

sur de telles tendances n'est point tellement différente d'une toile de Puvis de Chavannes ou de Gustave Moreau; elle n'est point si étrangère non plus
à la « mélodie infinie » de Wagner. Tout cela se
ressemble; il y a dans tout cela comme un air commun d'indécision voulue, qui ne gêne pas, qui ne
limite pas, qui laisse flotter l'imagination et donne
au rêve la clef des champs. Seulement la peinture
ni la musique n'ont les mêmes exigences que la
poésie, et dans la voie où ces deux premières resteront fidèles à leur destinée, la troisième sortira de
son rôle et négligera son devoir qui est de sauve-
garder les intérêts de la pensée. Quoi qu'il en soit,
un sentiment profond de la complexité du monde,
une soif du mystère dispensateur d'étonnement, une
recherche de sublimité hors de l'analyse et par
intuition seulement, et, pour tout résumer, un culte
exclusif de la *subconscience,* voilà les sources du
symbolisme.

Ces sources sont-elles taries, et le mouvement
d'hier, qu'on peut considérer comme achevé, n'aura-
t-il aucune influence féconde?

Les paradoxes et les utopies, les erreurs même,
laissent toujours à leur suite quelques vérités utiles.
Du rapprochement que nous avons établi entre le
mouvement romantique et le mouvement symbolique, il ne résulte pas que celui-ci soit l'équivalent
ou la reproduction de celui-là. Entre eux, il existe
pourtant ce trait commun : ils sont l'un et l'autre
solidaires d'une étape scientifique et philosophique,
et ils représentent comme une réaction indirecte
contre les tendances dominantes d'une époque.

L'insurrection des romantiques contre la logique avait eu pour effet de conjurer dans l'art la marche envahissante de l'*idée abstraite* : c'est que la philosophie et la science du XVIIIe siècle avaient imprimé surtout aux esprits d'alors le culte de la pure raison, et le danger venait du *rationalisme*. La révolution symbolique s'est présentée sous les mêmes auspices, mais avec d'autres bases et d'autres motifs. Elle devait avoir pour conséquence d'enrayer l'invasion menaçante de la *forme concrète* : c'est que la philosophie et la science du XIXe siècle avaient évolué, et au culte de la pure raison s'était substituée la foi exclusive dans la preuve des réalités palpables et des faits dûment constatés : le danger menaçait pour cette fois du côté de l'*empirisme*.

Aux symbolistes il faut savoir gré de n'avoir point négligé les affinités latentes et les harmonies mystérieuses des choses, en nous rappelant que la reproduction la plus exacte et la plus complète de ces choses ne peut en représenter que l'apparence la plus superficielle, la plus vaine et la plus étroite. Et sous un rapport plus exclusivement littéraire, il faut leur savoir gré aussi d'avoir donné à la langue nombre d'expressions et de mots imagés, tout en purgeant la métrique d'entraves inutiles. C'est l'héritage dont s'enrichiront ceux qui, mieux avisés, ne verront dans le symbole futur qu'une façon d'incarner l'idée, de rendre sensibles les abstractions et de matérialiser au profit de la masse des vérités générales accessibles spirituellement aux cerveaux d'élite.

III. LA POÉSIE DE DEMAIN

Un siècle nouveau court depuis peu. La génération actuelle doit envisager l'œuvre des devanciers avec le jugement du « recul » : le seul bien autorisé par les qualités de sagesse et de sang-froid que lui confère l'extinction des luttes de partis et l'ouverture d'une ère d'apaisement

Il y a bientôt quinze ans que M. Nordau annonçait « le crépuscule des peuples », et prétendait découvrir dans la littérature de l'époque les signes irrémédiables d'une « dégénérescence » de l'esprit humain et de l'esprit français en particulier. La littérature poétique fut son grand cheval de bataille et, pourrait-on dire, « son pivot de diagnostic, » pour parler avec lui le vocable de la science. Le moment est venu de vérifier l'échéance de tant de misères préparées. Le temps a passé, les « jeunes gens » d'alors sont des hommes très mûrs; d'autres sont venus qui ont emboîté le pas, et la fortune de ceux-ci doit nous faire éprouver de terribles appréhensions si le sentier tracé par ceux-là mène tout uniment à la fin du monde. Mais nous avons attendu en vain le chaos apocalyptique, l'extermination du beau dans un cataclysme. En ouvrant les yeux, nous sommes quelque peu surpris de poser nos regards sur une floraison vivace, et nous demeurons au total fort bien rassurés sur la destinée de demain.

La thèse de « dégénérescence » prise dans son

acception la plus large est trop complexe et trop
étendue pour nous arrêter. Il faut bien dire cependant que la civilisation nous écarte de plus en plus
du type moyen de la médiocrité uniforme, de ce
type idéal que les philosophes ont souhaité vainement pour le bonheur des humains. Elle tend à la
variation, en favorisant une production croissante
d'exceptions dans le sens du génie comme dans
celui de la folie et du crime. Par ses exigences,
elle accumule les causes d'insalubrité physique et
morale, en accentuant la lutte pour l'existence et
en produisant le surmenage ; par ses effets, elle
porte le nervosisme à son comble en spécialisant et
en individualisant les besoins, ce qui a pour résultat
de rendre les satisfactions plus difficiles, tout en
favorisant l'affinement des sens. Mais cela n'implique
pas que la race humaine soit vouée à un état de
dégénérescence nerveuse, en vertu d'un processus
fatal et irrémédiable. On peut admettre que la pro-
portion des troubles nerveux tend à augmenter ;
mais, loin de constituer le symptôme d'une moindre
vitalité, cette augmentation est due à ce que le
développement nerveux s'accomplit aujourd'hui,
parmi les peuples civilisés, d'une façon beaucoup
plus rapide qu'autrefois. Il se fait une adaptation
de l'organe à des milieux de plus en plus vastes,
et cette adaptation doit s'accompagner d'une certaine instabilité. Mais il ne faut pas oublier que
cette instabilité n'est qu'une expression particulière
de l'évolution, et que les cas si fréquents de sensibilité déviée ou exagérée ne sont, après tout, que
des troubles passagers et en quelque sorte acces-

soires dans le processus de l'organisme humain en voie de perfectionnement ou d'épanouissement.

Aussi bien n'existe-t-il pas de *décadence* au sens absolu du mot, si l'on entend par là une vieillesse, un état d'usure et un signe précurseur de mort. Même aux époques récentes, où toute une génération de poètes se glorifiait d'être *décadente*, la poésie ne fut jamais atteinte par un mal rongeur qui menaçât sa vitalité et mit en péril son avenir. Elle continua simplement sa marche vers l'idéal au travers de chemins dont il fallait faire l'expérience et qui ne sont, après tout, dans l'éternité de son œuvre, qu'étapes transitoires, caprices passagers, accidents d'un jour. Sur la route infinie, tout n'est que fluctuation : des variations apparentes et des réactions de surface dissimulent le mouvement d'ensemble aux yeux éphémères des contemplateurs ; mais le mouvement progresse, majestueux et lent dans la profondeur.

A ceux qui parlent d'art *décadent*, l'histoire du passé donne un démenti. Nous voyons au xvᵉ siècle les *Grands Rhétoriqueurs* étaler un laborieux et prétentieux fatras de combinaisons artificielles, où l'inspiration, faite de subtilités pédantesques et d'inépuisables platitudes, n'est nullement relevée par la recherche prétentieuse des mots et des rimes. L'art des Jean Molinet, des Jean Meschinot, des Jean Le Maire, des Guillaume Crétin, appelait une réaction qui fut l'œuvre de Ronsard, de du Bellay et de toute la Pléiade. Cette réaction du xviᵉ siècle n'eut pas d'autre effet que de soustraire à l'esprit la source de la poésie pour la placer dans les sen-

timents. Elle bannit l'inintelligible et l'extravagant ;
elle fit renaître une beauté sincère encore qu'un
peu raffinée. Puis Malherbe et Boileau fixèrent dans
toute leur rigueur les règles du classicisme. La
France du xviie siècle ne fut guère poétique, dans
le vrai sens du mot. Les classiques avaient oublié
Ronsard, et leur poésie dramatique, historique,
didactique ou morale, était riche de raison et pauvre
de lyrisme. Idéalisme intransigeant, perfection hautaine ; peu de naturel et moins encore de simplicité.
Les grands poètes n'ont certes point fait défaut, mais
leur poésie n'est qu'une expression ennoblie ou enjo-
livée de la pensée. Ils nous ont donné d'immortelles
tragédies ou des fables impérissables, mais ils n'ont
guère soupçonné l'inconscient qui sommeille en nous
et qui nous rattache par les liens obscurs du mystère
à l'universelle vie dont nous tenons la nôtre. Leurs
âmes sont intellectuelles magnifiquement, et quand
elles viendront à se rétrécir au siècle suivant, leur
splendeur superbe et correcte se changera en une
rhétorique mesquine, étriquée, raisonneuse, ergo-
teuse, que ni le sarcasme bourgeois de Voltaire ni
la pompe soufflée de quelques-uns de ses contemporains ne sauraient exhumer de l'oubli. Les vers
abondent au xviiie siècle, mais à cette poésie il
manque simplement d'être poétique. La raison
domine : pas une image, pas une impression ; de
l'analyse et des lieux communs. L'épigramme fait
fureur : les Piron, les Lebrun, les Gresset y dis-
tillent leurs impertinences ou leurs bouffonneries.
Et quand un Delille ou un Saint-Lambert parle
de la nature, c'est avec son esprit plus qu'avec son

cœur. Le grand souffle de Chénier émerge un peu
tardivement de cette ère de sécheresse et de fadeur,
mais il éclôt dans l'agitation d'une vie politique
peu accessible aux émotions d'art. Le début du
xixe siècle attendait une révolution : elle fut opérée
par le romantisme. C'est du romantisme que date
le vrai réveil de l'inspiration lyrique. Réagissant
contre le dogmatisme, il ouvre une ère d'émancipation. Il s'affranchit de la logique rigide et des
tendances positives, pour affirmer la puissance du
rêve et les sources du mystérieux ; il condamne les
conventions ridicules d'une langue vieillotte et sté-
rilisée, pour parler le langage de tous ; il s'évade
des rythmes aux contours rigides, pour s'épancher
d'une allure plus libre. Surtout, il s'éloigne des
lieux communs, des leçons et des à-propos, pour
chanter ses joies et ses peines : il exalte l'individu
et le répand en flots d'harmonie. Ce n'est pas à
dire que le « moi » subjectif soit l'unique source
d'inspiration pour les romantiques. Musset s'abandonne, mais Vigny se réserve : il n'exprime ses
tristesses qu'avec des symboles, comme pour se
soustraire aux regards indiscrets ; Lamartine s'évade
de l'introspection pour s'attacher aux problèmes de
métaphysique ; Hugo et Gautier, plus coloristes que
psychologues, sortent d'eux-mêmes pour peindre le
monde extérieur, le premier avec enthousiasme et
le second sans trop d'émotion, encore qu'avec habileté. Quoi qu'il en soit, le romantisme avait inau-
guré après le classicisme une forme neuve de sensibilité esthétique ; il avait marqué une étape nouvelle de l'évolution. Cette étape devait à son tour

finir dans le Parnasse. Un rappel de la correction
classique et la recherche des descriptions extério-
risées semblent indiquer que les cris passionnés et
les langueurs affadies ont produit certaine lassitude.
Le beau, déclare-t-on maintenant, est l'unique but
à poursuivre, et la théorie de l'art pour l'art s'étend
à la poésie. Comme la passion vécue, forcément
violente, communique à tout ce qu'elle anime un
ébranlement égoïste qui rompt l'essor désinteressé
de l'âme vers la beauté pure, on doit la bannir, et
du même coup l'art tend à s'objectiver. Pourtant,
et quoi qu'on en dise, la plastique impeccable de
Heredia et les formes sculpturales de Leconte de
Lisle ne se marient que par nécessité avec les
licences et les voluptés de Baudelaire, avec la
franche jovialité et la verve bien parisienne de
François Coppée, avec le souci des vérités rationnelles et la sensibilité noblement exquise de Sully-
Prudhomme. Mais voici justement que du Parnasse
vont naître les deux figures bien étranges et bien
différentes que nous connaissons : Mallarmé et Verlaine. Déjà Baudelaire ne tenait au Parnasse que
par le culte de la forme ; il léguait aux générations
futures sa scélératesse raffinée et son goût de
l'étrange ; avec un luxe vraiment inouï de sensations transposées, il mettait en valeur l'intelligence
du symbole. Mallarmé, parnassien d'abord, écrit
des vers impeccables, où l'on sent déjà, par un
concours de combinaisons savantes, l'intention de
produire des effets voisins de la musique ; puis
l'effort s'accentue, et son œuvre, d'ailleurs inachevée,
est l'expression d'un art si bien rénové, qu'il n'est

pénétrable qu'aux initiés et demeure porte close au commun des gens. Verlaine, qui ne fit, lui aussi, que traverser le Parnasse, cède à de semblables tendances vers la chose seulement suggérée et la phrase surtout musicale. Il chuchote en mots imprécis des vérités fortes, mélange de pudeurs naïves et d'audaces impudiques ; il exhale tout cela dans une perpétuelle chanson. Et cet art vaporeux qui suggère et chante supplante l'art rigide et intransigeant des formes nettes et bien définies. On court à l'abus, au scandale, aux débordements. On tombe dans l'incohérence en livrant un assaut à la tradition... Et l'on crie à la décadence.

Mais voici qu'une fois de plus la décadence se présente comme un des aspects de la grande loi de changement, comme une rupture d'équilibre qui prélude aux synthèses nouvelles, comme la ruine sur laquelle se dresse l'édifice futur, comme la voie effacée d'hier par où va surgir le progrès de demain.

Le xxᵉ siècle, — on peut l'affirmer, — débute par une renaissance. Le public en est averti, et la jeunesse est nombreuse qui s'apprête à manifester son souci nouveau. « Moins irrévérencieuse que son aînée, plus studieuse et moins bohème, et virile cette fois, elle ne semble pas avoir gardé le dénigrement pour principe ; et la tradition, à plus d'un point de vue, lui reste chère[1] ; » tel est l'aveu que nous aimons recueillir aux premières pages d'un poème récent. En vérité, les poètes actuels tendent

---

[1] A. LACUZON, Introduction d'*Éternité* (Lemerre, édit.).

à s'affranchir des interdictions arbitraires et des
contraintes inutiles; mais ils ont renoncé pour la
plupart au vers libre, et ils reviennent en masse à
la coupe classique rendue plus souple et plus mal-
léable. La poésie des années passées était nuageuse
au point de s'évanouir : ils ont jugé à propos de
lui donner un corps pour lui rendre sa forme et sa
consistance. La sensibilité de leurs devanciers s'était
gardée de toute pénétration de la pensée, et demeurait enfermée d'autre part dans une façon d'aristocratie dédaigneuse : la leur devient à la fois plus
intime et plus familière; mais surtout elle se laisse
pénétrer très profondément par l'intellectualité qui
l'imprègne et la vivifie. Enfin, — et c'est une conséquence, sans doute, du dernier caractère que nous
venons d'énoncer, — leur poésie est éprise d'action :
tout en mesurant mélancoliquement la distance qui
nous sépare de l'inaccessible idéal, elle a le culte
de l'effort et célèbre la beauté de vivre. Il serait
facile de citer des noms, mais il y aurait de notre
part quelque présomption à disserter sur la poésie
du jour.

Au reste, il est un mérite qui fait plus honneur
à ses commettants que toutes les vertus présidant
à l'exécution de leur art : c'est celui d'avoir désiré
pour la poésie la « cure d'altitude » dont l'esprit
de parti de la génération d'hier s'est montré dédaigneux involontairement. Le plus grand éloge qu'on
puisse faire de nos jeunes poètes est de publier
qu'ils aspirent à ne point renfermer leur art dans
un système de procédés édictés d'avance, à ne
point l'étouffer sous les recettes de fabrication, et

à le tenir bien au-dessus de toutes les querelles d'École. Et, en vérité, il faut dire très haut que la forme ne saurait avoir l'importance divisante et limitative qu'on est tenté de lui attribuer. Le vrai poète adapte à son art la forme qui lui convient; mais quel que soit son outil, c'est par ailleurs, c'est en dehors des contingences du métier, qu'il révèle la marque éternelle et impérissable dont se signe le génie.

Non point seulement par-devant la philosophie de l'art, mais par-devant la philosophie universelle, pourrait-on dire, la plus grande erreur du mouvement qui a marqué la fin du siècle dernier dans la personne des symbolistes et des décadents, ce fut de croire que le principe du rythme était inséparable de l'idée de musique, et que la réalisation de ce rythme était tout entière dans le langage du vers': conception étroite et puérile qui, pour négliger la connaissance des grandes vérités universelles, étouffe l'âme de la poésie! Le rythme n'est pas une qualité de fantaisie, extérieure à nous, et qu'on façonne de toute pièce sur la pensée d'après des recettes et des procédés spéciaux. Le rythme est en nous, et partout, et ailleurs encore jusqu'à l'infini. L'accomplissement biologique de notre organisme vivant est un rythme dans le rythme intégral qu'est l'accomplissement de l'universelle vie. Guyau a pu dire, dans sa grande profondeur de vue, que si le rythme manque toujours chez les poètes de second ordre, cela tient à la nature même de leur pensée, qui est trop médiocre pour être harmonieuse; c'est une incapacité foncièrement inhérente « à la

démarche de leur esprit ». Le rythme fondamental
du vers n'est rien sans le rythme de l'idée, lequel
s'organise dans l'inspiration, dont il est la base.
C'est que dans l'expression des sentiments humains
le rythme est « comme le graphique immatériel des
motions intérieures », et l'on peut résumer son rôle
dans l'œuvre du poète, d'une façon aussi juste que
pittoresque, en disant qu'il est « le geste de l'âme »,
comme l'a fait M. Lacuzon. Nous voulons croire
que les nouveaux poètes sont bien pénétrés de ces
conceptions d'ordre général, et nous ne pouvons que
louer quelques-uns d'entre eux de les avoir affir-
mées d'une façon publique. C'est un gage de durée
et de supériorité pour leur art, car il n'est point
d'ouvrage supérieur ni durable qui ne s'appuie sur
un fond d'éternelle humanité.

*
* *

Et maintenant cette poésie qui s'étale en une
floraison nouvelle et semble se recommander de
conceptions plus solides et plus larges que jamais,
cette poésie d'aujourd'hui représente-t-elle la forme
définitive qui se fixera dans l'avenir des temps?
Non, certes. La poésie est la chose éternelle, mais
éternellement évoluante, à l'instar de l'esprit humain
dont elle émane et qui la renferme tout entière en
puissance. Les aspirations du cœur deviendront
sans doute de plus en plus réfléchies, — et nous
entendons par là de plus en plus éloignées et indépendantes des fonctions impulsives du bulbe et de
la moelle, de plus en plus émergentes et efflores-

centes vers la surface des centres corticaux, où
viennent « se sublimer » les fonctions dernières, les
plus hautement différenciées du système nerveux.
En d'autres termes, — et Guyau l'avait indiqué
déjà, — la pénétration sera de plus en plus intime
de la sensibilité par l'intelligence ; il y aura pour
notre sensibilité une difficulté croissante à éprouver
du plaisir là où notre intelligence ne sera pas satisfaite, et nous aurons d'une façon sans cesse plus
marquée le besoin de penser pour jouir : ainsi le
veut notre évolution, et dans cela réside le progrès.
Mais cette vie idéationnelle qui imprègne la vie
affective dans une communion toujours plus étroite,
cette vie idéationnelle agrandit ses domaines à
chaque instant de la durée, parce que la science
établit chaque jour entre les choses de nouveaux
rapports ; et il en résulte que des espèces nouvelles
de plaisirs et de peines surgissent également d'une
façon incessante dans la vie du cœur. S'il est bien
vrai que dans chacune de nos sensations nous
entendons résonner la nature entière, « comme nous
croyons deviner tout le murmure de l'océan lointain
dans une des coquilles trouvées sur la grève, »
comment la résultante de ces sensations elles-mêmes
ne serait-elle pas influencée par la conception que
nous nous faisons de cette entière nature ? Si dans
chacun de nos mouvements nous sentons passer
« un peu de l'agitation éternelle des choses »,
comment l'ébranlement que nous en éprouvons ne
serait-il pas solidaire de la connaissance et partant
de l'interprétation que nous avons du monde ? Or
cette connaissance progresse sans interruption, cette

conception de la vie est en voie de modification continue, et nos aspirations vont au fil de l'eau. La poésie qui exprime ces aspirations devra suivre une marche analogue : le courant devra l'entraîner. Jusqu'où ?

Si notre être affectif s'intellectualise, l'émotion ne va-t-elle pas quelque jour se fondre dans la pensée, et cette sublimation progressive de nos sentiments n'ira-t-elle pas jusqu'à l'évanouissement définitif de toute sensibilité ? Enfin, disons-le, cette marche du monde vers l'idée, n'est-ce pas la faillite future de la poésie ? Et alors, n'ont-ils pas raison, ceux qui dès aujourd'hui affirment que l'art des vers n'est rien autre chose qu'un exercice très inoffensif, un « passe-temps » qui délasse, et dont on veut bien encore proclamer la dignité par pure convention, mais qui n'en deviendra pas moins de plus en plus la distraction des oisifs, des découragés et des impuissants ?

Plutôt que de prendre à la lettre cette conclusion du Dʳ Nordau, nous aimons mieux croire avec de Fleury que sa brillante dialectique finit comme elle a commencé, dans un paradoxe. En vérité, la science est la grande préoccupation de l'avenir, et il est impossible de ne lui point vouer du fond de l'âme le culte auquel elle a droit. Mais ce que nous croyons fermement aussi, c'est qu'il y a une sérieuse méprise à opposer systématiquement la poésie à la science, comme s'il existait dans le cerveau des hommes deux tendances parfaitement distinctes, l'une de vérité et l'autre de mensonge, l'une allant s'épuiser tandis que l'autre prend son essor. La science ne détruira pas plus la poésie que la poésie n'est capable de détruire la science ; car s'il est vrai que notre sensibilité s'intellectualise dans la suite des temps, c'est que notre être affectif est gros de notre être idéationnel, c'est que la sensation d'aujourd'hui renferme en puissance la pensée de demain, c'est qu'enfin la poésie qui n'est pas la science contient en soi d'une façon *virtuelle* et *anticipée* la science de l'avenir.

Entendons-nous bien. Il ne s'agit pas de confondre le domaine de l'art et celui de la science ; il ne s'agit pas de faire de nos émotions un système, de nos élans une doctrine. Nous comprenons simplement que ces appétitions, ces tendances profondes qui sont à la base de l'art, se présentent comme les signes révélateurs de fins objectives que notre essence nous prédestine à poursuivre. Ceci ne veut pas dire que l'ardeur d'une aspiration s'accompagne de la conscience définie de sa raison et de son objet ; ceci veut dire simplement que cette aspiration représente une ligne directrice, une indication, un présage ; car une aspiration est un état déjà transformé en motion, et une motion contient en puissance et d'une manière virtuelle les perpétrations à venir qu'elle implique. L'histoire de la vie, a-t-on dit, n'est pas seulement celle d'une adaptation progressive à un milieu connu, mais encore celle d'une découverte progressive d'un milieu inconnu, quoique toujours présent. Or l'art est l'unique lueur qui se projette dans l'ombre de ce milieu inconnu, en nous donnant la notion d'espaces infinis, et en nous laissant prévoir par

avance la direction de nos développements organiques futurs. Chaque étape de l'évolution humaine
est antérieurement sentie et comme désirée ; tout
changement effectif est précédé par une représentation de ce changement, et cette représentation,
élaborée d'abord d'une façon diffuse au fond de notre
subconscience, prélude à la phase d'effort et d'entière
réalisation par la volonté. Et qu'est-ce donc que
l'idéal, si ce n'est l'intuition d'une essence virtuelle
qui tend à se réaliser ?

L'art tient donc de la connaissance, mais d'une
connaissance différente de celle de la science. La
science fixe en termes précis le bilan des formes
bien arrêtées et des certitudes acquises ; l'art
témoigne en termes obscurs des tendances profondes, et il tient, par cela même, du pressentiment. Eh bien ! la poésie, envisagée dans son
sens le plus général, représente justement dans l'art,
et dans l'art des vers en particulier, cette modalité
spéciale et infiniment voluptueuse de la connaissance
qui n'envisage le monde ni dans son aspect purement phénoménal qui ne donne que des contingences,
ni dans son aspect purement rationnel qui ne fournit
que des relativités, mais sous son aspect absolu,
c'est-à-dire en fonction du moi. Elle n'est pas une
science, car la science repose sur les faits et s'applique à saisir les choses en tant que phénomènes ;
elle n'est pas davantage une métaphysique, car la
métaphysique repose sur la raison pure et s'efforce
de ramener les choses aux formes natives de notre
entendement. Mais tandis que la science fait abstraction du sujet pour n'envisager que le phéno-

mène en soi, tandis que la métaphysique à son tour fait abstraction de l'objet pour tout subordonner aux conditions préétablies de l'esprit humain, la poésie est essentiellement une communion dans laquelle l'objet et le sujet se confondent. Elle nous cause un frisson troublant où l'infini nous paraît se mouvoir, parce que ses harmonies passagères sont un reflet de l'harmonie supérieure, cause et fin de toute matière et de toute vie.

Sully-Prudhomme fait de l'*aspiration* le principe de toute poésie, et quand il veut définir cet état mental, il nous le montre caractérisé par l'apparition dans la conscience d'émotions très fortes et très intimes, capables de déterminer, chez celui qui les éprouve, à la fois une jouissance intense et un *élan vers l'action.* Mais où va cet élan? Vers un objet indéterminé, lointain, dont nous n'avons pas dans le présent une idée bien nette, vers un objet que nous ne pouvons pas spécifier suivant les données de l'expérience acquise, mais qui est pressenti pourtant; et cet objet fait de l'*aspiration* tout à la fois une modalité supérieure du sentir et une modalité transcendante du savoir. L'*aspiration* devient ainsi une révélation et une prophétie.

L'*Étranger* nous indique cette révélation :

Je me dis bien souvent : De quelle race es-tu?
Ton cœur ne trouve rien qui l'enchaîne ou ravisse.
Ta pensée et tes sens rien qui les assouvisse :
Il semble qu'un bonheur infini te soit dû.

Pourtant quel paradis as-tu jamais perdu?
A quelle auguste cause as-tu rendu service?

Pour ne voir ici-bas que laideur et que vice,
Quelle est ta beauté propre et ta propre vertu?

A mes vagues regrets d'un ciel que j'imagine,
A mes dégoûts divins il faut une origine;
Vainement je la cherche en mon cœur de limon.

Et moi-même, étonné des douleurs que j'exprime,
J'écoute en moi pleurer un étranger sublime
Qui m'a toujours caché sa patrie et son nom[1].

L'*Idéal* nous laisse entrevoir ce don de prophétie :

La lune est grande, le ciel clair
Et plein d'astres, la terre est blême,
Et l'âme du monde est dans l'air.
Je rêve à l'étoile suprême,

A celle qu'on n'aperçoit pas,
Mais dont la lumière voyage,
Et doit venir jusque ici-bas
Enchanter les yeux d'un autre âge.

Quand luira cette étoile un jour,
La plus belle et la plus lointaine,
Dites-lui qu'elle eut mon amour,
O derniers de la race humaine[2] !

Il résulte de l'*aspiration,* comme principe de toute
poésie, que la poésie est représentative d'une vérité
jusqu'ici impénétrable aux moyens de la science et
qui attire pourtant d'un mouvement sublime l'humanité entière vers des sphères nouvelles. Ainsi la
poésie nous arrache à la vie présente pour nous

---

[1] *L'Étranger* (*Les Vaines tendresses*).
[2] *L'Idéal* (*La Vie intérieure*).

porter dans une vie meilleure, et dans cette fonction mystérieuse d'anticipation elle accomplit pour l'homme le plus grand miracle : elle s'inspire des réalités bornées pour répondre à sa nostalgie des mondes infinis ; elle puise aux sources éphémères de la vie présente pour calmer sa soif de l'éternité.

La jeunesse poétique semble inspirée de ce souffle large et à pleins poumons qui couvre de toute sa puissance les soupirs étriqués et les bavardages mesquins de la chicane d'hier. Un groupe de poètes n'a même pas craint d'emprunter à la science elle-même ses principales données et jusqu'à sa forme rigoureusement concise, pour exprimer dans un manifeste la « foi nouvelle [1] ». On peut en extraire les propositions suivantes, aussi substantielles que bien ordonnées :

« *La création poétique est une intégration :* tout poème qui se réalise tend à résoudre une part du problème éternel d'individuation, car il traduit la vie humaine en fonction de l'humanité tout entière et de la vie en général...

« *La poésie réalisée est la forme transcendante*

---

[1] Adolphe Lacuzon, la *Foi nouvelle du poète et sa doctrine, l'Intégralisme.* Cet exposé général a été publié pour la première fois sous forme de Manifeste, MM. Adolphe Boschot, Léon Vannoz, S.-Ch. Leconte, Cubelier de Beynac ayant signé avec l'auteur, par la *Revue politique et littéraire, Revue bleue,* le 16 janvier 1904.

Adolphe Lacuzon, *l'Intégralisme et la poésie nouvelle, l'Inspiration* (*Revue bleue* du 10 mars 1906).

Aux textes de la doctrine, il convient d'ajouter l'ouvrage de M. Jacques Roussille, *Au commencement était le Rythme, Essai sur l'Intégralisme* (édit. des *Poèmes,* Pédone, Paris).

du savoir : elle a pour rôle d'agrandir la conscience humaine au delà des vérités contrôlées...

« *La poésie, phénomène subjectif, est la volupté de la connaissance :* l'émotion spéciale qu'elle nous procure vient de ce qu'elle nous donne le rapport entre ce qui est nous et ce qui est tout, entre la vie individuelle et l'universelle...

« *Le symbole poétique intègre la connaissance en puissance, et le rythme, facteur émotif, l'identifie à la vie psychique et crée la poésie.* »

De ces relations il résulte, comme corollaire, que la poésie est « infiniment perfectible » et doit se présenter comme une « création perpétuelle ». Elle correspond en effet à l'état de notre sensibilité, laquelle est diversement intellectualisée suivant les temps, puisque l'intelligence et la compréhension des choses se modifient de siècle en siècle. C'est une notion que nous avons développée déjà, et nous ne croyons pas utile d'y revenir.

Quoi qu'il en soit, cette conception puissante et durable supprime tout antagonisme en vertu duquel la poésie devrait périr un jour sous les progrès écrasants de la science positive. Sans doute, on peut augurer que dans la société de demain un esprit de poète sera plus éloigné des esprits vulgaires qu'il ne l'eût été aux époques lointaines d'initiation et de balbutiement. Il est délicat et rare de conserver au cœur la rosée fraîche des aurores premières sur les chemins arides où la foule se rue ; il est généreux et beau, parmi la mêlée, de tenir son âme recueillie et lointaine écoutant altière passer les flots de vie. Et pourtant c'est une joie étonnée d'observer que le siècle nouveau, si prometteur de richesses, dans toutes les branches de la science humaine, s'annonce d'autre part comme un siècle de récrudescence lyrique. Ceci pourtant n'est pas une énigme. Entre la science et la poésie il n'est pas de conflit. La vérité est une, et si la connaissance demeure divisée superficiellement par les modes d'investigations, cette dualité apparente n'exclut pas l'essentielle solidarité des tendances humaines.

La science poursuit sa marche d'un pas lent et sûr, reculant les limites de nos certitudes acquises, affirmant de jour en jour une conquête qui n'est plus à faire ; et, comme un phare dressé sur ce monde achevé, la poésie jette à l'horizon les faisceaux de sa lumière magique vers l'Infini et l'Éternité.

FIN

TABLE DES MATIÈRES

33161. — Tours, impr. Mame.